北京大学"双一流"建设成果
方李邦琴北京大学人文学科文库出版基金赞助

北京大学人文学科文库 | 北大中国哲学研究丛书

儒家政治哲学大纲

Outlines of Confucian Political Philosophy

干春松 著

图书在版编目 (CIP) 数据

儒家政治哲学大纲 / 干春松著 . -- 北京：北京大学出版社，2025.2. -- （北京大学人文学科文库）. -- ISBN 978-7-301-35811-5

I. D092.2；B222.05

中国国家版本馆 CIP 数据核字第 2025TT2936 号

书　　名	儒家政治哲学大纲 RUJIA ZHENGZHI ZHEXUE DAGANG
著作责任者	干春松 著
责任编辑	吴　敏
标准书号	ISBN 978-7-301-35811-5
出版发行	北京大学出版社
地　　址	北京市海淀区成府路 205 号　100871
网　　址	http://www.pup.cn　新浪微博 @ 北京大学出版社
电子邮箱	编辑部 wsz@pup.cn　总编室 zpup@pup.cn
电　　话	邮购部 010-62752015　发行部 010-62750672 编辑部 010-62757065
印 刷 者	北京中科印刷有限公司
经 销 者	新华书店
	650 毫米 × 965 毫米　16 开本　30 印张　461 千字
	2025 年 2 月第 1 版　2025 年 2 月第 1 次印刷
定　　价	128.00 元

未经许可，不得以任何方式复制或抄袭本书之部分或全部内容。
版权所有，侵权必究
举报电话：010-62752024　电子邮箱：fd@pup.cn
图书如有印装质量问题，请与出版部联系，电话：010-62756370

总 序

袁行霈

人文学科是北京大学的传统优势学科。早在京师大学堂建立之初,就设立了经学科、文学科,预科学生必须在5种外语中选修一种。京师大学堂于1912年改为现名,1917年,蔡元培先生出任北京大学校长,他"循思想自由原则,取兼容并包主义",促进了思想解放和学术繁荣。1921年北大成立了四个全校性的研究所,下设自然科学、社会科学、国学和外国文学四门,人文学科仍然居于重要地位,广受社会的关注。这个传统一直沿袭下来,中华人民共和国成立后,1952年北京大学与清华大学、燕京大学三校的文、理科合并为现在的北京大学,大师云集,人文荟萃,成果斐然。改革开放后,北京大学的历史翻开了新的一页。

近十几年来,人文学科在学科建设、人才培养、师资队伍建设、教学科研等各方面改善了条件,取得了显著成绩。北大的人文学科门类齐全,在国内整体上居于优势地位,在世界上也占有引人瞩目的地位,相继出版了《中华文明史》《世界文明史》《世界现代化历程》《中国儒学史》《中国美学通史》《欧洲文学史》等高水平的著作,并主持了许多重大的考古项目,这些成果发挥着引领学术前进的作用。目前北大还承担着《儒藏》

《中华文明探源》《北京大学藏西汉竹书》的整理与研究工作，以及《新编新注十三经》等重要项目。

与此同时，我们也清醒地看到，北大人文学科整体的绝对优势正在减弱，有的学科只具备相对优势了；有的成果规模优势明显，高度优势还有待提升。北大出了许多成果，但还要出思想，要产生影响人类命运和前途的思想理论。我们距离理想的目标还有相当长的距离，需要人文学科的老师和同学们加倍努力。

我曾经说过：与自然科学或社会科学相比，人文学科的成果，难以直接转化为生产力，给社会带来财富，人们或以为无用。其实，人文学科力求揭示人生的意义和价值、塑造理想的人格，指点人生趋向完美的境地。它能丰富人的精神，美化人的心灵，提升人的品德，协调人和自然的关系以及人和人的关系，促使人把自己掌握的知识和技术用到造福于人类的正道上来，这是人文无用之大用！试想，如果我们的心灵中没有诗意，我们的记忆中没有历史，我们的思考中没有哲理，我们的生活将成为什么样子？国家的强盛与否，将来不仅要看经济实力、国防实力，也要看国民的精神世界是否丰富，活得充实不充实，愉快不愉快，自在不自在，美不美。

一个民族，如果从根本上丧失了对人文学科的热情，丧失了对人文精神的追求和坚守，这个民族就丧失了进步的精神源泉。文化是一个民族的标志，是一个民族的根，在经济全球化的大趋势中，拥有几千年文化传统的中华民族，必须自觉维护自己的根，并以开放的态度吸取世界上其他民族的优秀文化，以跟上世界的潮流。站在这样的高度看待人文学科，我们深感责任之重大与紧迫。

北大人文学科的老师们蕴藏着巨大的潜力和创造性。我相信，只要使老师们的潜力充分发挥出来，北大人文学科便能克服种种障碍，在国内外开辟出一片新天地。

人文学科的研究主要是著书立说，以个体撰写著作为一大特点。除了需要协同研究的集体大项目外，我们还希望为教师独立探索，撰写、出版专著搭建平台，形成既具个体思想，又汇聚集体智慧的系列研究成果。为此，北京大学人文学部决定编辑出版"北京大学人文学科文库"，旨在汇集新时代北大人文学科的优秀成果，弘扬北大人文学科的学术传统，展示北大人文学科的整体实力和研究特色，为推动北大世界一流大学建设、促进人文学术发展做出贡献。

我们需要努力营造宽松的学术环境、浓厚的研究气氛。既要提倡教师根据国家的需要选择研究课题，集中人力物力进行研究，也鼓励教师按照自己的兴趣自由地选择课题。鼓励自由选题是"北京大学人文学科文库"的一个特点。

我们不可满足于泛泛的议论，也不可追求热闹，而应沉潜下来，认真钻研，将切实的成果贡献给社会。学术质量是"北京大学人文学科文库"的一大追求。文库的撰稿者会力求通过自己潜心研究、多年积累而成的优秀成果，来展示自己的学术水平。

我们要保持优良的学风，进一步突出北大的个性与特色。北大人要有大志气、大眼光、大手笔、大格局、大气象，做一些符合北大地位的事，做一些开风气之先的事。北大不能随波逐流，不能甘于平庸，不能跟在别人后面小打小闹。北大的学者要有与北大相称的气质、气节、气派、气势、气宇、气度、气韵和气象。北大的学者要致力于弘扬民族精神和时代精神，以提升国民的人文素质为己任。而承担这样的使命，首先要有谦逊的态度，向人民群众学习，向兄弟院校学习。切不可妄自尊大，目空一切。这也是"北京大学人文学科文库"力求展现的北大的人文素质。

这个文库目前有以下17套丛书：
"北大中国文学研究丛书"
"北大中国语言学研究丛书"
"北大比较文学与世界文学研究丛书"
"北大中国史研究丛书"
"北大世界史研究丛书"
"北大考古学研究丛书"
"北大马克思主义哲学研究丛书"

"北大中国哲学研究丛书"
"北大外国哲学研究丛书"
"北大东方文学研究丛书"
"北大欧美文学研究丛书"
"北大外国语言学研究丛书"
"北大艺术学研究丛书"
"北大对外汉语研究丛书"
"北大古典学研究丛书"
"北大古今融通研究丛书"
"北大人文跨学科研究丛书"

这17套丛书仅收入学术新作,涵盖了北大人文学科的多个领域,它们的推出有利于读者整体了解当下北大人文学者的科研动态、学术实力和研究特色。这一文库将持续编辑出版,我们相信通过老中青学者的不断努力,其影响会越来越大,并将对北大人文学科的建设和北大创建世界一流大学起到积极作用,进而引起国际学术界的瞩目。

"北大中国哲学研究丛书"序言

王 博

如果从老子和孔子算起,中国哲学已经有两千多年的历史。先秦子学、两汉经学、魏晋玄学、隋唐佛学、宋明理学,每个时代都留下了古代先哲思想的轨迹,代表了中国人对于人生、政治、社会和宇宙的深刻理解。降及近现代,随着中国和西方的相遇,知识和思想的拓展使传统哲学经历了严峻的挑战,现代意义上的中国学术也开始建立,中国哲学学科也在这个背景之上开始诞生和确立。

中国哲学学科的诞生和确立与北京大学哲学门(1919年后改称哲学系)密不可分。1912年哲学门成立,即设置了中国哲学门、印度哲学门和西洋哲学门。由于师资的缘故,最初的哲学门主要就是中国哲学门。陈黻宸、陈汉章、马叙伦等讲授中国哲学史等课程。1917年,胡适回到北大讲授中国哲学史,《中国哲学史大纲》卷上的出版,标志着现代意义上中国哲学研究的开端。其后,梁漱溟、熊十力、冯友兰都曾经在北大开设中国哲学方面的课程。1930年,汤用彤开始在北大讲授中国佛教史等,在佛教、玄学等领域的研究堪称典范。西南联大时期之后,1952年的院系调整,使北大聚集了全中国最优秀的中国哲学学者,包括冯友兰、汤用彤、张岱年、任继愈等。

北大的中国哲学研究，既重视文献和历史，又强调问题和理论。哲学资料和历史线索的梳理具有基础的意义，而问题关怀和理论兴趣则体现出哲学的本性。和西方哲学一样，中国哲学追问关于宇宙人生的根本问题，但同时也有其自身的特点。譬如对于政治世界的特殊关注，以及对于人生境界的思考。在中西知识的会通中，北大的中国哲学研究努力发掘中国哲学的特殊精神和世界意义，并努力探索面向当代和未来世界的文化根基。

作为北京大学人文学科文库的一部分，中国哲学研究丛书力图反映当代中国哲学研究的最新进展。在冯友兰和张岱年先生等之后，朱伯崑、汤一介、楼宇烈、陈鼓应、许抗生、陈来、李中华、魏常海、张学智、王中江等先生的研究在很多领域都做出了开拓性的或者延伸性的贡献，给后学提供了进一步前行的指引。比较而言，青年学者有着更好的知识储备和学术环境，也有着更好的跨学科和跨文明的知识自觉。无论在理论框架、问题意识，还是在方法和视野方面，新一代学者的研究都表现出自己的特点。我们希望通过中国哲学研究丛书的出版，让更多的读者可以了解北大人文学术的特点。我们也愿意与中国和国际学术共同体一起，推动中国哲学研究的进步。

目　录

第一部分　天　天命　天道

第一章　天、天命、天道：早期中国政治的
　　　　超越性维度 ··· 3
　　第一节　天、帝 ·· 3
　　第二节　天命与革命 ··· 9
　　第三节　巫术、礼乐与天道 ······································ 16

第二章　大一统秩序下的天道普遍性
　　　　——董仲舒"天"观念疏解 ································ 24
　　第一节　天命、天道、天德：自然之天与道德之
　　　　　　天的结合 ·· 26
　　第二节　天道与人道 ·· 32
　　第三节　元与天：天道普遍性与"大一统" ··········· 40

第二部分　仁者爱人

第三章　血缘与陌生人：仁爱的层次性 ···················· 49
　　引语："公""私"之别与仁爱的现代解读 ············· 49
　　第一节　亲亲仁民爱物：血缘伦理和公共伦理 ······· 53

第二节 一体之仁：宋代道学对于"仁爱"的
　　　　新解释 ………………………………………… 57
第三节 "万物一体"与良知的公共性视野 ……………… 65
第四节 现代政治思想与仁的转化可能 …………………… 69

第四章 仁与现代性的融摄
　　　——康有为论"仁"与儒家伦理政治的转型 ……………… 75
第一节 仁为制度之本 ……………………………………… 79
第二节 仁与博爱、公正、平等 …………………………… 85
第三节 仁与智 ……………………………………………… 90
第四节 仁与勇 ……………………………………………… 94
第五节 仁与大同 …………………………………………… 97

第三部分　人性与民本

第五章 "本心"与"民本"
　　　——陆九渊心学思想的实践指向 ………………………… 103
第一节 本心：宇宙精神和道德理想的贯通 ……………… 104
第二节 不忍人之政：本心的实践面向 …………………… 109

第六章 欲望与民本：戴震的性命生成论 ……………………… 120
第一节 文字训诂与典章制度的结合：戴震的实践
　　　　解释学 …………………………………………… 122
第二节 天理和人欲：戴震的人性生成论 ………………… 127

第七章　去伦理化的观念：王国维对"性""理"等范畴的新解 ⋯⋯ 149
　　第一节　引论："纯粹学术"与王国维对中国学术功利主义传统的批判 ⋯⋯ 149
　　第二节　《论性》：人性——知识与教化 ⋯⋯ 153
　　第三节　《释理》：天理是一种认知力 ⋯⋯ 163
　　第四节　《原命》：命运与决定论 ⋯⋯ 169
　　第五节　余论：谁在追随王国维的思考——问题与方法 ⋯⋯ 174

第四部分　差序与平等

第八章　王道与霸道
——以"管仲之器小哉"诠释史而展开 ⋯⋯ 183
　　第一节　孔子论管仲："不知礼"与"如其仁" ⋯⋯ 184
　　第二节　王霸之别：孟荀对管仲的论说 ⋯⋯ 188
　　第三节　大一统秩序下的王道理想，两汉儒生论"管仲之器小" ⋯⋯ 193
　　第三节　对王道的重申：宋儒对"管仲之器小"之解读 ⋯⋯ 199
　　第四节　功业与死节：明清时期对"管仲之器小"之解读 ⋯⋯ 216

第九章　大同与小康：礼制及其超越 ⋯⋯ 232
　　第一节　王者无外：儒家之"大同"理想的理据 ⋯⋯ 233
　　第二节　"大同""小康"阐释中的学理和政治 ⋯⋯ 238

第十章　平等与差序：荀子贤能政治观念的制度格局 …… 258
第一节　亲亲　尊尊　贤贤 …… 260
第二节　王者之政与贤能之治 …… 264
第三节　德和能：差异与平等的社会哲学 …… 269
第四节　儒生群体的"兼容性"及其目标 …… 281

第五部分　权力与疆域

第十一章　权力转移的合法性：禅让、世袭与革命 …… 291
第一节　禅让与革命的变奏 …… 292
第二节　孟子、荀子何以质疑禅让制 …… 297
第三节　经学视野中的禅让与革命 …… 302

第十二章　集权与分权：封建与郡县 …… 309
第一节　封建制的"价值理念"与历史的选择困境 …… 311
第二节　天下是谁人的天下——"封建"与"郡县"之争所争在何？ …… 315
第三节　唐代围绕封建、郡县的争论与柳宗元的《封建论》 …… 317
第四节　制度与时势：柳宗元《封建论》的价值倾向和理论逻辑 …… 320
第五节　柳宗元《封建论》的判断堪"当为万世法"吗？ …… 326

第六部分　感与教化

第十三章　人同此心:"感"与儒家的人性理解论 ······ 337
  第一节　知类:别同异 ······ 338
  第二节　由"感"而"公",《周易》中的"感"的原理 ······ 343
  第三节　"感"的心理机制与社会教化:从《礼记·乐记》
      出发 ······ 349
  第四节　自然与教化:"感"与"共识" ······ 355

第十四章　"感而遂通":交感、感动与教化
    ——宋明道学政治哲学的一个切入点 ······ 361
  第一节　"天地之间,只有一个感与应而已":二程对
      "感"的阐发 ······ 363
  第二节　张载:皆无须臾之不感 ······ 368
  第三节　体用与寂感:朱子对"感"的阐发 ······ 374

第十五章　感动与教化:礼乐与审美的社会功能 ······ 381
  第一节　尽善尽美:孔子对美和善关系的认识 ······ 382
  第二节　美与教化:以《礼记·乐记》和《荀子·乐论》
      为例 ······ 387
  第三节　儒道互补与儒释道在审美观上的融合 ······ 396

第七部分　勇敢与复仇

第十六章　血气与道义:儒家论勇 ······ 403

第十七章　对等原则与儒家的正义
——儒家经典与生活世界中的"复仇" ……………… 419
第一节　来而不往非礼也：怎么理解儒家的
　　　　"直"与"报" …………………………… 420
第二节　儒家经典中的复仇………………………… 425
第三节　儒家的"爱"与"恨"：经典与法律的
　　　　张力 ………………………………………… 433
第四节　唐宋时期的文人学士对于复仇的争论 …… 439

后　语　技术时代的儒家伦理

第十八章　对"未确定"的预测：基因工程、人工智能与儒家的未来 …………………………… 449
第一节　儒家对生命意识和共同体生活的基本认知 …… 450
第二节　科技进步与人类的自我完善 ……………… 451
第三节　人工智能会造成人类的进化还是异化 …… 455
第四节　科技进步背景下的儒家政治哲学 ………… 459

后　记 ……………………………………………… 463

·第一部分·
天　天命　天道

第一章

天、天命、天道：早期中国政治的超越性维度

考究儒家政治哲学，"天"可能是所有观念中最具基础性意义的。任何政治秩序都需要建立在稳定且无可置疑的基础上，纵观儒家之政治观念史，通过强调"天"的宇宙论意义并扩展至伦理社会属性，天既能提供秩序的正当性证明，也让天道与个人乃至国家的伦理属性有了依据。

然而，由于儒家天道性命贯通的特性，主宰性的"天"的人格神意义并没有得到独立与彰显，其超越性总是本体论和工夫论合为一体的。其后果是儒家的政治哲学始终是一种道德政治，并倾向于摈弃政治操作的技术性探讨。这些特性，我们都可以从早期儒家思想如何定义"天"的讨论中得到线索。

第一节 天、帝

文明系统的确定奠基于稳定的价值系统，而价值观是人们日常生产和生活过程中交往原则的沉淀。随着人们的活动范围的扩大，族群之间的整合不断发生，越来越需要一个既不脱离地方习俗又能超越本族群特色的、具有"容纳"性的"对象"来呈现此价值。

从现有的文献看，随着早期中国政治和文化的发展，"天"逐渐担负起融会各族群信仰的功能，成为共同价值的"显示者"。

据研究，中国文字中最早出现的"天"是人正面站立而圆首的形状，也象征天圆地方。而人之圆首方足，古人认为是摹状天地之形象而成，在今天看来，毋宁说是当时人们是以人的形状来理解天地的关系。这与当时对高悬于上的"天"缺乏认识有关，所以人们倾向于认同这样的说法："甲骨文的'天'字除了与'大'字通用之外似乎很少用于对自然属性的天空的描述，以至于学者们普遍认为天道观念应晚至周人才最终提出，而殷人虽已认识了天，但尚不存在对天的崇拜，也就是说，当时还没有出现具有至上神神格的天。"[1]

虽然没有神格意义上的"天"，不过在殷人的心目中，存在着操纵风雨雷电、祸福吉凶的主宰者"帝"。

与"帝"相比，"天"的概念相对晚出，最早人们是用"颠"来指称我们头上的天空。而"帝"则更接近祖先神的含义。胡厚宣指出，天神称帝，而地上的统治者死后也会升天，配侍于帝的左右，也就有"帝"所具有的控制祸福的权能，故而也可以称帝。由是殷人将在天上的"帝"称为"天帝"，而地上的人王称为帝王，用来区别两者。[2]这样，作为自然界的支配力量与作为血缘共同体的起源，"天"和"帝"的密切关系可以从语源上得到说明。[3]

借用冯友兰先生的总结，早期中国思想中的"天"有多重含义，[4]当我们在讨论天的"主宰性"意义的时候，我们经常会与早期文献中的"帝"

---

[1] 冯时：《百年来甲骨文天文历法研究》，中国社会科学出版社，2011年，第2页。
[2] 胡厚宣：《殷卜辞中上帝和王帝（下）》，《历史研究》1959年第10期，第92—96页。
[3] 顾颉刚据《洪范》"天""帝"互称，认为帝即是天。参见顾颉刚：《顾颉刚古史论文集》，中华书局，1988年，第133页。
[4] "在中国文字中，所谓天有五义：曰物质之天，即与地相对之天；曰主宰之天，即所谓皇天上帝，有人格的天、帝；曰运命之天，乃指人生中吾人所无奈何者，如孟子所谓'若夫成功则天也'之天是也；曰自然之天，乃指自然之运行，如《荀子·天论》篇所说之天是也；曰义理之天，乃谓宇宙之最高原理，如《中庸》所说'天命之为性'之天是也。"冯友兰：《中国哲学史（上册）》，中华书局，1961年，第55页。

或"上帝"概念发生关系。比如《尚书》中说:"王曰:'格尔众庶,悉听朕言,非台小子,敢行称乱!有夏多罪,天命殛之。……予惟闻汝众言,夏氏有罪,予畏上帝,不敢不正。'"(《商书·汤誓》)这段话中,上帝就是一个天地间的主宰,他可以对犯错的夏桀进行惩罚。

与郭沫若等将"帝"与西方宗教中的至上神相比附的结论所不同,陈梦家先生认为,殷人的"帝"并不是"人格神"意义上的存在,而是自然秩序的掌管者。先公先王可以上宾于天,祈求风雨或战争的胜利,而上帝则可以降祸福来警示现时的王。在这个过程中,反而是祖先神和自然诸神(山川土地等)被"人格化"了。①

在这个问题上,受到西方历史学科范式影响的历史学家们,更侧重于从历史文献去梳理"帝"和"祖先"之间的概念的转变。历史学家晁福林从《山海经》出发,比对甲骨卜辞,认为"天"是周人的创造。他说:"这里有一个前提,那就是'天'观念是一个不断发展变化的观念。可以说,传说时代的'天'与商周时期的'天'不可能有完全相同的意义。根据对甲骨卜辞的研究,直到殷商时代,尚没有出现'天'这个字。甲骨卜辞中所谓的'天'字都是'大'字的异体。'天'字出现于周初,它是周人的创造。"②既然"天"字为周初的创造,那么,在殷商时期并无抽象意义的"天",后世"天"观念中带有主宰意义的天,主要是用"帝"来表示的。晁福林继续指出:"甲骨卜辞的材料表明,商代的'帝',实即'天'。卜辞中的'帝(天)'被赋予主宰气象的神力,并在某些方面对人世间的事务可以表示态度,但商代还没有创造出表示抽象意义的'天'的观念。到了周代,周人延续了将天作为处所的意念,并且明确指出祖先神是升到天上为帝服务的"。③虽然陈梦家和晁福林先生依据的核心材料有所不同,但一致的倾向是认定"帝"与"祖先神"之间存在着互相塑造

---

① 陈梦家:《殷虚卜辞综述》,中华书局,1988年,第580页。
② 晁福林:《〈山海经〉与上古时代的"天"的观念》,载氏著:《夏商西周史丛考》,商务印书馆,2019年,第13页。
③ 晁福林:《〈山海经〉与上古时代的"天"的观念》,载氏著:《夏商西周史丛考》,商务印书馆,2019年,第13页。

的关系,这种关系的发展,导致后来人们逐渐用"帝"来称呼自己死去的祖先。由此,商人所谓的"帝"和"上帝",逐渐转变为至上神和宗祖神的代名词。按裘锡圭先生的观点,当且仅当现世的君王是至上神的直系后代,他才具有统治天下的权力。商王用以称呼自己死去父亲的"帝"和金文中的"帝"以及嫡字之间具有亲缘关系。① 后来,裘先生补充以前的看法,认为帝应该是强调直系继承的宗族长地位之崇高的一种尊称。既然作为王室宗祖神的上帝和已死的父王都称帝,其他如直系先王就也都应该可以称帝。"嫡庶之'嫡'这个词的使用,是不必考虑所涉及的人是死是活的。'帝'这个称呼与'嫡'有密切关系,按理也应该可以用于活着的人。就王室来说,既然直系先王可以称为'帝',活着的王作为王室以至整个统治族的最高宗族长,也应该可以称为'帝'。"② 这样,发展到周初,人们开始用"天"来指称自然界的最高主宰,而"帝"逐渐转变为世俗的君王,或者说,帝是虚空之天的"现实性呈现"或君主的"生成之神"。清儒孔广森说在描述"天"与"帝"的差别时说:"举其虚空之体则曰天,指其生成之神则曰帝。"③ 这已经是周之后的状况了。

在《诗经》中,我们可以发现,在大多数情况下,"天"主要是指上天,即自然意义上的天,宇宙。而"帝",也有代表帝王的意义,但更为重要的是指代天地之间的最高主宰,有人格神的意义。帝可以降临,而天则不能降临,一直是高居于上。由于天是一种秩序原理,帝要遵循天意,也就是天的原则。虽然配天配帝和配命所指是一致的,但三者并不一样,随着周天子控制力的减弱,天帝与人的关系也发生了转变,在周初,天帝是周人宗教的最上神,降命于文王和武王,"王"代表天来统治万民,也作为万民的代表来祭祀天帝。如《诗经·文王之什·大明》说:"大任有身,生此文

---

① 裘锡圭:《关于商代的宗族组织与贵族和平民两个阶级的初步研究》,载氏著:《古代文史研究新探》,江苏古籍出版社,1992年,第300页。
② 裘锡圭:《"花东卜辞"和"子组卜辞"中指称武丁的"丁"可能应该读为"帝"》,载《黄盛璋先生八秩华诞纪念文集》,中国教育文化出版社,2005年,第5—6页。
③ 孔广森:《礼学卮言·论郊》,载氏著:《经学卮言:外三种》,中华书局,2017年,155页。

王。维此文王,小心翼翼。昭事上帝,聿怀多福。厥德不回,以受方国。"

将"帝"与祖先神在"魅力值"上做互相借助,与殷商统治者强化其统治的正当性论证有关,然发生在殷周之间的这场宗教变革,也体现出正当性资源从权力获得先赋性向统治者自身和维持统治的"法则"的变化,即统治者的道德品质和统治手段的道德化成为周人政治思想的关键。通过对相关学者的研究的辨析,郑开认为,商代的宗教传统中,神的世界与祖先的世界几乎是重合的,而周代建立之初,继承了殷商宗教传统中的祖先崇拜与上帝观点,改变的是对待上帝、神和自己祖先之间的态度。① 这种改变按王国维的概括就是通过礼乐制度的建立,将国家熔铸成一个"道德共同体"。

殷周之际的变革,被视为确立中国文化基本精神的一次变革。王国维的《殷周制度论》讨论了周公制礼作乐对社会政治结构所产生的影响。他认为通过确立嫡长子继承制为核心的宗法制度、庙数之制、同姓不婚等制度,纳上下于道德,将整个国家内的不同阶级置于同一道德团体之中,由此,旧制度废而新制度兴,旧文化废而新文化兴。王国维的结论是否具有坚实的史实依据,其关于周公制作是一种价值性陈述还是事实性陈述,这些问题在现代学科背景下被反复讨论。不过,作为偏重于思想分析的人,我们会更关注制度和文化变迁背后的"宗教因素",也就是说,殷周制度变迁同时意味着人们信仰方式和信仰对象的变化。周公所创立的礼乐文化,也意味着需要做出"宗教"意义上的变革,从而使其与新的政治秩序相协调,而不仅仅沿袭殷商时期留下的信仰体系。比如王国维通过对"礼"的含义的分析,指出在这个时期,礼的范畴就开始从事神的活动转向社会生活领域。

对这个阶段的信仰状态的转变,在先秦时期的文献中就已经有很多的概括,被广泛引用的是《礼记·表记》中的一段话。

> 子曰:"夏道尊命,事鬼敬神而远之,近人而忠焉。先禄而后

---

① 郑开:《德礼之间:前诸子时期的思想史》,生活·读书·新知三联书店,2009年,第246页。

> 威，先赏而后罚。亲而不尊。其民之敝，蠢而愚，乔而野，朴而不文。殷人尊神，率民以事神，先鬼而后礼，先罚而后赏。尊而不亲，其民之敝，荡而不静，胜而无耻。周人尊礼尚施，事鬼敬神而远之，近人而忠焉，其赏罚用爵列。亲而不尊，其民之敝，利而巧，文而不惭，贼而蔽。"

这段文字中有一些难以疏通之处，不过我们可以从中看出殷周之际发生了由"尊神"向"事鬼敬神而远之"的变化，这种变化也被梁漱溟、徐复观等人看作早期中国思想脱离宗教路径走向"理性早熟""人文宗教"的标志。① 这种早熟体现在"宗教"观念上则是人们对于自然世界（尤其是对其背后作为支配力量的"天"）的认识有显著的转变。

如果说，在"天"出现之前的"帝"更多带有人类祖先神的色彩，那么"天"作为万物创生之本以及万物运行的规律，逐渐摆脱了对于族群特色的依赖，并衍生出"天命""天道"等观念。在信仰的层面上，如果说"天命"保留了"天"与"帝"的众多内在特性，那么更为晚起的"天道"则越来越具有"理性化"的一些特征。这造就了中华文明在信仰上的独特性：一方面，它并没有在从地方性向整体性扩展的过程中继续坚持"人格性"信仰的特征，而是将之推扩到"自然"的属性方向；另一方面，其祖先崇拜并没有因为"天"的产生而消失，而是以"敬天法祖"这样略带混杂性的状态存在着。因此，如果我们梳理由"帝"到"天命""天道"的思想发展过程，就可以把握中国早期宗教和政治文化发展的一些重要特征。

到春秋时期，周王逐渐失去了对于各个诸侯的统制力，而类似于五霸这样的诸侯逐渐认为"天帝"也赐命于他们，而他们也认为自己是因为有德而得到那个"命"的。这是当时诸侯权力逐渐架空君主权力的现实状况的反映，不过，在孔子看来，诸侯阶层这样的次级政治权力僭用王的合法性资源，是"礼崩乐坏"，儒家要坚持礼乐秩序的稳定性，因而"天命"

---

① 徐复观认为殷商时期人们对帝存宗教上的意义，而到周代的庙制，亲尽则庙毁，对于祖宗，其敬意主要存于道德。徐复观：《中国人性论史·先秦篇》，九州出版社，2014年，第28页。

观也成为这个时代最重要的命题之一,而像墨家这种多数成员来自社会底层的学派,肯定不会接受维护等级秩序的天命观的,而道家和法家会更倾向于讨论独立于人间秩序的"天道"观念。

第二节 天命与革命

殷周之间的变革,道德成为最重要的统治基础,故而,先赋性的"天命"便受到空前质疑。徐复观先生认为周初的人们已经不再将天命视为上帝按自己的意志或血缘的原因决定谁可以获得统治权,"天命并不先降在王身上,而系先降在民身上",[①] 故而也无须借助巫去了解帝的想法,从民意中去了解"天命"是最可信的途径,在天命如何发挥作用的层面,德与礼、德与位的关系成为当时政治思想的争论点。

《尚书》中《商书》一般被视为是周初的作品,其对于"天"或"天命"的表述,很明显都带有周人的语言特点。

> 予闻曰:"能自得师者王,谓人莫己若者亡。好问则裕,自用则小。"呜呼!慎厥终,惟其始。殖有礼,覆昏暴。钦崇天道,永保天命。(《商书·仲虺之诰》)

这里强调了谦虚的重要性,要当权者避免刚愎自用,只有依照天道行事,天命所归才能长久维持。若不能遵循礼制,暴力压制百姓,那么百姓就会通过革命来颠覆其统治,因为天道总是致福给善人而让恶行受到惩罚。

> 天道福善祸淫,降灾于夏,以彰厥罪。肆台小子,将天命明威,不敢赦。敢用玄牡,敢昭告于上天神后,请罪有夏。聿求元圣,与之戮力,以与尔有众请命。上天孚佑下民,罪人黜伏,天命弗僭,贲若草木,兆民允殖。(《商书·汤诰》)

周初的观念呈现出殷周之间的混杂性,也就是说周代所展现的理性主义的

---

① 徐复观:《中国人性论史·先秦篇》,九州出版社,2014年,第29页。

面向并不彻底。在这个阶段，不但"天"和"帝"混用，①而且"天命"和"帝命"也混用。由此，在观念上也会出现一些矛盾的地方。比如上文中，一方面强调天命"明威"，另一方面，则又说上天孚佑下民，"天命"并非固定不变的。这种矛盾表现得最为明显的是《商书·西伯戡黎》。

    西伯既戡黎，祖伊恐，奔告于王。曰："天子！天既讫我殷命。格人元龟，罔敢知吉。非先王不相我后人，惟王淫戏用自绝。故天弃我，不有康食。不虞天性，不迪率典。今我民罔弗欲丧，曰：'天曷不降威？'大命不挚，今王其如台？"
    王曰："呜呼！我生不有命在天？"

这段对话并不一定是实录，不过，从内容中我们看出，祖伊以周文王征服黎国的事件为例，劝诫纣王不要因为淫乐而自绝于天命。他警告说百姓都在祈祷上天来惩罚殷商。而纣王的回答则是"难道我的命运不是由天决定的吗？"从中我们可以看到，纣王应该相信自己乃"天命"所在，因此无论自己如何当政，天命并不可能转移。但从劝诫者的话语看，人们也开始认为天命是否能持续保有取决于人的行为，尤其是"有命者"的德性。

  因此，周初的"天命"观念需要通过多层次结构去认识。首先是"受命"，其次是"保命"，最后则是"革命"。

  "受命"即所谓天命所归。按当时的逻辑：往往是先祖建立某种功绩或具有道德上的巨大典范作用，这个宗族就会被上天所赋予其"位"，并且这个位置可以被继承，直到新的"受命"者出现。从周初开始，特别强调受命的基础是"德"。比如《史记·周本纪》对于周文王"受命"的描述：

    西伯阴行善，诸侯皆来决平。于是虞、芮之人有狱不能决，乃如周。入界，耕者皆让畔，民俗皆让长。虞、芮之人未见西伯，皆

---

① 顾颉刚、刘起釪：《尚书校释译论》，中华书局，2005 年，第 932—933 页。

惭，相谓曰："吾所争，周人所耻，何往为，只取辱耳。"遂还，俱让而去。诸侯闻之，曰："西伯盖受命之君。"

在这段描述文王获得政治正当性的文字中，"行善"并造就了礼让的社会风尚成为文王得位的原因。而人们也从文王行善这样的特征来判断其作为受命者的表征。不过，这个时期的道德论说并没有或者说也不愿意放弃"信仰"的因素，所以，围绕着受命者还有很多"感生"神话。从功能性的角度来分析，感生神话很大程度上是要将帝王的产生和"天"产生勾连，即说明先祖和天之间所存在的根源性关系。由此，不仅确定了天命所归的发生学基础，也同样因为感天而受命，而使王者成为"天下之大宗"，即天下之第一家族。家族的延续性和天命的神圣性在此获得统一。这一点我们从礼制的设置中也可以得到证明。① 不过，总体而言，感生和异象更多是强调其具备受命的先天条件，真正要成为受命者，主要的依据还只能是"德"。

正因为如此，要让子孙保住先祖所受之命，就必须时刻保持警惕，"惟不敬厥德，乃早坠厥命"。也就是说，如果君主不能发挥自己的道德表率作用，产生惠民的政治行为，天命就会坠落。

> 我不可不监于有夏，亦不可不监于有殷。我不敢知曰，有夏服天命，惟有历年；我不敢知曰，不其延。惟不敬厥德，乃早坠厥命。我不敢知曰，有殷受天命，惟有历年；我不敢知曰，不其延。惟不敬厥德，乃早坠厥命。今王嗣受厥命，我亦惟兹二国命，嗣若

---

① 《礼记·郊特牲》："万物本乎天，人本乎祖，此所以配上帝也。郊之祭也，大报本反始也。"陈赟教授在讨论祭天和祭祖的复杂关系时认为，其间有一种建构"家天下"的制度的内在逻辑线索。"宗法的最深根源被系于王者始祖所自出之天。在三代'家天下'的政教脉络中，天子并非意味着他以个体的身份而成为天之子，而是以其作为神圣家族成员的身份，尤其是神圣始祖的真正继承者的身份，而成为天之子，因而天命并不是在某一王者那里一蹴而就的，而是在王者所属的神圣家族修德立功的世代性过程中不断来到王者这里。正是这一获得天命的世代性，使得天子及其整个宗族最终根源于天之所命而展开为一个持续性过程。"陈赟：《周礼与"家天下"的王制：以〈殷周制度论〉为中心》，中国人民大学出版社，2019年，第231页。

功。(《尚书·召诰》)

周代的统治者之所以不断强调要从夏商二代天命转移的历史中去吸取教训,目的是要让周人的统治地位永续。周公建立的"道德共同体"的社会秩序被王国维命名为有别于殷文化的一种"新文化"。在"新文化"体系下,天命观念由上天赋予向人的自觉行为产生转变,由单向性的指令向交互性的关系模式转化。所以周代的文书中有大量的关于夏商时期统治者失德的警示,由此来提醒周代统治地位的继承者须行德政,儒家政治哲学的一些基本原则由此肇端。诸如:

> 商罪贯盈,天命诛之。予弗顺天,厥罪惟钧。予小子夙夜祗惧,受命文考,类于上帝,宜于冢土,以尔有众,厎天之罚。天矜于民,民之所欲,天必从之。(《周书·泰誓上第一》)

> 有夏桀弗克若天,流毒下国。天乃佑命成汤,降黜夏命。惟受罪浮于桀。剥丧元良,贼虐谏辅。谓己有天命,谓敬不足行,谓祭无益,谓暴无伤。厥鉴惟不远,在彼夏王。天其以予乂民,朕梦协朕卜,袭于休祥,戎商必克。受有亿兆夷人,离心离德。予有乱臣十人,同心同德。虽有周亲,不如仁人。天视自我民视,天听自我民听。(《周书·泰誓中第二》)

这种对于夏商失去其"天命"的反思,都集中于统治者的"德"以及统治者的表现所带来的民心之向背。这样的政治论说,使得天道与人道之间获得一条新的纽带。如果说以德配天是周人政治论说的重要命题,那么从中我们可以了解到,德既作为上天降命于人的理由,同时也意味着受命者具备了承受天所赋予的使命的能力。在这个意义上,德位之间才是适配的。或许绝对地从人文主义转向来理解那个时期的宗教和社会意识略显仓促,在郑开看来,重视"德"并不能简单地将之理解为"理性主义"的发展,毋宁说是"折射出政(政治)教(宗教)合一的神权主宰的转进,而政治控制模式逐渐成为了古代社会生活的主导方面和支配力量"。这样,周初文献中所强调的德,主要是"政德"。这并不意味着周人不再相信天命,而是说他们更为关注现实政治中德的展开。① 不过，从"德"的字义发展而言，虽然我们能够看到"德（悳）""外得于人，内得于己"（说文）的解释——这种解释比较接近后世对于人的道德品行的认识，即道德意识和道德行为的结合——但早期的"德"含义更为复杂，它也有可能表示人的社会地位，比如我们常见的关于"德"与"位"的讨论。② 这也从另一个方面可以看到，如果从"德"对于"受命"的重要性的维度，这个阶段的对于德与位之间关系的认知，主要侧重于权力体系内部的运行方式的转变。随着"德"在政治秩序运行中的权重的增加，那些原先表征"天命所归"的占卜和礼器的重要性就减弱了。

《左传》中关于郑国是否要重用子产的讨论中有一段话或可作为佐证：

> 然明曰："政将焉往？"裨谌曰："善之代不善，天命也，其焉辟子产？举不逾等，则位班也。择善而举，则世隆也。天又除之，夺伯有魄，子西即世，将焉辟之？天祸郑久矣，其必使子产息之，乃犹可以戾。不然，将亡矣。"（《左传·襄公二十九年》）

这段话反映了人们对于天人关系认识的转折，在这里，天并非是"纯善"的，它也可能表现出对于某个特定国家和统治者的"错误"的作为，因此，需要一个有德性的人来改变和扭转之，就此意义而言，人可以是"天"的矫正者，人的行为可以改变天的做法。而"德"论的极致就是对天命以及早期思想中可能更为接近天意的鬼神、巫师的作用的否定。比如《左传·僖公五年》中的一段文献就充分强调了人所能依靠和判别的是人世间的"德"，"鬼神"则并没有先天地偏爱某一国家或某个个体。

> 公曰："吾享祀丰絜，神必据我。"对曰："臣闻之，鬼神非人实亲，惟德是依。故《周书》曰：'皇天无亲，惟德是辅。'又曰：'黍

---

① 郑开：《德礼之间》，第272页。
② 王弼注乾卦九五爻辞说："位以德兴，德以位叙"，既强调了德对于获得位的先决性，也强调了位对于德的实现的重要性。

稷非馨，明德惟馨。'又曰：'民不易物，惟德繄物。'如是，则非德，民不和，神不享矣。神所冯依，将在德矣。"

"善之代不善，天命也"，这样的天命观特别典型地体现出人们对于天命转移的方向的认识，强调天命内含有由不善向善转化的驱动力。在孔子之后，儒家的政治论说强调了德位分离所带来的"权力合法性"的危机，因此，对于天命的认识更为强调个人对于自己的道德要求，而不一定导向权力和地位。从孔子的"天生德于予"（《论语·述而》）的说法中，我们可以了解，孔子要强调天命可以赋予所有的有德之人，而并非只是政治领袖。孔子的天人关系阐发中，天就不仅具有宗教性的含义，也发展出宗教与道德结合的面向。"到了孔子时，尽管同样是信仰天命，但可以看到，天降之物从支撑王朝政治向个人方面作为宿于心中之物的转换。……伴随着对天的信仰从王朝向个人方面的转换，产生了对以前作为受容主体的'心'的考察；对个人身体的关心也提高了。"[①]

"天命"理论的转向在行为动机上有两个方向，一是政治上的"革命"，二是个人对于命运的接受。

继承周初"天命靡常，唯德是辅"的理论，一种以君主的德性来决定他是否能够当得天命之所在的"革命"理论，成为孔子弟子特别是公羊学的政治思想中最具感染力的学说。

"汤武革命"的说法来自《周易》中的"革卦"，认为汤武推翻桀纣来完成的政权更替并非是不守臣道的谋叛行为，而是应乎天和顺乎人的。革命理论对于十分强调君臣父子的等差秩序的儒家来说，用于解释道德作为政权转移的基础和作为臣属取代君主而获得政权之间存在着政治合法性依据的"紧张"甚至"冲突"。孟子和荀子都否认"汤武革命"是一种"篡弑"，而将之看作是对于暴力政治的抛弃。但也有人强调了孟荀和《易传》对于革命理解的差异，蒙文通就曾指出："孟荀是先否认桀纣所受的天命，然后提出汤武不弑篡。《易传》则是承认桀纣所受的天命，但是却

[①] 小野泽精一等：《气的思想：中国自然观与人的观念的发展》，李庆译，上海人民出版社，2014年，第57页。

认为这个天命是可以革去的，明确提出了'革命'的概念。"①相比之下，先否认其受命是一种更为"激进"的主张。

革命的观念到汉代依然有很多支持者，特别是在公羊学的系统中，关于革命和篡夺的争论始终存在，比如董仲舒说，"天之生民，非为王也，而天立王以为民也"。②在这样的民本思想引导下，董仲舒认为王者之位，虽为上天所予，若不顺天意，就可以夺回。据此，汤武革命就不是"不义"的"篡弑"行为，是由于桀纣无道而汤武征伐之。

毫无疑问，革命论并不能与大一统所需要的稳定的统治连续性相匹配。这种带有暴力色彩的理论在后世逐渐消退或也是"天命"。

孟子和荀子可以视为是革命论的重要建构者，然而，与他们同时代的儒门弟子开始将天命论转化为一种生成论倾向的新天人合一论。《中庸》首章说："天命之为性"，这里的"天命"则更为接近于一种"生而所以然"，我们依然能看到人之所为背后的"天"的规定性，也即朱子解释中所强调的"令"，在这里，是其所是的内容更是人之所以然的内在依据。这样从认识论和修养论上就会发生一种反转。原先我们需要通过巫或其他手段去了解天意，而在子思、孟子的系统里，尽心、知性就可以知天，这就为后世儒家特别是宋明儒家以内在道德的工夫修养为主的内圣之学埋下伏笔，而外王之政治实践反而缺乏系统性的展开。

在思孟一系的天命论中，内在的道德自觉和日常生活中的道德实践就是天命之所归。既然天命是其所是，那么个人的命运则要顺应自然之安排。在儒家的思想中，一直有一种顺命论。如《礼记·表记》所主张的"得之自是，不得自是"的相对超脱的生活方式。

> 君子恭俭以求役仁，信让以求役礼。不自尚其事，不自尊其身，俭于位而寡于欲，让于贤，卑己而尊人，小心而畏义，求以事君。得之自是，不得自是，以听天命。

---

① 蒙文通:《孔子和今文学》，载《经学抉原》，上海人民出版社，2006年，第224页。
② 董仲舒:《尧舜不擅移、汤武不专杀》，载苏舆:《春秋繁露义证》，中华书局，1992年，第220页。

到汉代，在黄老等思想的影响下，对"天命"所提示的个人命运的顺应成为人们调节身心的一种手段，如《淮南子》中有言：

> 原天命，治心术，理好憎，适情性，则治道通矣。原天命，则不惑祸福；治心术，则不妄喜怒；理好憎，则不贪无用；适情性，则欲不过节。（《淮南子·诠言训》）

从总的趋势来看，天命论中的宗教性因素逐渐消退，而日常道德的特性逐渐增加。而从养生来理解天命，则可以理解为一种自然秩序，更为接近道家思想中的"天之道"或"天道"。

第三节 巫术、礼乐与天道

一般而言，在早期中国思想的谱系中，道家思想更侧重于讨论与人事相隔离的独立的"道"，而相比之下，儒家则很少谈论"天道"，所以，在墨子看来，儒家是传统天神信仰的破坏者，"以天为不明，以鬼为不神"（《墨子·非儒》）。在道家看来，儒家陷溺于人事而缺乏对于自然的了解。这种批评有一定的道理。不过，儒家并非真的认为自然规律不重要，而是认为天意隐晦难测，既然政治和社会生活的最终目标是建立良善的生活方式，那么通过民意去了解政治是否落实了天意就成为最好的方式。理解天道的密码在于人事，由此，儒家对于天道性命的讨论，很大程度上源自对于宇宙的自然规律以及规律背后的道德性的讨论，这极大地推进了儒家的理性主义和普遍主义的维度。①周初德观念流行，天道与人道的关系中，人道所占比重较前一时代有很大的跃迁，其显著的后果就是礼乐活动不断从事神、礼神的媒介转向春秋时期的一种人道的秩序。

---

① 李源澄认为天人合一的思想是儒道摆脱天神崇拜走向理性的关键。他说："古人以天神为造生万物之祖，自老、庄言自然，而天神遂失其所以神。又古人神道设教，一切礼法刑政皆本于天，自孔子以来，始求诸本心，至孟子言义内而大备。夫以自然代天神之造物，本心继天而立法，为礼义之根源，而天人并存者，则以天人合一之思想存于其间故耳。"见李源澄：《天人合一说探源》，载王川选编：《李源澄儒学论集》，四川大学出版社，2010年，第440页。

人道的活动以天为摹本，但天道遥远，人道贴近，所以，顺天的行为事实上必须表现为对于人的合理秩序的肯定。由此，诗书和礼乐活动成为人们体察"义"和"德"的形式化内容。"诗书义之府也，礼乐德之则也。"（《左传·僖公二十七年》）

在礼乐作为文明的核心表达方式之前，或者，当礼乐由事神的仪式转变为结合神圣仪式和日常生活内容的"新文化"的过程，就是中国理性早熟和人文主义取代神秘主义的过程。

有学者认为礼仪可能来源于早期巫师"通天意"时的一些仪式活动。在古史的传说中，天地形成之后，天上的神与地上的神无缘往来，但后来却出现民神杂糅的混乱局面，人们失去尊卑秩序，神祇也失去威严，所以绝地天通，而天地之间的沟通者就是巫师。《国语》中的一段话经常被理解为单子拒绝用"天道"来解释现实中的困境。

> 单子曰："君何患焉！晋将有乱，其君与三郤其当之乎！"鲁侯曰："寡人惧不免于晋，今君曰'将有乱'，敢问天道乎，抑人故也？"对曰："吾非瞽、史，焉知天道？吾见晋君之容，而听三郤之语矣，殆必祸者也。"（《国语·周语下》）

鲁侯在问如何作出"将有乱"的预测时，给出了两个选项，一是天道，二是人故。这里所谓"天道"即是天地运行的轨迹及由此产生的祸福吉凶。"人故"则是人类活动所造成的后果。单子说自己不是瞽、史，所以不知道"天道"。这里的瞽、史其实就是巫师，他们往往是聪颖之人，也是社会中一个特殊的阶层。瞽是那些失去视力的人，即使在今天，从事占卜的人中，还有许多是盲人。而"史"则是掌管祭祀的人，《左传》中说："我大史也，实掌其祭。"（《左传·闵公二年》）这是说，大史是掌管祭祀的人。史和巫合称的例子更多，《周易》巽卦中有言："巽在床下，用史巫纷若，吉。"陈梦家先生说王是群巫之首，所以王的周围有很多巫师和史祝。"王前巫而后史，卜筮瞽侑，皆在左右。"（《礼记·礼运》）"龟为卜，策为筮，卜筮者，先圣王之所以使民信时日、敬鬼神、畏法令也；所以使民决嫌疑、定犹与也。"（《礼记·曲礼上》）

《史记·太史公自序》中，司马迁记述他的先祖就是从事祭祀和掌管历法的人："余先周室之太史也。自上世尝显功名于虞夏，典天官事……汝复为太史，则续吾祖矣。"所谓周太史"典天官事"，实为司天、掌历法，兼主占星、占日，是谓授时之官；看天象以知人事，即占卜之人。

在王独占史巫的权能之前，据说存在着一个人人均可通神的时期。而前文中所提到的"绝地天通"就是描述了"王"是如何通过垄断天意解释权而强化世俗权力的过程。

《国语·楚语》中，记录了观射父对《尚书》中"绝地天通"说法的一种解释：

> 古者民神不杂。民之精爽不携贰者，而又能齐肃衷正，其智能上下比义，其圣能光远宣朗，其明能光照之，其聪能听彻之，如是则明神降之，在男曰觋，在女曰巫……及少昊之衰也，九黎乱德，民神杂糅，不可方物……颛顼受之，乃命南正重司天以属神，命火正黎司地以属民，使复旧常，无相侵渎，是谓绝地天通。

"绝地天通"通常被认为是中国古代文明去宗教性而导向人文化的"转折点"。这样的解释不免过于"绝对化"。实际上可以理解为，一是通过垄断祭祀活动而强化某个神圣家族与天之间的联系，从而建立起垄断权力。收紧各种可能使得百姓产生对于单一权力的质疑的方术，始终是垄断权力的必要手段。而民神杂糅的方式，也会导致"神意"的泛滥而难以统一，因此，要截断这样的通道。绝地天通之后，巫师们失去了通天者的身份，他们要想获得天意也需要通过"王"的委托，这样，现世的王则也担负起"群巫之王"的角色。二是通过礼仪化的建构来规范人们的宗教性活动，并将宗教活动去魅而转化成日常仪式。据此，神意只用来处置权力的来源，而权力的运行与得失则转变为更为自然化的"天道"。

从殷周时期关于占卜的记载中，我们也可以看到人们对于命的概念的转化，这也意味着儒家天人关系模式的转变。徐复观先生特别关注到"敬"的观念在其中的作用，他说："周初所强调的敬的观念，与宗教的虔敬，近似而实不同。宗教的虔敬，是人把自己的主体性消解掉，将自己投掷于神的面前而彻底皈依于神的心理状态。周初所强调的敬,是人的精神,由散漫而集中,并消解自己的官能欲望于自己所负的责任之前,凸显出自己主体的积极性与理性作用。"①按徐复观先生的看法,周人代殷而统治,是以弱胜大,故而需要统治者有更多的忧患意识,他们对"命"的关注,更倾向于对民心民意的关切,而非茫昧无际的神秘力量。

到了春秋时代,人们对自然的变化有了更多的了解,这个时期的卜辞,不再是神意的体现,而是从某种"数"来表示命运的"决定性"。②也就是说,卜辞不再对人类活动的决断起决定性的作用,而是一种"愿望"的表述。李零等人观察到,殷商时期的卜辞,一般都附带有"验辞",到西周和战国时期就不再有类似的"准确性"的证据。③

由此,那些象征国家稳定的"礼器"不再成为天命所系,也不再具有衡量统治权力是否稳定的关键作用。

> 楚子伐陆浑之戎,遂至于洛,观兵于周疆。定王使王孙满劳楚子。楚子问鼎之大小轻重焉。对曰:"在德不在鼎。昔夏之方有德也,远方图物,贡金九牧,铸鼎象物,百物而为之备,使民知神、奸。故民入川泽山林,不逢不若。螭魅罔两,莫能逢之,用能协于上下以承天休。桀有昏德,鼎迁于商,载祀六百。商纣暴虐,鼎迁于周。德之休明,虽小,重也。其奸回昏乱,虽大,轻也。天祚明德,有所厎止。成王定鼎于郏鄏,卜世三十,卜年七百,天所命也。周德虽衰,天命未改,鼎之轻重,未可问也。"(《左传·宣公三年》)

孔子就主张从现实世界出发来理解秩序原则,因此,不愿意讨论"性与天道",敬鬼神而远之。在《孟子》和《荀子》分别只有一次直接使用"天道"概念。在《孟子》中,天之道是"诚",也就是内外一致。而在荀子这里,天道完全作自然主义式的理解,那些事神和占卜活动完

---

① 徐复观:《中国人性论史·先秦篇》,九州出版社,2014年,第22页。
② 徐复观:《中国人性论史·先秦篇》,第45页。
③ 李零:《方术四题》,载氏著:《中国方术续考》,中华书局,2006年,第20页。

全没有作用。

> 雩而雨，何也？曰：无何也，犹不雩而雨也。日月食而救之，天旱而雩，卜筮然后决大事，非以为得求也，以文之也。故君子以为文，而百姓以为神，以为文则吉，以为神则凶也。（《荀子·天论》）

对于从西周到春秋战国时期的天命论的转化，陈来说："西周时代的天命论，总体上说，仍然是一种神意论，而不是后来发展的自然命定论或宇宙命运论，仍然披着皇天上帝的神性外衣，但也不可否认，其中已缓慢地向一种秩序和命运的思想发展。秩序的观念逐步凝结为'天道'的观念，而命运的观念则仍旧依存于'天命'观念下来发展。"① 这就是说，具有神秘色彩的命运观念存在并发展着。而作为秩序和自然规律意味的"天命"则逐步发展出"天道"的观念。

中国人很早就发展出天地人三才的观念，即天道、地道和人道共同构成这个世界的基本要素，这三者之间，或许天道具有某种意义上的优先性，但这种优先性并不能独立存在，而须与人类的活动和周边的环境建立起共生共存的关系。《国语》中范蠡就很好地阐发了这三者协调与政治军事活动取得成功之间的内在关系。

> 越王勾践即位三年而欲伐吴，范蠡进谏曰："夫国家之事，有持盈，有定倾，有节事。"王曰："为三者，奈何？"对曰："持盈者与天，定倾者与人，节事者与地。王不问，蠡不敢言。天道盈而不溢，盛而不骄，劳而不矜其功。夫圣人随时以行，是谓守时。天时不作，弗为人客；人事不起，弗为之始。今君王未盈而溢，未盛而骄，不劳而矜其功，天时不作而先为人客，人事不起而创为之始，此逆于天而不和于人。王若行之，将妨于国家，靡王躬身。"（《国语·越语下》）

---

① 陈来：《古代宗教与伦理：儒家思想的根源》，生活·读书·新知三联书店，1996年，第194页。

第一章 天、天命、天道：早期中国政治的超越性维度

天道和地道有时会合并成自然属性的"天道"，而将天道与人道对置。对于"天道"与"人道"的关系，《左传·昭公十八年》中子产所言"天道远，人道迩"经常被提及。

> 裨灶曰："不用吾言，郑又将火。"郑人请用之，子产不可。子大叔曰："宝，以保民也。若有火，国几亡。可以救亡，子何爱焉？"子产曰："天道远，人道迩，非所及也，何以知之？灶焉知天道？是亦多言矣，岂不或信？"遂不与，亦不复火。

从前述引文可以看到，缘于"天道"概念为儒道所分享，其含义也是复合式的。首先是带有原初"天"或"天命"中所具有的宗教性的"命运"的意义，其次是去宗教性的伦理秩序，最后是完全表达不受人力影响的"自然秩序"。这三种含义逐渐分化而独立发展，因此，陈来认为并不能将转向人文主义看作是那个时期中国文化的特色，真正的特色在于形成了一个表征自然、社会和伦理的综合意义的"道"的概念。"不用多说，'道'的早期意义是人行之路，天道即天体运行之路，概念的发展使得'道'和'天道'具有了法则、秩序、规律的自然哲学意义，又具有了规范、原则、道义的社会思想的意义。"[①]

虽然天道概念的多元化发展表明中国文化呈现出的多层次性和复杂性，这种分化也越来越稀释了"天"观念中的超越性因素，而儒家对于人道的强调，实质上是抽空了天所具有的对人类行为的"规定性"。对此，李泽厚认为，由于强调了天道的自然属性，因此，天道处于不断的运动变化之中，并与人的行为相关联。"在中国，'天道'与'人道'是同一个'道'。'天'、'天道'、'天命'、'天意'总是存在和呈现在'人道'之中。从而，此'道'很难成为超验对象，而只能是呈现在'生生不息'的大化流行中，在人及万物的生命、生长中，在君王的德政和礼制中，在'天行健，君子以自强不息'的人生奋斗中。"[②]在李泽厚看来，由巫到史

---

① 陈来：《古代思想文化的世界：春秋时代的宗教、伦理与社会思想》，第70页。
② 李泽厚：《由巫到礼 释礼归仁》，生活·读书·新知三联书店，2015年，第26—27页。

的转化使得天道与人事之间建立起坚实的关系,这样一来,中国人并不会建立起完全超越性的绝对的上帝观念,而是建立起规则性、律令性和理势性的天道观念,这是中国人最早建立的思维定式之一。①

由带有神秘性和信仰性的天命观向理性化、自然化的天道观的转化,所形成的是中国政治思想中重视内在修养的功夫论的道德理想主义,而非一种外在于现实政治权力有绝对制约性的力量,所以,民本理念并没有发展出保障民众利益和权力的政治制度。汉代以后的大一统政治秩序中,宰相、御史大夫等所具有的行政权和监察权,始终没有从皇权中独立出来。

钱穆先生曾经称赞过汉代以后君权和相权之间的相对独立,他说,在如此广土众民的国家,通过选举来确立皇帝人选是不可能的,而且皇帝的世袭,也可避免纷争。但世袭制不能保证每位皇帝都贤能,"于是政治实权则交之丞相。丞相始为政府之实际领袖与实际负责人,丞相不世袭,可以任贤用能,而丞相更迭,亦无害于王统之一系相传。"②在钱穆看来,皇帝只是地位最尊,而政治上的最高权力实际由丞相"操握"。对汉代乃至明以前的中国权力格局做如此之描述,显然离现实很远。实际的状况是皇权对于政治权力的掌握是实质而且残酷的。比如汉成帝时,出现了"荧惑守心"的天象,按照当时盛行的灾异思想,这便是对皇帝施政不善的"谴告",而陷于政治斗争旋涡的丞相翟方进却被要求为皇帝"替身"来承担政治后果,导致翟方进自杀以尽忠。由此可见,即使丞相承担最高的政治责能,但在皇帝的威权面前,依然是生命难保。

总而言之,儒家的政治论说中,民众的角色在理论结构上十分重要,但在政治实践中,则展现为多重化的倾向:一方面,民众在统治合法性论证中的地位呈现出越发重要的趋势,尤其从周代的"天命"观念与统治者的"德性"紧密联系的开始,民众的喜好与天意之间确立起一种相互影响的关系,而实质上则体现为人道原则在政治秩序建构过程中越来越重

---

① 李泽厚:《由巫到礼 释礼归仁》,第 73 页。
② 钱穆:《中国文化史导论》,商务印书馆,1994 年,105 页。

要的地位，并成为儒家政治论说的"常道"。比如，孟子在《尽心下》中说："民为贵，社稷次之，君为轻。"《荀子·大略》说："天之生民，非为君也；天之立君，以为民也。"这样的政治观点必然会导向对于"革命"的肯定，从而将天命观念与革命的合法性勾连起来。很显然，当孟子和荀子反对抽象的"禅让"理论的时候，他们所试图"剥离"的是"天"对于人间秩序的绝对控制权，而董仲舒之后的儒生希望通过天道来制约权力，实质上依然是依赖于对权力拥有者德性的要求，由此产生的后果是，儒家政治理论因为否定"天意"的绝对性而使得超越世俗政权的"绝对意志"的丧失，其政治哲学始终难以与伦理学或道德理论有效分离，历史事实反复证明了，对权力拥有者的个人道德素质的要求难以真正成为对于统治者本身的"硬压力"。

另一方面，从"智"的层面，儒家又在某种层面肯定了民众与君子之间的"差距"，这样，从一个政治实体而言，民众始终是需要启发和教育的对象。而君主则通过"德性化"的过程同时成为社会的榜样，"教化"被看作是儒家政治活动的最核心的部分。政治发展的历史告诉我们，儒家的政治理论并非是一种制约性的学说，而本文所梳理的殷周之际"天"的观念的转变，充分体现了天人关系的复杂性以及由此产生的儒家伦理政治的"柔弱性"，当大一统的国家形成之后，政治权力的绝对性进一步压制了儒家革命性的发展，经由董仲舒之后，经学体制和儒家化的察举制度的推行，不断绝对化的儒家观念成为现实政治的合谋者。这一点，我们可以从董仲舒的"天"论中得到进一步的印证。

第二章

大一统秩序下的天道普遍性

——董仲舒"天"观念疏解

天人关系是儒家的核心议题,每一次天人关系的认识的转折都标志着儒家对于秩序和价值的理解的新发展。殷周之际,人们对于天命转移的新认识,意味着"敬德保民"观念的兴起,奠定了儒家政治哲学的基本理念。从殷周的文献中我们可以看到,古人对于"天"的认识存有从信仰到自然的多重层次的意义,而且,不同层次的意义经常交叠。到战国后期,诸子对于天道与人事之间关系的认识依然十分复杂,而从自然规律的角度理解"天道"逐渐成为主流。徐复观先生认为作为人格神意义的天,在战国秦汉之际日渐式微,由气候而发展出来的人的活动与天时的关系,却随着生产的发展而不断得到完善,终于通过阴阳和五行的结合,发展出《月令》等规范人的行为的"政治时间"。如此,天更多体现为自然之天,政令、人的行为都要顺应阴阳四时五行之气来运作。自然的天范导人的行为,人要自觉服从天道运行规律。这个时期的天人关系与殷周之际道德意义上的天命观已有很大不同。[①]"由阴阳五行所构造的天,不是人格神,不是泛神,

---

[①] 薛梦潇说,秦历法统一了四时的划分,以夏历为基础。"夏正'得天',相较于殷历、周历更符合农业休作周期。自此,秦代结束了纪时法历出多元的状态,在一条包含时、月的纪时文字中,不再有二者历法不匹配的问题。"见《早期中国的月令与"政治时间"》,上海古籍出版社,2018年,第240页。

不是静态的法则；而是有动力、有秩序、有反应（感通）的气的宇宙法则，及由此所形成的有机体的世界。"①如此，人对于天地万物的一致性的建立，就是对于自然规律的遵循，即所谓的"法天地"。

汉初的黄老道学也是强调从自然的角度来理解天。黄老道学的"无为"思想是道家"道法自然"观念的延伸，他们对治理之道的理解偏重于遵循自然规律，试图将君王的行为收纳到天道运行的规律之中。

天道观的转变必然影响对世俗秩序的认知。当时人们普遍相信存在着一个"德衰"的过程，在三代之际，天命所归者是德位合一的"圣人"，在慨叹孔子有德无位的混乱秩序之后，秦汉时代的人们接受了德位分离的观念，王的地位的获得并不一定是因为其内圣，而可能仅仅是因为受天命的眷顾，甚至就是一个血缘的偶然性。在秦汉之际的政治哲学话语体系中，统治权力的获得与延续固然需要道德的支撑，但更为重要的却是因为其符合天道的自然运行规则。

在汉代最富有哲学意味的著作《淮南子》中，对"天"的认识就十分强调"天"的自然属性，而圣人之所以为圣人，即是其能因循天道。在《淮南子》中已经有天人相副的说法，认为人体的基本结构与天的结构类似，《精神训》中说："故头之圆也象天，足之方也象地。天有四时、五行、九解、三百六十六日，人亦有四支、五藏、九窍、三百六十六节。天有风雨寒暑，人亦有取与喜怒。故胆为云，肺为气，肝为风，肾为雨，脾为雷，以与天地相参也，而心为之主。"虽然不能直接就认定这些说法影响了董仲舒的"天人相副"的思想，至少我们可以认定在汉武帝前后，人们对于天人关系认识有一些共同的特点：（一）从天人相副，通过"同类相感"来论证天人感应，从而使天意能够干预统治者的行为；（二）强调天道的自然运行，而公羊家则利用了当时的阴阳四时五行的思想来建构以三统、三正为基本格局的统治合法性理论；（三）通过天道运行的客观性来论证其治理方略为"天下公意"的体现。徐复观先生认为董仲舒的天的哲学是从《吕氏春秋》的十二纪纪首发展而来，其实就

---

① 徐复观：《两汉思想史》（二），九州出版社，2014年，第76页。

是强调了《吕氏春秋》《淮南子》到《春秋繁露》在对天的认识上的连续性。

第一节 天命、天道、天德：自然之天与道德之天的结合

本章对董仲舒的"天"的观念的疏解主要依据《春秋繁露》，也结合《汉书·董仲舒传》中举贤良对策的相关内容。我们知道，董仲舒所做的天人三策，是应汉武帝所问而做的回应，尤以第一策对于"天命"所关的合法性关切最为重要。董仲舒的回答亦是以对于"天命"和"天道"的解释为主，并以此来探讨以教化作为长治久安之道。作为政策性建议的"天人三策"，其理据则来自《春秋繁露》的相关理论展开。

一 天命

相比于殷周之变激越的"革命"气氛，刘汉取代暴秦的过程的记载充满着谶纬气息，无论是秦始皇所说的"东南有天子气"，还是汉高祖斩蛇过程中的"赤帝"代"白帝"的故事，都没有继承"天命靡常"的道德性论证，而是诉诸不可捉摸的神秘力量。这说明汉初以黄老道学为主的思想倾向中"非道德"的天道循环论的意义，而这个时候不断积聚解释力的公羊学则从儒家的价值观和阴阳五行的思想资源的结合中，逐渐确立了道德论和宇宙论的解释范式。经过文景之治的休养生息，社会财富已经有了相当的积累，汉代统治逐渐稳定，具有雄心大略的汉武帝开始考虑如何使汉代的国祚延续和大一统国家的价值凝聚的问题。他要关心三代政权转移的"预兆"、上天对于不良政治的警示，以及落实到人性的教化从何入手的问题，他需要一种更为自洽和积极的理论创构。董仲舒在对策中将这些问题归结为"天命"与"情性"。在董仲舒看来，问策即是一种自省之道，体现了天道仁心。至于如何转化为适合的治理之道，董仲舒认为"仁义礼乐"是唯一合适的手段。政权延续必须仰赖"礼乐教化之功"（《汉书·董仲舒传》）。

对于天命所归的问题，董仲舒采用了"双重证据法"的论证策略。首先天命是"非人力所能致而自至者"，其次是"天下之人同心归之"的诚意，这两者结合就会出现"天瑞"来预示其得到了上天的眷顾。政权获得后也不是一劳永逸，如果后世的继承者"废德教而任刑罚。刑罚不中，则生邪气；邪气积于下，怨恶畜于上"（《汉书·董仲舒传》），那么上天就会通过灾异来警告。董仲舒认为汉武帝继位之后，之所以没有祥瑞出现，主要是没有兴教化。若是能兴儒学，立太学，教化国民，民风习俗就会改善。

董仲舒并不可能在一篇给汉武帝的"对策"中系统地展开他对于"天""天命"问题的认识，作为一个从公羊学角度来对汉代统治秩序的合法性进行重新解释的儒生，纵使他吸纳了阴阳家和谶纬的因素，他的理论根基依然要建立于公羊家的"受命"说之上。

董仲舒重新解释了《春秋》中的"西狩获麟"的故事，他将"获麟"解释为孔子"受命"当新王，为汉改制立法的瑞应。从而赋予有德无位的孔子如何因素王而制法的"正当性"。"素王"说完成了孔子"为汉制法"与"为万世制法"之间的文明精神承载者的理论路径，但也承认了天命与现实权力分离的事实。现实的统治者，并非"制法者"，他需要"依法"而为。这样孔子就成为天道的宣示者，圣人的道统与现实政权之间的二元关系得以确认。然而，当五德始终成为天命转移的自然支撑的时候，天命中所需要的"道德"支撑被"黑白赤"所代表的三统或五行按天道流行的有规律运转所取代。由此，在董仲舒这里，他改造了"受命"观，"受命"被用来解释阴阳尊卑的秩序，在论证权力的合法性和维护现实秩序的选择中，更为偏向于后者。

在董仲舒的论述中，殷周之际的"道德天命观"虽依然有效，但"自然天命观"已经成为论证的基调，即前述对策中"非人力所能致而自致"的内容。在世袭制的局势下，统治权的更替并非基于卓绝的德政而获得民心，而是基于血缘的先天性因素。皇帝本人，他是继承链条中的一员，他要做的是在王朝的秩序下的"改制"以显示权力的继承。董仲舒区分了"改制"和"易道"。这里的"道"可以理解为儒家的王道政治，即任何王朝都要在坚持王道政治的前提下进行政策性"调整",这可以理解为是对父权子继的王朝的合理性进行持续性的"维护"。在《春秋繁露·楚庄王》中,董仲舒说:

> 今所谓新王必改制者,非改其道,非变其理,受命于天,易姓更王,非继前王而王也。若一因前制,修故业,而无有所改,是与继前王而王者无以别。受命之君,天之所大显也。事父者承意,事君者仪志。事天亦然。今天大显已,物袭所代而率与同,则不显不明,非天志。故必徙居处、更称号、改正朔、易服色者,无他焉,不敢不顺天志,而明自显也。若夫大纲、人伦、道理、政治、教化、习俗、文义尽如故,亦何改哉?故王者有改制之名,无易道之实。①

这段话可注意处甚多:首先,受命于天,易姓更王,乃是一种天命的转移,而不是对于上一个王朝的延续;其次,这个改变是"天志"的要求,统治者需要做出改变向上天"显示"已经完成权力转移;最后,这个改变并非对于统治原则的改变,而是因为天道运行而要求人类的秩序亦作出相应的变化。从这个意义上说"改制",虽然也会有文质转换,但服色和正朔的变化,更接近于符号系统的变化,而非人伦、道理层面的更改。统治原则只能由圣人来制定,现实的统治者要通过符号系统的变更来"显现"自己秉承天意而治的决心。

在《春秋繁露》中,"圣人"被赋予一种全新的能力,即察知"自然"的细微变化而感知"时间"。他能够根据阴阳尊卑和"时"的变化制定出与时相谐的秩序,以防止政令混乱。

> 凡百乱之源,皆出嫌疑纤微,以渐浸稍长以至于大。圣人章其疑者,别其微者,绝其纤者,不得嫌,以蚤防之。圣人之道,众堤防之类也。谓之度制,谓之礼节,故贵贱有等,衣服有制,朝廷有

---

① 董仲舒:《春秋繁露·楚庄王》,载苏舆:《春秋繁露义证》,中华书局,1992年,第17—19页。

位，乡党有序，则民有所让而不敢争，所以一之也。①

作为一个受天命的王者，他要努力完成天意，天意"为民"，他就需要立政为民。"天"会通过众多细微的方式来提醒这个使命的完成度，故而，须用各种方法来体察天意。

如此这般，"受命"观念被"改造"为"接受指令"。周秦以来人们一直强调天命靡常，惟德是辅，而到董仲舒这里，"受命"并非是通过自己的努力来获得机会，而是通过观察"预兆"来领受和完成上天的命令。经过这样的转换，政治秩序中的差序格局便成为层层接受"指令"的传达系统，天子听天的指令，而诸侯则要服从天子的指令。

> 天子受命于天，诸侯受命于天子，子受命于父，臣妾受命于君，妻受命于夫。诸所受命者，其尊皆天也，虽谓受命于天亦可。②

当自然秩序被伦理化，伦理秩序也被"自然化"。父亲和丈夫也就相当于儿子和妻子的"天"，后二者之"受命"也就是要听命于父亲和丈夫。康有为和苏舆将董仲舒的说法解读为对《礼记》之《丧服传》中的"君者，天也；父者，天也；夫者，天也"的继承，甚至与《论语》中的"畏天命"联系起来，认为这样的"受命"过程可以帮助人们建立起父兄子弟之亲和忠信慈惠的行为，体现了人道参天的崇高性。③

> 人之受命于天也，取仁于天而仁也。是故人之受命天之尊，父兄子弟之亲，有忠信慈惠之心，有礼义廉让之行，有是非逆顺之治，文理灿然而厚，知广大有而博，唯人道为可以参天。④

在这里人之受命于天，则是秉承了天所具有的"仁"的特性。董仲舒从仁者爱人的角度，认为人的道德意识源自于天，而道德的本质是"爱人"。

---

① 董仲舒：《春秋繁露·度制》，载苏舆：《春秋繁露义证》，第231页。
② 董仲舒：《春秋繁露·顺命》，载苏舆：《春秋繁露义证》，第412页。
③ 康有为：《春秋董氏学》，中华书局，1990年，第147页。
④ 董仲舒：《春秋繁露·王道通三》，载苏舆：《春秋繁露义证》，第329—330页。

这里的"参天"从主动性程度看比《中庸》要弱化，《中庸》从尽人之性到与天地参，充满着为仁由己的"参与"感。而在上文中所说的人道"可以参天"，则是强调了人道对于天道的"领受"。

二 天道与天德

董仲舒说《春秋》所要确立的法则是人随君、君随天这样的差序格局。由此，天意必然通过"天道"以使人有途辙之所可循。在《春秋繁露》中，"天道"比较接近于日月运行之自然规律，在《阳尊阴卑》中说："是故天道十月而成，人亦十月而成，合于天道也。"① 在《春秋繁露》中，有一个特别重要的倾向值得关注，即在先秦儒家中，一直强调为仁由己，而人的道德意识或由内在的同情心而激发（比如孟子），或由圣人称情立文（荀子）；而在董仲舒这里，人的道德行为的倾向是由"天道"所决定的。其过程是"天施"而后"人受"。在《天道施》一文中，天道的特征是一种积极的"施"。"天道施，地道化，人道义，圣人见端而知本，精之至也；得一而应万，类之治也。"② 在这个天地人的结构中，由天道运行来赋予人们行为的正当性，然后通过教化和培育，构成人道中的道德规范。

"天施"就是自然展示给人类的部分，包括具有"确定性"的日月星辰及其运行，还有阴阳五行这些用以描述"确定性"的元素。天道的运行有阴阳，落实到人的身体上，就会产生贪仁这样不同的人性特征。自然界既然体现为阳对于阴的优势，那么在人类的道德中，自然也会突出仁道而抑制贪念。

> 身之名取诸天，天两，有阴阳之施，身亦两，有贪仁之性；天有阴阳禁，身有情欲栣，与天道一也。③

董仲舒认为人对于自身的道德节制并非来自人的内心的"道德意识"，而是身为天所赋予，因此要"禁天所禁"，要追随天道。而王者作为

---

① 董仲舒《春秋繁露·阳尊阴卑》，载苏舆：《春秋繁露义证》，第324页
② 董仲舒《春秋繁露·天道施》，载苏舆：《春秋繁露义证》，第468—469页。
③ 董仲舒《春秋繁露·深察名号》，载苏舆：《春秋繁露义证》，第296页

天意的直接接受者，就要视天如父，要小心翼翼地理解天，并据此来确立制度，惩恶扬善。他说：

> 夫王者不可以不知天。知天，诗人之所难也。天意难见也，其道难理。是故明阳阴、入出、实虚之处，所以观天之志。辨五行之本末顺逆、小大广狭，所以观天道也。天志仁，其道也义。为人主者，予夺生杀，各当其义，若四时；列官置吏，必以其能，若五行；好仁恶戾，任德远刑，若阴阳；此之谓能配天。①

当荀子强调天人相分的时候，是说天道运行与人的行为无关，在强调天道自然属性的时候，要强调人的主动性。而董仲舒则提出人要配合天道，天意不易明晓，王者要通过阴阳五行之变的"天道"来辨明之，从天道之运行看出天意的倾向是"好仁"，因而人间秩序的建立就应该配合"任德远行"的天意。

既然阳尊阴卑、阳多阴少，配天就意味着任德远刑。刑代表天道中阴的部分，是天道整体运行所不可或缺的，体现在人类的秩序中，是作为德政的辅助，礼乐刑政不可或缺，此之谓"有平有威"。

> 天有和有德，有平有威，有相受之意，有为政之理，不可不审也。……我虽有所愉而喜，必先和心以求其当，然后发庆赏以立其德。虽有所忿而怒，必先平心以求其政，然后发刑罚以立其威。能常若是者谓之天德，行天德者谓之圣人。②

与《周易》系统的阴阳平衡不同，《春秋繁露》中认为阳多阴少，所以，阴阳的尊卑有别，从配天的角度要德主刑辅，但这种差异性的平衡会达成社会和谐的目标，在此，董仲舒又回到儒家的核心追求："中和"，认为中和是天地之道。这样意味着"中"并非是地理上的中心点或价值上的"取中"，而是一个"平衡"和"和谐"的点，比如阳气盛的春天有一个

---

① 董仲舒：《春秋繁露·天地阴阳》，载苏舆：《春秋繁露义证》，第467—468页。
② 董仲舒：《春秋繁露·威德所生》，载苏舆：《春秋繁露义证》，第462页。

"中点",萧瑟之气的秋天也有一个"中点",而天地之道,就是在这种差异中寻求不同事物之间的"和"。

> 和者,天之正也,阴阳之平也,其气最良,物之所生也。诚择其和者,以为大得天地之奉也。天地之道,虽有不和者,必归之于和,而所为有功;虽有不中者,必止之于中,而所为不失。①

董仲舒结合了阴阳家的天道理论与儒家之道德理想主义,将五德始终之机械的时间转移与以道德为基础的天命转移进行对接,从而将儒家之道德哲学与政治历史之哲学结合,这使儒家之道德理念有落实到具体政治实践的可能。以往的研究者(侯外庐、冯契等)有将董仲舒的天论理解为"神学目的论",虽然从人的活动由天支配的角度不为无见,但掩盖了董仲舒更多地从"自然规律"的角度来理解"天道"的特性,董仲舒的"天道"实质上是在天人观掩映下的"人学目的论"。

第二节 天道与人道

人道遵循天道而成,是基于"人"作为天的"产物"之认识的体现。不仅人的形体是对于天的模仿,而且人的价值观念和道德行为,亦是"天志"的实现。人虽然是父母所生,但父母生人只是天道运行的一个环节而已,至于为什么人的形态会是如此,人的尊严奠基于何,都植根于天这个"生命之总源"。也就是说,除了父母这个具体的生育系统,人还有一个更为关键的"创生"者——天。《春秋繁露》将这样的创造者称为"曾祖父"。我们不能从血缘的意义上去理解这个曾祖父,而应该从逻辑上去体察其作为生命总根源的意义。天作为"曾祖父",提供了生命的意义和身体的形态,接近于古希腊人所理解的"形式因",然后父母承担着"加工"机制,按照"天道""天理"来生儿育女。

> 为生不能为人,为人者天也。人之人本于天,天亦人之曾祖父

---

① 董仲舒:《春秋繁露·循天之道》,载苏舆:《春秋繁露义证》,第446—447页。

也。此人之所以乃上类天也。人之形体，化天数而成；人之血气，化天志而仁；人之德行，化天理而义。人之好恶，化天之暖清；人之喜怒，化天之寒暑；人之受命，化天之四时。①

宫志翀认为，人为天所生的思路，综合了人性之仁和天地之仁德两种进路，而董仲舒之说则突出了人与万物在德性上的差别。"严格来说，万物皆天地所覆育，但儒家认识到，万物之性皆有限囿，惟人有仁义礼智之德，能够成就个人的品格与凝聚共同的生活，从而上参天地之道。"②父母可以给我们身体，但"人之为人"，无论是人形还是人性，则要仰仗于"天"。《春秋繁露·身之养重于义》中说：

> 天之生人也，使人生义与利。利以养其体，义以养其心。心不得义不能乐，体不得利不能安。义者心之养也，利者体之养也。体莫贵于心，故养莫重于义，义之养生人大于利。③

这就是说天之生人，赋予了人道德意识，这些道德意识对人的身心愉悦和安泰有重要的影响。由此，与《淮南子》对于身体的认识④有很大的差异，董仲舒突出了儒家"德润身"的传统，只是其论证的逻辑与先秦儒家有所不同，他不是从人的道德自觉入手，而是极大地突出了作为人的道德意识和道德行为根源的"天"。在《春秋繁露·观德》中更直接说君臣、父子、夫妇此三纲亦是对天、地、星这三种自然形态的模仿，彰显人对于制度的创造性乃是禀乘天地之大德。

> 天地者，万物之本，先祖之所出也。广大无极，其德昭明，历年众多，永永无疆。天出至明，众知类也，其伏无不炤也。地出至

---

① 董仲舒:《春秋繁露·为人者天》，载苏舆:《春秋繁露义证》，第318页。
② 宫志翀:《战国两汉 "人为天生"学说的政治哲学意蕴》，《哲学研究》2021年第1期，第63页。
③ 董仲舒:《春秋繁露·身之养重于义》，载苏舆:《春秋繁露义证》，第263页。
④ 《淮南子·泰族训》"治身，太上养神，其次养形"。《淮南子》并不排斥道德对于养生的意义，但更多强调全身保身，接受老子功成身退的价值取向。

晦，星日为明，不敢暗。君臣、父子、夫妇之道取之此。①

那么，天人之间何以能进行施与和模仿，其间的内在机理是什么呢？

一 天人感应，天人相副

在汉武帝举贤良对策的第三问中，突出了"天人之应"的问题，既然三王之教各有所失，那么如何改制以补救之？这些问题亦是董仲舒要系统回应的。

在对策中，董仲舒提出了他对于"天人之应"认识的一些基本理路，他说："臣闻天者群物之祖也。故遍覆包函而无所殊，建日月风雨以和之，经阴阳寒暑以成之。故圣人法天而立道，亦溥爱而亡私，布德施仁以厚之，设谊立礼以导之。春者，天之所以生也，仁者，君之所以爱也；夏者，天之所以长也，德者，君之所以养也；霜者，天之所以杀也，刑者，君之所以罚也。由此言之，天人之征，古今之道也。"（《汉书·董仲舒传》）在这段话中，董仲舒展现了两个理解他的天人关系十分重要的角度：其一，"类"是天人之间感应的基础；其二，基于天人感应这一前提人所应采取的制度性应对方案，这被称为"法天而立道"，在《春秋繁露》中更多地用"法天立制"。我们先从天人感应之基础入手来看董仲舒是如何论证"感应"原理的。

《春秋繁露·人副天数》从"发生学"的角度来说明人与天道之相似性（"偶"）。该篇认为人是天地之精的产物，所以才能秉受天地之德："仁义"。不仅是人的价值观，即使是人的身体也最为接近天地的结构。人之异于别的物种之直立状态，使得人的身体能以腰为分界而更为直接对应天地和阴阳。而人的身体器官也无不与天之数相符合，这保证了人与别的物种拉开距离而独自"参天地"。也就是说，董仲舒是通过人与天地之间的"同类"属性来证明人超越于别的物种的优势地位的。

---

① 董仲舒：《春秋繁露·观德》，载苏舆：《春秋繁露义证》，第269—270页。

基于同类相感的原理，天人互相感应，人之善恶能为天所感受到，而天之好恶也会被人所体察。这种互相感应的状态"相动无形"，看上去是自然而然发生的事情，其实存在着由感应而产生的因果链条。①

在这个"感""动"的过程中，天和人分享着共同的情感的变换。天亦有喜怒，人亦有春秋。这是"合类"。

> 而春夏之阳，秋冬之阴，不独在天，亦在于人。人无春气，何以博爱而容众？人无秋气，何以立严而成功？人无夏气，何以盛养而乐生？人无冬气，何以哀死而恤丧？天无喜气，亦何以暖而春生育？天无怒气，亦何以清而秋杀就？天无乐气，亦何以疏阳而夏养长？天无哀气，亦何以激阴而冬闭藏？故曰：天乃有喜怒哀乐之行，人亦有春秋冬夏之气者，**合类**之谓也。②

虽然是"合类"，但天是更为主动的一方，在"气"的中介之下，人要尽量去"与天同"，避免"与天异"而背离"天道"。物类之感，同气之应，要求人在设计秩序和传达价值倾向的时候尽力去"奉天"，如果"逆天"，就违背了"王道"。比如说，既然天道尚阳而贱阴，体现在"人道"就应该崇德而远刑。

"务德不务刑"是董仲舒在策论中要向汉武帝传达的改制的建议，并通过"感应"原理来强调若非遵循天道行事，天地就要通过"不常之变"来警示，通过灾异来谴告。灾异是天人相感的"极端"方式，"天"先会通过一些征兆来告知统治者要对自己的施政做出适当的变化，以此来观察统治者是否能"奉天"，这也是天意之仁的体现，即在事情变坏之前就预告而让人能醒悟而补救。

> 其大略之类，天地之物有不常之变者，谓之异，小者谓之灾。

---

① 董仲舒：《春秋繁露·同类相动》，载苏舆：《春秋繁露义证》，第360页。"同类相动"或"同类相感"是当时人们所普遍接受的天人之间互相影响的原理，在《庄子》和《淮南子》中都有相关的论述。

② 董仲舒：《春秋繁露·天辨在人》，载苏舆：《春秋繁露义证》，第335—336页。

> 灾常先至而异乃随之。灾者，天之谴也；异者，天之威也。谴之而不知，乃畏之以威，诗云："畏天之威。"殆此谓也。凡灾异之本，尽生于国家之失。国家之失乃始萌芽，而天出灾害以谴告之；谴告之而不知变，乃见怪异以惊骇之，惊骇之尚不知畏恐，其殃咎乃至。以此见天意之仁而不欲陷人也。①

董仲舒在《春秋繁露·二端》中说，《春秋》并非十分看重灾异谴告这样的说法，更重视开端，见微知著，善于从微末的现象中发现政治溃败的线索。这是"贵微"的动因。一些不善于察微的统治者任由恶政泛滥，才需要通过惩罚性的方式来警示，让他们能够修身审己，此乃不得已之手段，目的是不让百姓因统治者的过错而遭殃。

> 因恶夫推灾异之象于前，然后图安危祸乱于后者，非《春秋》之所甚贵也。然而《春秋》举之以为一端者，亦欲其省天谴而畏天威，内动于心志，外见于事情，修身审己，明善心以反道者也，岂非贵微重始、慎终推效者哉！②

在董仲舒的天人关系序列中，天居于主导性地位，但人亦并非无所作为，儒家的政治思想以修身为本，天赋于人以天德，只是提供了"潜在的可能性"。要让这种可能性现实化，有两个途径：一是人自身的修身工夫，二是统治者的教化。基于这两个途径，董仲舒"重回"孔子的性近

---

① 董仲舒：《春秋繁露·必仁且智》，载苏舆：《春秋繁露义证》，第259页。
② 董仲舒《春秋繁露·二端》，载苏舆：《春秋繁露义证》，第156页。对于汉儒天人政治中屈民伸君和屈君伸天的做法，王夫之指出不能把民意寄托于"天"上，治乱的关键还在于民众的生活。他说："可以行之千年而不易，人也，即天也，天视自我民视者也。民有流俗之淫与偷而相沿者矣，人也，非天也，其相沿也，不可卒革，然而未有能行之千年而不易者也。天不可知，知之以理，流俗相沿，必至于乱，拂于理则违于天，必革之而后安，即数革之，而非以立异也。若夫无必然之理，非治乱之司，人之所习而安焉，则民视即天视矣，虽圣人弗与易矣。而必为一理以夺之，此汉儒之所以为纤曲涂饰而徒云云也。"并认为不必胶柱鼓瑟地推行改正朔易服色的措施。见王夫之：《读通鉴论》卷十九，《船山全书》第十册，岳麓书社，2011年，第697页。

习远的思想,强调人性之"善质",而非完成体的"善性"。①从某种意义上,董仲舒的人性论可以被看作是人回应天赋、珍惜天施的一种态度。董仲舒说:

> 名性,不以上,不以下,以其中名之。性如茧如卵。卵待覆而成雏,茧待缲而为丝,性待教而为善。此之谓真天。天生民性有善质而未能善,于是为之立王以善之,此天意也。民受未能善之性于天,而退受成性之教于王。王承天意以成民之性为任者也。今案其真质而谓民性已善者,是失天意而去王任也。②
>
> 性者,天质之朴也;善者,王教之化也。无其质,则王教不能化;无其王教,则质朴不能善。质而不以善性,其名不正,故不受也。③

董仲舒的善质论,有点接近荀子"本始材朴"的意味,认为人性只是天所赋予人的基础性的条件,就如玉之有待于雕琢。没有教化之措施,这些质朴的天性难以成就为"善"。他对人性的另一个更为通俗化的解释就是禾米之喻,即禾苗有产出大米的可能性,但要真正有所收获,还得农人悉心培护。这就是天道之"止","止之内谓之天性,止之外谓之人事"④。在这个意义上,天人之际更接近于天生人成。虽然强调了天道的优先性地位,人在完善自我过程中依然要发挥主动性。

二 法天立制

在汉儒看来,《春秋》为创制立法之作,既是为汉制法,亦是为万世制法。董仲舒在给汉武帝的对策中,提出了"改制"和"易道"的变与不变的辩证法。道之大原出于天,因此,天道运行自有其则,不会改易。天

---

① 安乐哲说,儒家并不仅仅从"生即为人"来讨论人,而是强调"学以成人",并说从比较宇宙观的角度,由此显示儒家宇宙观的独特价值。见安乐哲:《"学以成人":论儒学对世界文化秩序变革的贡献》,载《孔学堂》2020年第2期,第9页。
② 董仲舒:《春秋繁露·深察名号》,载苏舆:《春秋繁露义证》,第300—302页。
③ 董仲舒:《春秋繁露·实性》,载苏舆:《春秋繁露义证》,第313页。
④ 董仲舒:《春秋繁露·深察名号》,载苏舆:《春秋繁露义证》,第297页。

道所具有的仁爱、血缘等价值特性也不会变。"夫古之天下亦今之天下，今之天下亦古之天下"，治理天下自有其常道。不过，天道之运行有物有则，必然有所变化，要顺天命，就须"改正朔、易服色"，以符合天道之行。同样的意思在《春秋繁露·楚庄王》中表达得更为系统。

> 问者曰：物改而天授显矣，其必更作乐，何也？曰：乐异乎是。制为应天改之，乐为应人作之。彼之所受命者，必民之所同乐也。是故大改制于初，所以明天命也。更作乐于终，所以见天功也。缘天下之所新乐而为之文曲，且以和政，且以兴德。天下未遍合和，王者不虚作乐。乐者，盈于内而动发于外者也。应其治时，制礼作乐以成之。成者，本末质文皆以具矣。①

这里强调了改制和变乐的不同：改制是应天，而变乐则是"应人"，主要是为了表明改制取得成功之后，体现天下和谐的盛况。

改制不易道，体现出对于三代政教的态度，这也是汉武帝在问策中所关心的，他想了解当下应如何对待三代各有不同的治理方式且皆为善政的历史经验。对此，董仲舒采用了一种比喻性的说法，他将先王之道比喻成规矩，它们是衡量不同的统治者是否符合天理的尺度。

> 《春秋》之道，奉天而法古。是故虽有巧手，弗修规矩，不能正方员。虽有察耳，不吹六律，不能定五音。虽有知心，不览先王，不能平天下。然则先王之遗道，亦天下之规矩六律已。故圣者法天，贤者法圣，此其大数也。得大数而治，失大数而乱，此治乱之分也。所闻天下无二道，故圣人异治同理也。古今通达，故先贤传其法于后世也。②

先贤治理之法用之既久，就会有弊，可以稍作损益以应时之变，董仲舒给汉武帝的建议是"少损周之文致，用夏之忠"。具体地说，建议汉

---

① 董仲舒：《春秋繁露·楚庄王》，载苏舆：《春秋繁露义证》，第19—20页。
② 董仲舒《春秋繁露·楚庄王》，载苏舆：《春秋繁露义证》，第14—15页。

武帝放弃汉初以来以无为而治为手段的黄老之术，而制礼作乐以顺应天道运行的"文质"互递互救的规律。董仲舒提出了许多具体的政治主张。比如在处理君臣关系的时候，强调君主应该任贤，而"不自劳于事"。并将之说成是"法天之行"。

> 天高其位而下其施，藏其形而见其光。高其位，所以为尊也；下其施，所以为仁也；藏其形，所以为神；见其光，所以为明。故位尊而施仁，藏神而见光者，天之行也。故为人主者，法天之行，是故内深藏，所以为神；外博观，所以为明也；任群贤，所以为受成；乃不自劳于事，所以为尊也；泛爱群生，不以喜怒赏罚，所以为仁也。①

内深藏而不显、不亲力亲为等人主之治术带有明显黄老道学的影子。对此董仲舒也做出了他的解释，他指出之所以强调天是"规矩"，而君王是天意的传达者和实现者，是要为大一统的政治秩序提供统一的规则，实质也是要为收拢权力提供理论支持。用"天道"为世俗的君臣、君民之间的支配和被支配关系来做出普遍性的论证。但董仲舒的思路在于：他以天的自然高下为尊卑秩序提供了依据，通过抬高天的地位，他给君主的施政提供了一个前提条件——遵循天道，试图通过这种方式来制约君主对权力滥用。

> 《春秋》之法，以人随君，以君随天。曰：缘民臣之心，不可一日无君。一日不可无君，而犹三年称子者，为君心之未当立也。此非以人随君耶？孝子之心，三年不当。三年不当而逾年即位者，与天数俱终始也，此非以君随天邪？故屈民而伸君，屈君而伸天，《春秋》之大义也。②

三年之丧乃"天意"之体现，即使是君子也须遵循，不能因为天下不可一

---

① 董仲舒《春秋繁露·离合根》，载苏舆：《春秋繁露义证》，第164—165页。
② 董仲舒：《春秋繁露·玉杯》，载苏舆：《春秋繁露义证》，第31—32页。

日无君而无视"孝道"所循之"天意"。在讨论制度设计原则的《度制》篇中，董仲舒从天道公平无偏的角度，讨论了君主不应该垄断所有的权力和财富，尤其不应该与民争利，并认为这是"天理"。这可能也与汉武帝时期通过盐铁专营，政府在经济活动中挤压百姓的生存空间有关。

> 天不重与，有角不得有上齿。故已有大者，不得有小者，天数也。夫已有大者，又兼小者，天不能足之，况人乎？故明圣者象天所为，为制度，使诸有大奉禄亦皆不得兼小利，与民争利业，乃天理也。①

天不会无限制地让所有资源集中在一些人身上，所以，统治者既然已拥有天下，就不应该不给百姓分享其他的"利益"。董仲舒为汉代的主要政治制度都提供了天道依据，比如在《春秋繁露·基义》中，他就认为"王道之三纲，可求于天"。在《春秋繁露·五行对》中，董仲舒以五行来比对父子之间五种关系类型，虽然这样的证明在今天看上去并不十分贴切，但在汉代由五行而推导出四季的不同特性，并给生养繁衍提供行为准则，这让伦理秩序有了坚实的天道支持。②

第三节 元与天：天道普遍性与"大一统"

儒家关注生成论的问题，不过经典中对万物起源的讨论缺乏系统性。比如《易传》中的"太极生两仪，两仪生四象，四象生八卦"，看上去有生成论的意味，实质上更接近于探讨八卦的源起，而对事物的生成原理则没有细究。儒家也并非不关注本体现象、形上形下的问题，《易传》中对于道器的认识，涉及对超越于具体的"形状"的"形而上"的"道"的关切，也并不如关注"自然"的道家更为系统。道家思想从《道德经》开始，就开始探讨道与万物之间的关系，发展出比较系统的形而上学思想。比《春秋繁露》成书时间稍早的《淮南子》一书，与道家有极强的亲

---

① 董仲舒：《春秋繁露·度制》，载苏舆：《春秋繁露义证》，第229—230页。
② 董仲舒：《春秋繁露·五行对》，载苏舆：《春秋繁露义证》，第314—315页。

缘关系，该书在论及"道"与天地万物的关系时，对宇宙生成的描述就更为具体复杂。

从前文对董仲舒的"天"的观念多方面展开的分析看，我们已经能认识到董仲舒对于"天"的自然属性和道德属性的建构有一个理论和现实的双重目标。从现实的角度看，董仲舒希望汉武帝完成统治方式的儒家化转变，这需要借助有意志、对现实有干预性的"天"的存在。然当"天"被纳入伦理化的序列的时候，天的超越性就会受到损害。据此，董仲舒需要一个更为"抽象"的观念来完善其天人观念的超越性维度，为完成这个理论重构的任务，董仲舒选择了"元"。

以往的学者对于董仲舒的"元"概念侧重于从"元气"和万物起源的角度来阐发。比如康有为在《春秋董氏学》中引用了《周易》之"大哉乾元，乃统天"，指出天地之本，主要是气的运行。"孔子之道，运本于元，以统天地，故谓为万物本始终天地。"①徐复观、金春峰等先生以"元气"来理解董仲舒的"元"。以元气来解释元是有文献学的依据的，例如在《春秋繁露·玉英》中说道：

> 惟圣人能属万物于一，而系之元也。终不及本所从来而承之，不能遂其功。是以《春秋》变一谓之元。元，犹原也，其义以随天地终始也。②

这一段看上去是在讨论万物起源的文字，在注疏家那里就是直接将"元"理解为"气"的开端。何休在《春秋公羊传》的注中称"变一为元"，并进一步解释为"元者气也，无形以起，有形以分，造起天地，天地之始也"，将"元"解释为气之始。③

不过，最为贴近公羊学的思路的是将元理解为"开端"。《春秋公羊传》对经文"元年，春，王，正月"的解释中说"'元年'者何？君之始

---

① 康有为：《春秋董氏学》，中华书局，1990年，第124页。
② 董仲舒：《春秋繁露·玉英》，载苏舆：《春秋繁露义证》，第68页。
③ 苏舆引何休的注：见苏舆：《春秋繁露义证》，第68页。

年也。'春'者何？岁之始也。'王'者孰谓？谓文王也"。① 文王作为周代的开创者，是最初的"受命"者，"上系天端"。后来普遍用"元年"来指称君主执政的开端之年。《春秋繁露·玉英》中说

> 谓一元者，大始也。知元年志者，大人之所重，小人之所轻。是故治国之端在正名。名之正，兴五世，五传之外，美恶乃形，可谓得其真矣，非子路之所能见。②

这里，董仲舒强调作为开端的元，不过从开端引申出"正名"，这主要是要说明君主应该从即位的开始就厘定君臣父子夫妇之名分，如此才能分清美恶，为长治久安奠定基础。如此，王道政治的基础乃得稳固。董仲舒说：

> 春秋何贵乎元而言之？元者，始也，言本正也。道，王道也。王者，人之始也。王正，则元气和顺，风雨时、景星见、黄龙下。王不正，则上变天，贼气并见。③

他在天人三策中将这个开端说成是"王道之端"，他将"元年春，王正月"进行了梳理，指出：

> 《春秋》之文，求王道之端，得之于正。正次王，王次春。春者，天之所为也；正者，王之所为也。其意曰，上承天之所为，而下以正其所为，正王道之端云尔。（《汉书·董仲舒传》）

并将一元从大一统的君主权力引申到"正本"的责任。

> 《春秋》谓一元之意，一者万物之所从始也，元者辞之所谓大也。谓一为元者，视大始而欲正本也。《春秋》深探其本，而反自贵

---

① 何休解诂，徐彦疏：《春秋公羊传注疏》（上），上海古籍出版社，2014年，第6—10页。
② 董仲舒：《春秋繁露·玉英》，载苏舆：《春秋繁露义证》，第67—68页。
③ 董仲舒：《春秋繁露·王道》，载苏舆：《春秋繁露义证》，第100—101页。

者始。故为人君者，正心以正朝廷，正朝廷以正百官，正百官以正万民，正万民以正四方。(《汉书·董仲舒传》)

董仲舒指出以天道为基础，为君主们确定为政的基础，统治者需要了解百姓的疾苦以及是非得失，这是孔子作《春秋》的真实用意。

> 仲尼之作《春秋》也，上探正天端王公之位，万民之所欲，下明得失，起贤才，以待后圣。故引史记，理往事，正是非，见王公。史记十二公之间，皆衰世之事，故门人惑，孔子曰："吾因其行事而加乎王心焉。"以为见之空言，不如行事博深切明。①

《春秋》是要从前人政事之得失来告诫在源头上厘正秩序的重要性。不过，从"元气"或"开端"来理解并不能覆盖董仲舒的"元"观念的全部。

> 是故春秋之道，以元之深，正天之端，以天之端，正王之政，以王之政，正诸侯之即位，以诸侯之即位，正竟内之治，五者俱正，而化大行。②

这里对"元之深"的"深"的解读，大多亦是追随何休直接解释为"元之气"，从气本论的角度来理解"元气"作为天人之大本。或从"深探其本"，以正心为政治之本。如果按这样的解释，就会局限于从开端方面去体会，而拒绝"元"所具备的形而上的意味。黄开国说"元"是政治哲学概念，意为"王道之始"，他认为"联系董仲舒春秋公羊学的整个思想及其对元的全部训释，根本没有把元视为宇宙本原的思想"③。但黄著比较自相矛盾的地方则是在解释上引"以元之深，正天之端"的时候则主张，董仲舒所说的元是与天联系在一起，此解释说明了"元不过是王道从天寻求到形而上的根据，但元本身并不是天，而只是表示王道一开始就从天得

---

① 董仲舒:《春秋繁露·俞序》，载苏舆:《春秋繁露义证》，第158—159页。
② 董仲舒:《春秋繁露·玉英》，载苏舆:《春秋繁露义证》，第70页。
③ 黄开国:《公羊学发展史》，人民出版社，2013年，第226—227页。

到纯正的规定性"①。此段话疑问颇多：首先，元如何成为王道从天寻求到形而上的根据？其次，如果反对元气说，那么既然元本身不是天，元是如何成为天的"纯正性依据"的？对此，任蜜林也做过讨论，他认为真正起主宰作用的是"天"。他说："从生成论上看，'元'是一切宇宙万物的根本，'天'也是由其决定的。但从本体论上来看，则人与万物都由'天'来决定的，人与万物都是从'天'而来的。这实际上把'元'置于比较'虚'的位置，而'天'才有实际的主宰作用。"②的确，董仲舒的天依然有一定的"主宰性"的因素，然而，当董仲舒的"天道"观日益向"自然秩序"方向转化的时候，天更多是自然秩序的一部分，因而需要元作为天人关系的依据，从这个意义上说，元并不"虚"，而是一种逻辑上的"实"。

按照董仲舒王道通三的说法，当天、地、人成为世界秩序的共同建构和运转环节的时候，天本身就难以成为这个秩序的终极根据，董仲舒需要寻求一个更为根本的依据以成为日趋自然秩序化的天人运行的"形式"和"目的"。如此，局限于从"元气"的角度来强调元作为天地之本，虽符合汉代人的"常识"，但难以凸显其"目的论"上的因素。对此，接受过一定西学影响的康有为强调神气与天地同本于元，这样就把"元"与具体可见的事物区分开来，就像大海与众沤一样，虽相即不离，却是一种更为"形式性"的存在，这样的解释更为准确地揭示了董仲舒"元"观念的本体论特质。康有为说："元为万物之本，人与天同本于元，犹波涛与沤同起于海，人与天实同起也。然天地自元而分别有形象之物矣，人之性命虽变化于天道，实不知几经百千万变化而来，其神气之本由于元，溯其未分，则在天地之前矣。"③这里，康有为已经明确将元与"有形象之物"进行了区分，从而确定了"元"所具有的形而上特质。

董仲舒的元理论还必须关照"人"的生成论问题。这关系到人的独特性如何体现的问题。《春秋繁露·玉英》曰：

---

① 黄开国：《公羊学发展史》，第223页。
② 任蜜林：《董仲舒思想的"天""元"关系》，《衡水学院学报》2016年第5期，第28页。
③ 康有为：《春秋董氏学》，第126页。

> 故元者为万物之本，而人之元在焉，安在乎？乃在乎天地之前。故人虽生天气及奉天气者，不得与天元本、天元命而共违其所为也。故春正月者，承天地之所为也。继天之所为而终之也。其道相与共功持业，安容言乃天地之元？天地之元奚为于此恶施于人？大其贯承意之理矣。①

在董仲舒看来，人虽在天地万物中独为贵，依然要循天道运行之则，"春正月"就是要强调君主是受天之命，循天道而为。所以圣人只是人元，王者所要努力的是与天地合其德，而非天地万物之元。这也从另外的角度坚持了屈民伸君、屈君伸天的逻辑。在《春秋繁露·深察名号》中说："天人之际，合而为一。同而通理，动而相益，顺而相受，谓之德道。"②董仲舒的天人论，强调了天的"主导性"，人要"奉天"，实质上是强调了天人之间奉行共同的原则，这就是"德道"。从儒家的脉络来看，董仲舒的天的哲学在这方面吸收了道家形而上学的一些因素，以元统天，这样也就给天地秩序和人类道德生活奠定了一个形而上的基础，这也是大一统国家的意识形态建构所必需的。从这个意义上说，与其说董仲舒的哲学是"天"的哲学，毋宁说是"元"的哲学。

对"元"的形而上学的建构，意味着董仲舒天道普遍性的理论建构真正完成。受公羊学的影响，汉代统治者都有"致太平"的诉求，而强大的财政能力和军事实力，让汉武帝更能落实这种"大一统"的政治统治秩序。与这样的雄心相匹配，儒家普遍主义的原则成为现实的需要。天与元的关系或许可以与朱熹无极而太极的论说相类比，目的就是要寻求天人关系背后的普遍原则，对天的"超越性"的强调有助于为儒家伦理提供超越地域和时间限制的普遍性主义立场。

---

① 董仲舒：《春秋繁露·玉英》，载苏舆：《春秋繁露义证》，第69页。
② 董仲舒：《春秋繁露·深察名号》，载苏舆：《春秋繁露义证》，第288页。

·第二部分·
仁者爱人

第三章

血缘与陌生人：仁爱的层次性

引语："公""私"之别与仁爱的现代解读

对于中国古典政治哲学观念的理解，受制于多重解释原则的影响，除了解释方法的差异而产生的认知不同之外，还受政治目的和现实需求诸方面的影响。比如，在1840年之后遭受西方军事和经济的双重冲击的社会环境下，中国先进知识分子在儒家对于传统中国社会中所发挥的作用及未来中国发展中所能产生的影响的认知上产生了重大的分歧，除了我们所习见的认为儒家思想阻碍了中国的现代化进程的说法之外，如何看待传统儒家对"公"与"私"的立场也出现了巨大的冲突。梁启超在以建构现代中国人的人格为目标的《新民说》中，指出中国人因为过于考虑"天下"之公或一己之私，无法建立起国家观念，这导致了中国在对抗西方的侵略时缺乏共同体意识，难以凝聚成抵抗外敌的力量。[①]孙中山在他关于三民主义的系列讲演中，认为中国人因为过早发

---

① 梁启超说之所以没有国家观念："厥有二端：一曰知有天下而不知有国家，二曰知有一己而不知有国家。"（梁启超：《新民说·论国家思想》，载汤志钧、汤仁泽编：《梁启超全集》第二集，中国人民大学出版社，2018年，第546页）在梁启超看来，在万国竞逐的世界，国家意识是民族独立和富强的保障。

展出"天下"观念,而缺乏国家意识。①他们虽然都着眼于中国人的"国家"意识,但对于传统中国在"公""私"观念的认识,却是相反的。梁启超自己就在"公德"和"私德"之间自我矛盾。而孙中山则认为中国人过早地发展出国际主义意识,故而对于国家不甚重视。我们知道梁启超和孙中山在不同的场合表述有很大的差异,但从此一点便可看出,即使梁启超和孙中山对于中国人的公私观念的认知各有其文献和事实上的依据,但基于政治诉求的不同,导致了他们对于同一问题的认识截然相反。

相较于墨家、道家等思想,儒家的价值在近代中国受到的争议最大,出于批判儒家的目的,墨家和道家甚至被认为是传统中的"进步"因素,因为这些学派对权力多有批判。

因多重视野而导致的解释策略的冲突在阐释儒家价值的过程中表现得最为明显。在21世纪的多元现代性背景下,"公""私"对立的问题再度成为学术界关注的议题,②不过,更多的目光聚焦于作为公私问题的源发点"仁爱"之上。一般而言,对于爱的范围的确立与公私问题关系密切。人们在追问儒家的仁爱是一种局限于血缘亲情内部的还是可以突破血缘限度扩充至天地万物的爱,并发展出儒家是否能处理"陌生人问题"这样的学术议题。对于这个问题,拒绝儒家价值的人会倾向于认为儒家只关注血亲之爱,缺乏公共意识,难以成为现代性价值的基础。各种角度的启蒙或再启蒙的呼吁,都把目标指向儒家的人伦观念和对家庭的重视。

同时,强调儒家人伦面向的学者会十分重视差等格局对于儒家秩序的重要性,认为"人伦秩序"对儒家来说是决定性的,缺乏人伦维度的儒

---

① 孙中山认为:"一般人民只有家族主义和宗族主义,没有国族主义。中国人对于家族和宗族的团结力,非常强大,往往因为保护宗族期间,宁肯牺牲身家性命。……至于说到对于国家,从没有一次具极大精神去牺牲的;所以中国人的团结力,只能及于宗族而止,还没有扩张到国族范围。"孙文:《三民主义》,台北:三民书局,1965年,第2页。

② 发生在21世纪初期的关于亲亲互隐的讨论背后都隐藏着"公""私"这根线索,具体的文献可以参考郭齐勇主编:《儒家伦理争鸣集:以亲亲互隐为中心》,湖北教育出版社,2004年。陈乔见:《公私辨:历史衍化与现代诠释》,生活·读书·新知三联书店,2013年;沟口雄三:《中国的公与私·公私》,生活·读书·新知三联书店,2011年;等等。

家已经失去了儒家的根本价值支撑,据此,儒家并不是抽象地肯定"公共性",而是强调家作为儒家的社会秩序的基础地位。近年来,孙向晨教授提出一个想法,即认可"个人主义"和"家庭主义"作为现代中国秩序建构的双重本体,他说:"体现现代性价值观的'个体主义'的到来有其不可避免的趋势,但单纯的'个体'价值观念并不足以支撑起一个完整的'现代'社会。"① 只强调现代文明的维度而不诉诸自身的文化传统来加以制约和平衡,难以建立起稳定的秩序。由此他主张要正视"个体"与"家"的双重命题。

另有一些学者则认为:重视家庭伦理及人伦的意义固然是儒家思想的重要倾向,但在儒学发展史上,仁爱并没有被局限于家的范围,人类要把仁心从血缘之爱推扩到所有的群体。仁爱并不能简单"固化于"血缘之爱,其最高境界应该是爱及所有人。

确切地说,对于儒家之爱的不同认识由来已久。早期的儒家和墨家的争论就集中于"仁爱"与"兼爱"。甚至儒家内部的不同派别之间也一直存在着基于血缘的爱和"泛爱众"之间的争论。这样的争论甚至会上升到对传统经典的怀疑。比如,围绕《礼记·礼运》中的"不独亲其亲"的"天下为公"是否掺杂有墨家与道家观念的猜疑自宋代以来到今天一直存在,甚至有许多人认为,"不独亲其亲"的境界有违儒家的纲常伦理,是墨家的价值。

作为一种秩序理论,儒家思想必然要涉及超越"家"的更大范围内的问题。因此,就会发展出"公正"和"普惠"的理念。在《尚书·洪范》篇中有这样的提法:"无偏无陂,遵王之义;无有作好,遵王之道;无有作恶,遵王之路。无偏无党,王道荡荡;无党无偏,王道平平;无反无侧,王道正直。会其有极,归其有极。"意思是说,天下的正道是没有偏向而正直的,从"公私"的视野看,就蕴含着不能"偏私"而要"为公"。儒家理想中的井田制、禅让制和其他的政治制度的设计也都体现着这种公正无私的原则。

---

① 孙向晨:《论家》,华东师范大学出版社,2019年,第112页。

中国传统中"天下为公"观念最为集中的体现就是《礼记·礼运》篇。其中孔子说"大道之行也,天下为公。选贤与能,讲信修睦,故人不独亲其亲,不独子其子……"孔子将这样的理想社会命名为"大同"。在文中,孔子将自己生活的世界称为"小康",在这样的"小康"社会中,"天下为家,各亲其亲,各子其子"。

"小康"社会是世袭的,以礼仪为准则的。而禹汤文武周公这样的儒家圣人则只能算是小康社会的"王者"。"大同"和"小康"是传统中国最有影响的对于社会形态的概括,沿用至今。不过,争议也围绕这些社会形态的解释而引发。如果建立在"各亲其亲"基础上的礼乐秩序所体现的是"小康"的价值,那么,其一:是否应该根据后世儒家的主要制度设置和价值追求,将"小康"作为体现儒家价值的社会治理方式?若是如此,"大同"就只是一种"虚设",甚至是"乌托邦"。其二:"大同"世界所代表的"天下为公"的世界是儒家对于未来的设计,是比小康更为高级的一个社会发展阶段,或者说"小康"仅仅是儒家的价值起点,"大同"则是目标。如此这般就在某种程度上消解了亲亲之爱的价值。

这些争议体现了儒家价值理想的内在张力,进一步说,就是如何理解儒家立足于血缘的伦理秩序和由此基础所能达到的价值极限。以家庭血缘为基准,让儒家的仁爱思想不离日常生活状态,容易为人们所接受。但"天下为公"的目标,则可以发掘仁爱观念具有超越个人和家庭局限的面向,体会儒家思想中所内涵的人与人之间、人与自然之间互相关爱的"仁民爱物"的境界。

如果我们转换一下视角,"公"和"私"之间的对立并非如此绝对,"公"和"私"之间因参照系的不同而转换。比如相对于"家",个人就属于"私";而相对于"国","家"就是"私"。不断地扩展,就必然会有一个"大公"的存在。所以,与其将"大同"的观念视为儒家对墨家和道家理想的"借用",不如说,诸子百家之间存在着一些共同的价值目标。

先秦到汉的时代的一些著作,我们并不能简单地判别其学派的归属,这充分说明了"价值共享"的状况的存在。《吕氏春秋》一般被归入杂家类的著作，但我们可以从其《贵公》篇中看到最为充分的对"公"肯定。

> 昔先圣王之治天下也，必先公，公则天下平矣，平得于公。尝试观于《上志》，有得天下者众矣，其得之以公，其失之必以偏。凡主之立也，生于公。故《鸿范》曰："无偏无党，王道荡荡。无偏无颇，遵王之义。无或作好，遵王之道。无或作恶，遵王之路。"天下非一人之天下也，天下之天下也。阴阳之和，不长一类；甘露时雨，不私一物；万民之主，不阿一人。

这段话可以说明先秦诸子中许多学派都持有"公"的观念，因此，仅仅通过公私之别并不能判定儒墨之别或是儒法差异。差别主要在于达到"公"的途径不同。儒家认为血缘亲情并不阻碍公天下的目标的实现，儒家所循的是家国天下的路径。墨家和道家则不同，他们否认家、国可以通向"公天下"，认为血缘亲情是"私"的根源，由此之途，只能"背公"。本章试图梳理的就是儒家学者是如何将"天下为公"的理想和建基于血缘人伦基础上的亲情原则有机结合在一起的。

第一节　亲亲仁民爱物：血缘伦理和公共伦理

儒家对于从个体修身出发，敦睦亲属，最后到治国平天下的道德政治观存在着一种类似信仰式的坚持。这样的信念在文明的开端时期是源自团体生存的需要。比如，部落联盟的建立就需要不断地消弭掉一部分各自部落的独特性，从而造就新的共同体的凝聚力。这种产生于现实需要的生存智慧经由经典化的表达则被赋予了某种程度的规律性甚至神圣性。比如《尚书·尧典》说：尧"钦明文思安安，允恭克让，光被四表，格于上下。克明俊德，以亲九族；九族既睦，平章百姓；百姓昭明，协和万邦，黎民于变时雍"。由此可见，尧治理天下的顺序就是由个体的"恭让"发展到"亲睦""教化"，最后的目标是"协和万邦"。这可能是我们可以看到的最早关于以"亲亲之爱"而转进于跨越血缘的爱的记载。后来我们在《大学》中看到的修身齐家治国平天下和《中庸》中由修身到"王天下"的顺序的概括，都是对这种价值的引申和反复强调。

不过，如何从家族成员之间的关爱发展到普遍性的"泛爱众"，在现实中会遇到诸多挑战，特别是春秋战国战乱频发的现实让人怀疑普遍的爱的可能性。在理论上也招致了质疑。比较朴素的挑战来自墨家，墨子认为爱和利益都存在着"交互性"的"给予—回报"的模式。如果只顾及自己的私利，那么就会有争夺。在当时，诸侯们基于自己的利益，而发动了掠夺性的战争。墨子提倡兼相爱、交相利的思想，指斥儒家的亲亲思想是混乱秩序的根源。

儒家的另一个主要挑战者是法家。其中，韩非子敏锐地指出了儒家的家国一体存在的逻辑困难。从个人在战场上欲做为国捐躯的忠臣和保全生命作为父亲的孝子之间的不可兼得的事例，[1]他提醒家国之间存在的利益的不一致性，由此来指出儒家信念存在的逻辑悖谬。

在不同的思想流派的争论中，孟子的表述比较清晰地表述了儒家对于此问题的张力的思考。他选择墨子和杨朱作为批驳对象。孟子说："杨子取为我，拔一毛而利天下，不为也。墨子兼爱，摩顶放踵利天下，为之。子莫执中。执中为近之。执中无权，犹执一也。所恶执一者，为其贼道也，举一而废百也。"（《孟子·尽心上》）在这段文字中，孟子批评了三个人，认为他们过于执着于自己的想法，而不能从整体来考虑问题。在孟子看来，杨朱和墨子的言论最具"迷惑性"，必须加以驳斥。他认为，杨朱过于自私，所以不会考虑君主的利益；而墨子因为提倡兼爱，便不会对父亲表现出特别的亲近感。[2]他们这种放弃社会责任和家族利益的做法违背了作为一个人的基本要求。

---

[1] "鲁人从君战，三战三北，仲尼问其故，对曰：'吾有老父，身死莫之养也。'仲尼以为孝，举而上之。以是观之，夫父之孝子，君之背臣也。"（《韩非子·五蠹》）

[2] "圣王不作，诸侯放恣，处士横议，杨朱、墨翟之言盈天下。天下之言不归杨，则归墨。杨氏为我，是无君也；墨氏兼爱，是无父也。无父无君，是禽兽也。"（《孟子·滕文公下》）

孟子比较理论化地解决这个问题是在《滕文公上》中所提出的"一本"论。

> 夷子曰："儒者之道，古之人若保赤子，此言何谓也？之则以为爱无差等，施由亲始。"徐子以告孟子。孟子曰："夫夷子信以为人之亲其兄之子为若亲其邻之赤子乎？彼有取尔也。赤子匍匐将入井，非赤子之罪也。且天之生物也，使之一本，而夷子二本故也。"

这段话颇有一些难解之处，不过，核心的观点是清晰的，夷子的质疑是说，先儒既然肯定"如保赤子"，那么就会肯定"爱无差等"，"施由亲始"不能掩盖爱无差等的出发点。孟子认为夷子没有弄清楚爱邻人和爱亲人的"爱"是有差别的。在孟子看来，对于兄弟之子的感情和对于邻居家的小孩子的爱肯定会有差异。不过，因为他们都是"天之生物"，在最终的意义上，爱是"一本"。这种借助"天之生物"来说明世间万物的一致性的背后，说明儒家的爱是有普遍性的。但这样的普遍性并不能取消在具体的情景下，人们表达爱的方式的差异。对于"天之生物"，朱子注释道："且人物之生，必各本于父母而无二，乃自然之理，若天使之然也。"[①] 在这里，朱熹更为具体地说明，每个人都是"自己"的父母所生，每个父母都会爱自己的孩子，但各自父母的爱与父子之爱是一致的，是"一本"，由此，"自亲始"和"推己及人"是人类的爱的整体，它们之间存在着亲疏远近的血缘关系所体现的道德义务上的差别，但爱不会止于亲情，否则就不能对应"天之生物"的超血缘的面向。

若爱只及于亲人，便未能将超越血缘关系的人类性激发出来。当兄弟之子和邻人之子遇到危难需要解救的时候，固然会有选择，但是对于孩童入井所自然流露出来的"不忍"之心，则是不依环境而基于人类的情感"共感"。这样，孟子所谓的"一本"要化解别的学派对于儒家所强调的血缘之爱和普遍的爱之间的界限，认为这两者从"源头"上来看有着共同性。朱子在《四书或问》中，对于一本的提问做了更为仔细的分析。朱子

---

① 朱熹：《四书章句集注》，中华书局，1983年，第266页。

认为，因为事物之所本为一，则血气连属，就会产生眷恋之情，而没有血缘关系的则"因其分之亲疏远近，而所以为爱者有差焉，此儒者之道"。而夷子说爱无差等，则是不知道"此身之所从出，而视其父母无以异于路人也"。虽然夷子承认了"施由亲始"，因为不明爱之背后的"一本"原则，所以差之毫厘，失之千里。"亦不知一本所以为一本矣。又有以爱有差等为一本者，虽无大失，而于文义有所未尽。盖谓其一本故爱有差等则可，直以爱有差等为一本则不可也。"①针对夷子试图弥合儒家的自亲始和兼爱的做法，孟子的反击集中于将这两者之间的差别进行辨析，从而凸显爱的激发点和爱的扩展性之间的辩证统一关系，对此，李景林教授分析道："按儒家的看法，人之自爱、爱人、爱物之间，本存在着次第远近之区别，这种等差性具有一种天然本真性的意义。这亲亲之爱作为'中'或中介性原则，既包含等差性意义，同时，亦本具由自爱或'爱其身'之一端超越地指向于他者的原初的超越性意义。由此，不忍与自爱这两端，乃保持在一种动态性的两极互通的张力关系中。儒家的亲亲之爱体现了一种差异互通的精神。它揭示出，人类存在及其情感关联的差异与互通，具有不同的层级性。其朝向差异化的一端，乃落实为个体之实现的自爱爱他；其朝向互通的一端，则敞开为不同层级普世化的普遍之爱。"②也就是说，儒家之仁爱包含着一体之两面，这即是亲亲、仁民而爱物这样一条爱由己向万物展开的路线。

　　孟子的"一本"说强调亲情又不限于亲情，"亲亲"是先亲己亲，"仁民"则在爱施及众民，"爱物"则进一步扩展到世间万物。由此，孟子既肯定爱之实施必然表现出先后的差别，又相信恻隐之心之推扩，就能实现普遍的爱，故仁者"无不爱"（《孟子·尽心上》）也。在一定的意义上，孟子将家庭伦理之爱视为"爱"的萌发、培育和扩展的基础，所以在孟子那里，道德的功夫很大程度上就是扩展爱的范围，所以"老吾老以及

---

　　① 朱熹：《四书或问》，见朱杰人等主编《朱子全书》第四册，上海古籍出版社、安徽教育出版社，2002年，第444页。

　　② 李景林：《教化视域中的儒学》，中国社会科学出版社，2013年，第166页。

人之老,幼吾幼以及人之幼",以血缘亲情为基础来理解人类之爱,并最终将这种爱推扩到所有人。

第二节 一体之仁:宋代道学对于"仁爱"的新解释

秦汉之后,在国家体制上实现了由封建制向郡县制的转变。政治组织形态的转变必然会导致思想意识的变化。秦汉之际的统治者,利用自己的政治权力试图在"公天下"的理念与皇权的连续性之间建立起联系,由此,本来体现天下为公精神的"天下一家"被诠释为天下是皇帝一家之"私产"。① 以天人感应和天人相副为框架的意识形态重构,目的是建立起天人之间的"一致性",将世俗的秩序崇高化、神圣化。在伦理秩序上,则展现为天人之间的交互促进:一方面以天道的崇高性来奠定儒家伦理秩序的正当性,另一方面则是用人道的伦理意义来塑造天的道德属性。这种观念转变最为集中地体现在董仲舒的《春秋繁露》等作品中。比如,董仲舒在解释"王"的时候说:"王"的文字构造就是三画连其中,表示王能够将天地人三者贯穿起来。所以:"王者唯天之施,施其时而成之,法其命而循之诸人,法其数而以起事,治其道而以出法,治其志而归之于仁。仁之美者在于天。天,仁也。天覆育万物,既化而生之,有养而成之,事功无已,终而复始,凡举归之以奉人。察于天之意,无穷极之仁也。"② 一个好的统治者就是将天道贯彻到社会治理秩序中,而天道的本质是"仁"。

将天与仁对训,仁道之爱的普遍向度得到了凸显,这符合大一统的政治格局对意识形态一致性和广泛性的需要,在现实的政治层面,也可以

---

① 邢义田说:"大体而言,自秦汉以后,天下归天命所钟的一姓所私有已不只是帝王一己的信念,而是一种深入人心的一般想法。……换言之,国为家有,天子既代表一家,也拥有一国,家国混而不分,汉朝人遂干脆称天下为'国家'。"载邢义田:《天下一家:皇帝、官僚与社会》,中华书局,2010年,第14—15页。

② 董仲舒:《春秋繁露·王道通三》,载苏舆:《春秋繁露义证》,中华书局,1992年,第329页。

说是"屈君而伸天"所内含的对于君主的道德要求。这样,"天下一家"既意味着天下为"一家"所有,也表征统治者要爱天下所有的人,并遍及所有的事事物物。

由亲亲之爱扩展到爱一切事物,董仲舒所继承的是孟子的思路,他也说"推恩者,远之为大",①并称之为"仁义法"。董仲舒强调君王最重要的是要"爱民",而不能只贪图自己享乐。在这一点上又与孟子所主张的与百姓同乐一致。君王所应该体现的是"王者无外"式的普遍的爱,这是对"王者"之德的内在要求。在这个意义上,"义"变成对自我的约束,即所谓"正己"。而"仁"是要"爱及四夷"的,是对"天下人"的。

董仲舒也用天道来解释人伦秩序的差等性,也就是说,从天的包容性上,他强调了爱的普遍性,而从四时阴阳的变化中,他则肯定了不同的社会成员之间的爱会基于他们之间的血缘关系的远近而有所不同。

董仲舒的天人感应论并不为后世的儒家学者所推崇,而通过博士及博士弟子而建构起来的官学化的经学体制,导致汉代经学的烦琐化,降低了经典对于现实的解释力。在魏晋时期,汉儒的天人关系模式转变为"名教"与"自然"这样的新问题。这样仁爱的张力也以新的方式展开。在吸收了道家"以无为本"的观念之后,伦理秩序与人的自然本性之间的矛盾被凸显出来了。因而,人伦秩序与自然万物之间的关系需要在董仲舒理论的基础上进行新的构建。这也是宋代儒者的核心关切。

宋儒剥离了董仲舒思想中天人相副的简单比附部分,有限度地承认"感应"的价值,而从哲学性的层面推进了天道和人道一致性的内在逻辑。并通过对"仁"概念的重新解释来确立儒家血缘之亲与普遍之爱的一本性。对于这种理论的继承和转折的关系,陈来说:"仁既是天之心,也是天之气,甚至天就是仁,汉儒董仲舒的这些思想为后来的仁体论的展开奠定了基调,确立了方向,而到朱子,才把这些仁体的要素结合起来,明确了仁体的意义。"②这就点明了汉儒和宋儒之间的契合处。

---

① 董仲舒:《春秋繁露·竹林》,载苏舆:《春秋繁露义证》,第52页。
② 陈来:《仁学本体论》,读书·生活·新知三联书店,2014年,第145页。

韩愈通过对仁义与道德关系的讨论，展开了道德原则和具体的道德规范之间的辩证关系，其道统说给宋儒有很大的启发。从南北朝以来的佛教的兴盛，给儒家义理造成了巨大的冲击。而佛教出家修行的方式实质上造成了儒家对于世俗伦理责任的否定。要回应这样的挑战，宋代的道学家就必须要通过对"天道"的新解释来重构天道和心性之间的关系。二程兄弟之所以强调"天理"是他们自己"体贴出来"，主要就是强调了天道和性命的一致性，通过赋予世俗伦理以天道的意义，来化解佛教对现世价值的解构。

宋儒大都肯定张载对于理学基本范式建构的贡献，并十分推崇他在《西铭》中所提出的"民吾同胞，物吾与也"的境界。然而，这个说法也受到很多质疑，焦点在于民胞物与的境界是否会流于墨家的"兼爱"。其实，如果照顾前后文的关系，张载所建立的民胞物与的境界并非要否认差等秩序，而是要重申血缘伦理和普遍的爱之间的"一本"性。许多研究者都已经注意到了张载的普遍之爱与他所强调的宗法秩序之间的关系。比如，何炳棣等人就指出应该从整体语境中来看待"民吾同胞"的说法，① 认为从"乾称父、坤称母"到"大君者，吾父母宗子，其大臣，宗子之家相也"② 是一个系统的说法。何炳棣认为惟其如此，才能完整理解张载此文的真实含义。在他看来，张载所要揭示的是父母之爱到宇宙万物的一体性之间的递进关系。

张载十分注重恢复宗法对于重建宋代地方秩序的意义，他能体会到北宋以来政治形态转变给士人群体所带来的前所未有的政治参与机会，这刺激他强调范仲淹式的"天下忧乐"。他在《乾称》篇中，也以十分哲学化的方式来处理人伦秩序和宇宙秩序之间的关系，从而化解普遍性和特殊性之间的紧张。他说："以万物本一，故一能合异；以其能合异，故谓之感；若非有异，则无合。天性、乾坤、阴阳也，二端故有感，本一故

---

① 何炳棣的相关论说可参见《儒家宗法模式的宇宙本体论——从张载的〈西铭〉谈起》一文，见何炳棣：《何炳棣思想制度史论》，中华书局，2017年。

② 张载：《正蒙·乾称》，林乐昌编校：《张子全书》，西北大学出版社，2015年，第53页。

能合。天地生万物，所受虽不同，皆无须臾之不感，所谓性即天道也。"①这种由"本一"所决定的本原性的创生，确立了万物之间存在着普遍感应关系，而差异性的存在则为这样的对"一致性"的"感"提供了可能性。二程和朱熹，都强调《西铭》激发他们体悟到了"天理"所包含的仁爱的意义。程颢说，张载的《订顽》（也即《西铭》）篇，已经把仁者浑然与物同体的意思表达出来了，这是对孟子"万物皆备于我"的精神的继承。

程颢所说"仁者，浑然与物同体"②一语对"仁"的解释具有突破意义，他要进一步将孟子的"万物皆备于我"的观念丰富化。程颢认为张载的"民胞物与""备言此体"，是对仁本体的层次性展开。即仁既与万物浑然同体，此同体却非浑然为一，不分彼此，而是一种多样化的统一。这是对"万物皆备于我"的发挥，"同体"是一种认知上的超越，它是一个总的原则，而与物同体并不是要消除对象的差异性，是要阐明差异性和一致性之间的辩证关系。

这样的同异关系，在程颐那里，被概括为"理一分殊"。毫无疑问，"理一分殊"更为深层地回应了普遍之爱和血缘之亲情之间的关系，并在朱熹的解释之后成为包容一体之仁和宗法差序的经典范式，影响到后来的其他理学家。

朱熹阐释说：

> 天地之间，理一而已。然"乾道成男，坤道成女，二气交感，化生万物"，则其大小之分，亲疏之等，至于十百千万而不能齐也。不有圣贤者出，孰能合其异而会其同哉！《西铭》之作，意盖如此。程子以为明"理一而分殊"，可谓一言以蔽之矣。盖以乾为父，坤为母，有生之类，无物不然，所谓"理一"也。而人物之生，血脉之属，各亲其亲，各子其子，则其分亦安得而不殊哉！一统而万殊，

---

① 张载：《正蒙·乾称》，林乐昌编校：《张子全书》，第54页。
② 程颢：《遗书》卷二上，载程颢、程颐著，王孝鱼点校：《二程集》上，中华书局，2004年，第16—17页。在前文亦有"《订顽》一篇，意极完备，乃仁之体也"。（《二程集》上，第15页）又说孟子之后未有人有此功力，认为西铭一文"仁孝之理备于此"。（《二程集》上，第39页）

则虽天下一家、中国一人，而不流于兼爱之弊；万殊而一贯，则虽亲疏异情、贵贱异等，而不梏于为我之私。此《西铭》之大指也。①

"理一分殊"是对张载的民胞物与论与二程的浑然同体论的发展，其目的是试图解决这个"同体"和"差异"的问题，既要肯定普遍的爱的向度，又不能流于爱无差等的"兼爱"的弊端。这体现了普遍性和特殊性的矛盾统一，是对儒家之爱在本体论意义上的说明。

万物浑然一体是基于人与物均受天地之气而形成，然朱熹认为，这并非是万物皆当爱的理由，爱是从天理中所分有的，如此，事事物物禀受了天理，这便是爱存在的理据。不是因为万物同体才有所谓的爱，而是因为万物皆有爱的因子，故而万物才能同体。理一分殊，不同的事物所受并不相同。分殊者皆有爱，不同的事物所分有的是不同类型的爱。

理一分殊固然要解释万物之"不同"，也要解决事事物物之"同一"。落实到人类的秩序中，便是要解决三纲五常这样的伦理秩序与具体到家家户户的道德实践之关系，纲常乃作为一个总体性的原则，而各因血缘之远近而制定的礼仪节文则是纲常在生活中的展开。

换言之，在本体论的层面，理学家基本上采取的是"形气"的方法来处理天理和每个人所禀受的不同，而在社会伦理层面，"理一"就是纲常伦理，而分殊则是具体的人与人之间的关系状态。针对此问题，程颢多从身体的一致性来比喻爱的普遍性，以身体反应的关联性来凸显"仁"所具备的感应力，相反，"麻木不仁"则表示对于生命的漠然。程颢说："医书言手足痿痹为不仁，此言最善名状。仁者，以天地万物为一体，莫非己也。认得为己，何所不至？"②按程颢的说法，仁是以天地万物为一体的，但这是从"体"上言，或可以说，"仁"具有一种形而上的意味，而博施济众、恻隐之心等等都是"仁体"的"功用"。也就是说，因为有"仁体"，所以必然视万物为一体，而表现为具体的"关爱"和"博施"等

---

① 朱熹：《西铭解·论》，朱杰人等主编：《朱子全书》第十三册，上海古籍出版社、安徽教育出版社，2002年，第145页。

② 程颢：《遗书》卷二上，《二程集》上，第15页。

行为方式。

二程在与弟子的论学过程中，经常辨析仁与爱之间的关系，他认为将爱等同于仁是不对的，因为，仁是本原性的，而爱则是仁的功用。所以，他认为既然孟子说恻隐之心是"仁之端"，就不能将其等同为"仁"。

为了避免将仁与爱等同，程颐还以"公"来解释仁，如此一来符合他们以理一分殊来解释天理和具体的德行之间的关系，虽然从本质上依然是遵循了人伦与天理之间的一致性，但在解释上，则是将儒家伦理的普遍性与一般的伦理规则之间做了符合"体用"论的解释，从而可以消弭人们基于宗法和国家之间的"差别"而导致的家国之间的"断裂"。

以"公"来解释仁，可以避免仁爱的普遍和血缘基础之间的冲突。"公"是天理的体现，对于个人和家国的爱的差别，关键在于爱所施及的对象的不同。而爱基于"公"，所以能推扩至一切事物。

> 仁之道，要之只消道一公字。公只是仁之理，不可将公便唤做仁。公而以人体之，故为仁。只为公，则物我兼照，故仁，所以能恕，所以能爱，恕则仁之施，爱则仁之用也。①

对于这样的解释方式，朱熹也是接受的，他在与学生讨论"仁者以天地万物为一体"的时候，提出了"同一体"的说法，即根源上的一致性，惟其如此，才可理解普遍的爱。《朱子语类》记载，林安卿问朱熹："'仁者以天地万物为一体'，此即人物初生时验之可见。人物均受天地之气而生，所以同一体，如人兄弟异形而皆出父母胞胎，所以皆当爱。故推老老之心则及人之老；推幼幼之心则及人之幼。惟仁者其心公溥，实见此理，故能以天地万物为一体否？"对此，朱熹的回答是，万物一体之仁并非是某一特殊阶段的境界，而是事物的本质特性，惟其如此，才能理解亲亲之爱与爱万物之间的关系。他说："'爱'字不在同体上说，自不属同体事。他那物事自是爱。这个是说那无所不爱了，方能得同体。若爱，则是自然

---

① 程颐：《遗书》卷十五，《二程集》上，第153页。程颐经常以"公"释仁，认为"己欲立而立人"是孔子解释仁的最为彻底的说法，也可以概括为"公"。

爱，不是同体了方爱。惟其同体，所以无所不爱。所以爱者，以其有此心也；所以无所不爱者，以其同体也。"①

而仁者因为理解"同体"，所以"其心公溥"，才能无私心。朱熹在解释程子"天地无心而成化，圣人有心而无为"这句话的时候说，天地之心，并无偏私，所以它能化成万物，而圣人并非有意识地要去爱和恨，而只是顺其事物的本性而已，发用在世间万物上，就是普万物，而泛爱众。虽然没有直接用"公"来解释仁，但是"天地无心"深得"公"的精髓。

相比于二程的语录式随机提点，朱熹的理气论是一个更为完备的理论形态，因而在解释普遍性和特殊性的关系的时候，更为自洽，他提出"理同而气异"。

> 先生答黄商伯书有云："论万物之一原，则理同而气异；观万物之异体，则气得相近，而理绝不同。"问："'理同而气异'，此一句是说方付与万物之初，以其天命流行，只是一般，故理同；以其二五之气有清浊纯驳，故气异。下句是就万物已得之后说，以其虽有清浊之不同，而同此二五之气，故气相近；以其昏明开塞之甚远，故理绝不同。"②

朱熹也喜欢从"太极"动静来解释事物的发生和变化，并从中去认识本源性和多样性。在他看来，圣人先得之天理之同然，是一个总的理，有了人类、有了万物，便"万变不齐"，如此，万物亦有各自的规定性，则产生差异，如此这般，便是同中有异，异中有同。这样的道理，落实到

---

① 黄士毅编，徐时仪、杨艳汇校：《朱子语类汇校》贰，卷三十三，上海古籍出版社，2014年，第900页。

② 黄士毅编，徐时仪、杨艳汇校：《朱子语类汇校》壹，第70页。这段文字在黎靖德所编的《朱子语类》卷四中文字有所差异，该书又载"夫太极动而二气形，二气形而万化生。人与物俱本乎此，则是其所谓同者；而二气五行，絪缊交感，万变不齐，则其所谓异者。同者，其理也；异者，其气也。必得是理，而后有以为人物之性，则其所谓同然者，固不得而异也；必得是气，而后有以为人物之形，则所谓异者，亦不得而同也。"见黎靖德编：《朱子语类》第一册，中华书局，1986年，第59页。

普遍之仁和人伦万物之爱，便亦是同与异的对立统一的关系。

泛爱万物与血缘差等之爱的关系，一直是儒家讨论"仁爱"时的理论难题，儒家始终要辨析"仁爱"与墨家所提倡的"兼爱"之间的差别。① 不过当天理所体现的普遍性被强调的时候，再度辨析"仁爱"和"兼爱"的不同也成为宋儒教育学生的重要话题。朱熹的思路是程颐思路的延续和精细化。"仁"作为一个本源，生发出爱来应对社会和自然界，而其理路依然是从亲亲出发，最终到世间万物。

与孟子主要应对墨家兼爱说的挑战不同的是，程朱还须说明儒家之爱与佛道所倡导的爱之间的不同。在朱熹看来，佛道放弃了父子和君臣关系，因而事实上便不可以真正领会到爱的实质。在朱熹看来，这就好比从来不吃肉的人，不可能知道肉的味道，如此说来，佛舍身饲虎这样的"道理"并不能被非佛门弟子所理解。同理，佛道之人舍家修行，就难以理解家庭伦理的重要性。

> 释老称其有见，只是见得个空虚寂灭，真是虚，真是寂无处，不知他所谓见者见个甚底？莫亲于父子，他却弃了父子；莫重于君臣，他却绝了君臣；以至民生彝伦之间不可阙者，它一皆去之。所谓见者见个甚物？且如圣人"亲亲而仁民，仁民而爱物"；他却不亲亲，而划地要仁民爱物。爱物时，也则是食之有时，用之有节，见生不忍见死，闻声不忍食肉。如仲春之月牺牲无用牝、不麛、不卵、不杀胎，不覆巢之类，则是如此而已。他则不食肉、不茹荤，以至投身施虎。此是何理？②

这可谓以其矛攻其盾，揭明其内在矛盾。但朱子也承认佛教所发展出的禅宗的高妙理论和因果报应的学说，无论是对于读书人还是普通百姓都有

---

① 在汉儒的作品中，人们并不避讳使用"兼爱"这个词，并以此来说明儒家超越血缘的爱的"公共性"特征。"心兼爱人谓之仁。"（贾谊：《新书·道术》）"致利除害，兼爱无私，谓之仁。"（《汉书·公孙弘传》）"圣王之政，普覆兼爱，不私近密，不忽疏远。吉凶祸福，与民共之。哀乐之情，恕以及人。"（王符：《潜夫论·救边》）

② 黄士毅编，徐时毅、杨艳汇校：《朱子语类汇校》伍，第3034页。

很大的吸引力，加上科举制使儒家的典章成为干禄之具，所以理学家尤其要说透道佛的迷惑人处，并身体力行地阐明正道。① 说到底，天理总是要为社会伦理提供论据，抽象的理论建构目的是给社会秩序提供价值支持。就这点而言，宋儒对佛教的排斥如孟子之辟杨墨，是一种立场上的坚持。

第三节 "万物一体"与良知的公共性视野

与二程、朱熹侧重从"理一分殊"来讨论普遍之爱与差等之爱的路径有所不同，以陆九渊为代表的心学则强调心同理同。在心即体的思路下，心学主张外部世界与内心世界的一致性，天理即在本心之中。心与理所同者就是"仁"。陆九渊说："仁即此心也，此理也。"② 陆九渊与程朱之间的争议并非在于普遍的仁是否存在，双方差异在于如何体认"仁体"，如何体认天赋的良知之爱在社会生活的呈现。心学的理路，舍弃了透过格物穷理的复杂功夫，而是直接"发明本心"，这样心、理的普遍性就具备了超时空的性质，就只是仁心的发用。在陆九渊看来，仁体具有一种向外推扩的势能，因为，仁从来就不满足于自己的完满，而是追求一种共同的感知，内在的道德动力会将爱的精神推扩到其他人那里。他说："一人之仁，不若一家之仁之为美；一家之仁，不若邻焉皆仁之为美；其邻之仁，不若里焉皆仁之为美也。里仁为美，夫子之言，其一人之言哉？"③

"仁"总是由个体扩大到家庭，并最终发展到所有人。陆九渊与继承他的思想方法的王阳明都继承了孟子的良知天成的观念。特别是王阳明，在他的"致良知于事事物物"的思想范导下，特别重视"万物一体"的观念。

在王阳明社会政治思想体系中，"万物一体"论是不能忽视的。陈来先生认为，"万物一体"和"致良知"是王阳明思想中最重要的两个

---

① 参看黄士毅编，徐时仪、杨艳汇校：《朱子语类汇校》伍，第3022页。
② 陆九渊：《与曾宅之》，钟哲点校：《陆九渊集》，中华书局，1980年，第5页。
③ 陆九渊：《拾遗》，钟哲点校：《陆九渊集》，第377—378页。

内容，也是明代中晚期阳明学的重要主题。① "万物一体"和"致良知"并非各自孤立，如能致良知于事事物物，则可以达到万物一体的境界。

　　王阳明的万物一体思想主要体现在《大学问》中，此文被钱德洪视为"师门之教典"，开篇就说："大人者，以天地万物为一体者也，其视天下犹一家，中国犹一人焉。"② 如果因为躯体的局限而将世界分为自己和他物，那就不是"大人"的胸怀。这种万物一体的境界并非主观臆想而得，而是"心之仁本"所确定的，无论是君子还是小人，都先天具备与万物为一体的"自然状态"，只是因为私欲或其他原因，而使一体之仁难以显明，所以要自明明德。

　　明明德是挺立本体的过程，明体必要达用，此为"亲民"。由亲自己的父亲，推扩到别人之父，以及天下人的父亲，依次类推至兄弟朋友以及山川大地，"夫是之谓明明德于天下，是之谓家齐国治而天下平，是之谓尽性"③。对于血缘情感的超越，是万物一体在人的精神世界中的体现。

　　从思想倾向而言，程颢和阳明对"万物一体"的推崇最为充分，他们继承了"大同"理想的精神实质。王阳明的"万物一体"论即本体即工夫，既属形上之境，亦有具体的制度形态勾勒，是从"修己"到"治人"的整体。在《大学问》中，明明德可以视为是"修己"，而"亲民"，则可以理解为安百姓。王阳明说："'亲民'犹孟子'亲亲仁民'之谓，亲之即仁之也。百姓不亲，舜使契为司徒，敬敷五教，所以亲之也。尧典'克明峻德'便是'明明德'；以'亲九族'至'平章协和'，便是'亲民'，便是'明明德于天下'。又如孔子言'修己以安百姓'，'修己'便是'明明德'；'安百姓'便是'亲民'。"④ 这可以说是对重视"民心"的秩序观念的源头性回溯。

　　"万物一体"论或可说是阳明政治哲学的枢纽。比如，朱承就将王阳

---

① 陈来：《仁学本体论》，第289页。
② 王阳明：《大学问》，载吴光等编校：《王阳明全集》第二册，上海古籍出版社，2014年，第1066页。
③ 王阳明：《大学问》，载吴光等编校：《王阳明全集》第二册，第1067页。
④ 王阳明：《传习录》上，载吴光等编校：《王阳明全集》第一册，第2页。

明的"万物一体"论与"大同"论做了勾连。他说:"万物一体的人间秩序就是'中国一人'、'天下一家'的理想社会秩序,而这又是将儒家'大同'理想的进一步深化和而发展。"①但朱承受一些王阳明的批评者的影响,将"万物一体"论理解为脱离了儒家爱有差等的道德原则而流于墨家的兼爱观念。由此他评论说,"万物一体"论会将修齐治平思想理想化,因而容易"流于乌托邦"。②

固然,"万物一体"带有理想主义的色彩,但作为一种政治的原则,却是儒家修己安人思想的"逻辑终点"。面对同时代学者对他"近墨"的质疑,王阳明有很多的回应,其理路甚至可以远溯到孟子和夷子的讨论。

在与弟子的讨论中,王阳明就辨析他的万物一体论与墨家兼爱论的差别。有人问他为什么程颢说"仁者以天地万物为一体",而墨家提倡的"兼爱"却不得谓之仁?王阳明回答说:"父子兄弟之爱,便是人心生意发端处,如木之抽芽。自此而仁民,而爱物,便是发干生枝生叶。墨氏兼爱无差等,将自家父子兄弟与途人一般看,便自没了发端处;不抽芽便知得他无根,便不是生生不息,安得谓之仁?孝弟为仁之本,却是仁理从里面发生出来。"③在王阳明看来,如果兼爱无差等,那么就会将自己的亲人与路人一视同仁,这是看不到仁爱之心在不同的对象上所可能出现的差别,这样也就否定了爱的"根源"。在《传习录》下中,还有一处问答涉及亲疏远近"厚薄"问题,王阳明也是从"自然情感"来强调"爱"的可接受性。

> 问:"大人与物同体,如何《大学》又说个厚薄?"先生曰:"惟是道理,自有厚薄。比如身是一体,把手足捍头目,岂是偏要薄手足,其道理合如此。禽兽与草木同是爱的,把草木去养禽兽,心又忍得?人与禽兽同是爱的,宰禽兽以养亲,与供祭祀、燕宾客,心又忍得?至亲与路人同是爱的,如箪食豆羹,得则生,不得则死,

---

① 朱承:《治心与治世——王阳明哲学的政治向度》,上海人民出版社,2008年,第75页。
② 朱承:《治心与治世——王阳明哲学的政治向度》,第73页。
③ 王阳明:《传习录》上,载吴光等编校:《王阳明全集》第一册,第29—30页。

不能两全，宁救至亲，不救路人，心又忍得？这是道理合该如此。及至吾身与至亲，更不得分别彼此厚薄。盖以仁民爱物，皆从此出；此处可忍，更无所不忍矣。《大学》所谓厚薄，是良知上自然的条理，不可逾越，此便谓之义；顺这个条理，便谓之礼；知此条理，便谓之智；终始是这条理，便谓之信。"①

在这两处解释中，阳明强调了发端，也就是说，从自己的亲人出发扩展到别人，在现实的选择中，会产生"优先性"的差异，而从自然的情形看，这样的差异让"爱"真实而容易被理解。在现实的场景中，在亲人和陌生人都需要救助的选择中，如果放弃救自己的亲人而去救别人，则"不合道理"。

不过，这种爱的"优先性"选择可能产生的弊端是会忽视对别人的关怀，这很大程度是由"自私"所导致的，即没有将发端于亲情的爱惠及更大的社群。对于如何克除私欲的遮蔽而回复一体之仁，阳明在《传习录》中的讲法与《大学问》的理路比较一致，也是认为天下之心与圣人之心一般，只是"圣人"能克私去蔽，而推天地万物一体之仁来教化天下之人。

天下之人之所以不能如圣人般体认到"人心之同然"，主要是陷溺于私心而不能认知"公"的境界，这样的说法让我们回想起程颐以"公"来释"仁"的倾向。在解释"仁"的呈现方式的时候，王阳明与程颢有很多的相通之处，比如他也喜欢从身体的"反应"来呈现圣人达到万物一体境界时的状态。

> 盖其心学纯明，而有以全其万物一体之仁，故其精神流贯，志气通达，而无有乎人己之分，物我之间。譬之一人之身，目视、耳听、手持、足行，以济一身之用。目不耻其无聪，而耳之所涉，目必营焉；足不耻其无执，而手之所探，足必前焉；盖其元气充周，血脉条畅，是以痒疴呼吸，感触神应，有不言而喻之妙。此圣人之

---

① 王阳明：《传习录》下，载吴光等编校：《王阳明全集》第一册，第122—123页。

学所以至易至简，易知易从，学易能而才易成者，正以大端惟在复心体之同然，而知识技能非所与论也。①

以上以孟子的"一本"到王阳明的"万物一体"为线索，勾勒儒家思想面对亲亲之爱与普遍之爱的矛盾时的理论推进过程。血缘亲情和普遍之爱之间的张力，某种程度上也可以看作是仁和礼之间的张力。自孟子以来的解释，始终在努力将这样的矛盾通过一体性和多样性的关系加以说明。但孟子对于墨子学派"兼爱"理论是"无父"之禽兽的批评的影响是如此深远，会让一些儒家学者将亲缘之情和普遍的关怀之间的差距绝对化，变成不可逾越的鸿沟，因此，一旦有人强调"大同"和"万物一体"这样的境界，自然会被视为堕入墨家的框架之中了。不过，从孟子到董仲舒、程朱和王阳明等思想家并没有采取非此即彼的态度，而是从血缘亲情中体认爱的自然特性，而从万物一体中凸显儒家的价值理想。

第四节　现代政治思想与仁的转化可能

近代以来，在西方价值观的冲击之下，对儒家之"仁"学做出最为激进之解读者谓谭嗣同之《仁学》。

谭嗣同的思想发生急剧变化的直接原因来自甲午战争失败之后《马关条约》的签订，割地赔款的现实让他坚定地参与到改变国人的观念、推动社会变革的实践中，因此，他特别重视"心力"的作用。在他杂糅了西学和佛学的仁学体系中，当时在西方流行的"以太"是宇宙构成的基本元素，而"仁"则是贯通这些基本元素的"沟通者"，因此，谭嗣同将"通"作为仁的最根本义蕴。②

谭嗣同通过强调仁与礼之间的对立来宣扬仁所代表的"自然人性的解放，生命的发扬，宇宙的繁荣滋长。从这些观念出发，他批判了传统社

---

① 王阳明：《传习录》中，载吴光等编校：《王阳明全集》第一册，第62页。
② 谭嗣同说："仁以通为第一义。以太也，电也，心力也。皆指出所以通之具。"载《谭嗣同集》，浙江古籍出版社，2018年，第309页。

会"①。特别是将贯穿礼制秩序的纲常伦理视为束缚所有人的"网罗"。

在谭嗣同看来,孔子所创立的儒家思想传统本来是主张平等和反君统的。他对儒学史的重构从批"荀学"开始。在他的谱系中,孔学衍生出两大支,一是曾子传子思、孟子,二是由子夏到庄子。前者倡平等与革命,后者批评君统。而荀子及他所传的韩非、李斯,以君臣尊卑来愚弄百姓,使儒学之精神不传。由此,谭嗣同说中国两千年之政皆秦政,两千年之学皆荀学,都是乡愿之学,屈服于君臣父子的威权以谋取自己的利禄。

谭嗣同的思想相当驳杂,从儒家的角度他继承了张载、王夫之的气一元论,尤其是张载《西铭》中渲染的为万世开太平的使命感,他对宇宙生命的体察激励他愿意通过奉献自己的生命来拯救悲苦的人类。他特别欣赏墨家身上的任侠精神,并将张载的万物一体论和墨子的兼爱理想,乃至佛教众生平等和基督教的博爱思想熔于一炉。针对儒学史上对墨子兼爱说的批评,他说儒家所肯定的亲疏观念,是过于拘执于身体的局限,"若夫不生不灭之以太,通天地万物人我为一身,复何亲疏之有"②。

谭嗣同认为传统伦常的基础是父子一伦,"君臣一义,或尚以人合而破之。至于父子之名,则真以为人之所合,卷舌而不敢议。不知天合者,泥于体魄之言也,不见灵魂者也。子为天之子,父亦为天之子,父非人得而袭取者也,平等也。且天又以元统之,人亦非天所得而陵压之,平等也"③。这里既体现了董仲舒人为天所生的意思,也受基督教人为上帝所创造的影响。但谭嗣同的革命性在于他借助公羊学以元统天的思想,以元来弥合天人之间的差异,推导出天人之间并没有上下尊卑的不同。

以荀学为代表的儒家学派,泥于据乱世的规则而不知变,固执于君臣、父子、夫妇之间的尊卑秩序,而使"仁"困于权势和礼乐规范之中,恰如佛教所说的"执妄为真",为此,谭嗣同强调"仁"的批判和"冲决力"。谭嗣同从康有为那里接受了三世说来为未来的社会理想提供空间,

---

① 张灏:《梁启超与中国思想的过渡(1890—1907):烈士精神与批判意识》,新星出版社,2006年,第290页。
② 谭嗣同:《仁学》,载《谭嗣同集》,第332页。
③ 谭嗣同:《仁学》,载《谭嗣同集》,第372页。

同时也把儒家的仁爱精神和佛教的慈悲结合起来,这样使其理想会突破家、国的局限而迈向"地球之治"。在地球意识下,人们不惟要发愿救本国,更要放眼世界和全人类,在这样的精神下,个人的生命反而要为实现这样的目标而成为可舍弃的。梁启超将之视为一种"烈士精神"。在烈士眼里,众生、国家、世界并无不同。"仁者,平等也,无差别相也,无拣择法也,故无大小可言也。此烈士所以先众生而流血也。"[1]

谭嗣同的仁学在学理上虽未尽完善,但却启发了近代中国否定中国传统纲常伦理,乃至激烈反传统的激进主义思潮。他对仁与礼的判然分割,也使亲亲仁民爱物的一体化仁学逻辑被置换为融汇了墨家、道家乃至佛教、基督教的原理性与创生性的"爱"。他对平等理想的提倡,使仁成为中国传统的伦理秩序和政治制度之间"解构"力量。

如果说谭嗣同的烈士精神让他以自己的鲜血去惊醒国人的话,那么梁启超在现代的"仁学"解释中,更让人印象深刻的是他对公私关系的复杂态度。

在西方启蒙思潮的影响下,儒家的仁爱被认为只注重私人领域而忽视公共关怀,对于家人的关爱只会让人失去竞争性,因此,激进者主张对传统文化采取破坏主义的态度。梁启超在写作《新民说》的初期,特别强调"公德"对于现代民族国家建立的意义,他说:"我国民所缺乏者,公德其一端也。公德者何?人群之所以为群,国家之所以为国,赖此德焉以成立者也。"[2] 由于中国的"旧"伦理体系,偏于对"私德"的提倡,忽略了对于"公德"的培育。梁启超认为,人类的道德活动要以有利于"群",促进"群"的完善为目的,中国的传统伦理只是家族伦理,难以发展出国家的观念。如此,若要建设国家,就要造就"新民",其手段就是要发育"公德"。不过,在1903年的美洲之行之后,梁启超发现"公德"的建立不能忽视"私德"。按梁启超自己的说法,由于他强调公德,造成了社会上的一些人将"公德"和"私德"对立起来,这种公私之间的简单

---

[1] 梁启超:《校刻浏阳谭氏仁学序》,载《谭嗣同集》,第400页。
[2] 梁启超:《新民说》,载汤志钧、汤仁泽编:《梁启超全集》第二卷,中国人民大学出版社,2018年,第539页

对立，不但不能建立新的道德体系，而且会把旧有的价值观念破坏殆尽。他说："不意此久经腐败之社会，遂非文明学说所遽能移植。于是自由之说入，不以之增幸福，而以之破秩序；平等之说入，不以之苟义务，而以之蔑制裁；竞争之说入，不以之敌外界，而以之散内团；权利之说入，不以之图公益，而以之文私见；破坏之说入，不以之箴膏肓，而以之灭国粹。"①他认为当时国人所盛行的破坏主义，试图通过篾弃传统道德而全面移植西方伦理的做法，不但没有使自由、平等这样的观念建立起来，反而造成了国家的分裂和责任意识的丧失。他又反过来强调"私德"，说"欲从事于铸国民者，必以自培养其个人之私德为第一义"②。从梁启超的自我矛盾的论述中，我们可以看到，一方面，处于亡国灭种的危机中的国人，在对待中国传统的价值观念和文化传统的态度上产生了矛盾和困惑；另一方面，在外来压力之下，他们未能深入体察儒家仁爱观念所包括的由私及公的整体性视野，进而简单地以公私对立来区分中西之差异。

近代思想家的思想转变十分剧烈，经常会发生前后不一的状况。梁启超自述，他经常处于"今日之我"与"昨日之我"的精神交战中。不过，他在《新民说》中所提出的关于中西伦理的基本原则则是很有启发的。他说新民就是要"淬厉其所本有而新之"，"采补其所本无而新之"，③认为这两者缺一不可。这样的诠释方法具体到对仁爱观念的理解中，我们可以具体化为：立足于仁爱观念的发展史，来理解其内在的丰富性和复杂性；在全球化的新格局下，阐发传统仁爱观念的现代意义及其实践化的可能性。

首先，立足于对于仁爱观念的新认识，如果能体会到仁爱观念所包含的血缘伦理和普遍之爱的张力，就可以矫正近代以来将儒家伦理视为缺乏公共关怀、难以建立公德意识的偏见。儒学理论和儒家伦理的内在逻辑，向来主张由修身齐家出发，而推扩到治国、平天下的"天下国家"意识。与西方近代建立在个人权力基础之上的契约社会的逻辑有所不同，儒

---

① 梁启超：《新民说》，载《梁启超全集》第二卷，第640页。
② 梁启超：《新民说》，载《梁启超全集》第二卷，第633页。
③ 梁启超：《新民说》，载《梁启超全集》第二卷，第533页。

家强调道德的发生学维度，认为社会道德要奠基于个体的修身，正所谓"一屋不扫，何以扫天下"。以"万物一体"作为价值理想，在其现实化的过程中，需要从身边的对象，特别是家庭成员出发，而将这种关爱的范围逐步扩大。从情感发生学的角度，一个人不可能忽视家庭的成员而去关心于己无关的事物，立足于家庭成员之间的关爱的"亲亲"之情，作为一切爱的培育基础，既使爱变得可以理解，而其实践和扩展的过程，又恰好可以成为道德修养的一种手段。一个具备君子人格的人，必然会将亲情之爱扩展到所有人，乃至事事物物。这也就是《中庸》所说的"成己""成物"。

不过，传统儒家缺乏个体和群体之间的权利和责任、义务的分界，这也会导致血缘亲情在历史和现实的道德实践过程中可能堕落为任人唯亲、裙带关系等不正之风。但并不能由此得出儒家"不能培育公德，只关心亲人"的结论，甚至得出现代契约伦理与血缘伦理不可兼容的结论。这都是因为对儒家的仁爱的发生和发展理论缺乏完整的认识，也是将文化多样性归结为文化阶段性的谬见。

许多人将亲亲之爱视为只适合传统社会的道德原则，而将普遍的关爱看作是"现代"的价值原则，而不能从理论上解释其统一性，体现在文化观上，就会把中西价值对立起来。

一个合理的出路是将儒家的仁爱观念和个人权利的意识相结合，这样既可以保留儒家仁爱的可实践维度，又可以避免在实践层面限于家庭的关系而难以扩展的困境，由此，治国平天下这样的"君子境界"便可以转化为每一个人都可以落实的政治实践。

其次，阐发仁爱观念的复杂性可为共同体建构提供价值支持。西方的契约伦理立足于契约的建立，而对于契约外的人则缺乏关爱的利益驱动，由此，其共同体的规模很难超越民族国家。反之，中国则主张超越家国的人类共同体，其背后的价值基础就包括儒家的仁爱观念。

任何共同体都需要依赖利益和价值的双重支撑才能稳固。传统中国的家族共同体就是建立在价值上的血缘情感和经济上分工合作的基础之上的，故而在以家庭为基本生产单位的时代显示其稳固性。而现代化所带来的城市化和新的分工体系，意味着契约伦理和物质分配成为新型共同体的支撑点。不过随着全球化的深入，产生了国际性的经济组织，这就意味着以民族国家为基础的国际关系面临着新的挑战，全球分工和合作、开放的市场和公平的交易环境成为新的社会生产力和生产关系模式，在这个意义上，如何处理国家利益和全人类的利益成为人类文明在全球化时代国际关系的核心。对此，儒家仁爱观念所呈现出的局部利益和整体关切之间的辩证统一，可以为我们理解人与人、个人与国家、国家与人类、人类与自然环境之间的逐步递进关系提供一种思路。针对国家与人类的关系，一方面，爱国主义依然是一个基础，这可以看作是民族意义上的"亲亲"；另一方面，忽视全球利益的国家优先论则会导向单边主义，损害全球秩序。因此，要处理好人类意识和国家价值的辩证关系。这可以看作是"亲亲而仁民"。从具体的进路上看，在人类共同利益的意识建立之前，必然是先有地区的合作。比如欧美各国，因为共同的宗教背景，它们之间分享价值观更为便捷。东亚诸国，历史上深受中国文化的影响，互相理解也更容易达到。所以，欧洲、东亚可以更早地建立起一些地区联盟。从短期看，这些联盟会阻碍全球价值的建立。但是，如果不接受这种文化上的差异而带来的理解上的不同，那么，最终的共同体也不可能牢固。

最终，我们应建立起人类与自然环境的共生共存关系，这可以视为是"仁民而爱物"。在万物一体的观念下，我们不仅是将自然作为生存的资源、审美对象，而是也将之视为伦理的对象，从"民胞物与"的观念出发，儒家的仁爱观念将世界视为有机的共同体，自然界的事物是人类的伦理链条上的一个环节，由此人便对自然环境存有道德义务，如此，传统的仁爱观便可以为新型人与人、人与国家、人与自然关系的提供合理的价值逻辑。

第四章

仁与现代性的融摄

——康有为论"仁"与儒家伦理政治的转型

伦理政治或道德政治①是儒家政治思想的标签,在西方政治制度和政治思想传入中国之后,儒家的伦理政治观以及由这种伦理政治部分现实化而形成的帝国-皇权体制遭受空前的挑战。当制度的效能衰减之后,制度的合法性受到挑战,并最终导致制度的价值基础的动摇。

发生在晚清的制度合法性动摇体现在两个基础性的问题上。其一,相比于西方的现代政治所主张的自由、平等和保护个人权利的民主制度,儒家政治思想中的等级差等和皇权政治的"专制"属性,被康有为等人收纳进不同的"世"之中,随之"变法"和"革命"相继爆发。在康有为所改造的"三世"说中,传统儒家的政治制度属于"据乱世"的制度构想,而目前已转入"升平世",改制是"时"的要求。当变法失败之后,推翻帝制成为社会共识;其二,传统政治合法性建立在古典的宇宙学模式下的天人关系上,重体证而轻论证,在实证化的知行关系面前,"心外无理"式

---

① 本文对于道德政治一词从两种角度展开:一种是共时性的,即政治包含有道德和非道德的部分,比如政治的目标可能是民本,但统治的技艺可能是非道德的。作为统治者可以采用非道德的手段来达到其政治目的;另一种是历时性的,即传统政治是道德政治,而现代政治则是工具性的非道德政治。

的合法性论证难以奏效。[①]对此,严复开始奠定了将中西问题转化为古今问题的基调。他在为《阳明先生集要三种》所写的序言中说:阳明之心外无理、心外无物,乃是孟子万物皆备于我之说发展而来,难以获得"实证"的依据,"知者,人心之所同具也;理者,必物对待而后形焉者也"[②]。这就是说,统治者不能再以"天意"来自己证明自己,而是需要"实绩"。在这样的新旧转换过程中,作为儒家思想基点的"仁"必然是最先要经受"现代性"洗礼的。

与制度性的转变不同的是,价值观念的嬗蜕要更为艰难。谭嗣同的《仁学》激烈地反对儒家的纲常秩序以及君主专制,但他却试图挽救"仁"的观念。从政治哲学的角度看,推翻一种制度容易,但沉淀在人们思想中的价值惯性反而会很牢固。这就是说,制度的批判或用一种新的制度取代旧的制度,并不能彻底消解文化心理结构。

揆诸观念史的发展历程,在重大的历史转折时期,特别是多元文化冲突和融合比较丰富的时期,也是观念变化最为急剧的时期。比如殷周之际的天命观念的转变。魏晋南北朝,随着佛教的传入,传统中国的有无概念,在王弼的解释系统中,被赋予本体和现象的意味。宋明时期对于本体和功夫的讨论,则也是受到佛教和道教思想的影响,实质上是要论证宗法伦理制度是天然合理的。近代中国的体用之争则更为复杂,在引入西方政治制度的时候,如何对待纲常伦理成为时代的课题,中体西用论的提出,就是要调和价值和制度的"不合拍"。

对于旧概念被输入新内容的现象,冯友兰先生有一个形象的描述,叫"旧瓶装新酒"。他说:中古哲学依傍远古哲学,所以是"旧瓶装新酒"。这种做法之所以能完成,是因为"新酒"不多,或新酒不够"新"。

[①] 威尔·金里卡说:古典政治哲学"是一种用'目的'来检讨政治体制与政治价值的思考架构。目的论式的思考要有说服力,当然取决于它所标举的目的状态能不能取信于人,是不是对的。而目的状态的说服力,又取决与人的天性或者超越的旨意的说法,能不能取得说服力"(威尔·金里卡:《当代政治哲学》,刘莘译,上海译文出版社,2015年,第7页)。这虽是对西方古典政治哲学而言的,但以此来分析儒家政治哲学的一些特性也不无有见。

[②] 严复:《〈阳明先生集要三种〉序》,载王栻主编:《严复集》第二册,中华书局,1986年,第238页。

他以西方哲学史的发展为例说:"在西洋哲学史中,自柏拉图亚力士多德等,建立哲学系统,为其上古哲学之中坚。至中古哲学,则多在此诸系统中打转身者。其中古哲学中,有耶教中之宇宙观及人生观之新成分,其时哲学家亦非不常有新见。然即此等新成分与新见,亦皆依傍古代哲学诸系统,以古代哲学所用之术语表出之。语谓旧瓶不能装新酒,西洋中古哲学中,并非全无新酒,不过因其新酒不极多,或不极新之故,故仍以之装于古代哲学之旧瓶内,而此旧瓶亦能容受之。"但近代以后,因为哲学思想的创造性很强,所以出现了许多新的名词,已不是旧的框架所能容纳,所以就不再能采用旧瓶新酒的方法。"及乎近世,人之思想全变,新哲学家皆直接观察真实,其哲学亦一空依傍。其所用之术语,亦多新造。盖至近古,新酒甚多又甚新,故旧瓶不能容受,旧瓶破而新瓶代兴。由此言之,在西洋哲学史中,中古哲学与近古哲学,除其产生所在之时代不同外,其精神面目,实有卓绝显著的差异也。"①

冯友兰先生强调其"新理学"体系是"接着讲",而不是"照着讲",那就是说,他是采用了理学"旧瓶"而装进去了许多新的内容。在比较他自己的作品和金岳霖先生的《论道》的时候,他认为金先生的著作才是"新瓶装新酒"。"当我南岳写《新理学》的时候,金岳霖也在写他的一部哲学著作。我们的主要观点有些是相同的,不过他不是接着程、朱理学讲的。我是旧瓶装新酒,他是新瓶装新酒。"②的确,冯友兰先生的《新理学》,看上去还是在讨论太极、理气等宋明理学的观念,但他对于真际和实际的划分,所采用的是西方实在论的方法,而实质上是要通过这种看上去熟悉的概念来引入新的思维方式,对事物存在的"理"和实际存在的事物的关系所做的区分,其实抽空了宋明道学的"理"所具有的价值内涵,从而理气关系就变成一个哲学问题,或者说把宋明时期的哲学和政治混杂的论说方式进行"分离",这样的新理学就不再要为现实的秩序寻求新的

---

① 冯友兰:《中国哲学史》(全二册),中华书局,1947年,第492页。
② 冯友兰:《冯友兰自述》,中国人民大学出版社,2004年。第192—193页。

合法性资源，而是局限于学科规范内的"思想操练"。①

冯友兰和金岳霖进行学术创作的阶段，现代学科制度已经在中国确立，然而，要用冯友兰先生的旧瓶新酒论去概括1840—1911年的思想转型就有很大的困难。一是那个时期的学术创作者大多非为纯粹的学者，而是兼有政治家和学者甚或其他身份。比如，康有为和章太炎主要是政治人物，学术创作通常是为自己的政治目的服务的。二是那个时期人们往往更多地借助传统的思想范式和学术概念来思考，对西方思想的了解也比较表面。在体制化学术机制形成以后的学者看来，康有为、章太炎的学术姿态就很不纯粹，他们的学术立场和著作经常受到后起的学者的批评。顾颉刚、钱穆就批评章太炎和康有为的思想没有秉持价值中立的原则。冯友兰先生也作如此想。他说："中国与西洋交通后，政治社会经济学术各方面皆起根本的变化。然西洋学说之初东来，中国人如康有为廖平之徒，仍以之附会于经学，仍欲以旧瓶装此绝新之酒。然旧瓶范围之扩张，已达极点，新酒又至多至新，故终为所撑破。经学之旧瓶破而哲学史上之经学时期亦终矣。"②在冯友兰的比喻中，经学相当于旧瓶，而现代的学术研究方法和学科知识相当于新瓶。

的确，经学和现代学科之间的确存在着知识和信仰之间的分歧，康有为重振公羊学，就是为了改制。而廖平的大九州就是为了解决全球性时代儒家的普遍性问题。而当经学科学化，意味着儒家价值与现代政治系统的分离，因为借助于知识化的表达，儒家的价值理念便难以在政治制度和日常生活中得到落实。由此可见，冯友兰先生对康有为和廖平的批评恰好体现了他们之间已经有了代际差异。

在康有为自身的思路里，他并非不了解现代学科发展的趋势，然他更为关切的是学科化之后，儒家的信仰如何传承的问题，这既是一个知识论的问题，更是一个政治性的问题，所以，康有为提出了以建立孔教会来解

---

① 冯友兰说："我们现在只说：理学即是讲我们所说之理之学。若理学即是讲我们所说之理之学，则理学可以说是最哲学底哲学。但这或非以前所谓理学之意义。"冯友兰：《新理学》绪论，胡伟希编校：《中国现代学术经典·冯友兰卷》，河北教育出版社，1996年，第4页。

② 冯友兰：《三松堂全集》第三卷，河南人民出版社，1985年，第10页。

决信仰问题的方法,①试图借鉴西方政教分离而使信仰得以保存的经验。而儒家与传统政治制度的弥散性的关系,使这种分离难以落实,新文化运动中的新兴知识阶层,已经视经学为一种难以承受的"旧瓶",必欲去之而后安。

然经学所具有的定义中国文明的独特价值却也并非是简单的知识化所能"转化"的,因此,分析康有为对"仁"的诠释,有助于我们了解儒学在面对现代性的挑战时的新的可能性及其困境,也可以让我们客观地面对中国思想本身的复杂性和丰富性。

第一节 仁为制度之本

"仁"是儒家最为核心的观念,仁者爱人贯通了儒家由价值到秩序的内在脉络。孔子坚持"仁者爱人"的精义,奠定了儒家礼乐秩序的价值原则以及由亲亲扩展到仁民爱我的普遍主义立场,使儒家成为诸子百家中最具包容性的思想主张。

孔子己所不欲勿施于人和立人达人的忠恕之道,强调了对他人处境和感受的体察,通过道德的感通力,来引导自己的行动,提升自己的人格力量。仁虽为与义、礼、智、信相并列的德目,但仁又成为其他道德品质的基础。②《论语·八佾》中孔子说:"人而不仁,如礼何?"彰显了仁对于礼的基础性意义。就此而言,仁对于儒家所提倡的其他道德原则构成一种意义生成的作用,也为一般道德行为提供目标与境界。在《论语·阳货》中孔子说能够做到"恭宽信敏惠"这五种德行的人,就达到仁者的境界,就点明了五种德行与仁的关系。

儒家对于仁所具备的感召力和示范性由孟子所发展并系统化,"孟子从仁者爱人出发,把仁规定为人的本性,把恻隐规定为人之本体的情感发

---

① 对知识和信仰的分途的讨论可参阅干春松:《知识和信仰的分途:近代社会变革中儒学的宗教化和知识化的争论》,载《中国人民大学学报》2010年6期。
② "仁"对于儒家道德理论和伦理体系的架构作用可参看黄慧英:《儒家伦理与道德"理论"》,载氏著:《儒家伦理:体与用》,上海三联书店,2005年,第39—46页。

用……恻隐之心是仁的开端和基点,故称端。把恻隐之心加以扩充,便是仁的完成。"① 爱人之仁的本性奠定了人在感受困境时生发恻隐的"不容己"的能动反应,这也构成了人对自己本性的不断确认,道德修养的工夫就是防止这种禀赋的"散失"而"求其放心"。

或许可以这么说,儒学史的发展主线就是一部仁的解释和实践史,孔门后学和董仲舒等都从各个角度对仁学有所阐发,此点对于康有为的影响至大。宋明儒学倡言天理,是一种哲学化的仁学。按照陈来先生的说法,到宋明时期,道学家将宇宙论和道德论连接,并认为朱熹的思想中,除了理学之外,亦应肯定其仁学的贡献。指出:"说朱子学总体上是仁学,比说朱子学是理学的习惯说法,也许更能突显其儒学体系的整体面貌。"② 以仁学的角度来理解宋明道学是对宋明儒者精神世界的更为直截的揭明。

1840年以来,中国必须应对由儒家的"效能性"危机所带来的文化冲击,以康有为、章太炎为代表的思想家,一方面继承儒家的经学传统,同时吸收包括西学、佛学在内的文化资源来重建儒家文明对现实的解释力,另一方面则基于回应西方在政治法律、经济军事的挑战,而提倡改制乃至革命。在这方面,康有为的努力最具争议性,他通过提倡和"改造"公羊学展开了从制度到思想的中西融合的多种可能。如果说,对公羊三世的创造性解释是他变法改制的理论基础,那么,他对"仁"新解,则为儒学如何应对现代性的挑战提供样本。

许多学者从谭嗣同的《仁学》为开端讨论现代仁学的发轫,对此我们已经在前一章做了初步的讨论。正如梁启超所说:谭嗣同的仁学,主要是光大康有为的宗旨,③ 此评价有很大的争论空间。就《仁学》的思想特性而言,谭嗣同的仁学在试图剥离仁与礼的关系过程中,将仁学更多与墨家、道家的社会理想,甚至佛教和基督教的慈悲和博爱相挂搭,因而在某种程度上与儒学"脱扣"。

---

① 陈来:《仁学本体论》,读书·生活·新知三联书店,2014年,第108—109页。
② 陈来:《仁学本体论》,第46页。
③ 参陈来:《仁学本体论》,第432页。

谭嗣同的思想深受康有为的影响，而比康有为更为激进。如果说，谭嗣同从"名实关系"的角度，从某种程度否定了儒家的经典传统，那么康有为的思想突破，依然建立在儒家经典或其中的经学传统之上。而这个"经学传统"是经过康有为"重构"的。

康有为说，六经各有所守，然要了解孔子之道，则莫如《春秋》。孔子为万世制法之精义，全存于《春秋》，而《春秋》之精义，并不在其事与其文，而在于其"义"。在康有为眼里的儒学发展史中，董仲舒和何休因为对春秋学的发展贡献甚大，董仲舒对儒学发展的重要性要大过于孟子和荀子。"董子，群儒首也。汉世去孔子不远，用《春秋》之义以拨乱改制，惟董子开之。"① 具体地说，康有为是通过《春秋繁露》来理解孔子和孟子的仁学甚至人性论的思想的，他还编写了《春秋董氏学》来梳理董仲舒的思想。

董仲舒在《春秋繁露》中，亦最重"仁"，认为仁是天的"意志"，所以"明王道重仁而爱人"，认为仁是《春秋》之宗旨。康有为说：

> 俞序得《春秋》之本，有数义焉，以仁为天心，孔子疾时世之不仁，故作《春秋》，明王道重仁而爱人，思患而豫防，反覆于仁不仁之间，此《春秋》全书之旨也。《春秋》体天之微，虽知难读，董子明其托之行事，以明其空言，假其位号，以正人伦，因一国以容天下，而后知素王改制，一统天下，春秋乃可读。②

对于"仁"的解释，孔子本人就极为多样。孟子则往往将仁与其他德行或者政治措施结合起来，发展出仁义、仁政等观念，而康有为更为接受董仲舒在《春秋繁露·必仁且智》篇中的解释：

> 何谓仁？仁者憯怛爱人，谨翕不争，好恶敦伦，无伤恶之心，无隐忌之志，无嫉妒之气，无感愁之欲，无险诐之事，无辟违之

---

① 康有为：《春秋笔削大义微言考》，载姜义华、张荣华编：《康有为全集》第六集，中国人民大学出版社，2007年，第3页。

② 康有为：《春秋董氏学》，中华书局，1990年，第2—3页。

行。故其心舒，其志平，其气和，其欲节，其事易，其行道，故能平易和理而无争也。如此者谓之仁。①

康有为评论道：这篇对仁的解释最为"详博"。既点明了仁者爱人且又有伦序之大本，并涉及仁人之行为方式，《春秋繁露》的重要注释者苏舆也认为此"说'仁'字义最博，后儒所释，不能外此"，②指出后世谈论仁很少出此范围。

康有为的仁本论基本上是沿着董仲舒的理路形成并展开的。他在解释《论语·学而》"孝悌也者，其为仁之本与"这段话的时候，就贯通了《必仁且智》中对仁的概括和《王道通三》中对"天仁"论的思想，然后加以发挥。他说：

> 孟子述孔子曰：道二，仁与不仁。老子以天地、圣人为不仁，孔子以天人为仁，故孔子立教，一切皆以仁为本。山川、草木、昆虫、鸟兽，莫不一统。太平之世，远近大小若一；大同之世，不独亲其亲，子其子，老有终，壮有用，幼有长，鳏寡、孤独、废疾皆有养，仁之至也。然天地者，生之本；父母者，类之本。自生之本言之，则乾父坤母，众生同胞，故孔子以仁体之；自类之本言之，则父母生养，兄弟同气，故孔子以孝弟事之。此章为拨乱世立义。③

关于康有为从三世说来解释仁的层次性的问题后文会有所展开，在这段话中，康有为认为仁是所有事物存在的根本意义所在。虽然事物各有分类，但儒家以仁体之，所以建构一套以仁为基础，通过同类相感的原理不断扩充此爱的"普遍之爱"思想。

儒家之仁说，向内外两个方向发展，向内即反求诸身，向外则推而扩充之，永无止境。康有为在解释《论语》"我欲仁，斯仁至矣"一语时说："仁者，人也。受仁于天。而仁为性之德、爱之理，即己即仁，非有

---

① 董仲舒：《春秋繁露·必仁且智》，载苏舆：《春秋繁露义证》，中华书局，1992年，第258页。
② 苏舆：《春秋繁露义证》，第258页。
③ 康有为：《论语注》，载姜义华、张荣华编：《康有为全集》第六集，第380页。

二也。近莫近于此矣，故欲立立人，欲达达人，反求诸身，当前即是。而学者望而未见，或诿为远，永无至仁之地，实无欲仁之心耳。"①"受仁于天"是说"仁"乃先天之禀赋，而人们常常以求仁为艰难，就是难以认清此点的结果。

相比于反身而诚一面，康有为更为看重推扩义，所以他尤其致力于阐发孟子将不忍人之心推扩到事事物物的推恩思想。他认为：孟子之道只有一，一者仁也，这是孟子思想的第一义。他将孟子看作孔门的龙树、保罗，因为他认为孟子深通《春秋》三世之大义，有本于内，而专重扩充，传孔子之大道。孟子之不忍人之心，道出了圣人之用心。"不忍人之心，仁也，电也，以太也。人人皆有之，故谓人性皆善。既有此不忍人之心，发之于外，即为不忍人之政，若使人无此不忍人之心，圣人亦无此种，即无从生一切仁政。故知一切仁政，皆从不忍人之心生，为万化之海，为一切根，为一切源……人道之仁爱，人道之文明，人道之进化，至于太平大同，皆从此出。"②康有为之三世说，贯穿的是文明进化的循序渐进的思想，因此，他多从儒家政治哲学之原理，而非具体的政治设计、伦理秩序来谈论儒家之"常道"。制度与秩序乃因时而立，"仁爱"之理则是贯通"三世"变迁的。

与 1840 年后其他刚刚接受西学的思想家一样，他们喜欢借助物理概念来解释某种本体性存在的事物，康有为亦将"电""以太"和"仁"相并列以说明仁的源始性和动力源。"电"和"以太"都是无形但具有巨大"能量"的物质，将"仁"与这些相比附，是要突出人道之仁爱和文明所呈现的不忍人之心能够"能动"地推扩出去。有不忍人之心则有不忍人之政，康有为认为中国传统的专制的残酷非根源于儒家，而是源自老子的"不仁"之道，"孔子以仁为道，故有不忍人之政。孟子传之，由拨乱至于太平，仁之至，则人人自立而大同。老子以不仁为道，故以忍人之心行忍

---

① 康有为：《论语注》，载姜义华、张荣华编：《康有为全集》第六集，第 432 页。
② 康有为：《孟子微》，载姜义华、张荣华编：《康有为全集》第五集，第 414 页。在《南海师承记》中，康有为就明确地说："孟子仁字专全在扩充。"并说，施于天下之同饥同溺，所以发井田之制。（《康有为全集》第二集，第 250 页）

人之政，韩非传之，故以刑名法术督责钳制，而中国二千年受其酷毒。"① 要摆脱专制就是要回到儒家的不忍人之政。康有为在《孟子微》中还说：

> 仁者博爱，己欲立而立人，必思所以安乐之，无使一夫之失所，然必当有仁政，乃能达其仁心。②

这就是说，如果是仁者的政治，必基于仁者之心，从而必有以民为本的措施。康有为在解释孔子对管仲"如其仁"的评价时，认为管仲的政策让老百姓获益，值得肯定。他说："孟子之卑管仲，乃为传孔教言之，有为而言也。宋贤不善读之，乃鄙薄事功，攻击管仲。至宋朝不保，夷于金、元，左衽者数百年，生民涂炭，则大失孔子之教旨矣。"③康有为的改制方案中，主要内容就是经济发展的新政措施。他所著《物质救国论》《理财救国论》以及《金主币救国论》等，广泛涉及生产发展的策略，乃至货币政策等方方面面。

康有为的政治改革方案特别是他的君主立宪主张，受到更多的关注及批评，但如果从他的三世社会发展构架中看，也具有一定的合理性。他根据中国处于据乱向升平世进化的认知，认为最合理的制度选择或为君主立宪，梁启超在《南海康先生传》中说："中国倡民权者以先生为首，知之者虽或多，而倡之者殆首先生。然其言实施政策，则注重君权。以为中国积数千年之习惯，且民智未开，骤予以权，固自不易，况以君权积久，如许之势力，苟得贤君相，因而用之，风行雷厉，以治百事，必有事半而功倍者。故先生之议，谓当以君主之法，行民权之意。若夫民主制度，则期期以为不可，盖独有所见，非徒感今上之恩而已。"④在康有为看来，

---

① 康有为：《孟子微》，载姜义华、张荣华编：《康有为全集》第五集，415 页。
② 康有为：《孟子微》，载姜义华、张荣华编：《康有为全集》第五集，455 页。
③ 康有为：《论语注》，载姜义华、张荣华编：《康有为全集》第六集，第 492 页。康有为之离开朱九江，意味着他对宋学的义理的评价；他说："宋人讲义理不及董子。董子以天心为主。"还说："朱子解《中庸》仍是空口说过，未曾打入实处讲。"他比较推崇周敦颐和王阳明。见《南海师承记》，载姜义华、张荣华编：《康有为全集》第二集，第 231, 232 页）
④ 梁启超：《南海康先生传》，汤志钧、汤仁泽编：《梁启超全集》第二集，中国人民大学出版社，2017 年，第 380 页。

大同社会固然理想，但人类不能好高骛远，跨越时代的局限而骤行之。

第二节　仁与博爱、公正、平等

以爱释仁，将仁的推扩视为爱的体现乃是孔子论人之关键，亦是儒家人本主义的最坚实的基础。康有为在解释"樊迟问仁，子曰：'爱人'"这段话时说："孔子言仁万殊，而此以爱人言仁，实为仁之本义也。"[①]梁启超概括康有为的哲学就称之为"博爱派"哲学。在梁启超看来，孔教、佛教和基督教虽然宗旨有差异，但仁学博爱、同胞平等的观念则相同。而康有为则是熔各种思想为一炉，"先生之论理，以'仁'字为唯一之宗旨，以为世界之所以立，众生之所以生，家国之所以存，礼义之所以起，无一不本于仁。苟无爱力，则乾坤应时而灭矣"[②]。仁是贯通个体与团体的精神力量。

康有为以博爱论仁受到了董仲舒和韩愈的影响，董仲舒在《春秋繁露·为人者天》中说"圣人之道，不能独以威势成政，必有教化。故曰：先之以博爱，教以仁也"[③]，后来韩愈在《原道》一文中，则认为博爱是仁之"定名"。

康有为从博爱来解释《论语》中的"博施济众"，"博爱之谓仁。盖仁者日以施人民、济众生为事者。……孔子以仁为施济之理，若能博济众生，令一夫无失其所，一物皆得其生"，这就不止于仁人，更有圣人之才。[④]

仁者以天地万物为一体，将天地万物看作是一气之流，先亲亲而后仁民，再到爱物，有一个渐次发展的过程。近代中国，博爱论遇到的最大的挑战是民族国家与天下的关系。在万国竞逐世界格局中，民族国家各以

---

① 康有为：《论语注》，载姜义华、张荣华编：《康有为全集》第六集，第478页。
② 梁启超：《南海康先生传》，汤志钧、汤仁泽编：《梁启超全集》第二集，第370页。
③ 董仲舒：《春秋繁露·为人者天》，载苏舆：《春秋繁露义证》，第319页。向世陵说董仲舒是把儒家的仁爱与墨子的兼爱结合起来，这种说法或有可商。儒家之"博爱"由来有自，但儒家之仁爱与墨子之兼爱之似是而实非，孟子已有明确的一本论分疏，可证之。参见向世陵等：《儒家博爱论》，高等教育出版社，2022年，第6页。
④ 康有为：《论语注》，载姜义华、张荣华编：《康有为全集》第六集，第424页。

本国利益为优先，而西方殖民主义国家则依仗其军事优势而掠夺弱小的国家，丧权失地的中国有保国保种保教之危机，在这样的情形下，康有为认为民族国家之建构乃不得不然。不过，他更推崇超越身家国家而以天下万物为一体者，并将这样的人称为超越"国民"的"天民"。他说："人人皆天生，故不曰国民而曰天民。人人既是天生，则直隶于天，人人皆独立而平等，人人皆同胞而相亲如兄弟。"一般之人"只养一身，或养一家，或营一职，甚者一身之中仅养一体。盖觉性极小。"如果能知天民的责任，就会产生恻隐之心，对天下之为难就会思考如何拯救。因此，天民的责任，"一在觉民，一在救民"①，这才是真正的博施济众。

基于觉民和救民的使命感，康有为认为忠恕之道中的"己欲立而立人，己欲达而达人"这样的精神更符合仁的本质。他在解释这段话的时候说：

> 仁者以天地万物为一体，莫非己也。认得为己，何所不至？若不属己，自与己不相干。如手足之不仁，气已不贯，由不属己也。愚尝论之，天地万物，同资始于乾元，本为一气，及变化而各正性命，但为异形。如大海之分为一沤，沤性亦为海性，一沤之与众沤，异沤而无异海也。但推行有次，故亲亲而后仁民，仁民而后爱物。孔子以理则民物无殊，而类则民物有异。其生逢据乱，只能救民，未暇救物，故即身推恩，随处立达，皆至人而止。此非仁之志，亦仁之一方，而今可行者也。仁者，二人相人偶，故就己与人言之。立达者，孟子所谓"老吾老以及人之老，幼吾幼以及人之幼"，"推诸心加诸彼，故推恩可以保四海，不推恩不足以保妻子也"，"以不忍人之心，行不忍人之政"，皆从己立立人，己达达人出。孟子专言扩充，真得孔子之传者也。②

他以大海之众沤和海水的比喻来说明一体和各类事物之间的本体和现象的关系。并认为要从事物的差异中看到其一致性，这样才能将仁爱之心推扩

---

① 康有为：《孟子微》，载姜义华、张荣华编：《康有为全集》第五集，第417页。
② 康有为：《论语注》，载姜义华、张荣华编：《康有为全集》第六集，第424页。

出去，他由此认为孟子的良知扩充最符合孔子之仁的意思。

　　博爱的基础是万物平等、众生平等，康有为认为古今圣人的聪敏才智只在爱人类，更有甚者是只爱一国之民，欺凌别国，这是背乎公理，是"爱德之羞"。[①]而这种博爱体现在政治秩序的安排上，则是反对人与人之间的地位的不平等。康有为将孟子视为发明民权观念者，所以提倡汤武革命，不能容忍一人肆于民之上。他解释孟子用"平世"而不用"治世"的原因是孟子"明平政治义。天生人本平等，故孔子患不均。《大学》言平天下，不言治天下。《春秋》、孟子言平世，不言治世。盖以平为第一义耳。平政者，行人人平等之政"[②]。所以在《春秋笔削大义微言考》中，用公平、文明、权利和平等等现代的观念来重新定义"仁"。

> **孔子之道，其本在仁，**其理在公，其法在平，其制在文，其体在各明名分，其用在与时进化，夫主乎太平，则人人有自立之权；主乎文明，则事事去野蛮之陋；主乎公，则人人有大同之乐；主乎仁，则物物有得所之安；主乎各明权限，则人人不相侵；主乎与时进化，则变通尽利，故其科指所明，在张三世。其三世所立，身行乎据乱，故条理较多；而心写乎太平，乃意思所注。虽权实异法，实因时推迁，故曰孔子圣之时者也。若其广张万法，不持乎一德，不限乎一国，不成乎一世，盖浃乎天人矣。

这段话是康有为试图将公平、正义等现代政治哲学理念和仁学价值相结合的表征。一方面，康有为认为这些现代价值是仁的价值在不同时代的表现，并不存在中西不同，也符合孔子所定的三世不同法的原则；另一方面，康有为以现代民主、平等、公平的价值理想来丰富孔子的仁学思想的追求。

---

① 康有为：《大同书》，载朱维铮编：《康有为大同论二种》，生活·读书·新知三联书店，1998年，第254页。

② 康有为：《孟子微》，载姜义华、张荣华编：《康有为全集》第五集，472页。陈来说："儒家的平等观即使是在现代社会也不与近代西方完全一致，他不是个人主义的平等，也不完全是基于权利的平等，它包含甚广，如民族平等。而且与自由主义和社会主义相比较，它更突出的是经济的分配平等，其平等观接近于社会主义。"陈来：《仁学本体论》，第441页。

在戊戌变法前后，康有为一度是民权自由的倡导者，只是那时康的民权和议会思想主要目的是"上下通"，即让最高统治者能够准确详细地了解民情，而不是西方现代政治意义上的民权和自由。民国成立之后，康有为发现民权和自由对传统的秩序造成了摧毁性的影响，因此，他反而后悔曾经提倡民权，转而强调"国权"，即强调如果没有一个强大的国家，那么民权和自由便无从谈起。但民权和国权，都是人类迈向大同世界的"前奏"，本身并不具有终极价值的地位。

的确，要了解康有为的思想，首先要理解其糅合公羊三世和进化论所建构的历史观。康有为将这样的思想方法贯穿于其论说的所有领域，平等和博爱如此、君主专制和民主宪政如此，民族国家与人类大同也是如此。

博爱固然要以天地万物为一体，然物之不齐物之情，如何在博爱和差等之爱之中找到平衡是由博爱论发端之处就已经形成的问题。董仲舒就反对"爱而不别"，认为那是一种仁而不智的行为。① 康有为说，从民胞物与的角度，人类之爱是均等而无厚薄的。但即使是人为天所生，自然差异在所难免。"虽天之圣人，智愚强弱之殊，质类不齐，竞争自出，强胜弱败，物争而天自择之，安能得平？然不平者天造之，平均者圣人调之。"② 在康有为看来，不平等乃是自然现象，反倒是人要积极主动地去"调均"，通过制度设计来实现人与人之间的平等，而这种制度设计的基础就是普遍的人性之爱。

康有为认为仁最终能超越差等，他在《孟子微》中解释《孟子·尽心上》"君子之于物也，爱之而弗仁。于民也，仁之而弗亲。亲亲而仁民，仁民而爱物"这段话的时候，将差等之爱和普遍之爱分置于不同的"世"中。他说按照孔子的三世之法，拨乱世的仁，行之不远，所以看重亲亲；而升平世开始爱及人类，故能仁民。到太平世，众生如一，才可能

---

① 董仲舒认为知能帮助人们识别是非，故而避免不分是非的爱。他肯定族类之异，但最终要达成人类之爱。"故仁者所以爱人类也。"董仲舒：《春秋繁露·必仁且智》，载苏舆：《春秋繁露义证》，第257页。

② 康有为：《孟子微》，姜义华、张荣华编：《康有为全集》第五卷，第420页。

兼爱物。如此，仁依据不同的世"进退大小"。天下万物都本天而生，尊天者，必爱同生。"但方当乱世、升平，经营人道之未至，民未能仁，何暇及物？"① 所以只能提倡节制以减杀机而已。

类似的说法在《中庸注》中也可发现。在解释"为政在人，取人以身，修身之道，修道以仁"一语时，他根据大同小康的分期，提出仁的发展可以分为三个阶段：亲其亲子其子是小康之仁，而远近大小一统，则是大同之仁，"孔子本仁。此孔子立教之本。孟子谓：道二，仁与不仁而已。老子以天地为不仁，故自私。孔子以天地为仁，故博爱，立三世之法，望大道之行，太平之世，则大小远近如一，山川草木，昆虫鸟兽，莫不一统。大同之治，则天下为公，不独亲其亲、子其子，务以极仁为政教之统。后世不述孔子本仁之旨，以据乱之法、小康之治为至，泥而守之，自隘其道，非仁之至，亦非孔子之意也"②。

依据进化论，康有为认为小康之仁要向大同之仁发展。在《大同书》中他将这种天地万物为一体之仁称为"大仁"。③ 并将孟子将万物皆备于我、反身而诚视为是"求仁莫近"之道，并将推己及人作为太平世之仁道。"曾子言孔子之道，忠恕而已。仲弓问仁，孔子告以己所不欲，勿施于人。子贡问终身行，孔子告以恕。故子贡明太平之道曰：我不欲人加诸我，吾亦欲无加诸人。人人独立，人人平等，人人自主，人人不相侵犯，人人交相亲爱，此为人类之公理，而进化之至平者乎！此章孟子指人证圣之法，太平之方，内圣外王之道，尽于是矣。"④ 至大同之理想世界，儒家必然是既尊重个体独立，又能互助互爱，超越人我之分、物我之差。

---

① 康有为：《孟子微》，姜义华、张荣华编：《康有为全集》第五卷，第415页。
② 康有为：《中庸注》，姜义华、张荣华编：《康有为全集》第五集，第379页。
③ 朱熹解释爱物就是"取之有时，用之有节"。（《四书章句集注》）康有为认为即使在大同世，猎杀动物也不可避免，比如会伤害人类的猛兽和毒蛇之类。这些物种只养一些放在动物园中。不过反对以满足人类的口腹之欲的杀生，人类可以通过新技术做出替代肉食的食品。不过他认为物种进化有高低，天演的优胜劣败决定动物要受人的控制。见康有为：《大同书》，载朱维铮编《康有为大同论二种》，生活·读书·新知三联书店，1998年。第256页。
④ 康有为：《孟子微》，载姜义华、张荣华编：《康有为全集》第五集，第423页。

第三节　仁与智

孔子论仁,常常与别德目结合而讨论,这也成为后世儒者阐发仁的精神的常用方法,所不同的是关注点。

孔子十分看重仁与知的关系,在《卫灵公》篇中,就讨论知、仁、敬、礼之间的关系,他说:"知及之,仁不能守之,虽得之,必失之。知及之,仁能守之,不庄以莅之,则民不敬。知及之,仁能守之,庄以莅之,动之不以礼,未善也。"这就是说,如果只有"知",不能辅之以仁、礼,那么就是"未善"。《论语》和《中庸》强调仁智勇为"达德"。《论语·子罕》中说:"知者不惑,仁者不忧,勇者不惧",按朱熹的解释,知者明察天理,仁者有公心,这样气足以配道义,能无所畏惧。①

对"智"的强调,最重要的要算是孟子四端说中的,"是非之心,智也"。孟子不是从一般的认知意义上去理解"知",而是强调"知"的道德辨识力,由此"智"在孟子哲学中成为主要的道德德性之一。此亦为汉以后儒者所接受和发挥,并形成知行合一的实践智慧。明代的王阳明对此言之甚详备,他说:"凡谓之行者,只是着实去做这件事。若着实做学问思辩的工夫,则学问思辩亦便是行矣。学是学做这件事,问是问做这件事,思辩是思辩做这件事,则行亦便是学问思辩矣。若谓学问思辩之,然后去行,却如何悬空先去学问思辩得?行时又如何去得个学问思辩的事?行之明觉精察处,便是知;知之真切笃实处,便是行。"②知行合一,乃是实践与认知的相互促进。

近代以来的中西冲突,其要紧处就在于科学技术上的差距,一些人认为儒家执着于实践智慧的致思方式阻碍中国在物质生产上的创造力。因此,如何师夷之长技以制夷,吸收西方科学技术成为革新群体的共识。在引入西学新知方面,康有为亦有先见之明。在作于1885年的《教学通义》中,康有为在列举了经典中对于儒家德行的各种说法之后,就提出德行应

---

① 朱熹:《四书章句集注》,中华书局,1983年,第116页。

② 王阳明:《答友人问》,载吴光等编:《王阳明全集》一,上海古籍出版社,2014年,第232页。

与时偕行，他当时的说法是："以仁为上，知次之，忠、和终之，刚健勇毅皆所不取。"① 余且不论，由此可见，即使在确立今文学的立场之前，康有为其实已经十分看重"知"的重要性。

对于"智"（知）或知识能力的重视，与 1840 年之后中国知识界对于中国积弱的原因的分析有关。康有为以及稍后的严复等都将开发民智作为他们社会变革的重要环节。1890 年之后，康有为看重董仲舒的《春秋繁露》，而在这部书中，亦十分看重智的重要性。在《必仁且智》篇中，董仲舒对于智有一个明确的解释，"先言而后当"，具体而言，就是先想清楚是非利害再有所作为。因此，仁和智在人的行为中有特别重要的地位，如果不仁而有勇力，则反而会导向暴力，而不智之人，即使有良马，也不会驾驭。所以仁和智要结合才能有好效果。仁的意义是爱人类，而智的作用是除其害。康有为对这段话的解释是："孔子多言仁智，孟子多言仁义。然禽兽所以异于人者，为其不智也，故莫急哉。然知而不仁，则不肯下手，如老氏之取巧；仁而不知，则慈悲舍身，如佛氏之众生平等。二言管天下之道术矣。孔子之仁，专以爱人类为主；其智，专以除人害为先，此孔子大道之管辖也。"②

在《康子内外篇》中，他也提及孔子比较少以仁义对举，而是经常以仁智对举，"上古之时，群生愚蒙，开物成务，以智为仁，其重在智；中古之后，礼文既闻持守，先以仁为智，其重在仁。此夫子所以诲学者以求仁也，此非后儒之所知也。就一人之本然而论之，则智其体，仁其用也；就人人之当然而论之，则仁其体，智其用也。"③

在这段话中，他用体用来讨论仁和智，或许是受汉人以群体和类来说明仁的意义的影响，康有为区分了"一人之本然"和"人人之当然"。

---

① 康有为：《教学通义》，载姜义华、张荣华编：《康有为全集》第一集，第 46 页。
② 康有为：《春秋董氏学》，中华书局，1990 年，第 161—162 页。
③ 康有为：《康子内外篇》，载姜义华、张荣华编：《康有为全集》第一集，第 108—109 页。陈来先生认为康有为虽然以仁为体，但在德性上在价值上有时重视智超过了仁，所以"他反对宋儒的仁统四德说，这就改变了宋儒以来人的统帅一切的地位"（《仁学本体论》，第 438 页）。这个结论恐怕有一些过强。统而观之，因为继承董仲舒的仁受之于天的思想，仁的地位依然突出，不过康提升了智的重要性，认为超过义、礼这些传统上更为重要的德性。

所谓"一人之本然"乃是指人的自然存在状态，在这样的状态中，人之生存意识大于道德感，所以智具有决定性意义。"人人之当然"则指人的社会性存在。而儒家尤其是汉儒总是要从人的群体性存在来说明人之为人的独特性。这种区别对于康有为而言是十分重要的。

虽然从应然性的立场上，仁要重于智；但在本然性的角度，智的地位尤其突出。在这样的区分下，他认为在仁义礼智信这几项儒学的核心价值中，智的地位十分特别。与孟子论人禽之别是基于仁义不同，康有为认为仁、礼、义、信这些德性别的动物也可以具备，只有智才是区分人与动物的最基本的要素。"既乃知人道之异于禽兽，全在智。惟其智者，故能慈爱以为仁，断制以为义，节文以为礼，诚实以为信，大约以人而言，有智而后仁、义、礼、信有所呈。而义、礼、信、智以之所为，亦以成其仁。故仁与智所以成终成始者也。"①因此他将本然性的存在作为人的初始状态，而要通过道德教化，最终达成仁道。在此点上他甚或从董仲舒的性三品倒向了荀子。与孟子的仁心非由外铄不同，康有为则肯定了知识和辨别能力对于道德观念建立的重要性，认为"知之所及，即我仁之所及"。

在解释《中庸》中"成己，仁也。成物，知也"这段话时，他认为德性合人己内外，仁和智共同构成人类的境界。智（知）的格局决定仁的大小。"盖仁与智，皆吾性之德，则己与物皆性之体。物我一体，无彼此之界。天人同气，无内外之分。……凡我知之所及，即我仁之所及，即我性道之所及。其知无界，其仁无界，其性亦无界。故诚者知此，以元元为己，以天天为身，以万物为体。"②在这里，康有为强调了认知能力对于确定仁的边界的意义。

在《中庸注》中，康有为也有以知之格局决定仁之境界高低的说法。

> 故自群生之伦，无有痛痒之不知，无有痿痹之不仁。山河大地，皆吾遍现。翠竹黄花，皆我英华，遍满虚空，浑沦宙合。故轸

---

① 康有为：《康子内外篇》，载姜义华、张荣华编：《康有为全集》，第一集，第108页。
② 康有为：《中庸注》，载姜义华、张荣华编：《康有为全集》，第五集，第384页。

> 匹夫之不被泽，念饥溺之在己，泽及草木，信孚豚鱼，皆以为成己故也。其次，仅知人类之为己，则思济太平而援自立。又其次，仅知国之为己，则思定社稷而安民生。又其次，知乡族之为己，则广睦恤而勤惇叙。又其下，知家之为己，则勤孝养而劳慈畜。若此者，各以知之大小为仁之大小，即其性道大小之差焉。然能与国为体，以家为己，尽智竭力以为之，至死而毕焉，亦合内外之道也。①

成己成物乃是《中庸》中最为核心的观念之一，康有为将修己治人作为成己成物的"合内外之道"，而爱之普遍性则取决于人的认知力。康有为承认不同的人因为知力之大小而决定了其境界，然却不能认可儒学史上那些小仁之人被推崇的现象。其实，他所要批评的主要是自宋明理学之后只知修身而不知将之推及天地万物的一些俗儒。所以康有为提出理想的仁智关系是"仁智双修""以智辅仁"。

> 盖以孝弟发其行仁之始，以泛爱众极其行仁之终，以谨信肃其行仁之规，以亲仁熏其为仁之习，而后学文以广其智益。虽仁智双修，而始终于仁，但以智辅仁，所以养成人之德也。②

在康有为设想的大同世界里，智的重要性进一步提升。因为人类不再通过战争和掠夺来征服其他人，人与人之间是通过智力的竞争来促进进步和发展。"盖太平世无所竞争，其争也必于创新乎？其竞也必在奖智乎？智愈竞而愈出，新愈争而愈上，则全地人道日见进化而不患退化矣。"③在某种意义上，康有为对智的肯定已经开启了"科学"在近代中国社会的特殊地位，以康有为的独特的认知角度，他认为道德价值等方面的高低，往往

---

① 康有为：《中庸注》，载姜义华、张荣华编：《康有为全集》第五集，第384页。在《春秋董氏学》中，康有为对仁的层次有更为细致的划分。"天下何者为大仁，何者为小仁？鸟兽昆虫无不爱，上上也；凡吾同类，大小远近若一，上中也；爱及四夷，上下也；爱诸夏，中上也；爱其国，中中也；爱其乡，中下也。爱旁侧，下上也；爱独身，下中也；爱身之一体，下下也。"康有为：《春秋董氏学》，中华书局，1990年，第155页。

② 康有为：《论语注》，《康有为全集》第六集，第383页。

③ 康有为：《大同书》，《康有为全集》第七集，第177页。

难以判断,而"物质"层面的科学和器物的生产水平的先进和落后的标准是明确的。他强调不要把精力放在精神层面的比较上,而要优先将精力集中于"物质救国"方面。

在社会等级被消除之后,人与人的差别主要通过"智"的差异来判别,这种以仁智替代社会等级的新制度是太平世的重要特征。"当太平之世,人性既善,才明过人,惟相与鼓舞踊跃于仁智之事,新法日出,公施日多,仁心日厚,智识日莹,全世人共至于仁寿极乐善慧无边之境而已,非乱世之人所能测已。"①

综上可见,在康有为的仁学体系中,智居于特别重要的地位,因为智能辨明是非利害,所以有助于仁者安仁,进而利仁。②然而进一步可以推测的是,康有为对于智的肯定,也在于他有见于近代以来竞争格局的转变,他认为现代世界国家间的竞争的根本在于知识,因此他在戊戌变法和其他时期的政治改革设计中,教育始终是最重要的入手点之一。

第四节 仁与勇

孔子思想中特别重视"勇"的德行,他说"刚毅木讷,近仁"(《论语·子路》)。古人解释"刚毅"不为物欲所压制,这亦是"勇"。当然,"勇"更多是对公义的维护,《论语·为政》中说"见义不为,无勇也"。孔子认为智仁勇三达德具备,才是君子人格之典范。但早期儒家并不无保留地肯定"勇",比如孔子就说"仁者必有勇,勇者不必有仁"(《论语·宪问》),也就是说,勇气也可能是"意气",只是逞强好斗而已。

孟子、荀子都系统地讨论过不同类型的"勇",孟子也是肯定"勇"的,孟子主张的革命精神以及舍生取义的人格特质,都需要"勇"来支

---

① 康有为:《大同书》,载姜义华、张荣华编:《康有为全集》第七集,第179页。

② 对"仁者安仁,知者利仁"一语的解释中,康有为说:"利,贪也,知仁为有益,而欲得之也。盖人而不仁,其智昏,不能乐天知命;其性贪,不能节欲修身。久困必至于滥,久乐必至骄淫,惟仁者随遇而安,无入而不自得。"康有为:《论语注》,载姜义华、张荣华编:《康有为全集》第六集,第402页。

撑。孟子在《公孙丑上》中说，勇的最高境界是"不动心"。他比较了北宫黝这样的刺客之勇和孟施舍这样的根据对手的状况、合理制定战术的战略家的"勇"以及"自反而不缩，虽褐宽博，无不惴焉；自反而缩，则虽千万人，吾往矣"。在孟子看来，无论在何种情形下，都能坚持自己深思熟虑而得出的观点，即使与全天下不同也不动摇，这才是仁义之勇。

荀子区分大勇、中勇和小勇。他在《性恶》篇中说："有上勇者，有中勇者，有下勇者。天下有中，敢直其身；先王有道，敢行其意；上不循于乱世之君，下不俗于乱世之民；仁之所在无贫穷，仁之所亡无富贵；天下知之，则欲与天下共乐之，天下不知之，则傀然独立天地之间而不畏，是上勇也。礼恭而意俭，大齐信焉，而轻货财，贤者敢推而尚之，不肖者敢援而废之，是中勇也。轻身而重货，恬祸而广解苟免，不恤是非，然不然之情，以期胜人为意：是下勇也。"简而言之，不分是非，好勇斗胜，是下勇。能够坚持礼义，不为利诱，是中勇。而士君子基于"义"的追求，为天下人之公共利益，不畏困难，才是大勇。这与孔子"杀身成仁"、孟子"舍生取义"是一脉相承的，"义之所在，不倾于权，不顾其利，举国而与之不为改视，重死持义而不桡，是士君子之勇也"（《荀子·荣辱》）由此可见，将对义的追求视为勇的前提是儒家的基本立场。

1840年之后，国家的积弱使得尚武和勇力再度被人们肯定。康有为亦是如此。他在解释《论语》中"道不行，乘桴浮于海，从我者，其由与"这句话的时候，说孔子勇力过人，见道之难行，就计划出海传教，希望子路跟随，最后因没有出海的船只而作罢。"孔子抱拨乱反正之道，太平大同之理，三世三重之法，横览中国皆不能行，私居忧叹，欲出海外。是时，大瀛海之说已通，大九洲之地已著，孔子答曾子，发明地圆，故心思海外大地，必有人种至善，可行大同太平之理者，欲择勇者同开教异域。以子路勇而好仁，故许其同行，子路果喜。可见圣贤传教救人，不惮艰远之苦志矣。从行海外，凿空创开，事本艰难，故孔子极称其勇。而是时海道未大通，无船筏可出海，欲返无舟，空深叹慕，此则圣人所无如何，故卒不果行。使当时孔子西浮印度、波斯以至罗马，东渡日本以开美洲，则大教四流，大同太平之道，当有一地早行之也。传教救人，宜出海外，后学当以孔子、子路为法，无惮艰远矣。"①乘桴浮于海，本来是一种不满于现状的自我流放，但在康有为这里则成为心思海外大地，去实现大同太平之理的壮举，亦可见康奇思妙想之一斑。

在对《论语·宪问》"仁者必有勇，勇者不必有仁"的解释中，康有为兼收了荀子和朱子的说法，他借用荀子《性恶》篇中对勇的上中下三层次的区分，认为符合礼义之勇才是士君子之勇。因为"仁者心无私累，故能见义必为；勇者动于血气，未必合于公理，明有德、有仁之能兼有言，有勇也"②。这一观点还可以从他对于《论语》中智仁勇三达德之间的关系的阐释中得到证明。他解释道：

> 明足以烛理，故不惑；理足以胜私，故不忧；气足以配道义，故不惧，此学之序也。人之生世，与接为构，日以心斗，万物之事理错杂于前，而不知所从，则日在惑中；身家国天下苦恼相缠，而不能逃去，则日在忧中；身世言行危难相触，而不能胜之，则日在惧中。惑则如盲人瞎马，夜行临池；忧则如在火坑悬崖，漏舟败屋；惧则如见毒蛇猛虎，大火怨贼。此人道之至苦，而日望圣人拯之也。圣人先救惑者以穷理明物之知，则幽室皆见光明；施忧者以乐天知命之仁，则地狱皆成乐土；施惧者以浩气刚大之勇，则风雷亦能弗迷。故知、仁、勇为三达德，学者度世之妙方。③

康有为素有拯救天下之豪气，④因此，眼看人道之苦，必思拯救之，这样就要明万物之事理，有爱人之心，而更要有浩气刚大之勇。他在解释孟子之浩然之气的时候说："夫浩气，大勇也。知言，大智也。惟大勇大智，而后能扩充其不忍之心以保四海，所谓大仁也。盖孟子之学在仁，而用力

---

① 康有为：《论语注》，载姜义华、张荣华编：《康有为全集》第六集，第409页。
② 康有为：《论语注》，载姜义华、张荣华编：《康有为全集》第六集，第488页。
③ 康有为：《论语注》，载姜义华、张荣华编：《康有为全集》第六集，第453页
④ 二十七岁那年，他"秋冬独居一楼，万缘澄绝，俯读仰思，至十二月，所悟日深。……其来现世，专为救众生而已，故不居天堂而故入地狱，不投净土而故来浊世，不为帝王而故为士人……故日日以救世为心，刻刻以救世为事，舍身命而为之。"吴天任撰：《康有为先生年谱》上，台北：艺文印书馆，1994年，第34页。

则在勇、智，学之能事毕矣。"①

康有为对曾子多有微词，批评他所编撰的《论语》并没有将孔子的真实意图记录下来，导致人们不能认识到儒家的普遍主义面向。但是对《论语》中所记录的"士不可以不弘毅，任重而道远。仁以为己任，不亦重乎？死而后已，不亦远乎？"这句话最为赞叹。康有为说："曾子之言皆守身谨约之说，惟此章最有力，真孔子之学也。其得成就为孔学大派，皆弘毅之功，力肩孔道仁为己任也，易箦不昧，死而后已。"②就这样的一种精神，就值得效法。

第五节 仁与大同

康有为之写作《大同书》虽为他基于三世说对未来社会的设想，其动机是将人类从各种自然和人为的"苦海"中拯救出来，这是"不忍"之心的发用。"吾既生乱世，目击苦道，而思有以救之，昧昧我思，其惟行大同之道、行太平之道哉！遍观世法，舍大同之道而欲救生人之苦，致其大乐，殆无由也。大同之道，至平也，至公也，至仁也，治之至也。虽有善道，无以加此矣。"③

《大同书》在列举了导致人类苦难的种种原因之后，指出人类平等的世界就是"大仁盎盎"的状态。但对于如何为"仁"，前人多囿于据乱之局限，而执着于对于"类"的私利，只知道爱同类，这样的"仁"是有局限性的。

> 当太古生人之始，只知自私爱其类而自保存之，苟非其类则杀绝之。故以爱类为大义，号于天下，能爱类者谓之仁，不爱类者谓之不仁；若杀异类者，则以除害防患，亦号之为仁。④

---

① 康有为:《孟子微》，载姜义华、张荣华编：《康有为全集》第五集，第425页。
② 康有为:《论语注》，载姜义华、张荣华编：《康有为全集》第六集，第438页。
③ 康有为:《大同书》，载姜义华、张荣华编：《康有为全集》第七集，第6—7页。
④ 康有为:《大同书》，载姜义华、张荣华编：《康有为全集》第七集，第49页。

在康有为的"大同"思路中，人类之苦难缘起于各种利益的纠缠，诸如个人家庭的私利、国与国的竞争，还有阶级的差别、人种的差别、男女的差别，以及生产方式的限制等等。要救治人类之苦难，就要去除这些不平等和不合理的制度所产生的阻碍人类获得幸福生活的因素。在此基础上，康有为进一步指出，人类不仅要追求自身的幸福，还不能牺牲别的物种的利益。古今人类的幸福观都是人类中心主义的，这也是要破除的。由此，他甚至对传统儒家的"爱"的秩序提出了质疑。

> 孔子以祖宗为类之本，故尊父母。子女者，爱类之本也；兄弟宗族者，爱类之推也；夫妇者，爱类之交也，若使与兽交者，则不爱之矣。自此而推之，朋友者，以类之同声气而爱之也；君臣者，以类之同事势而爱之也；乡党者，以类之同居处而爱之也；为邑人、国人、世界人，以类之同居远近而为爱之厚薄也。以形体之一类为限，因而经营之，文饰之，制度之。故杀人者死，救人者赏，济人者誉，若杀他物者无罪，救济他物者无功。①

这样，迄今为止人类数千年的文明史就是爱人类、保人类的历史，并不能延伸到别的物种，据此，康有为认为产生于印度的婆罗门、佛教思想更为接近"人道至仁"的境界，因为其教义中，包含有爱护别的物种的思想。所以大同世界的哲学，必是戒杀的哲学。

康有为认为，孔子的哲学中，本来有天地万物为一体的思想，所以其学说，由"亲亲""仁民"，必然发展到"爱物"，虽然在物质匮乏、国与国竞争的今天，要做到超越家、国的意识，而达到"爱物"并不现实，生活世界中，绝对不伤害别的物种也暂时做不到，现实的不能并不能否认仁之大公，为仁无限则是需要秉持的观念。

在他的大同设计中，有一个机构称之为"奖仁院"，并在各地根据行政区划设立奖仁分院和奖仁局等，对于那些慈惠人士，按照他们对于社会做出的贡献分别授予上仁人、大仁人、至仁人、至大仁人等不同的称号。

---

① 康有为：《大同书》，载姜义华、张荣华编：《康有为全集》第七集，第49—50页。

当太平之世，既无帝王、君长，又无官爵、科第，人皆平等，亦不以爵位为荣，所奖励者惟智与仁而已。智以开物成务、利用前民，仁以博施济众、爱人利物，自智仁以外无以为荣。①

康有为认为通过残害动物或别人来满足自己之私欲的行为，即使是以个人、家庭乃至国家的名义，都不符合仁之公义原则，所以，大同社会旨在超越基于人类、国家和家庭、个人的限制，以人类的公共利益为目标，这才是真正的仁道。在康有为看来，大同世界才是"仁"的世界，从"大同"来阐述仁的意义，提出了破除人类中心主义的认识，这一方面可以看作他对于不合理的世界秩序的批评，另一方面也可以理解为他对于儒家和佛教思想的融合，从而期待建立起一个超越一切世间秩序的爱的世界。

结语

从康有为对"仁"的观念的重新理解，我们可以看到诸如平等、正义等许多西方政治观念的影响，也包含对于西方的科学知识的接受，他不但用"以太"和"电"来解释仁，也认为仁和智的关系是儒家伦理的核心。与此同时，我们也可以看到康有为通过对仁的思考而展开的对于传统的制度和西方传入的价值体系的反思，比如对于国家与国家的侵略，人类中心主义的局限等等，对于此类问题，他以公羊三世结合进化论的历史观，说明其出现的必然性，但也以进化的思想来否定其合理性，从而为人类的发展提出新的思路。这种基于经学的立场出发的理论创造试图解决儒学价值与现代价值之间的复杂性。进而我们能看到超出学科范围的更多的关注点。客观地说，与谭嗣同强调"通"，而激烈反对纲常伦理的仁学相比，康有为的仁本论更具有理论的合理性和开放性。

我同意冯友兰先生的说法，"仁"是康有为试图使用的旧瓶，他用它装入了现代西方的许多观念，也试图由此扩展儒家价值在现代思想中的地位。但我并不接受冯氏所作出的"新酒"已将旧瓶撑破的判断。中西思想

---

① 康有为:《大同书》，载姜义华、张荣华编:《康有为全集》第七集，第177页。

的不同以往经常被理解为古今之异，从这个角度看，旧瓶似乎不能容纳新酒，但是，如果从康有为的努力看，仁的观念依然存在着创造性发展的可能，而他与中国文化心理的内在关联，则可以使之更能深入我们的观念系统，而为我们所接收。更进一步地说，这些旧瓶中的"陈酒"可以成为我们反思"新酒"的重要思想资源，正如康有为、冯友兰的思想对于我们当今的意义一样。

第三部分

人性与民本

第五章

"本心"与"民本"

——陆九渊心学思想的实践指向

宋明儒者的心性论，一个重要的目的就是要借助天理来"复归"道统对于治理秩序的统摄，他们通过区分道统和政统来强调理想政治目标对于现实政治的批评和校正功能。恰如程子所言："先王之世，以道治天下；后世只是以法把持天下。"①此即开启程朱理学以道统为核心，以公私、王霸为副翼的政治哲学进路。然从学理而言，天道与人心之间的关系，终究难以得到妥帖的解决，即人的道德感是来自人的内心还是要通过一系列知识和实践的训练才能真正得以建立，由此，陆九渊一方面同意韩愈所说的道统自孟子以后隐而不显，也赞赏伊洛诸贤接续道统的努力，但他却说未见如子思、孟子有以承尧舜孔子之统者。②因此陆九渊试图以更为直截"易简"的方式，承思孟之统绪，重拾人们对于道德理想主义的信念并将之转化为实现道德理想的实践行为，此乃把握陆氏思想在儒学史上贡献之关键。

---

① 程颢、程颐《河南程氏遗书卷第一》，载王孝鱼点校：《二程集》卷上，中华书局，1981年，第4页。
② 陆九渊：《与邓文范》，《陆九渊集》，第12页。

第一节 本心：宇宙精神和道德理想的贯通

陆九渊思想看上去是孟子思想的忠实传达者，因此他思想中的核心概念都来自孟子。如"本心"，原是孟子在《告子上》中所出现的一个概念，即人若因为物质利诱而放弃其本来的态度，即是"失其本心"。朱子将之解释为"羞恶之心"。① 然在陆九渊这里，"本心"概念得到了极大的丰富，因陆九渊是以整体而非"分解"的方式来继承孟子的思想，所以本心既可以指向孟子所说的良知良能②，也是良知良能之转化为人的实践的方式和道路。"此吾之本心也，所谓安宅、正路者，此也；所谓广居、正位、大道者，此也。"③ 本心亦是人的道德实践的价值基础，即为仁义。"道塞宇宙……在人曰仁义。故仁义者，人之本心也。"④

在陆九渊看来，人的道德精神与宇宙精神是一致的，因此，"本心"乃宇宙精神和人类精神之贯通不二之公理心。他说"理乃天下之公理，心乃天下之同心"，由此，人类的行为乃是此天理之呈现发用而已。"此理在宇宙间，未尝有所隐遁。天地所以为天地者，顺此理而无私焉耳。人与天地并立为三极，安得自私而不顺此理哉？"⑤ "此理充塞宇宙，天地鬼神，且不能违异，况于人乎？诚知此理，当无彼己之私。善之在人，犹在己也。"⑥ 他认为心外无理，此心即理。"人心至灵，此理至明，人皆有是心，心皆具是理。"⑦

陆九渊并不愿意采用复杂的理论逻辑来证明本心之存在，他甚至是采用禅家机锋式的启发来提醒人们本心之先在。其中之一是说陆九渊坐在那

---

① 朱熹：《四书章句集注》，中华书局，1983年，第340页。
② 牟宗三说陆九渊是以非"分解"的方式来继承孟子，因此"不落于虚见虚说"，"编自然能洞悟到那坦然明白之实事实理而内外洞朗"。见牟宗三：《从陆象山到刘蕺山》，联经出版事业公司，2003年，第3页。
③ 陆九渊：《与曾宅之》，《陆九渊集》，第5页。
④ 陆九渊：《与赵监》，《陆九渊集》，第9页。
⑤ 《年谱》，《陆九渊集》，第530页。
⑥ 陆九渊：《与朱济道》，《陆九渊集》，第147页。
⑦ 陆九渊：《杂说》，《陆九渊集》，第272页。

里，他的学生詹阜民陪着他坐着，陆九渊突然站了起来，詹阜民也跟着站了起来，陆九渊对詹阜民说"还用按排否"，①以此来说明本心乃人生而有之，并具备触及自发的能量。②本心让人具备顷刻之间的判别能力。他说：

> 念虑之正不正，在顷刻之间。念虑之不正者，顷刻而知之，即可以正。念虑之正者，顷刻而失之，即是不正。此事皆在其心。③

有些人不能相信本心自在，是"自昧其心，自误其身"。

> 良心正性，人所均有，不失其心，不乖其性，谁非正人。纵有乖失，思而复之，何远之有？不然，是自昧其心，自误其身耳。④

陆九渊赋予"本心"很强的实践性，也就是说，若仁心无法落实于人的实践，那么，本心便为虚空。他解释仁与不仁时提出，仁即此心，此理，若要区分仁与不仁，关键在于是否落实于行。即在颠沛、造次中，能始终以仁为原则。⑤

然陆九渊并非仅仅是要指出本心之先在，还要提醒人们自信本心之存在及防止陷溺于欲望而遮蔽本心之活动。

> 吾心苟无所陷溺，无所蒙蔽，则舒惨之变，当如四序之推迁，自适其宜。《记》之所谓"亡于礼者之礼也，其动也中"，盖近之矣。夫子所谓"克己复礼为仁"，诚能无毫发己私之累，则自复于礼矣。⑥

陆九渊强调要显豁本心，要秉持孟子早已指出的存心养心之说。他说许多人颇觉义利之心不能分判，乃是由于本心良知被欲念所遮蔽。他反

---

① 詹阜民记，见《语录下》，《陆九渊集》，第470页。
② 另一案例为杨简问本心，陆对之以孟子四端，杨认为未得究竟义。陆以杨简所办之"买扇"案，说断讼时，是者知其为是，非者知其为非，杨简大觉。（《年谱》，《陆九渊集》，第488页）此种描述方式亦颇具禅宗公案之特点。
③ 陆九渊：《杂说》，《陆九渊集》，第270页。
④ 陆九渊：《与郭邦瑞》，《陆九渊集》，第172页。
⑤ 陆九渊：《与曾宅之》，《陆九渊集》，第142页。
⑥ 陆九渊：《与赵然道》，《陆九渊集》，第159页。

对朱子的格物穷理说,认为本心之遮蔽,并非需要烦说博引而后喻。

> 人孰无心,道不外索,患在戕贼之耳,放失之耳。古人教人,不过存心、养心、求放心。此心之良,人所固有,人惟不知保养而反戕贼放失之耳。①

> 良心之在人,虽或有所陷溺,亦未始泯然而尽亡也。下愚不肖之人所以自绝于仁人君子之域者,亦特其自弃而不之求耳。诚能反而求之,则是非美恶将有所甚明,而好恶取舍将有不待强而自决者矣。移其愚不肖之所为,而为仁人君子之事,殆若决江疏河而赴诸海,夫孰得而御之?此无他,所求者在我,则未有求而不得者也。②

不过,陆九渊承认,他所说人之本心无有不善,他未尝不以其本心望人,这都是从人皆可以为尧舜出发,但"即非以为其人所谓已往者皆君子也"③,需要不断地学习,克己复礼。他说:"大抵为学,不必追寻旧见。此心此理昭然宇宙之间,诚能得其端绪,所谓一日克己复礼,天下归仁焉。又非畴昔意见所可比拟。此真吾所固有,非由外铄,正不必以旧见为固有也。"④

陆九渊说:"学苟知本,六经皆我注脚。"⑤ "人心有消杀不得处,便是私意,便去引文牵义,牵枝引蔓,牵今引古,为证为靠。"⑥有人或以此来证明陆氏排斥以研习经典作为"明理"之途辙,其实不然,陆九渊所

---

① 陆九渊:《与舒西美》,《陆九渊集》,第64页。《年谱》中记载毛刚伯论陆九渊为学之道说:"先生之讲学也,先欲复其本心以为主宰,既得其本心,从此涵养,使日充月明。读书考古,不过欲明此理,尽此心耳。"《陆九渊集》,第502页。

② 陆九渊:《拾遗·求则得之》,《陆九渊集》,第377页。

③ 陆九渊:《与王顺伯》,《陆九渊集》,第154页。

④ 陆九渊:《与李信仲》,《陆九渊集》,第173页。

⑤ 陆九渊:《语录上》,《陆九渊集》,第395页。此语流传甚广,或谓陆九渊不重视读经,其实不然。陆九渊所反对的是以自己的私见发议论。他说:"后生看经书,须着看注疏及先儒解释,不然执己见议论,恐入自是之域,便轻视古人。至汉唐间名臣议论,反之吾心,有甚悖道处,亦须自家有'徵诸庶民而不谬'底道理,然后别白言之。"(《语录下》,《陆九渊集》,第431页。)

⑥ 陆九渊:《语录下》,《陆九渊集》,第458页。

反对的是拘泥于经典文句以为必然的邯郸学步者,他认为儒家经典固然给我们提供了判别是非善恶的标准,但即使非圣人言语,也未尝不能帮助我们认识世界,关键在于"合于理"。他说:

> 书不可以不信,亦不可以必信。使书而皆合于理,虽非圣人之《经》,尽取之可也。况夫圣人之《经》,又安得而不信哉?如皆不合于理,则虽二三策之寡,亦不可得而取之也,又可必信之乎?盖非不信之也,理之所在,不得而必信之也。①

若以理为据,则断然不会据执,而是能从圣人因时而变中总结出时代之问题与需要。陆九渊多次说,即使是把历代圣人聚集在一起,他们处理同一事件的方法也会有所不同。

> 尧舜文王孔子四圣人,圣之盛者也。二典之形容尧舜,诗书之形容文王,《论语》《中庸》之形容孔子,辞各不同。诚使圣人者,并时而生,同堂而学,同朝而用,其气禀德性,所造所养,亦岂能尽同?至其同者,则禹益汤武亦同也。夫子之门,惟颜曾得其传。以颜子之贤,夫子犹曰"未见其止"。孟子曰"具体而微",曾子则又不敢望颜子。然颜曾之道固与圣人同也。非特颜曾与圣人同,虽其他门弟子亦固有与圣人同者。不独当时之门弟子,虽后世之贤固有与圣人同者。非独士大夫之明有与圣人同者,虽田亩之人,良心之不泯,发见于事亲从兄,应事接物之际,亦固有与圣人同者。指其同者而言之,则不容强异。然道之广大悉备,悠久不息,而人之得于道者,有多寡久暂之殊,而长短之代胜,得失之互居,此小大广狭浅深高卑优劣之所从分,而流辈等级之所由辨也。②

由此,陆九渊反对束书不观,他反对的是不从"践履"出发的寻章摘句。他区分了"讲明"和"践履"的关系。他说《大学》中的致知格

---

① 陆九渊:《取二三策而已矣》,《陆九渊集》,第381—382页。
② 陆九渊:《杂说》,《陆九渊集》,第271—272页。

物,《中庸》中的博学审问慎思明辨,《孟子》中的始条理等都属于"讲明",而《大学》里的修身正心,《中庸》里的笃行,《孟子》所说的"终条理"属于践履,如果不经过"讲明"徒凭自己的能力行事,可能如盲人瞎马,不知方向。但若将"讲明"理解为拘泥文字,不落实处,"若为口耳之学为讲明,则又非圣人之徒矣"①。陆九渊所强调的易简工夫,是要让人从浮言虚词中解脱出来,将事实从意见中显明出来。②

陆九渊虽然反对朱熹对他的学问具有"佛教化"倾向的批评,但他亦不如道学群体对佛道持强烈对立态度,若以实践为指向,那么取其所可取者,为儒释道三教之融合创造了些许空间。但在关键问题上,陆九渊始终有严格区分,比如对于李宰提出的"容心立异,不若平心任理"的说法,陆九渊就做了仔细的辨析。他指出,在先秦典籍中,"容心"出自列子,而"平心"最早见之于庄子,一直要到韩愈使用"平心"之后,文人使用这个字的现象才逐渐多起来。

陆九渊说:《列子》中"无何容心哉"所主张的是"无心",这与儒家基本立场相对立,良心正理。"故正理在人心,乃所谓固有。易而易知,简而易从,初非甚高难行之事,然自失正者言之,必由正学以克其私,而后可言也。此心未正,此理未明,而曰平心,不知所平者何心也。"③对于"无心",陆九渊曾经在乾道八年的春试中写道:"狎海上之鸥。游吕梁之水,可以谓之无心,不可以谓之道心。"④也就是说,忘情

---

① 陆九渊:《与赵咏道》,《陆九渊集》,第 160 页。陆九渊强调实理实行。他说:"宇宙间自有实理,所贵乎学者,未能明此理耳。此理苟明,则自有实行,有实事。"陆九渊:《与包详道》,《陆九渊集》,第 182 页。

② 牟宗三强调道德意识与道德实践的结合,牟宗三说:"象山先令人辨志,先明本心即理,盖其经典的宗主在《孟子》,而实理实事之宗主则在道德实践也。"牟宗三:《从陆象山到刘蕺山》,联经出版事业公司,2003 年,第 4 页。

③ 陆九渊:《与李宰》,《陆九渊集》,第 150 页。牟宗三认为陆九渊此处对于"容心""平心"二说可有进一步展开之空间。他指出,陆九渊此文是从存有上遮拨"无心",但还可以从"作用"上去理解"无心",即自然天成之义,这样,就可以理解"普万物而无心"的意思,从这方面儒家与道佛之间可有通融之处。并引出阳明"有心俱是实,无心俱是幻。无心俱是实,有心俱是幻"的讨论。见牟宗三:《从陆象山到刘蕺山》,联经出版事业公司,2003 年,第 43—44 页。

④ 《年谱》,《陆九渊集》,第 486 页。

于山水之间，而不以民生为念才是"无心"。所以陆九渊认为还是应该回到孟子所说的存心、养心、尽心、正心上，若有所蒙蔽，则要通过学习而穷理尽性。"容心"和"平心"所指向的放达的态度与儒家建立在是非观基础上的宽仁是不一样的。所以，陆九渊十分看重孟子所强调的"羞耻心"。

> 道行道明，则耻尚得所，不行不明，则耻尚失所。耻得所者，本心也，耻失所者，非本心也。圣贤所贵乎耻者，得所耻者也。耻存则心存，耻忘则心忘。①

这就是说"本心"所系乃是天地秩序和人间之苦乐，而非洁身自好之自我解脱，从陆九渊之所思所行，即可作为"本心"实践指向之最好的证明。

第二节 不忍人之政：本心的实践面向

陆九渊对孟子思想的继承并非仅仅在本心、良知等观念上，还在于孟子由不忍人之心发为不忍人之政之实践层面上。"尧舜之道，不以仁政，不能平治天下。今有仁心仁闻而民不被其泽，不可法于后世者，不行先王之道也。"（《孟子·离娄上》）此观念为陆九渊所继承。陆九渊说："有仁心仁闻，而民不被其泽者，不行先王之政也。仁心之兴，固未足以言政。孟子之兴其仁心者，固将告之以先王之政也。"②所以，统治者之仁心要体现在他的具体以民为本的政治实践中。在《语录上》中记载了一段特别有意味的话。陆九渊说，虽然道统由尧舜文武等圣王传承，然每一个时代必然会产生一个具体落实道之传承的人，比如唐虞之际，明道之人为皋陶，商周之际则为箕子。他说箕子之所以忍辱不死，则是要为武王陈洪范九畴，由此铸造文武之先王之道。（"唐虞之际，道在皋陶，商

---

① 陆九渊：《杂说》，《陆九渊集》，第273页。
② 陆九渊：《政之宽猛孰先论》，《陆九渊集》，第359页。年谱记载，陆九渊改授承奉郎，修定宽恤诏令后，与枢密使王谦仲论及《孟子》书中辟土地、充府库一段，并未沿着孟子的思路，辟之为民贼，而是说"方今正在求此辈而不可得"。《年谱》，《陆九渊集》，第497页。

周之际,道在箕子。天之生人,必有能尸明道之责者,皋陶箕子是也。箕子所以佯狂不死者,正为欲传其道。既为武王陈洪范,则居于夷狄,不食周粟。"①)

陆九渊之实事、实理遍见于他的书信论说中,今兹举两方面述之。

一、格君心之非:君臣分职论

陆九渊反复申说他的《荆国王文成公祠堂记》(以下简称《祠堂记》)和与朱熹讨论无极太极之书是他足以助益于后世的作品,②而尤其是《祠堂记》一文可见陆九渊之本心发之实践的关键。那么,在他自己十分看重的《祠堂记》中,他表达了什么独特的观点呢?

陆九渊首先指出,三代之治给我们提供了处理君臣关系的典型,即使到了汉代黄老盛行的时代,依然给后世树立了如何对待张良、曹参关系的范例,使汉初社会得以迅速稳定和发展。然后,他便开始讨论王安石与宋神宗之间的关系。

> 裕陵之得公,问唐太宗何如主?公对曰:"陛下每事当以尧舜为法,太宗所知不远,所为未尽合法度。"裕陵曰:"卿可谓责难于君,然朕自视眇然,恐无以副此意,卿宜悉意辅朕,庶同济此道。"自是君臣议论未尝不以尧舜相期,及委之以政,则曰:"有以助朕,勿惜尽言。"又曰:"须督责朕,使大有为。"又曰:"天生俊明之才,可以覆庇生民,义当与之戮力。若虚捐岁月,是自弃也。"秦汉而下,南面之君,亦尝有知斯义者乎?后之好议论者之闻斯言也,亦尝隐之于心以揆斯志乎?曾鲁公曰:"圣知如此,安石杀身以报,亦其宜也。"公曰:"君臣相与,各欲致其义耳。为君则自欲尽君道,为臣则欲自尽臣道。非相为赐也。"秦汉而下,当涂之士亦尝有知斯义者乎?后之好

---

① 陆九渊:《语录上》,《陆九渊集》,第 395 页。
② 陆九渊:《与林叔虎》,《陆九渊集》,第 126 页。他在与陶赞仲的信中也说:"《荆公祠堂记》与元晦三书并往,可精观熟读,此数文皆明道之文,非止一时辩论之文也。"见陆九渊:《与陶赞仲》,《陆九渊集》,第 194 页。

议论者之闻斯言也，亦尝隐之于心以揆斯志乎？惜哉！公之学不足以遂斯志，而卒以负斯志，不足以究斯义，而卒以蔽斯义也。①

从上文中我们可以看到，《祠堂记》是以王安石与宋神宗和宋仁宗对待君臣关系来强调君臣分职的君臣观。在《祠堂记》中，陆九渊提到王安石鼓励神宗要以成为尧舜般的君主作为鹄的，而神宗亦要求王安石督促他，由此树立了"为君则自欲尽君道，为臣则欲自尽臣道"的君臣相处模式，在陆九渊看来，此乃秦汉以下的君主所难以企及的境界。后来，宋仁宗亦十分信任王安石，但王安石因拘泥于经典之陈规而不知时代之变迁，一概以先王之法度来衡量，由此"卒以自蔽"。②

陆九渊指出，虽然王安石之学不足以遂其志，但他本质高洁，有"扫俗学之凡陋，振弊法之因循"的志向，其为政取法尧舜，追随孔孟之志，可惜不知政治之本在人，所以为小人所投机。然以往那些攻击王安石的人，激愤之气多于达理之分析，"上不足以取信于裕陵，下不足以解公之蔽，反以固其意，成其事，新法之罪，诸君子固分之矣"。③他并批评元祐党人亦是出于党派之私，王安石和政敌之间以互相攻击的姿态，让奸人得志，最终毁坏的是秩序本身。在这里，陆九渊实质上是通过批评王安石政敌的言行来强调为臣之道亦应摈弃私见，而以天下国家之理为重，这才是不失本心之举。"古之人自其身达之家国天下而无愧焉者，不失其本心而已。"④

前文所言，他与朱熹对于无极太极之辨亦是陆九渊所极为看重的。固然，他们之间有如此多的分歧，但他们之间却有共同点，即"得君行

---

① 陆九渊：《荆国王文公祠堂记》，《陆九渊集》，231—232 页。
② 陆九渊说，王安石凡事归之法度，而不知变。其实他所提出的青苗法是否是三代法度，也值得怀疑。但当时质疑王安石的人，并不是就此发难，而是集中在"祖宗之法不足恤"等问题上。陆九渊说《周官》一书，理财内容过半，古人何尝不关注利益，但三司等设置并非古人所谓之"利"。在陆九渊看来，王安石把他的制度设置一直攀附到三代之制，反而造成了"王不成，霸不就"的尴尬局面。《语录下》，《陆九渊集》，第 441—442 页。
③ 陆九渊：《荆国王文公祠堂记》，《陆九渊集》，233 页。
④ 陆九渊《敬斋记》，《陆九渊集》，第 227 页。

道"。①面对获得向皇帝进言的机会,以改善政治格局,为使天下百姓受益的目的,他们之间可以抛弃学术上的分歧,互相激励。他在给朱子的信中说,当他听到有人告诉他朱熹正准备奏文"恨未得即闻绪余,沃此倾渴。外间传闻留中讲读,未知信否?诚得如此,岂胜庆幸!"②他在给朱子的信中解释孟子"幼而学之,壮而欲行之"之语时说:"所谓行之者,行其所学以格君心之非,引其君于当道,与其君论道经邦,燮理阴阳,使斯道达乎天下也。"③对此,朱熹方也表现出相似的态度,朱熹多次说到陆九渊语意圆浑,能感发人。当有人向朱熹批评陆氏的时候,朱熹的劝告是,当今之世,会说话、说得响、令人感动者,无如陆子静,④引之为同道。

在陆九渊看来,本心之立,在政治观念上,就会坚持彻底的民本立场,从而从理论上贯彻孟子思想中的儒家民贵君轻的"革命"传统。陆九渊的《语录》中,记载了陆九龄与陆九渊弟子严松的一段对话:

> 松尝问梭山云:"有问松:'孟子说诸侯以王道,是行王道以尊周室?行王道以得天位?'当如何对。"梭山云:"得天位。"松曰:"却如何解后世疑孟子教诸侯篡夺之罪?"梭山云:"民为贵,社稷次之,君为轻。"先生再三称叹曰:"家兄平日无此议论。"良久曰:"旷古以来无此议论。"松曰:"伯夷不见此理。"先生亦云。松又云:"武王见得此理。"先生曰:"伏羲以来皆见此理。"⑤

---

① 余英时说:得君行道是朱熹和陆九渊的共同愿望,所以当朱熹的"登对"和陆九渊的"轮对"机会来临时,各自都希望对方能打动孝宗。朱熹甚至认为陆九渊直击人心的语言风格更能打动君主,庶几对宋代政治产生实质性的影响。参余英时:《朱熹的历史世界》(下),生活·读书·新知三联书店,2004年,第441页。

② 陆九渊:《与朱元晦》,《陆九渊集》,第21—22页。

③ 陆九渊:《与朱元晦》,《陆九渊集》,第26页。陆九渊多次提"格君心之非",他说有机会上疏,就要直陈君主的缺失,而不必借助灾异之类的"曲笔"。"格君心之非,引之于当道,安得不用其极。此责难所以为恭,而不以舜之所以事尧事君者,所以不为敬器君也。"陆九渊:《与郑溥之》,《陆九渊集》,第179页。

④ 《朱子语类》,卷九十五。

⑤ 陆九渊:《语录上》,《陆九渊集》,第424页。

孟子肯定汤武革命之义，由此，孟子规劝诸侯行王道之语，在严君臣之分的宋代，即被一些人视为是"教诸侯篡夺"。而在陆九渊兄弟看来，民贵君轻是伏羲以来，武王皆能看到的道理，是儒家的根本原则。

> 汤放桀、武王伐纣，即"民为贵、社稷次之，君为轻"之义，孔子作《春秋》之言亦如此。①

秦汉之后，君臣之间的职分被绝对性的依附关系所取代，因而臣下并无主动矫正君主之失误的勇气。"自周衰以来，人主之职分不明。尧典命羲和敬授人时，是为政首。后世乃付之星官、历翁，盖缘人主职分不明所致。孟子曰：'民为贵、社稷次之，君为轻。'此却知人主职分。"②他认为三代以下，还能保持三代遗风的只有汉代赵充国，理由是他与汉宣帝之间能保持一种客观和正直的态度。陆九渊认为三代的君臣关系所遵循的是"当为而为，当言而言"的态度，"古之君臣朋友之间，犹无饰辞，况父兄间乎？"③

陆九渊认为人主的关键不是事必躬亲，而是知人、得人，充分相信各级官员，那种看上去互相牵制的官制设计，事实上给了有私心的人谋私利的机会，而竭尽忠信之臣则会苦于言路的隔绝而难以把自己的济民之策上达。④

他说："古人所以不屑屑于间政适人，而必务有以格君心者，盖君心未格，则一邪黜，一邪登，一弊去，一弊兴，如循环然，何有穷已。及君心既格，则规模趋乡有若燕越，邪正是非有若苍素，大明既升，群阴毕伏，是琐琐者，亦何足复污人牙颊哉。"⑤若君心未格，邪、弊的根源依旧在，问题的解决只能停留在表面。只有真正格除君心之非，才是除邪祛弊的治本之举。

---

① 陆九渊：《荆州日录》，《陆九渊集》，第 473 页。
② 陆九渊：《语录上》，《陆九渊集》，第 403 页。
③ 陆九渊：《与致政兄》，《陆九渊集》，第 218 页。
④ 陆九渊：《删定官轮对劄子（五）》，《陆九渊集》，第 221 页。
⑤ 陆九渊：《与李成之》，《陆九渊集》，第 129 页。

陆九渊认为所谓三代之法，并非要我们完全恢复三代的治理秩序，而是继承其"修己而安百姓，笃恭而天下平"的民本精神。所以，面对朱熹和陈亮的激烈争论，陆九渊对于汉唐君主并没有朱熹那般"高标准"的要求，而是有限地肯定汉唐君主的作为，认为不应该固守一些前圣的"言辞"作为标准来评判历史人物。

在《问汉文武之治》中，他比较说，汉文帝的确是"宽仁之君"，但他对于匈奴的骚扰，安于和亲的绥靖妥协，"不能饬边备，讲武练兵，以戒不虞。而匈奴大举入边者数四"，甚至深入甘肃的甘泉，若是能有识见的谋士，他也不至于如此。

而汉武帝则走向另一极端，其过于刚烈，借助汉文帝之后积聚的财富，与匈奴开战，来洗刷前朝之耻。最终导致"海内虚耗，户口减半"，虽然晚年下《轮台诏》以悔过，但后果却已经造成。[①] 陆九渊甚至比较秦汉政治，他说秦代的政治坏在明处，而汉代因为给人以儒治国的假象，但实质上并不是"由仁义行"，故而其对后世政治的危害要超过秦政。[②]

在《问德仁功利》一文中，则讨论了齐桓管仲和唐太宗的故事。在陆九渊看来，管仲无非就是要立功名于天下，以自尊荣其身，倒没有要把民众推到沟壑中的主观动机。虽然孟子等人对齐桓晋文多有批评，但所批评的是管仲的骄矜而已。这是德仁功利分别的关键。接着他又讨论唐太宗说，唐太宗夺取政权固然有"齐桓管仲"的做法，但获得帝位之后，却能听取魏征等人的逆耳忠言，"此其所以致贞观之治，庶几于三代之王者乎？"[③]

[①] 陆九渊：《问汉文武之治》，《陆九渊集》，第370页。

[②] 陆九渊说："秦不曾坏了道脉，至汉而大坏。盖秦之失甚明，至汉则迹似情非，故正理愈坏。汉文帝蔼然善意，然不可与入尧舜之道，仅似乡原。"（陆九渊：《语录上》，《陆九渊集》，第404页）。在被问到如何评价贾谊和陆贽的时候，陆九渊认为贾谊是"行仁义"，而陆贽是"由仁义行"。这亦是从君臣关系出发来论定的。（陆九渊：《语录上》，《陆九渊集》，第414页）

[③] 陆九渊：《问德仁功利》，《陆九渊集》，第370页。在《删定官轮对剳子》中，陆九渊也提出，君臣之间应该"相与论辩，各极其意"。总体而言，在君臣关系方面，陆九渊对齐桓管仲有一定程度的肯定。并引述《春秋》中一段话来作为佐证。"《春秋》北杏之会，独于齐桓公称爵。盖当时提倡斯义者，惟桓公、管仲二人。"（《语录上》《陆九渊集》，第404页）他批评了当时一些人"咏颂太平"的媚态，认为当时皇帝登极二十多年，但"版图未归，仇耻未复"，希望致君尧舜上。陆九渊：《删定官轮对剳子（一）》，《陆九渊集》，第221页。

由上述对政治人物的品评可见,陆九渊一方面坚持王道政治的基本原则,又不因此而轻忽后世政治家的所为,若能听取大臣建议而以职分对待君臣关系的,他亦是不吝肯定。从中或可见孔子许管仲以仁的精神。

二、社仓与籴粜

义利之辨为孟子思想之重点,孟子反对见利忘义,其王道政治理想亦以仁政为大端。但后世之义利之辨日渐走向绝对化,对此,陆九渊有更多复杂的思想面向。在《策问》中则给人提出了这样的问题:他说圣人备物制用,一直关注民生,制作制度器物,让百姓能够方便生活、秩序安然。然孟子在回答梁惠王"何以利吾国"的问题时,却表现得很峻急。"辟土地,充府库,约与国,战必克,此其为国之利固亦不细,而孟子顾以为民贼,何也?"① 而且在《论语》中孔子也肯定了子路治千乘之赋、冉求为百乘之家做宰这些事,为何现在人们都将儒家看作是无用之学,仁义只是空言呢?② 这些问题的背后,其实就是陆九渊对于宋代政治秩序尤其是吏治的关切。我们可以从他对王安石的评价说起。

宋代道学家与王安石之间的分歧,业已为学界所反复讨论。总体而言,即以王安石之经济改革政策违背儒家之义利观,因而受到了司马光以及程颐等人的激烈反对,尤其其青苗法,被视为是公然与民争利。③ 然朱熹、陆九渊却看到青苗法对于救助困穷无告之民的作用,朱熹认为王安石只是方法上有所不当,但本意并非不善,所以程子后来也后悔在反对王安石时持过于激烈的态度。④

---

① 陆九渊:《策问》,《陆九渊集》,第291页。
② 陆九渊:《策问》,《陆九渊集》,第290—291页。
③ 司马光在《与王介甫书》中说:古代圣贤治国主要是薄赋敛、轻租税,而王安石则是"聚文章之士及晓财利之人,使之讲利"。李之亮:《王荆公文集笺注》中册,巴蜀书社2005年,第1236页。
④ 朱熹:《婺州金华县社仓记》,朱杰人等主编:《朱子全书》(24册),第3777页。

陆九渊对朱子设社仓①之举赞赏有加：

> 朱元晦在南康，已得太严之声。元晦之政，亦诚有病，然恐不能泛然以严病之。使罚当其罪，刑故无小，遽可以严而非之乎？某尝谓不论理之是非，事之当否，而汎然为宽严之论者，乃后世学术议论无根之弊。道之不明，政之不理，由此其故也。元晦浙东救旱之政，比者屡得浙中亲旧书及、道途所传，颇知梗概，浙人殊赖。自劾一节，尤为适宜。其诞慢以偾宠禄者，当少阻矣。②

受朱熹社仓的启发，陆九渊的兄长梭山居士，还准备在青田立社仓。③而同时期的张栻等人，则严厉批评朱熹设社仓的举动是混淆了义利。与张栻等人的态度相反，陆九渊的态度是建设性的，他也看到了官办社仓可能难以真正起到帮助困难民众的作用，进一步提出了对社仓的改良方案，"敝里社仓，目今固为农之利，而愚见素有所未安。盖年常丰田常熟，则其利可久。苟非常熟之田，一遇歉岁，则有散而无敛，来岁缺种粮时，乃无以赈之。莫若兼置平籴一仓，丰时籴之，使无价贱伤农之患；缺时粜之，以摧富民闭廪腾价之计。析所籴为二，每存其一，以备歉岁，代社仓之匮，实为长积"。④也就是说仅靠社仓可能解决丰收期间粮贱伤农的现象，对于歉收之年效果并不明显。所以他提出了"简置"平籴粜仓的办法，机制上更为完整。

陆九渊批评当时儒生鄙视经济赋税事务的偏见，他列举大禹、周

---

① 朱子设社仓是对传统的常平仓和社仓的革新，他将社仓设置在乡间村社，由官方和民间共同管理，救济对象是真正的灾民，防止胥吏借救济中饱私囊等，此成为后世社仓的基本模板。可参看向世陵：《"同体"之爱与朱熹社仓的创设》，《孔学堂》2021年第2期，第22页。

② 《年谱》，《陆九渊集》，第494页。

③ 按田浩的说法，朱熹在福建建立的社仓与陆九渊家族所建的社仓并不一样。陆氏社仓更接近于一个家族性的慈善组织，而朱熹的社仓则是介于官方和民间社会之间的慈善机构，为道学群体提供实践仁道的平台。见田浩：《行动中的知识分子与官员：中国宋代的书院与社仓》，载田浩编：《宋代思想史论》，社会科学文献出版社，2003年，第484页。

④ 陆九渊：《与陈教授》，《陆九渊集》，第108页。与黄监的书中亦表达了同样的意思，见《陆九渊集》，第125页。

公、孔子等制国用改善民生的事例，认为现在官吏的贪鄙"岂可不责之儒者？张官置吏，所以为民，而今官吏日增术以朘削之，如恐不及。蹶邦本，病国脉，无复为君爱民之意，良可叹也！"①把民为邦本落实到具体措施，就是要"损上益下"，他说："'百姓足，君孰与不足'，'损下益上谓之损，损上益下谓之益'，理之不易者也。"②百姓富足了，君和国家自然也就富足了。若依靠损害百姓的办法来使国家受益，这样的办法只能称之为"损"，不能称之为"益"。

鉴于吏的贪鄙，陆九渊希望"士人"能"以民为心"，不要自命清高而让胥吏钻了空子。在与陈倅的信中，他先是肯定了朱熹弹劾唐与正一事，肯定以身抗位乃是士大夫之气节。在信中他讨论了州县财政"积欠"问题的处理办法，并对当时一些士大夫与胥吏联手鱼肉百姓之事，表示愤慨。他把当时的士大夫分为两类，"有主民而议论者，有主身而议论者"，是君子是小人可以从中得到分辨。"今日为民之蠹者吏也，民之困穷甚矣，而吏日以横。议论主民者，必将检吏奸而宽民力，或不得已而阙于财赋，不为其上所亮，则宁身受其罪。若其议论主身者，则必首以办财赋为大务，必假阙乏之说以朘削民，科条方略，必受成于吏，以吏为师，与吏为伍，甚者服役于吏。"③

陆九渊是一个身体力行者，希望通过自己的调查，来改善百姓的生活。他根据自己对家乡金溪等地土地情况的调查，认为土地大量被国家官庄、屯田和官户所占有。"某虽不能周知一邑之版籍，以所闻见计之，此邑之民耕屯田者当不下三千石，以中农夫食七人为率，则三七二十一，当二万一千人。抚万家之邑，而其良家三千户，老稚二万一千，一旦失职，凛凛有破家散业，流离死亡之忧也。岂仁人君子所能忍视而不为之计者。"④陆九渊认为地方官员要为国家培固根本，而不应该以一己之私利而增加赋税，如果不能理财，而为胥吏所把控，"此乃腐儒鄙生不闻大

---

① 陆九渊：《与赵子直》，《陆九渊集》，第70页。
② 陆九渊：《与赵子直》，《陆九渊集》，第70页。
③ 陆九渊：《与陈倅》，《陆九渊集》，第99页。
④ 陆九渊：《与苏宰（二）》，《陆九渊集》，第115—116页。

道，妄为缪悠之说，以自盖其无能者之言也"。①

《象山先生行状》中记载了他如何通过取消"三门引"等措施，减少胥吏通过各种障碍收取杂费的关卡，从而使得商人乐于到荆门来经商，由此增加收入的过程。②

陆九渊肯定教化，也并不贬低罚罪。他在敕局任上，有人问他，若有用世的机会将以什么医方来治国，他说用"四君子汤"，即"任贤、使能、赏功、罚罪"。③此后二项措施，在宋代似会遭受"尚法"的质疑。但陆九渊却明白地表现出对儒生参与法律事务的期待。他的理由依旧是"民本"，他认为若是儒生不能亲自听讼，不知讼案之来龙去脉，则难以达成目标，所谓的存心，就是要"遏恶扬善，顺天休命，此其存心也。与后世苟且以逃吏责，钩距以立威者，岂可同年而语哉？"④

为了百姓的利益，陆九渊有许多看起来"不纯粹"的举动，比如他会在大旱之时参与祈雨活动。在荆门时，他也按荆门风俗参与了"作醮"仪式，不过他是借助这种民间信仰的仪式来传达他对于德福关系的认识，强调心正会使福气长久，而心邪则会招致祸害。

> 实论五福，但当论人一心。此心若正，无不是福；此心若邪，无不是祸。世俗不晓，只将目前富贵为福，目前患难为祸。不知富贵之人，若其心邪，其事恶，是逆天地，逆鬼神，悖圣贤之训，畔君师之教，天地鬼神所不宥，圣贤君师所不与，忝辱父祖，自害其身。静时回思，亦有不可自欺自瞒者。若于此时，更复自欺自瞒，是直欲自绝灭其本心也，若其心邪，其事恶，纵是目前富贵，正人观之，无异在囹圄粪秽之中也。患难之人，其心若正，其事若善……虽在贫贱患难中，心自亨通。正人达者观之，即是福德。作善降之百祥，作不善降之百殃，积善之家，必有余庆。但自考其

---

① 陆九渊：《与苏宰（三）》，《陆九渊集》，第116页。
② 《象山先生行状》，《陆九渊集》，第392页。
③ 陆九渊：《语录上》，《陆九渊集》，第406页。
④ 陆九渊：《与杨守（三）》，《陆九渊集》，第125页。

心，则知福祥殃咎之至，如影随形，如响应声，必然之理也。①

这听上去有点接近于粗俗的"感应论"，但或许是从"神道设教"的立场出发，陆九渊使之成为提倡他的"本心"论的机会。对此陈来说："荆门风俗，正月须行作醮仪式，以祈福。作为地方行政领导的陆九渊自然要随俗，他借行醮礼的机会，通过发明《洪范》'敛时五福'的意义，把民俗的祈福与儒家教化联结起来，把民俗的功利祈福转化为儒家'正心为福'的精神建设。应该说，陆九渊这一儒家文化实践是值得赞赏的。"②

陆九渊的"本心"论是对孟子良知论的继承和发展，同时也是对孟子仁政思想的继承和发展，所以王阳明说："陆氏之学，孟氏之学也。"③此为深得陆氏之学之精髓之论。正是对心与事之间一致性的认识，或许可以启示我们对心学缘何更为注重"知行合一"问题的理解。陆九渊《语录》中记载说，朱熹曾作书于学者云："陆子静专以尊德性诲人，故游其门者多践履之士，然于道问学处欠了。某教人岂不是道问学处多了些子？故游某之门者践履多不及之。"④此朱子之所见，亦可见陆氏之本心之学之实践面向。

---

① 陆九渊：《荆门郡上元设厅皇极讲义》，《陆九渊集》，第284—285页、
② 陈来：《"一破千古之惑"——朱子对〈洪范〉皇极说的解释》，《北京大学学报（社会科学版）》2013年第2期。
③ 《王守仁序》，《陆九渊集》，第538页。
④ 陆九渊：《语录上》，《陆九渊集》，第400页

第六章

欲望与民本：戴震的性命生成论

章太炎和刘师培在概括清代的学术的时候，都指出戴震之学之兴起与程朱理学之异趣。章氏说："震为《孟子字义疏证》，以明材性，学者自是薄程、朱。"① 或许是出自皖地严酷之自然环境而产生出对底层百姓艰辛生活的深刻同情，戴震的思想带有鲜明的民本色彩，借由此路径，我们可以体察他借由训诂学来冲击程朱理学的理气、理欲观念的内在动力。

戴震对理欲关系的新解，受到了晚明肯定人的自然欲望的思想倾向的影响，但其哲学基础则在于"气化流行"的本体论。这种本体论，不同于以天理为本体的理气观，将人的差异性视为是禀理之气的清浊"后果"，从而给人之自然属性区分出善恶、尊卑。而戴震将"理"拉回到事物自身中，由此，人之道德情感都有了其合理性。李畅然说："戴震先努力建构了一个气化流行的本体论，欲求因而定位为气化流行的一个组成部分"②，气化流

---

① 章炳麟：《訄书·清儒》，载章炳麟著，徐复注：《訄书详注》，上海古籍出版社，2000年，151页。类似的说法如刘师培说："戴震之学……以小学为基，以典章为辅，而历数、音韵、水地之学，咸实事求是以求其源。于宋学之误民者亦排击防闲不少懈。"刘师培：《清儒得失论——刘师培论学杂稿》，中国人民大学出版社，2004年，第277页。

② 李畅然：《戴震〈原善〉表微》，北京大学出版社，2014年，第229页。

行中，情感和欲望是自然发生的过程，这样，口耳之享受也是"理"的现实化。这样，他便重新疏解了心与耳目口舌之关系，他将"心得其常"和"耳目百体得其顺"视为道之实现，将达情遂欲作为"自然"之状态。而这种富有启蒙色彩的思想，是通过对孟子思想的重新疏解而表达，因为其强烈的现实关切，而富有"实践性"的特质，从而被晚清民初的学者所彰扬。

戴震力图突破的是程朱所确立的理欲范式，① 而突破点就在对孟子"心之所同然"的解释。《孟子字义疏证》"理"中说，心之所同然就是理和义，未能达到人心之同然的，只是"意见"而已。何以称之为"心之所同然"呢？戴震提出的标准是，有一个人说了之后，天下万世都赞同，并能以此作为评判和裁断的标准。而杂有私心之人则必然会有所遮蔽，由此而形成的看法只能称之为"意见"。最为可怕的就是蔽之深而导致将"意见"奉为"理义"。所以，戴震给他的学术追求所定的目标是如何揭示那些伪装成"理义"的"意见"。②

这种解释角度的转变具有巨大的思想史意义，戴震试图从理论上解决朱子理气观所可能导致的对自然欲望的抑制，或是阳明思想主张"良知具足"导向肯定"私欲"的倾向。戴震倾向于从"词源"的考证来重构"理"的世界，来重建道德原则在指引道德行为时符合人的"正当需要"的路径。在戴震看来，过高的道德原则会遮蔽个体在不同处境中的情感需求和欲望满足，由此，道德原则成为阻碍人们过上"美好"生活的"借口"。那么，该如何让道德原则来增进人们的幸福感，而不是通过抑制人的情感去符合道德原则？这是他"解释"经典的实践性动能。

---

① 以往人们将理学家的天理人欲绝对对立起来，而事实上，朱熹等人的理欲观比较复杂，朱子也在一定程度上如李明辉所说："朱子所理解的'人心'是指人的自然欲望。就人的生存必须依赖其自然欲望而言，它们不能说是不善。在一般的情况下，它们在道德上是中性的……'人心'若未受到天理的节制，它就有流为'人欲'之危险，故仅谓之'危'，而非'恶'。换言之，在一定的程度内，朱子承认'人心'的合理性。"（李明辉：《朱子对"道心""人心"的诠释》，《湖南大学学报（社会科学版）》2008 年第 1 期，第 26 页）戴震所要批判的是人们根据理学家的天理人欲观而导出的否定人欲的倾向。

② 戴震：《孟子字义疏证》上，载《戴震集》，上海古籍出版社，2009 年，第 267 页。

中国传统的经典解释学具有很强的实践品性，戴震亦继承了这样的传统，他对于宋儒的批判和对于人性的重新解释之现实批判指向十分明显。他立足于训诂对"天理"和"人性"的重新解释就可谓是实践解释学，这很大程度上构成了清代"皖派"解释学的重要特征。这种实践解释学强调通过思想重构来进行理论批判和社会重建，而非仅仅是个人学术趣味的转向。章太炎在评价戴震的学术精神时说：明清以来的皇帝经常口诵程朱之言，而行法家之酷法。他们借助儒家之服制而推行的连坐法等都反而成为制裁百姓的依据。戴震出身卑微，深察百姓之苦，著《孟子字义疏证》《原善》等书，强调"死于法犹有怜之者，死于理，其谁怜之"，所要表彰的就是戴学的实践性。

章太炎认为戴震之解释具有民本意识，百姓之欲望和日常生活，本为圣王所肯定，到后世却被认为是猥鄙之事，由此，戴震对民众之欲望和情感的关切，体现出其为民呼吁的热心。

章太炎并认为，当西方价值观传入之际，有人将戴震肯定人欲之说与鼓吹消费主义之论并提，这是对戴震的根本性误解。[①] 章太炎对戴震的评价秉持了同情的理解的态度，也为我们在现在这个消费时代认知戴震思想的前瞻性提供了启示。相较于近代以来仅仅将戴震立足于文字训诂结合典章制度来理解儒家之道的方式视为符合科学精神的"实证方法"[②]的理路，章太炎的评价更能触及戴学的根本。本文就试图沿着章太炎的理路来解读戴震思想的时代意义。

第一节　文字训诂与典章制度的结合：
　　　　戴震的实践解释学

明清易代，其官方意识形态依然以程朱为正宗。在学风上，清儒受顾炎武之影响甚多。顾炎武曾批评明代士人高谈心性、醉心科举制艺，其

---

① 参见章太炎：《释戴》，《章太炎全集·太炎文录初编》，上海人民出版社，2014年，第121—122页。
② 梁启超：《清代学术概论》，中国人民大学出版社，2004年，第164页。

危害甚至超过焚书坑儒，故而提倡尊经以救世。

顾炎武之所以能成为清代学风的先导，还缘于在清代初期的高压政治下，学者倡言救世的空间被压制，故而以通经尊古为风尚的汉学随之而起。按钱穆先生的说法，无论是基于阳明后学来质疑朱子，还是通过辨析《古文尚书》来尊朱（如阎若璩等人），都殊途同归——让人们认识到宋学与古代经籍之间的差异，①由此引发蔑弃唐宋回归汉儒的新的学术风气，并形成了以惠栋为代表的吴派和以戴震为代表的皖派。因地域和学术渊源的差异，惠栋和戴震对于朱子的态度有所不同，但尊汉抑宋的大方向则是全然一致的。

科举仕途坎坷的戴震在三十五岁之后，在扬州盘桓约四年，其学术取向与惠栋有所接近，这从他在惠栋去世之后所写《题惠定宇先生授经图》可证。在文中，他辨析道：有人说汉代经学重视"故训"，宋代经学重视"理义"。这类断言并不准确，假如可以舍弃经典而凭自己的想象来阐发圣人之理义，那必然是凿空之论。"求之古经而遗文垂绝，今古悬隔也，然后求之故训。故训明则古经明，古经明则贤人圣人之理义明，而我心之所同然者，乃因之而明。"②戴震说，圣贤的理义并非悬置于虚空中，而是存于典章制度中。只有通过参稽古代的典章制度，对经典的理义的理解才有所依据。将故训和理义分别对待，两方面都会产生理解上的错误。

惠栋和戴震也并非全然一致，有人评价说惠栋之学求古，而戴震之论尚是。但究其根源，不求古无以求是。③这个评价所凸显的即是戴震浓厚的理论兴趣和现实关怀。

戴震虽批评宋明儒者的学问路径，批评天理观，但与同时代的考证学家有所不同的是，他是通过精深的文字考据工夫和典章制度掌故来建构不同于程朱的思想体系。他并不拒绝进行义理的阐发，认为最理想的学问途径是理义和制数相结合，从事文学创作难以摆上台面。

---

① 钱穆：《中国近三百年学术史》（一），九州出版社，2011年，第346页。
② 戴震：《题惠定宇先生授经图》，载《戴震集》，第214页。
③ 王鸣盛：《洪榜东原行状》，见钱穆：《中国近三百年学术史》（一），第350页。

> 古今学问之途，其大致有三：或事于理义，或事于制数，或事于文章。事于文章者，等而末者也。……圣人之道，在六经。汉儒得其制数，失其义理；宋儒得其义理，失其制数。①

戴震所希望的是"义理"和"制数"的结合，所担心的是华丽辞藻下对道与本的忽视，故而将"事于文章"视为等而末者。戴震所说的"制数"包括典章制度以及历法、制作原理等用以理解经典中所描摹的制度的知识。虽"制数"并不是"道"自身，却是理解、接近"道"的津梁。在戴震看来，儒家之政治理想如果不能落实到具体的政治制度和礼制秩序，就会变成蹈虚、凿空之论，这样制数亦可看作是理想照进现实的渠道。

循着顾炎武所开创的重视"经"的路径，戴震指出，要避免凿空之论，就要从"六经"出发，由文字、词句、语言来渐次体察古代圣贤的心志。他说"经之至者，道也；所以明道者，其词也；所以成词者，未有能外小学文字者也。由文字以通乎语言，由语言以通乎古圣贤之心志。"②对于经典解释，最为通常的途径就是由文字到概念，并扩展至对价值世界的体察。然而在宋明时期，尤其是陆王学派，特别强调"本心"，由此，六经就会成为解释者的注脚，这会导致学者轻视经典文本的风气。要么远离其文字本意，要么依据"伪经"，这都是"凿空"的表现。

同样的意思也可见于戴震的《与是仲明论学书》。李畅然分析该文时说，戴震强调"经之至者道也"，"使经学诠释的逻辑预设得以显题化，揭示了经学诠释始于文本认知、终于道德义理的过程，暗示了戴震专取'通经求道'的权威主义策略"。③这种贴合经典原义来体认"道"的方法，突出了经典文本的权威地位，其潜在的对话对象是发生在朱陆之间关于尊德性和道问学的争论。陆王将发明本心的路径称之为"尊德性"，并认为若没有"尊德性"作为前提，那么"道问学"便难以树立正确的目标。而

---

① 戴震：《与方希原书》，载《戴震集》，第189页。
② 戴震：《古经解钩沉序》，载《戴震集》，第192页。
③ 李畅然：《戴震解经方法论发微——以〈与是仲明论学书〉为中心》，《文史哲》2014年第4期，135页。

戴震指出，如果没有"道问学"作为基础，何来"尊德性"呢？戴震并指出，"群经六艺之未达，儒者所耻"。①

仅就朱陆而言，戴震更为倾向于朱子的观点，戴震的思路其实就是由着朱子"道问学"的精神。在戴震的文章和书信中，我们也经常可见戴震肯定朱子考据成就的文字，比如他将朱子与郑玄并提，对朱子所注之《诗》《书》和编纂之《四书章句集注》也都称赞有加。可见，戴震批评的矛头所指是朱子的义理之学。尤其是在他后期著作，比如《孟子字义疏证》等作品中，戴震对朱子的批评让学生对其思想贡献的评价产生了分歧。有人认为《原善》《孟子字义疏证》等义理性的作品，并不能算是戴震的代表性作品，而他对宋儒的批评，是心态扭曲的表现。如果站在知人的角度，章学诚反而可以说是知音。他指出，时人推崇戴震在考据上的成就是风尚所致。但若认为戴震的贡献只是在考据方面，那只能说是"不知戴学"。章学诚说："及戴著《论性》《原善》诸篇，于天人理气，实有发前人所未发者，时人则谓空说义理，可以无作，是固不知戴学者矣。"②

戴震有一个以超越朱陆来开创儒学新阶段的志向，所以他对程朱和陆王在"义理"层面的批评是始终如一、全方位的。其火力尤为集中在理学家对于佛老的接受、理欲对立观念以及治学方式上。

他总体上批评了宋明儒者对待经典的态度，在某封信中，他说：

> 宋以来儒者，以己之见，硬坐为古贤圣立言之意，而语言文字实未之知。其于天下之事也，以己所谓理，强断行之，而事情原委隐曲实未能得，是以大道失而行事乖。③

宋儒以发明天理为自家体贴，在继承孔孟儒学的精神的前提下，有自己的创造，这在戴震看来，就是"以己之见，硬坐为古贤圣立言之意"。并认定宋儒不能真正理解圣人之意，由天理观念范导的行为规范会背离圣人所

---

① 戴震：《与是仲明论学书》，载《戴震集》，第184页。
② 见钱穆：《中国近三百年学术史》（一），第360页。
③ 戴震：《与某书》，载《戴震集》，第187页。

指明的秩序原理和生活方式。

宋代理学试图化解的是佛教的挑战,入其室而操其戈乃是不得不然的过程。由此,宋儒虽然清醒地对佛老进行批驳,而理学家尤其是后来的心学家,往往有一段漫长的出入佛老的过程,并会对佛老的概念和思维方式进行创造性的批判和吸收,这从某种角度丰富了儒家的观念系统和思维模式。反过来,不断本土化的佛教也一直在吸收儒家的价值,并通过注释儒家经典的方式来弥缝佛教与儒家观念之间的鸿沟。这种双向的融摄都引发了戴震的不满,从他早期的《孟子私淑录》到晚年的《孟子字义疏证》,批评这种现象的基本立场并没有改变。

戴震点明了程朱出入佛老然后却被佛老渗透入他们思想体系的过程。他说,程朱之出入佛老,本意是要"显现"先王之道而非背离六经,不过沉浸日久,逐渐接受道家之"道法自然"和佛教之离形之神等观念,如此便把本来跟阴阳气化不能分别的"神"和"道"独立出来,而原先不离人伦日用的孔孟之道被抽象化。形神论的思路体现在人性论上,就会把理和血气心知区隔开来。这实质上接受了佛老离开现实世界的"真宰","理"概念便成了"真宰"的替代名词而已。他说:

> 盖程子、朱子之学,借阶于老、庄、释氏,故仅以理之一字易其所谓真宰真空者而余无所易。……天下惟一本,无所外。有血气,则有心知;有心知,则学以进于神明,一本然也;有血气心知,则发乎血气心知之自然者,明之尽,使无几微之失,斯无往非仁义,一本然也。①

戴震说他必须对程朱和陆王进行批驳,这与孟子解释自己不得不"辟杨墨"的理由接近。程朱和陆王的论说看上去是以孔孟之言立论,实质上掺杂着佛老的思想,让人慢慢习非为是。在戴震看来,程朱基于佛教的形神论而提出的理气论,不是"援儒入释",而是将佛老的言论杂入儒家之论说中。陆九渊和王阳明则是将老庄佛氏所论,径称为与儒无异,则是"援

---

① 戴震:《孟子字义疏证》上,载《戴震集》,第 286 页。

儒入释"。陆王坚持自然全乎仁义,就会忽视儒家的教化和个人的修养工夫。而程朱所言理为形气所污坏的说法,好比佛家所言之真宰附着于人的形体,事实上就是把理气一分为二的"二本",将人之不善归咎于形体,自然会把修身工夫指向虚无。

在宋代儒家中,张载的"气化"论被戴震所重视。虽然张载比较喜欢使用的"太虚"概念非来自孔孟,但他说"由气化,有道之名",将天道视为一个化生的过程,不将之看作是别有一物,从中可见儒家与佛老的根本差异。戴震说:"举凡血气之欲、君臣之义、父子昆弟夫妇之亲,悉起于有形体以后"[①],怎能将之与"理"对立起来呢?

综上所论,可见戴震的解经理论的实践品性,是一种"实践解释学",他完整地来理解"人"的多维度存在,即既包含血气心知的日常生活样态,亦有求道探本的精神追索,尤其是反对将人的"血气"生活视为对实现最高价值的阻滞,从而使其理论具备了某种意义上的"启蒙"特性。这种启蒙性尤其可以从他对于"欲望"的肯定中得到佐证。

第二节 天理和人欲:戴震的人性生成论

儒家的政治理念与其对人性的理解密不可分,如果说孔子的性近习远是一种"描述性"的定义的话,那么孟子的性善论和荀子的性恶论展现了儒家思想中主张道德自觉和强调道德教化两种对立的理路。但若能透过对立的"迷障",我们却可以发现孟子的"养性论"和荀子的"本始材朴论"也表现出他们对于人的自然状态的一种相似性的认识,从而让我们看到孟荀之间存在着的对于基于人性相似性而生发出的对涵养必要性的共识。

宋代道学兴起的重要标志是人性理论的推进,张载通过对于天地之性和气质之性的区分,在坚持性善论的前提下,解释了恶的来源问题。这样的区分应该是受到了佛教思想中真、俗二分的影响。张载的人性论得到了程朱的充分肯定和吸收,借助理气二分讲人身上"道心"与"人心"的

---

① 戴震:《孟子字义疏证》上,载《戴震集》,第283—284页。

二分。程朱强调天理和人欲的对立,从而完成了对于个体之私的发生学上的承认。其巧妙之处是通过天理和人欲之间的紧张为人的内在修养的必要性做出了说明。如此这般,荀子的性恶论虽然被排斥,但他的学以成圣的教化观念却得到了实质性的肯定。戴震清晰地看到这一点,认为程朱虽宗孟子,实则上却与荀学接近。① 不过,朱子在"理在气先"和"理在气中"之间的依违并不能真正解决中国思想传统中对于脱离经验世界的"本体"的拒斥。理欲对立的形态让天理和人们的生活经验产生了"断裂"。假如人的自然欲望会造成天理的坠落,那么道德生活的情感和欲望的维度就难以维持,这样的逻辑推到极致,道德规则就被绝对化为对情感世界的排斥和对欲望的禁锢。

陆王心学试图通过"心外无物"来化解程朱理气论的这一矛盾,但阳明并不愿意任由良知学演变成将人心所有"产出物"视为正当性依据的学说。但很显然王门弟子对于良知具足的理解差异让阳明后学在修养论上产生了众多的分歧。戴震致力于找到解决程朱、陆王之间矛盾的方案。由此可见,他并不甘心只当一个纯粹的考据家,他想从理论上解决程朱和陆王所面临的先天道德意识和后天道德行为的一致性的难题,从而为儒家"重民"的倾向找到理论上的依据。

一、自然与必然

程朱理学最核心的观念是"理",并从理气论发展出"格物穷理"的修养论。但在这样的思想框架下,理欲关系被对立起来,在程颐看来,欲望不知节制,则会"至于天理灭而不知反"。②朱熹有"存天理灭人欲"的说法。这种理气二元论在戴震看来就是二本。按照戴震的字—词—义理的解释规则,戴震对理气论的批驳是从"理"的字义疏证开始的。

---

① 戴震说:"程、朱乃离人而空论夫理,故谓孟子'论性不论气不备'。若不视理如有物,而其见于气质不善,卒难通于孟子之直断曰善。宋儒立说,似同于孟子而实异,似异于荀子而实同也。"戴震:《孟子字义疏证》中,载《戴震集》,第302页。

② 程颐说:"甚矣欲之害人也。人之为不善,欲诱之也。诱之而弗知,则至于天理灭而不知反",《河南程氏遗书卷二十五》,载《二程集》上,中华书局,1981年,第319页。

戴震说，程朱对"理"的解释与古代经典中"理"字的原意去之甚远。古人论理，侧重于"分"，也即事物之固有特征。故而，"理"并非是外在于物的一种超绝的存在，"理"作为条理、纹理等构成事物的特有的品性。"理"的其他含义都是在此基础上展开的，当我们说一个人是"明理"之人，是指他能够以自己内心的情感体验去理解别人的感受，从而建立人与人之间的共情，由此可见，戴震的重点在于要解决情与理的关系问题。他给"理"和"天理"所下的定义是这样的：

> 理也者，情之不爽失也，未有情不得而理得者也。……天理云者，言乎自然之分理也；自然之分理，以我之情絜人之情，而无不得其平是也。①

"自然之分理"说明人情是人的天然的产物，通过"以我之情絜人之情"，来肯定情感世界的合理性，而不是去排斥情感和欲望。人与人各有不同，不能以自己的好恶代替别人的好恶，也不能以抑制别人的欲望的方式来逞自己之欲。

因此，戴震反对"存天理灭人欲"。在戴震看来，这句话固然是出自《礼记·乐记》，不过《乐记》要反对的是那些强者对弱者的威胁和侵凌，反对以大众的名义压制少数人，补救鳏寡孤独得不到应有照顾等现象。这些现象之所以如此普遍，就是因为人们不能以同理心来理解"他者"特别是弱者的生存处境。人与人之间缺乏同理心的根本原因在于灭欲。否定了正当的欲望，对于人的理解就不可能全面。戴震强调合理的做法是"节欲"而非"灭欲"，戴震期待的理想社会是人与人之间能互相体恤的共情社会，他称人与人之间的互相关切是"心之所同然"，若未能达到人与人之间的同情共感，"天理"就难以成为每个人所具有的价值共识，而只能算是"意见"，只是少数人所拥有的东西。"心之所同然始谓之理，谓之义；则未至于同然，存乎其人之意见，非理也，非义也。"②按这个标准，

---

① 戴震：《孟子字义疏证》上，载《戴震集》，第265—266页。
② 戴震：《孟子字义疏证》上，载《戴震集》，第267页。

戴震认定程朱所提倡的"理"就只是"意见"而已。

> 程朱以理为"如有物焉,得于天而具于心",启天下后世人人凭在己之意见而执之曰理,以祸斯民。更淆以无欲之说,于得理益远,于执其意见益坚,而祸斯民益烈。岂理祸斯民哉,不自知为意见也。离人情而求诸心之所具,安得不以心之意见当之,则依然本心者之所为。拘牵之儒,不自知名异而实不异,犹贸贸争彼此于名而辄蹈其实。①

在戴震看来,离开"情"来理解这个世界,整个社会就会变成一个以个人私见为主要表现形式的"意见"充斥的社会,在实践中就会否定欲望的正当性,滑向佛老所肯定的"无欲"之初心,由此,百姓的正当生存疾苦便被漠然忽略。戴震认为程朱从太极两仪的说法得到启示,认为"理能生气",恰如佛老认为"神能生气",这其实就是形神二本论。这种观点认为理被形气所"破坏",要节欲以复其初,岂不是老佛的修养论的复制品吗?

> 以理坏于形气,无人欲之蔽则复其初,如彼以神受形而生,不以物欲累之则复其初也。皆改其所指神识者以指理,徒援彼例此,而实非得之于此。学者转相传述,适所以诬圣乱经。善夫韩退之氏曰:"学者必慎所道。道于杨、墨、老、庄、佛之学而欲之圣人之道,犹航断港绝潢以望至于海也。"此宋儒之谓也。②

戴震说,离开人的情感和欲望去理解天理是南辕北辙,程朱理学以灭弃人欲来理解孟子的"寡欲"是将孟子佛老化,背离了孟子的思想。

> 孟子言"养心莫善于寡欲",明乎欲不可无也,寡之而已。人之生也,莫病于无以遂其生。欲遂其生,亦遂人之生,仁也。欲遂其生,至于戕人之生而不顾者,不仁也。不仁,实始于欲遂其生之

---

① 戴震:《答彭进士允初书》,载《戴震集》,第175页。
② 戴震:《孟子字义疏证》中,载《戴震集》,第291页。

心，使其无此欲，必无不仁矣。然使其无此欲，则于天下之人，生道穷促，亦将漠然视之。己不必遂其生，而遂人之生，无是情也。然则谓"不出于正则出于邪，不出于邪则出于正"，可也；谓"不出于理则出于欲，不出于欲则出于理"，不可也。欲，其物；理，其则也。不出于邪而出于正，犹往往有意见之偏，未能得理。①

戴震说仁与不仁，与人是否有欲望无关。仁与不仁的区别点在于不能为了满足自己的欲望而剥夺别人的欲望。对待欲望的态度也不在于有无，而在于正邪。天理和人欲并非对立物，天理是人欲之规则，用以节制人欲。戴震认为孟子说"养心莫善于寡欲"，说寡欲就意味着不能没有欲望，欲望不可能被"灭绝"。他对孟子关于性、命的一段论说进行了新解。

"口之于味也，目之于色也，耳之于声也，鼻之于臭也，四肢之于安佚也"，此后儒视为人欲之私者，而孟子曰"性也"，继之曰"有命焉"。命者，限制之名，如命之东则不得而西，言性之欲之不可无节也。节而不过，则依乎天理；非以天理为正、人欲为邪也。天理者，节其欲而不穷人欲也。是故欲不可穷，非不可有；有而节之，使无过情，无不及情，可谓之非天理乎！②

追求耳目口舌之享受被宋儒视为"人欲之私"，但在孟子那里，明明称之为"性"，只是认为这些自然属性需要"命"来梳理，使之无过无不及。在戴震看来，宋儒因为受佛老的影响，将心区分人心、道心，对人的精神世界进行人为割裂，看不到人的作为生命存在的丰富性和整体性。

在宋儒惑于老、释无欲之说，谓"义亦我所欲"为道心，为天理，余皆为人心，为人欲。欲者，有生则愿遂其生而备其休嘉者也。情者，有亲疏、长幼、尊卑感而发于自然者也。理者，尽夫情欲之微而区以别焉，使顺而达，各如其分寸毫厘之谓也。欲，不患

---

① 戴震：《孟子字义疏证》上，载《戴震集》，第273页。
② 戴震：《孟子字义疏证》上，载《戴震集》，第276页

> 其不及而患其过。过者，狃于私而忘乎人，其心溺，其行愿，故孟子曰："养心莫善于寡欲"。情之当也，患其不及而亦勿使之过。未当也，不惟患其过而务自省以救其失。欲不流于私则仁，不溺而为愿则义，情发而中节则和，如是之谓天理。情欲未动，湛然无失，是谓天性。非天性自天性，情欲自情欲，天理自天理也。[①]

戴震认为正当的情欲就是天理之自然，天理乃人情之条理，人情乃天理之分理。虽然程朱也曾强调所谓人欲之私，指的是不受节制的"欲望"，但他们将天理人欲二分的方式，在实践层面，必然会导向对于自然欲望的否定，这就落入"意见之私"之中了。

孟荀对于人的欲望的看法有很大的差异，故而戴震亦要从对孟子和荀子的性善性恶之辨来进一步展开自己的理路。他认为荀子的思想归重于学，强调礼仪的教化作用，这是圣人复起也不可易之论。但荀子将人性与礼仪割裂开来，同时也将常人和圣人割裂，这就失去其逻辑的一致性。

按照荀子的解释，人欲之私是自然资源供给不足的情形下引发争夺并导致秩序混乱的原因，需要通过礼义来矫正，而礼仪教化必须仰仗圣人。但一个性恶之人何以会试图纠正自己而成圣成贤，其致善之动机来自何处呢？戴震就发出过这样的疑问：一个没有善的基础的人，怎么可能通过积善的方式来成德呢？

孟子认为良知不学而知，但却主张善性是要涵养的，如若不加维护，就会流失，即所谓"求则得之，舍则失之"。戴震认为，这表明即使有善的基础，要维护善意不致丧失，也需要学习和涵养。由此看来，孟荀之别在于孟子认为善不学而能属之性，荀子认为学而后能不得属之性。[②] 戴震认为孟荀之间的根本差别在于"荀子之重学也，无于内而取于外，孟子之重学也，有于内而资于外"[③]。他说：孟子道性善，是基于人知礼义，由此可见人之异于禽兽。荀子看到礼义是常人所不及，需要由圣人之

---

① 戴震：《答彭进士允初书》，载《戴震集》，第172页。
② 戴震：《孟子字义疏证》中，载《戴震集》，第299页。
③ 戴震：《孟子字义疏证》中，载《戴震集》，第300页

教化。程朱以接续孟子自任，但他们却认为生知安行者很少，所以，人之气质之性不能概之曰善，这与荀子和扬雄的看法接近，而与孟子的观念背离。在戴震看来，程朱因为出入佛老甚久，受其"真宰"和"真空"观念影响，认为只有无欲和寂静才能复归本真状态。程朱虚构一个脱离人们日常情感欲望的抽象"天理"，并推定天理容易为人之气质所污坏，要居敬穷理，要采用"常惺惺"之法，这与先秦时期圣贤所倡导的博学审问慎思明辨笃行这些真功实修工夫相违背。

朱子根据《礼记·乐记》中"人生而静"以及《中庸》中"天命之谓性"的说法，指出以"人生而静"作为分界，人物未生之时，只是理，不能称为性。对此，戴震批评说，"人生而静"与"感于物而动"相对，只是说"未感"，并不是"未生"。《中庸》说"天命之谓性"，只是要说气禀之不齐，并不是说理在天。戴震说，若按朱熹的解释，那么孟子所谓的"性善"，只是局限于人在"未生"的那个阶段，一旦生而为人，因为已坠入在形气之中，性就不善了。这曲解了孟子人性论。

戴震通过对程朱的人性论的批评来彰显他自己对人性的认识。他是通过对字词的重新解释来完成这个工作的。他着眼于《中庸》首章的天命、性、道、教的观念，并结合《礼记·乐记》"感物而动"的思想构建了一个"自然"和"必然"相统一的不断生成的人性论。

> 《易》言天道而下及人物，不徒曰"成之者性"，而先曰"继之者善"。继谓人物于天地其善固继承不隔者也；善者，称其纯粹中正之名；性者，指其实体实事之名。一事之善，则一事合于天；成性虽殊而其善也则一。善，其必然也；性，其自然也；归于必然，适完其自然，此之谓自然之极致，天地人物之道于是乎尽。①

由上文可见，性是实体实事，而善的形成则是"累积性"的，即一事一事的不断积累，所以，"性"是自然，"自然者，天地之顺"；而善，则是"必然"，是"天地之常"。在戴震这里，自然是天道之流行，根源于

---

① 戴震：《孟子字义疏证》下，载《戴震集》，第312—313页。

天地之化生流行，在人事层面，则基于这样的性而发用在日常的生活中，而体现为"人道"。人道是天道在人事层面的体现，天道为人道提供"必然"性的方向。"由天道而语于无憾，是谓天德；由性之欲而语于无失，是谓性之德。性之欲，其自然之符也；性之德，其归于必然也。归于必然适全其自然，此之谓自然之极致。"① 性之欲作为人事之自然，由天德来规范和引导之。基于这样的天人关系角度来理解"天命之谓性，率性之谓道，修道之谓教"，戴震认为，还可以看到《中庸》和《易传》的一致性。

人的耳目百体之欲望，是本天道以成性，戴震将命理解为对"道"的接受，人接受天道而展现为身心的各个方面，就此构成整体的人。这样，人的身心的情感和欲望均为自然而然的，因为人道顺受天道，所以人事能与天道协德，欲望不会泛滥无归，会节制"遂己之欲""从己之欲"等不正之德。按戴震的理解，遂己之欲，是对仁的伤害；而从己之欲，会违背礼义。合理的出路，就是"以天下之**大共**正人之所自为"，② 在多元化的欲望中去寻求公共性的场域。

他说，那些未能领会《易传》《论语》《孟子》思想精髓的人，总是不能从"过程"论的思维方式来理解性善，从而只能割裂先天和后天，以此来否定现实中人的生活的正当性。

> 凡远乎《易》《论语》《孟子》之书者，性之说大致有三：以耳目百体之欲为说，谓理义从而治之者也；以心之有觉为说，谓其神独先，冲虚自然，理欲皆后也；以理为说，谓有欲有觉，人之私也。三者之于性也，非其所去，贵其所取。彼自贵其神，以为先形

---

① 戴震：《原善》上，载《戴震集》，第334页。
② 戴震：《原善》上，第332页。此"天下之大共"戴震在《原善》中对于孟子的"心之所同然"的解释中有进一步的解释，这样的共同点，并非是抽象的对于天理的体认，而必然是一种真正的"共情"，戴震说："耳之于声也，天下之声，耳若其符节也；目之于色也，天下之色，目若其符节也；鼻之于臭也，天下之臭，鼻若其符节也；口之于味也，天下之味，口若其符节也；耳目鼻口之官接于物而心通其则，心之于理义也，天下之理义，心若其符节也；是皆不可谓之外也，性也。耳能辨天下之声，目能辨天下之色，鼻能辨天下之臭，口能辨天下之味，心能通天下之理义，人之才质，得于天若是其全也。"《戴震集》，第339页。

而立者,是不见于精气为物,秀发乎神也;以有形体则有欲,而外形体,一死生,去情欲,以宁其神,冥是非,绝思虑,以苟语自然。不知归于必然,是为自然之极致,动静胥得,神自宁也。①

因为都割裂了"先赋"和"修养"为成人之道,所以,不同的人性论有一个共同的缺失:一看到自然就想到人欲之私,一说必然就想到克欲去私,其实"必然"是"自然"所内涵,而"必然"乃"自然"之最为符合中道的呈现状态。"自然"和"必然"是戴震思想的重要概念,"自然"之"充分展现"即符合"必然",由此宋儒之理气"各为一物"的解释就会将"自然"和"必然"割裂。而事实上,"阴阳流行,其自然也;精言之,期于无憾,所谓理也。理非他,盖其必然也"②。

基于此"必然"和"自然"的一体说,天性和人性的一致性得到说明,即仁义之心来自"天德"。然具体到作为"天地之常"呈现的日常用事,戴震终究要应对人事与天德的协调问题,这涉及"自然"之情发用之后"害仁而有不觉"的现象,为此,戴震需要解决必然与自然之间的"一致性"问题。

戴震在《原善》中,把"自然"再细分为欲望与情感两个层次,并以"生养之道"来概括欲望之目标,而情感则负责人与人之间的"感通"。而"必然"则提供是非和美恶等判断标准。

> 生养之道,存乎欲者也;感通之道,存乎情者也;二者,自然之符,天下之事举矣。尽美恶之极致,存乎巧者也,宰御之权由斯而出;尽是非之极致,存乎智者也,贤圣之德由斯而备;二者,亦自然之符,精之以底于必然,天下之能举矣。③

从"生养之道"来肯定人的自然属性,强调欲望出于天生,将自然和必然视为同一本体之显微无间,这是戴震对于程朱建基于理气二元论的"存天

---

① 戴震:《原善》中,载《戴震集》,第340—341页。
② 戴震:《绪言上》,载《戴震集》,第355页。
③ 戴震:《原善》上,载《戴震集》,第333页。

理灭人欲"的修养论的最为尖锐的批评。从生生之理的角度，人类社会的伦理规范建立在血缘的基础上，血缘的形成要依赖于最为天然的生养之道，生育是伦理制度的起点，只有生养之道展开，体现亲亲之道的伦理规范才有所依托。故而，人欲出于天生与人伦秩序形成之前提，并不是伦理道德的摧毁者，换句话说，伦理道德是让欲望得到正当的满足的保障。在戴震看来，正是因为有声色臭味、喜怒哀乐，人道才得以全备，此乃"天命"之本意。

> "欲"根于血气，故曰性也，而有所限而不可逾，则命之谓也。仁义礼智之懿不能尽人如一者，限于生初，所谓命也，而皆可以扩而充之，则人之性也。①

同秉天命，而物之差异性，来自"才"，也就是说是事物之材质的差异而呈现出的多样性（"据其所限"）是"命"，但事物之是其所是的依据是"性"，"才"的差异并不能改变"性"。由此，天德和仁义，就不是脱离人的情感而"另为一物"。

> 仁义礼智非他，不过怀生畏死，饮食男女，与夫感于物而动者之皆不可脱然无之，以归于静，归于一，而恃人之心知异于禽兽，能不惑乎所行，即为懿德耳。古贤圣所谓仁义礼智，不求于所谓欲之外，不离乎血气心知，而后儒以为别如有物凑泊附着以为性，由杂乎老、庄、释氏之言，终昧于六经、孔、孟之言故也。②

通过批评朱子的理欲论对孟子思想的背离，戴震认为他所主张的"自然"和"必然"的统一来自孟子的思想，即人心之同欲。戴震说，感物而动，欲出于性，所以一人之欲乃天下人之同欲。但戴震也要面对在现实生活中众多的欲望不能节制的状况。他说，当人的好恶形于外而不能节制，且被诱惑，不知反躬自省，便会为了实现自己的欲望，而忘记别人的好恶，并

---

① 戴震：《孟子字义疏证》中，载《戴震集》，第305页
② 戴震：《孟子字义疏证》中，载《戴震集》，第296页

损害别人来实现自己的欲望。这样就出现了一个发生学上的困境,"必然"并没有为"自然"提供"节制"。若作为"必然"性的保障的"节制"性为天下人所同具,那么为何会出现"忘人之好恶"的现象?有时候,戴震将"节制"归之于人所具有的"反躬"能力,按戴震的解释,"反躬"就是"以人之逞其欲,思身受之之情也"①。那么这种"反躬"是先天所具备的能力还是需要后天培育的能力呢?为了解决这些困难,戴震的人性论是生成性的,而非一成不变的。吴根友认为戴震的自然和必然的关系是传统天人关系的发展,其中强调了文化习性所产生的价值偏好,这样自然天性和人的后天努力就得以融汇。②

"同欲"论或可以解释人之为人之基本面,但若以社会共同体而言,"同欲"的边界该如何划定?社会的共识和公意的确定是来自个人的自我感受还是一种程序性的"商议",这些重要的理论难题,戴震并没有充分地展开,而若要从"启蒙"的角度来说,戴震的批评性还处于比较初步的阶段。启蒙思想所展示的作为"公"的共同体意识和作为"私"的个体道德之间的明确的划分,这或许是由于戴震所生活的时代未能给他直接触动。

二、戴震的人性生成论

"一本"是孟子在讨论尊亲和爱人的关系时为了强调两者统一性而使用的概念,在戴震这里则被用来奠基人所生皆正当的原则。在他看来,既然属于人的一切皆来自天,就不能将其中的某些特征加以排斥。这延伸出的一个理念是,源头的一致性和呈现状态的多种可能性之间恰好是互

---

① 戴震:《孟子字义疏证》上,载《戴震集》,第266页。
② 吴根友说:"他所说的'自然',具有两种倾向性:一种是纯粹的自然而然的欲望,如饥欲食,寒欲衣等。另一种是文化属性上的习惯,即心知方面喜好懿德的价值偏好。欲望之自然,属于'天之天',而心知之自然,则是'人之天'。而人类所规定的'理义'—人为,也不仅仅是人为的规定,是通过心知的活动,对于血气之自然精审考察之后而认为不得不如此,因而获得了关于'血气之自然'的'必然'。这种'必然的理义',可以说是'人之天'。这一'人之天'转换成现代哲学认识论的语言,即是说,我们有关人类的道德法则的规定,包含着某种合乎人类自然属性的客观性内容在其中,并不是纯粹的主观意志的产物。"吴根友:《戴震"自然—必然"范畴的理论新意再探析》,载《中国哲学史》2023年第3期,第9页。

为依据的。① 戴震所谓的一本，突出地强调了人之得于天的"一本"，既然血气心知也来源于天，其存在就是合理的，不应被否认和贬低。不过，就前一节所论，"必然"与"自然"属于相辅相成的关系，也就确立了人的"自然"生活乃是具有"一本"所赋予的正当性的。那么"自然"如何整全地体现出"必然"的原则，"自然"呈现为人的日常生活，其"为善"的方向该如何保证呢？就是说上天只是提供了条理和规则——"仁"道，而通过礼、义这样的途辙和智的判别能力，"一本"和人性的生成之间就构成一个不断完善的生成性的过程。

戴震的人性论继承自张载到王夫之而来的气化论、生成论思路，肯定人可以通过全副身心的不断努力来形塑人的尊严和独特性。天既然为世间万物之本，那么，世上所有的事物就是对天的"分有"。戴震强调"理"的"分"的特性与朱子所强调的"理一分殊"有很大的不同，在戴震这里，"理"不是先天地的，"理"本身就是"分"的过程中的"条理"。戴震十分重视张载的气化论，因为张载不是把"理"看作是"别如一物"。不过，他担心张载天地之性和气质之性的说法，会导致人们将人性加以割裂，他要强调天之生物和血气心知是"一本"，非如是就会导致人性论的迷途。

> 独张子之说，可以分别录之，如言"由气化，有道之名"，言"化，天道"，言"推行有渐为化，合一不测为神"，此数语者，圣人复起，无以易也。张子见于必然之为理，故不徒曰神而曰"神而有常"。诚如是言，不以理为别如一物，于六经、孔、孟近矣。就天地言之，化，其生生也；神，其主宰也，不可歧而分也。故言化则赅神，言神亦赅化；由化以知神，由化与神以知德；德也者，天地之中正也。就人言之，有血气，则有心知；有心知，虽自圣人而下，明昧各殊，皆可学以牖其昧而进于明。天之生物也，使之一本，而

---

① 杨立华说"要证成万有皆出于'一本'，就不得不对各种差异和对立是如何从一本当中产生出来的给出哲学上的解释"。从某种意义上，戴震对于一本和生生的关系的讨论，就是在进行这样的哲学上的解释以贬斥程朱的理欲二本论。见杨立华：《一本与生生：理一元论纲要》，生活·读书·新知三联书店，2018年，第174页。

> 以性专属之神，则视形体为假合；以性专属之理，则苟非生知之圣人，不得不咎其气质，皆二本故也。①

戴震肯定了张载不以理为别有一物的"一本"思路，这亦是自孔子、孟子以来儒家的基本立场。而张载对"化"的强调，则是将人性的不断生成过程理论化了。"化"的过程并不排斥人的欲望和情感等自然属性。将性专属于理，而认为气为另一物的做法，就会堕入理欲相分的"二本"。

为了贯彻一本的原则，戴震对性、命、道、理、气、才的关系也进行了贯通，戴震借用《大戴礼记》中"分于道谓之命，形于一谓之性"说法，认为命是一个秉受以成型的过程，随之而统一而成具体的存在物，在分有天的创生过程中所产生的偏全、厚薄等状态，则是才，不同的才构成事物时使其有独立于其他存在物的特征，即可称之为性。性命才的结合形成事物不同的特征，构造了世界的多样性。

> 气化生人生物，据其限于所分而言谓之命，据其为人物之本始而言谓之性，据其体质而言谓之才。由成性各殊，故才质亦殊。才质者，性之所呈也；舍才质安睹所谓性哉！②

戴震批评程子"性无不善，而有不善者才也"③的说法，认为这种性和才的区分将人之不善的行为归罪于"才"，使性与才的统一体被割裂。戴震批评程朱的性、才二分，是为了批评程朱的理气论所引出的存理灭欲论。戴震说，程朱都批评孟子"论性不论气，不备"，就是因为他们要把血气心知从人性中分离出去。这恰好说明宋儒推崇孟子只是流于表面，并没有真正把握孟子论性之真谛。

万物之生生，是天地之气化，有知觉有运动。万物所以资之以养者之气，则各有不同。气化过程相得而不相逆，这样人就能扩充其知至于神明，仁义礼智这些德性就会具备无遗。在戴震看来，理义之为性，是对性

---

① 戴震：《孟子字义疏证》上，载《戴震集》，第284页
② 戴震：《孟子字义疏证》下，载《戴震集》，第307页
③ 《河南程氏遗书》卷十八，载《二程集》，中华书局，1981年，第204页。

的展开的一种"理顺",并不能说性即理。人性,就是本乎阴阳五行而形成的血气心知,而理义则是让人之心知不被外物所迷惑的轨道。

人性在生成的过程中,自然(血气心知)如何与必然(理义)能统一无碍呢?戴震也从"气化"中找到"生成论"的轨迹。

> 自人道溯之天道,自人之德性溯之天德,则气化流行,生生不息,仁也。由其生生,有自然之条理,观于条理之秩然有序,可以知礼矣;观于条理之截然不可乱,可以知义矣。在天为气化之生生,在人为其生生之心,是乃仁之为德也;在天为气化推行之条理,在人为其心知之通乎条理而不紊,是乃智之为德也。惟条理,是以生生;条理苟失,则生生之道绝。凡仁义对文及智仁对文,皆兼生生、条理而言之者也。①

在人性生成的过程中,戴震以三种不同"动能"来解释人性之自然与必然的结合。他提出了一个包含有"性之事""性之觉""性之德"的复杂的系统,来弥合价值理念和生活经验之间的紧张,以此来说明仁义礼智为内容的价值系统与日常人伦道德构成一种互相生成和互相支持的系统。

> 有天地,然后有人物;有人物,于是有人物之性。人与物同有欲,欲也者,性之事也。人与物同有觉,觉也者,性之能也。事能无有失,则协于天地之德,协于天地之德,理至正也。理也者,性之德也。言乎自然之谓顺,言乎必然之谓常,言乎本然之谓德。天下之道尽于顺,天下之教一于常,天下之性同之于德。②

---

① 戴震:《孟子字义疏证》下,载《戴震集》,第317页
② 戴震:《读易系辞论性》,载《戴震集》,第162页。类似的意思在《原善》中有更为详细的表述。他说:"有天地,然后有人物;有人物而辨其资始曰性。人与物同有欲,欲也者,性之事也;人与物同有觉,觉也者,性之能也。欲不失之私,则仁;觉不失之蔽,则智;仁且智,非有所加于事能也,性之德也。言乎自然之谓顺,言乎必然之谓常,言乎本然之谓德。天下之道尽于顺,天下之教一于常,天下之性同之于德。性之事配五行阴阳,性之能配鬼神,性之德配天地之德。人与物同有欲,而得之以生也各殊;人与物同有觉,而喻大者大,喻小者小也各殊;人与物之一善同协于天地之德,而存乎相生养之道,存乎喻大喻小之明昧也各殊;此之谓本五行阴阳以成性,故曰'成之者,性也'。"见戴震:《原善》上,载《戴震集》,第332页。

戴震以《系辞》中"继之者善也，成之者性也"来解释仁、义、礼三者配合而得到人性之善。这个过程是天之常道和人对这种常道的顺应的过程。在戴震看来，世间万物都存在着基本的欲望，这是理解人性的基础。然而人与万物还存在着对于这种欲望是否有自我意识的差异，唯有人才能将欲望与天地之德协调，并使人的行为符合这种一致性，从而在这种必然性中体会、顺应人之自然。从某种意义上，我们可以将之理解为自然是对于必然的了解与把握。戴震的"性之事""性之能"与"性之德"也对应于他所说的"欲""情""知"这三种状态。他说："有血气，则所资以养其血气者，声、色、臭、味是也。有心知，则知有父子，有昆弟，有夫妇，而不止于一家之亲也，于是有知有君臣、有朋友；五者之伦，相亲相治，则随感而应为喜、怒、哀、乐。合声、色、臭、味之欲，喜、怒、哀、乐之情，而人道备。'欲'根于血气，故曰性也，而有所限而不可逾，则命之谓也。"① 在这里，戴震认为人性之认知能力，就是对纲常伦理的认识，但人们在遵循这些伦理准则的时候，依然有喜怒哀乐之"感应"，伦理情感不是建立在对自然情感的排斥基础上，礼仪规范也不是对人情的束缚，而是情理交融的过程，戴震认为这符合礼乐文明的精神。

按照现代哲学的标准，戴震的论证并不完满。他采用反推的逻辑，带有倒果为因的色彩。其顺序是：天生万物，为何人独享其尊贵，在于在"生生"的过程中所贯注的"秩然"之"礼"和"截然"之"义"。正是因为有这些礼义的影响，那么欲望和情感就能得到合理的安置，而无须从人性中被排斥出去。从而合理的社会应该是欲望得到满足、情绪得以宣泄、审美趣味得以升华。

> 人生而后有欲，有情，有知，三者，血气心知之自然也。……天下之事，使欲之得遂，情之得达，斯已矣。惟人之知，小之能尽美丑之极致，大之能尽是非之极致。然后遂己之欲者，广之能遂人之欲；达己之情者，广之能达人之情。道德之盛，使人之欲无不遂，人之情无不达，斯已矣。欲之失为私，私则贪邪随之矣；情之

---

① 戴震：《孟子字义疏证》中，载《戴震集》，第305页。

> 失为偏，偏则乖戾随之矣；知之失为蔽，蔽则差谬随之矣。不私，
> 则其欲皆仁也，皆礼义也；不偏，则其情必和易而平恕也；不蔽，
> 则其知乃所谓聪明圣智也。①

至于欲望何以能得到"节制"而防止其"失"的内在动力和先天条件，戴震并没有给出合理的说明。在这个不甚严密的推论中，其实戴震也一直在担心"必然"的可靠性问题。戴震在肯定欲望和情绪的正当性的时候，始终在思考如何避免欲望和情绪的偏失，他认为"私"和"蔽"②是欲望得不到节制的最重要原因。

> 人之患，有私有蔽；私出于情欲，蔽出于心知。无私，仁也；
> 不蔽，智也；非绝情欲以为仁，去心知以为智也。是故圣贤之道，
> 无私而非无欲；老、庄、释氏，无欲而非无私；彼以无欲成其自私
> 者也；此以无私通天下之情，遂天下之欲者也。③

在这里，戴震通过"公""私"的辨析来为欲望的合理性做出辩护，认为情欲过当源于"私"，这样既把理学家们克制欲望的修养手段视为其"自私"的表现，同时，当一种需求得到公众承认的时候，便自动获得了正当性。由此，戴震将欲望可能产生偏失的理论困境迁移为一个道德实践的问题，将善恶问题转化为修养问题，将公私问题转变为一个认知问题。他主张不能将人类社会中所存在的不完满归咎于上天在创造人的过程中的不完满，不能将自己的道德缺陷归咎于身体上的先天原因。这实际上回到了孔子所强调的"为仁由己"的想法。他认为孔子的"性相近"是对人作为自

---

① 戴震：《孟子字义疏证》下，载《戴震集》，第308—309页
② 戴震在《原善》下中，解释了"私"和"蔽"。他说："人之不尽其才，患二：曰私，曰蔽。私也者，生于其心为溺，发于政为党，成于行为慝，见于事为悖，为欺，其究为私己。蔽也者，其生于心也为惑，发于政为偏，成于行为谬，见于事为凿，为愚，其究为蔽之以己。凿者，其失诬；愚者，其失为固；诬而罔省，施之事亦为固。私者之安若固然为自暴；蔽者之不求牖于明为自弃；自暴自弃，夫然后难与言善，是以卒之为不善，非才之罪也。去私，莫如强恕；解蔽，莫如学。"载《戴震集》，第343页。如果通过恕道或学习能避免欲望的偏失，那么事实上与程朱居敬穷理的修养论一致，由此，欲望的合理性就会产生动摇。
③ 戴震：《孟子字义疏证》下，载《戴震集》，第323页

然创造物的总体性的肯定，是为了说明道德自觉的重要性。儒家看重道德修养在人性生成过程中的重要性，而不是像老庄释氏在人伦日用之外别有所贵。宋儒受此影响，以抽象的"理"来置换道德实践，以至于儒家之"道"就不是百姓日用，变成冥想的对象。

戴震注重从生活实际来反思儒家的人性论是清中叶"以礼代理"[①]运动的思想源头，当戴震肯定欲望和情感的合理性的时候，作为人之为人的标志的礼义（"必然"性）所体现是对情感活动的节制而非否定，这样礼义是人道的完整性的体现。反过来说，若没有礼义所体现的"必然"性，那么人欲自然之正当性就无从获得。戴震说：

> 礼者，天地之条理也，言乎条理之极，非知天不足以尽之。即仪文度数，亦圣人见于天地之条理，定之以为天下万世法。礼之设所以治天下之情，或裁其过，或勉其不及，俾知天地之中而已矣。[②]

在现实生活中，礼对欲望和情感的调节总是过犹不及，所以需要追寻一种"中道"。在戴震的解释中，"礼"和"理"就是同义的，这也表明戴震期待用实践性的礼来强调"理"的现实意义。当然，礼有时会表现出虚饰诈伪的一面，但并不能就此否定礼义生活的重要性。

程朱担忧普通人任其血气心知之自然，会被外物所污染，试图将纯粹之善与现实世界进行隔离，这需要通过对天理的重新解释来纠偏，"于血气心知之自然谓之气质，于理之必然谓之性，亦合血气心知为一本矣，而更增一本"。[③] 戴震认为程朱的做法会导致人心与天产生隔离，人性就属于天性，与人无涉。这都是由程朱开始的，他们"以天别于人，实以性为别于人也。人之为人，性之为性，判若彼此，自程子、朱

---

① 凌廷堪等人是这个思潮的代表，他们认为孔子等只言礼，不言理，而人们要回复道德的生活，不能师心自用，则应以圣人制作的礼仪为标准。这种思想是戴震肯定欲望正当性之后的必然产物。
② 戴震：《孟子字义疏证》下，载《戴震集》，第318页。
③ 戴震：《孟子字义疏证》上，载《戴震集》，第285页。

子始"①。戴震提出，符合中道的礼义生活是天心和人心结合无间的，但在这并不算是成功的论证中，戴震的目的是清晰的，就是对民生的关切。

三、心之所同然：戴震肯定欲望所体现的民本向度

就政治理念而言，儒家一直有民本的向度。从殷周之际的"天命"观念的转型到周秦之际的革命理念的正当性论证，民本既是一种观念，也是一种实践。不过在秦之后的大一统社会形成之后，儒家思想不断与君本相妥协，以致人们怀疑儒家"堕落"为统治秩序的帮凶，因而其理欲观也成为政治权力的附庸。

在明末新的生产方式的影响下，阳明学的致良知学说与东南沿海地区的新经济形态之间产生了共鸣，阳明学内部也形成了肯定欲望与克己反私的不同思想倾向之间的争论。

明末政治的腐败和新思潮的影响，引发了以黄宗羲为代表的反君主专制的民本思想的兴起。囿于商品经济的薄弱，黄宗羲并没有也不可能提出以肯定财产权和政治权力为基础现代民主观念，并且因为明清的改朝换代，清政府推行更为高压的专制统治，断绝了人们推动政治制度变革的可能性。因此，清代的民本思想以十分曲折的方式在发展。就此而言，戴震以肯定欲望为基础的人性论思想可以让我们看到儒家民本观念在清代复杂的政治环境下依然不绝如缕的延续。

不可否认，戴震对于程朱灭人欲的人性论的批判，包含着他对于程朱"欲"概念的过度解读。在一定程度上看，朱子并不否定饮食男女之欲，他们之间的差别在于"朱子的'人欲'是在个体内可以克服的，而戴震的'欲'则是作为人的生存的前提"。②这固然是一个学术上可以进一步讨论的问题，但我们在这里更为关心的是，戴震的这种解释策略的实践指向是什么？

---

① 戴震：《孟子字义疏证》上，载《戴震集》，第285—286页。
② 沟口雄三：《中国前近代思想的屈折与展开》，龚颖译，生活·读书·新知三联书店，2011年，第386页注。

戴震一生生计困窘，而他生长的徽州地区，因为商业相对发达，男性人口流动广泛，造成对于女性禁欲气氛浓厚，他认为那种表彰贞洁和牺牲的主张，落实在实践中可能会变成对于基本生存权利（生养之道）的剥夺。这些都是戴震肯定欲望作为人的基本存在方式的诱因。

> 是故去生养之道者，贼道者也。细民得其欲，君子得其仁。遂己之欲，亦思遂人之欲，而仁不可胜用矣；快己之欲，忘人之欲，则私而不仁。①

戴震所批评的私，固然指向每个人只顾自己利益的私，推扩出去也包含批评利益阶层为维护自己的利益而对底层民众生产、生存资料的侵占。

> 举凡民之饥寒愁怨、饮食男女、常情隐曲之感，咸视为人欲之甚轻者矣。轻其所轻，乃"吾重天理也，公义也"，言虽美，而用之治人，则祸其人。至于下以欺伪应乎上，则曰"人之不善"，胡弗思圣人体民之情，遂民之欲，不待告以天理公义，而人易免于罪戾者之有道也。②

从上文可见，戴震所批评的是统治阶层借助"天理"来压制人们满足自己基本生活的需求，通过否定人们欲望的正当性来放弃自己"体民之情，遂民之欲"的责任。

程朱在批评释老的时候，也强调公私之别。程颐以"公"来解释"仁"，认为儒家之仁爱是由亲亲推扩到天底下的所有人以至事事物物的，而佛教和道家则主要是为了自己的解脱和成佛甚至连家庭、社会责任都尽行放弃，因而是"自私"的。在戴震这里，他却将程朱的理欲观念与佛老等同，认为二者都会导向"私"，因为程朱和佛老都否定人人所具有的饮食男女之欲，那么，他们所追求就是自己的私利，这种倾向体现在政治上，就会结党营私；体现在行为上，则会欺负弱小。

---

① 戴震：《原善》下，载《戴震集》，第347页。
② 戴震：《孟子字义疏证》下，载《戴震集》，第328—329页

戴震并不将恶视为善的对立面,他说不善是因为私和蔽。这些偏私的行为并不是因为这些人本性如此,而是他们被错误的理欲观所误导。被私欲蒙蔽的官员,一般会体现出"诡随"和"寇虐"这样的欺下瞒上的特性,对于上级,只知逢迎,而对于下级,则如寇匪,掠夺而不知餍足。

> 言小人之使为国家,大都不出"诡随""寇虐"二者,无纵诡迎阿从之人,以防御其无良;遏止寇虐者,为其曾不畏天而毒于民。斯二者,悖与欺,是以然也。凡私之见为欺也,在事为诡随,在心为无良;私之见为悖也,在事为寇虐,在心为不畏天明。无良,鲜不诡随矣;不畏明,必肆其寇虐矣。①

有"私""蔽"之障蔽,影响到官员层面,就会有充满"悖""欺"之政策和法令,"以为民害"。及于社会大众,则导致天下之人都变成言行不一的"欺伪之人"。戴震认为这是程朱理学对于社会所造成的最大危害。

> 理欲之辨,适以穷天下之人尽转移为欺伪之人,为祸何可胜言也哉!其所谓欲,乃帝王之所尽心于民;其所谓理,非古圣贤之所谓理;盖杂乎老、释之言以为言,是以弊必至此也。然宋以来儒者皆力破老、释,不自知杂袭其言而一一傅合于经,遂曰六经、孔、孟之言;其惑人也易而破之也难,数百年于兹矣。②

戴震站在民众的立场上为他们的行为辩护,站在肯定生养之欲的立场上。他继承黄宗羲对君臣制度的批判,目标却是程朱这些思想人士。戴震展现出的民本立场更突出了他对理欲观所可能带来的对民众利益的压制的警惕。他反对加诸普通百姓的"小民奸猾"的成见。在他看来普通民众并不是天生道德低下,而是因为当政者暴虐而导致他们只能巧为回避。若是将百姓无奈之中的策略当作百姓"不善"的佐证,这简直是与民为敌的行为。

---

① 戴震:《原善》下,载《戴震集》,第350页。
② 戴震:《孟子字义疏证》下,载《戴震集》,第329页

> 在位者多凉德而善欺背，以为民害，则民亦相欺而罔极矣；在位者行暴虐而竞强用力，则民巧为避而回遹矣；在位者肆其贪，不异寇取，则民愁苦而动摇不定矣。凡此，非民性然也，职由于贪暴以贼其民所致。乱之本，鲜不成于上，然后民受转移于下，莫之或觉也，乃曰"民之所为不善"，用是而仇民，亦大惑矣。①

百姓的反抗更多的是来自他们的利益没有得到保护。他告诫为政者须权衡轻重，是为自己的长生久视而隐遁，还是抱持道德的纯粹而忽视百姓的正常欲望的满足。他认为如果把人之饥寒号呼，男女哀怨，以至垂死冀生，都看作为满足人欲的罪恶行为，固守绝情欲之感者为天理之本然，程朱所强调的理欲之辨，会变成残杀百姓的工具，这不可能是圣人之道的真精神。他说：

> 圣人之道，使天下无不达之情，求遂其欲而天下治。后儒不知情之至于纤微无憾，是谓理。而其所谓理者，同于酷吏之所谓法。酷吏以法杀人，后儒以理杀人。②

在这里戴震区分了先儒和后儒。他通过肯定先儒来批评后儒。他说先儒所追求的是体察百姓的欲望和情感需求，百姓则可以循之而解决生计。后儒，主要指的是宋明儒者，冥心求理，在道德上窒息了人们的生路，在思想上迷惑于佛老之私，在手段上严酷有甚于商鞅、韩非。

较之颜元等人的立足于实用，批评程朱理学为"虚说"，戴震立足于以欲望来寻求人类的共感的新人性论，给出了那个时代对于程朱理学最为犀利的批评。他从人的基本生存方式出发，从饮食男女之欲来寻求儒家的普遍主义的基础，使欲望成为"吾心之同然"③，这让儒家具备了接引现代思想的重要接口——虽然在清中叶的思想轨迹中，他的理欲观所带

---

① 戴震：《原善》下，载《戴震集》，第350页。
② 戴震：《与某书》，载《戴震集》，第188页。
③ 戴震说："人之有欲也，通天下之欲，仁也；人之有觉也，通天下之德，智也。"戴震：《原善》下，载《戴震集》，第345页。

来的是礼学复兴，并没有从根本上导向儒家思想的自我突破。这也从另一角度说明了，没有生产力和生产方式转变，终究难以为思想持续推进提供现实的基础。在19世纪末的西学东渐的背景下，经过章太炎、梁启超、胡适等人的发掘，戴震思想中的现代性意识才得到微弱的回应。但戴震与其他启蒙性质的思想线索一样，在救亡的现实压力下，并没有得到充分的共鸣，这会引发读者产生新的"明夷待访"式的期待。在我看来，戴震思想的命运恰如中国现代性转向的一面镜子，涓滴之水始终没有汇成冲决性的洪流。

第七章

去伦理化的观念：王国维对"性""理"等范畴的新解①

第一节　引论："纯粹学术"与王国维对中国学术功利主义传统的批判

王国维在《论近年之学术界》一文中，对中国思想的发展历程做了一个梳理，他认为春秋战国时期，上无统一之制度，下受社会环境的激发，诸子百家争鸣，属于中国思想的"能动时代"。而到汉代，儒家以抱残守缺之心态，受师说而不敢越雷池，故而属于"停滞时代"。魏晋隋唐，佛教传入，属于中国思想的"受动时代"。宋儒调和儒佛，是受动而稍带能动的性质。到王国维自己生活的晚清时期，他将西方思想的传入比作类似佛教对于中国的影响，故而认为此阶段属于第二次"受动时代"②。很显然，晚清中国学术界对西学的态度和方法，令王国维很不满意。他以严复和康有为、谭嗣同这些对西学颇有了解之人的学术路径

---

① 本文写作得到了张志伟、孙铁根、王淇、郜喆和李健源在文献及相关问题上的帮助，一并致谢。
② 王国维：《论近年之学术界》，《王国维全集》第一卷，浙江教育出版社、广东教育出版社，2009年，第121页。

为例，来陈述他之所以不满的理由。对于严复，他肯定其所翻译的《天演论》对中国人的观念世界造成了冲击。但他认为严复有过于强烈的寻求富强的动机，这让他偏爱英国的功利主义和进化论："其兴味之所存，不存于纯粹哲学，而存于哲学之各分科，如经济、社会等学，其所最好者也。故严氏之学风，非哲学的，而宁科学的也，此其所以不能感动吾国之思想界者也。"① 说严复的思想不能感动晚清的思想界，想必不容易服众。进化论的传入完全改变了中国人的价值观念，但王国维要说的是严复的翻译"迎合"了中国人的实用主义思维方式，没有引入"纯粹哲学"，因而没能"感动"中国思想界。

相比于有留学英国经历的严复，康有为对于西学的了解是零散的，他于西学的兴趣源自其对于西方政治制度的认可。作为一个今文学家，康有为之融汇西学多采用旧瓶装新酒的模式，即将他对于西学的接受"嵌入"中国的经学体系中，并借此来重新诠释中国古代的思想，赋新义于其中。王国维说康有为写作《孔子改制考》《春秋董氏学》等作品，模仿基督教来建立孔教并推孔子为教主，并把自己装扮成预言家"，因此"其学问上之事业，不得不与其政治上之企图同归于失败者也"②。在王国维看来，严复和康有为的共同失误在于不能看到学术本身就具有独立价值，从而把学术用来作为改造社会或政治投机的"手段"。如果学术缺乏自身的发展，只是被当作手段，那么中国学术的发展就不具备"能动"的可能，只能是人云亦云的"受动"。

从某种意义上说，严复和康有为代表了晚清面对西方军事、经济和文化冲击之后所引发的两种反应类型。基于政治变革要从价值观念和思维模式入手的理念，严复选择引入《群己权界论》《法意》《社会通诠》这样的政治哲学和政治社会学著作，另外也翻译了《名学》这样的逻辑学著作，认为只有民德、民智、民力具备之后，国家富强才能水到渠成。相比之下，康有为借助了今文学的资源，他有更强的政治参与动机，康有为对

---

① 王国维：《论近年之学术界》，《王国维全集》第一卷，第122页。
② 王国维：《论近年之学术界》，《王国维全集》第一卷，第122页

西方的宗教信仰和政治制度的借鉴目标是要把中国"改造"成一个现代国家。比他们更年轻和更远离政治的王国维却更为关注学术问题本身。他主张学术要与政治分离，并坚信宇宙人生问题乃人类之普遍问题，无论这些观念来自西方还是东方，只要能慰藉人的苦痛，必能找到知音。宇宙和人生问题伴随人类生存活动的始终，具有超越时代的永恒性，其兴味不应被现实的政治变迁所左右。对于此类问题的解决所要依赖的唯有哲学和美术，因此要排斥功利态度而寻求纯粹学术理想。惟其如此，中国人之哲学思考，才能发达起来："学术之所争，只有是非、真伪之别耳。于是非、真伪之别外，而以国家、人种、宗教之见杂之，则以学术为一手段，而非以为一目的也。"①

以"纯粹学术"为目标，王国维试图创立与严复、康有为所不同的解释学理路，要排斥学术研究中普遍存在的功利主义趣味，王国维致力于发掘中国传统思想中"纯粹学术"的内容，为此，他写作了《孔子之美育主义》《周秦诸子之名学》等文章，试图证明孔子和周秦诸子都有对超越功利的纯粹思想的探索。《孔子之美育主义》一文指出儒家传统就是强调通过审美的手段来"移风易俗"，王国维批评有些儒家学者只注重学问之功用，而视诗歌、绘画之创作为"玩物丧志"，终于养成国民"朝夕营营、逐一己之利害而不知返者，安足怪哉"②。

纯粹学术的最为典型的形式当推逻辑。王国维取墨子、名家关注的如白马非马等命题为例，认为名家致力于发现对方在辩论中的破绽，而去探求推理规则。在他看来，墨子和名家只是进行了探索逻辑推理方法的尝试，但并没有建立起"抽象之法则"，只能算是逻辑学的始祖。先秦逻辑最高成就则要推荀子的《正名》篇。

王国维推崇《正名》篇，他认为此篇以知识论方法讨论了概念的形成过程，符合其心目中的"纯粹学术"的标准。在《正名》中，荀子提出概念的差别在于事物之间的不同。而人通过自己的感知能力能认识到这些

---

① 王国维：《论近年之学术界》，《王国维全集》第一卷，第125页。
② 王国维：《孔子之美育主义》，《王国维全集》第十四卷，第18页。

差别，并建立起概念系统。他引述荀子的说法说："凡同类同情者，其天官之意也同。"由不同的感官获得的感觉材料通过人心所具有的"征知"能力加以综合就形成了概念。王国维把"征知"和叔本华的"悟性"概念做了比较。他指出叔本华试图解决康德对于先天知识和经验认知之间的隔阂，改造了"知性"（当时翻译成"悟性"[understanding]），认为"悟性利用感觉中所供给之材料，而构其因于空间中，故五官但供我以材料，而由之以构成客观的世界者，则悟性也"①，"悟性"通过因果律而建立起事物之概念体系。王国维觉得"征知"接近于叔本华的"悟性"能力，"悟性"通过因果律而建立起事物之概念体系。王国维甚至认为荀子的认识论与他所推崇的叔本华的"充足理由之四重根"的认识论有相同的价值。

王国维对于周秦诸子的逻辑理论的讨论，重点在对认识论的关注，在他看来，如何认识我们所在的世界是哲学的关键，而逻辑学是认识论的工具。由此可见，他这个时期对晚清学术功利主义倾向的批评，是基于他对于纯粹哲学的重要性的认识。王国维对西方哲学史有很深的了解，但最吸引他的，主要是康德和叔本华。

王国维对于纯粹学术或者说纯粹哲学的兴趣还体现在他对于在现代中国的学术体系中引入哲学学科的热心。王国维的"哲学时期"②适逢清末新政的学制改革阶段。在科举废除与新学制建立的过程中，清末新政的主持者张之洞和管学大臣张百熙等人担心哲学学科的引入有可能成为解构经学体系的导引，以及哲学不切于当时中国现实之需要，而主张以经学或逻辑学来替代新学制中的哲学科。对此种主张，王国维在1903年发表《哲学辨惑》一文做了详细阐述，他指出：（一）哲学因追求普遍之真理，所以并不构成对于当下价值观之直接冲击；（二）哲学乃各学科之基础，要学习西方的教育学和心理学等其他社会科学的知识，就必须了解其哲学；（三）哲学并非是外来的学说。在王国维看来，中国古代典籍《周易》《中庸》和宋明理学中都含有丰富的哲学形态。基于这些认识，王国维认

---

① 王国维：《周秦诸子之名学》，《王国维全集》第十四卷，25页。
② 王国维的学术凡三变，大致可分为哲学时期、文学时期和历史时期。其哲学时期大约是1903—1907年。

为要建构中国哲学,研究西洋哲学极为有必要,借助西方哲学之系统可以帮助我们在中国思想中发现真理的素材。他说:"近世中国哲学之不振,其原因虽繁,然古书之难解,未始非其一端也。苟通西洋之哲学,以治吾中国之哲学,则其所得当不止此。异日昌大吾国固有之哲学者,必在深通西洋哲学之人无疑也。"① 实质上便是想通过引入西方哲学的方法来构建中国的新哲学形态。

为了建立现代中国哲学,王国维不仅翻译了日本学者桑木严翼的《哲学概论》一书,阅读了大量西方哲学的著作,尤其是康德和叔本华的著作,而且他也写了许多专论中国哲学的文章。

在1904年,王国维发表《论性》(原名"就伦理学上之二元论")、《释理》。在1906年,他又写作了《原命》,毫无疑问,性、理、命堪称中国古代哲学最为关键的概念,王国维亦是想通过对这三个概念的阐释来表达他对于中国哲学未来的一些构想,即通过对西方哲学的引入,来给中国历代哲学家们所关注的问题以一个新的展开可能。

第二节 《论性》:人性——知识与教化

中国传统思想素来以道德学说见长,王国维则认为哲学应从本体论和认识论入手,于是便将他建构中国哲学的尝试建基于剖析中国古代典籍中的"性""理"等概念的思考上,目的是对这些作为道德学说的奠基性的概念作出新的解释。其中,《论性》是他最先完成的作品。

人性善恶的争论贯穿整个中国哲学的发展历史,也是儒家展开其伦理秩序理论的基础。《论性》起首就指出,性善、性恶或其他的人性论思想因为在讨论过程中缺乏对问题层次有效的区分,从而陷入谁也无法说服

---

① 王国维:《哲学辨惑》,《王国维全集》第十四卷,第9页。该文中的内容与《奏定经学科大学文学科大学章程书后》一文内容接近。王国维提出如果儒家价值有永恒之价值,那么研究诸子思想并不会损害其永恒性,与此相同,研究西方思想亦同样不会影响儒家之价值,反之可以增强对于儒家哲学的认识,因为儒家经典中本来就包含有哲学的内容。其他如哲学与文学的关系更是如此。见《王国维全集》第十四卷,第26—27页。

谁的困境。即使是那些持性善论或性恶论的人，他们自己的内在理路也经常自相矛盾。比如孟子说，人之性善，主要在"求其放心"。那么是谁令其心"放逐"的呢？荀子说"化性起伪"，一个性恶之人缘何要从善去恶呢？王国维认为这样的矛盾不是中国哲人所独有，也会发生在康德和叔本华的人性理论上。康德说每人心中自有道德律令，但是又说存在着"根恶"之人。叔本华一方面说人生之本质在于欲望，却要相信最高的道德则在于"拒绝生活之欲"。虽然矛盾的焦点不同，但可以得出这样的结论，即仅凭经验知识不可能得到对于人性的认识，"性之为物，固不能不视为超乎吾人之知识外也"①。

　　王国维从知识论的角度，以康德的先天知识和经验知识的二分作为他分析人性问题的基础②。王国维借助康德的认识论框架来展开的对"性"解释，给我们认识人性的问题提出了一个新的角度。在他看来，中国哲学史上长期对此问题争论不休，有一个很大的原因是不区分先天知识和经验知识。按照康德的认识论，诸如时间、空间这样的范畴以及因果等知性范畴，不待经验而有，是经验知识之所以成立的依据。经验的知识是我们的感觉器官对于外在世界的反映，先天知识是普遍与必然的，经验知识则是片段和局部的。既然先天知识只是认识的形式而不涉及认识的对象，人性问题就不属于先天知识。因为受遗传因素和自然环境的影响，我们每个人所认识到的人性又是各不相同的，难以获得类似于数学或几何那样的确定性。他说："今试问性之为物，果得从先天中或后天中知之乎？先天中所能知者，知识之形式，而不及于知识之材质，而性固一知识之材质也。若谓于后天中知之，则所知者又非性。"③这就是说，性不属于先天知识的对象，而从后天知识所得出的结论又是不确定的。

---

　　① 王国维：《论性》，《王国维全集》第一卷，第4—5页。
　　② 关于康德哲学对于王国维的影响，叶秀山先生和李明辉先生都有专门的讨论，详见李明辉：《王国维与康德哲学》，载李明辉编：《康德哲学在东亚》，台大出版中心，2016年，第233—263页。叶秀山：《王国维与哲学》，载《叶秀山全集》第五卷，江苏人民出版社，2019年，第273—289页。
　　③ 王国维：《论性》，《王国维全集》第一卷，第5页。

第七章 去伦理化的观念：王国维对"性""理"等范畴的新解

如此，一旦我们根据我们的经验知识来概括人性，就会出现人性善或人性恶这样不同的看法。善与恶是一种对立关系，而不是相对的关系。王国维区分了"对立关系"和"相对关系"："相对"关系就是非此即彼的，它们之间的性质的差异是统一的。比如有和无，无论有多少，有就不会是无。而"对立"关系则不一定，比如我们说善，有善是善，无善则不一定就是恶，还有其他的可能，比如无善无恶。如此，用善恶来描述人性并不能穷尽所有的人性现象，我们并不能由其对立面来说明这一面。也就是说性善论的对立不一定就是性恶论，这就是为什么我们会在持性善论的立场的人那里看到性恶论的因素的原因。每一个人从经验观察出发得出性善论和性恶论，或者人性可善可不善的说法，都可以自圆其说。但若想建立一种逻辑一致的人性论就会在性善、性恶的二元论中转圈，暴露出自相矛盾的特点，或者提倡"超绝的一元论"①来将人性善恶的诸多现象归拢于此。王国维说他要通过回溯中国哲学史上的人性理论，来将这样的矛盾暴露出来，指出其理论的困境。

王国维说，从最早的"人心惟危，道心惟微"还有《尚书·商书·仲虺之诰》中"惟天生民有欲，无主乃乱，惟天生聪明时乂"等论人性的言辞中，我们可以看到这样的矛盾现象：聪明的君主和百姓都是天之所生，如果人性恒恶，那么君主教化亦无所着力。如果人性恒善，也无须君主来教化。而后《诗经》中的"天生烝民，有物有则；民之秉彝，好是懿德"并不直接断明善恶，接近于超绝的一元论。他说，孔子提出的"性相近，习相远"也属于此类。告子的人性论虽被孟子所攻击，但接近于孔子的人性论。告子说："生之谓性""性无善无不善也"。那种以"湍水"来比喻人性的思想，接近于孔子的人性论立场。

孟子批评告子的人性论，他主张性善论。在王国维看来，孟子在论证性善时并不能"贯通"，做到逻辑一贯。他以孟子的"牛山之木"和"大体、小体"为例说，如果将牛山之木比之为人性本善，那么"旦旦伐

---

① 王国维将性无善、无不善即可以为善、可以为不善称之为超绝一元论。见王国维：《论性》，《王国维全集》第一卷，第6页。

之"和"桔亡之"这些阻碍人性善的充分展现的因素从何所致？从大体、小体论之，心之官固然是天所以与我，那么耳目"独非天之所与"①吗？正是因为孟子有意将性和情区隔开来，这样就导致他的人性论走向了"二元论"。

王国维认为荀子对于人性恶的论证也存在着矛盾："最显著者，区别人与圣人为二是也。且夫圣人独非人也欤哉？常人待圣人出，礼仪兴，而后出于治，合于善。则夫最初之圣人，即制作礼义者，又安所待欤？"②从一个普遍性的认知原则而言，将圣人与一般人区别开来是不可接受的。

其次，荀子在《性恶》中说，饥而欲饱，寒而欲暖这都是人性的自然表现，所有建立在"让"基础上的礼仪活动都是"反于性而悖于情"的。但荀子又说圣人制礼作乐是"称情而立文"，如此，荀子对于性恶的论证也是自相矛盾的二元论。

王国维认为"人性之论，唯盛于儒教之哲学中，至同时之他学派则无之"③。但他说老庄倾向于性善，所以崇尚自然。法家主性恶，倾向刑名之法术。而汉初的黄老道学信奉老子的思想，所以《吕氏春秋》和《淮南子》主张性善论，但他们的论证方式也逃不出孟子矛盾，最终形成了性欲二元论。

汉儒的人性论则是在超绝一元论与善恶论中徘徊。王国维以董仲舒提出的禾米比喻为例来剖析之。董仲舒说人性就如禾苗，有出产米的能力，不过，禾并不能等同于米，犹如人性可以为善，但并不能等同于善。董仲舒以阴阳来理解世界的构成，所以人性中有贪与仁两个向度。然而，董仲舒的天道论强调人受命于天，亦取仁于天，人又能克制自己欲望，以合于天道。王国维认为董仲舒试图调和孟荀的人性论，同样落入了自相矛盾的境地。

唐以后的人性论试图通过区别性情来解决人性之善和日常行为中的不良行为之间的矛盾，王国维认为性情论在理论上突破不足，直到宋代哲

---

① 王国维《论性》，《王国维全集》第一卷，第7页。
② 王国维《论性》，《王国维全集》第一卷，第8页。
③ 王国维《论性》，《王国维全集》第一卷，第9页。

学兴起，人们才开始从形而上学来建构人性论。他列举了周敦颐、张载、二程和朱子的人性论来讨论。首先从周敦颐的思想来看，王国维说周敦颐提出太极动而有阴阳，人性因而有善恶，属于超绝的一元论。然周敦颐又说："诚者圣人之本"，圣人是纯粹至善者，这样就需要说明本体既善，如何"感"之后却产生了善恶之区别。由此推论说，周氏之性善论"实由其乐天之性质与尊崇道德之念出，而非有名学上必然之根据也"。①

张载对宋代的人性论思想有巨大的推进，他也是从形而上的角度来讨论性的形成。他说太虚无形，气之本体，我们所看到的气的聚散，只是气之"客形"。人性就渊源于本体状态下之"至静无感"。与太虚同体的性一旦凝而成形，则会形成"气质之性"。只有返本，才能体会到天地之性的存在。在王国维看来，设若这样，气质之性就不是君子所理解的"性"。如果坚持形神一元，那么气质之性与天地之性不应该对立甚至相反；进而，气质之性为何不得称其为性呢？王国维认为张载的人性论亦陷入了矛盾。

王国维指出程颢的性论是宋儒中最弱的，②所以侧重于讨论伊川和朱子的人性论。程颐和朱熹的共同之处是从理气关系来讨论人性之善恶。伊川指出性出于天，才出于气，所以性无不善，而才则因为气有清浊故有善有不善。朱子强调没有无理之气，亦没有无气之理，由此，"性之纯乎理者，谓之天地之性；其杂乎气者，谓之气质之性。而二者又非可离而为二也"。③在王国维看来，这种由理气来讨论善恶不同来源的人性论陷入了二元论。

陆九渊和明儒王阳明反对程朱的理气论，不过心学立场并不能帮助他们摆脱二元论的模式。比如陆九渊认为人性皆善，人的行为中的不善面向，则来自受外物的影响。阳明相信良知自足，但依然主张格去物欲为致

---

① 王国维《论性》，《王国维全集》第一卷，第12页。
② 叶秀山先生非常看重程颢从生生来定义"善"的尝试，因为这样可以将善从经验层面摆脱出来，具有形而上的意味。他说："孟子的'性善'是经验的伦理学概念，好像一个人的固有的'性质—品质'，所以会有'性恶'论与之对立，但是'生生'的'善'却是'至高的善'，是中外哲学家都说过的'至善'。"叶秀山：《王国维与哲学》，载《叶秀山全集》第五卷，第282页。
③ 王国维《论性》，《王国维全集》第一卷，第14页。

良知之关键，由此重蹈了孟子主张性善，但又强调养性矛盾之"覆辙"。王国维断言："古今之持性善论而不蹈于孟子之矛盾者，殆未之有也。"①

人的行为中的善恶现象以及如何在实践中为善去恶的确是世界主要伦理思想和宗教体系所关注的核心问题。王国维认为：从经验层面来看，善恶斗争贯穿人类社会和历史的始终，所以从生活实践的角度来推论人性，善恶混杂起码不会产生矛盾，但这些观念如果要落实在道德实践中，就立刻会出现论据之间的冲突。他说："超绝的一元论，亦务与经验上之事实相调和，故亦不见有显著之矛盾。至执性善性恶之一元论者，当其就性言性时，以性为吾人不可经验之一物故，故皆得而持其说。然欲以之说明经验，或应用于修身之事业，则矛盾即随之而起。余故表而出之，使后之学者勿徒为此无益之议论也。"②也就是说，讨论人性问题，一定要确定自己是在什么层次上讨论的，如果不区分层次，就会陷入无端的争论。

王国维对"性"概念的讨论，叶秀山先生给予了很高的评价。他指出王国维对于经验知识和先天知识的区分，提出了人性问题复杂性之所在。"在把'性'作为本体，而所论问题又是经验的这个时候，'二律背反'式的矛盾才会出现；如果光就经验而言，'性'自然就有'善'有'恶'，并无'矛盾可言'。"③这其实也触及了儒家对于这个问题的纠结之处，若不能设定人性善，则伦理政治论便失去依据。若肯定人性善，则本体论的证明又不能直接转化为经验中的道德活动。

与王国维的看法不同，对西方哲学有精深研究又熟悉中国哲学的叶秀山先生却十分欣赏程颢对于人性的看法。他认为程颢从生生之谓易入手，天以生为道而人则继承之并成就之的说法可能贯通先验知识和经验世界。在叶秀山先生看来，西方哲学中的形而上本体，比如康德的物自体，黑格尔的绝对精神或叔本华的意志，经常会自动隔离经验世界，但对"绝对的善"如何进入经验世界，为经验世界提供区分善恶的标准，则难以提出有效的方案。如果我们只是就经验来讨论善恶，那么此善恶并无绝对的

---

① 王国维《论性》，《王国维全集》第一卷，第 15 页。
② 王国维《论性》，《王国维全集》第一卷，第 17 页。
③ 叶秀山：《王国维与哲学》，载《叶秀山全集》第五卷，第 281 页。

意义，因此也就难以成为一种绝对的性善和性恶的依据。反过来说，如果没有一个在超越层面上的绝对的"性"的存在，那么我们如何能够给所有时代的经验现象断之以善恶就成了问题。①在这个意义上，儒家的生生之德反而能从"动"的意义上来体现世界的最高的善与经验的善之间的关联，进一步说，《周易》中"继之者善也"的这个善不是孟子性善论的那个善，而是更为广义的善，所以也不会陷入于王国维所担心的善恶之间自相矛盾的境地。

在写完《论性》一文之后，王国维继续研读叔本华的著作，对叔本华哲学的认识也有了进一步深化。一方面他从叔本华对康德的批评中了解康德；另一方面，他也接受了叔本华的意志和欲望的观念，认为生活的本质是欲望，并以此来理解人性。②也是在1904年他写作了《叔本华之哲学及其教育学说》，系统地讨论了叔本华的哲学及伦理学思想，而他讨论人性的方式也随之有所变化。比如在《国朝汉学派戴阮二家之哲学学说》一文中，他不是从先天知识和后天经验的关系去否定中国传统思想中人性问题的价值，而是从戴震和阮元的思想中，看到了叔本华伦理思想的影子。在文中，他从情、理、欲的关系入手，来发现人性之"生成"的过程，从而提出讨论中国人性思想的合理路径。

基于叔本华思想的影响，王国维对于欲望的重视让他开始重新思考一度被他"忽视"的程颢的生生之德论性的角度，从而将《易传》和《礼记·乐记》作为他讨论戴震、阮元人性论的源头。

在他看来，虽然清代考据学兴盛，但清儒在哲学上并无突破。清代学者的最大贡献是将问题意识越过宋儒上溯到先秦，在某种程度上构成了对弥漫在宋儒人性论中的二元论迷障的超越。由此，他看重戴震和阮元对于人性的论述。

他认为戴震的《原善》《孟子字义疏证》和阮元的《性命古训》，固然在理论的层次性和复杂性上比不上宋儒，但他们复兴先秦古学并给之以

---

① 叶秀山：《王国维与哲学》，载《叶秀山全集》第五卷，第281页。
② 叶秀山先生说，王国维也是从欲望出发来理解叔本华的意志，而对意志的"本体"意义，未能予以深究。载叶秀山：《王国维与哲学》，载《叶秀山全集》第五卷，第278页。

新解释的努力值得肯定。

王国维说戴震对"性"的讨论集中在《原善》《孟子字义疏证》等著作中，不过其核心立场在《读易系辞论性》一文已有奠基。在此文中，戴震解释了"一阴一阳之谓道，继之者善也，成之者性也"的逻辑线索。

按王国维的概括，戴震认为"一阴一阳之谓道"内涵着生生之仁及其世界的秩序，在这些秩序中包含着规则和正义。生生之仁与规则、正义的结合则是"天下之至善"。每个人来到这个世界，就会继承和秉受这"天下之至善"。然而人类与别的生物一样，都有欲望，这是"性之事"；也有自我反省的"觉"的能力，这是"性之能"；而这种性的理想状态，就是协于天地之德，此为"理"，亦即"性之德"。这分别代表了人性的"自然""必然"和"本然"。[①] 戴震并据此区分了"血气心知之性"和"天之性"，"所谓血气心知之性，发于事、能者是也。所谓天之性者，事能之无有失是也，为夫不知德者别言之也"。[②] 每个人，都秉受天之性，然呈现在各人则会产生不同的特性，此之谓"成之者性也"。很显然戴震是要反对宋儒基于理本论所导致的天地之性和气质之性的截然两分，从一种生成论的思路来解决人性在生活世界中的"显现"，从而使人性中所内涵的道德要求与人的实际的行为之间构成一种即用见体的状态。

通过"性之德—性之能—性之事"的三个阶段的设置，戴震在天地之德与自然的欲望之间找到一个连接点，既肯定人的欲望的自然属性，但又强调人具备自我反省能力而上达至天地之德。如此这般，欲望不再是一种"破坏"因素，人可以通过"节制"的方式以使自己的行为符合天理之要求。这种框架与宋儒通过区分义理之性和气质之性，从而将人欲视为性外之物的理论截然不同。在戴震的性论中，基于将"理"解释为"自然之纹理"，那么"理"就是人的自然特性的呈现，欲望和对于欲望的节制都是人的内在特质，它们并不是非此即彼、各自排斥的："欲不流于私则仁，不溺而为慝则义，情发而中节则和，如是之谓天理。情欲未动，湛然

---

① 王国维：《国朝汉学家戴阮二家之哲学说》，《王国维全集》第一卷，第97页。
② 王国维：《国朝汉学家戴阮二家之哲学说》，《王国维全集》第一卷，第97页。（标点略有调整）

无失，是为天性。非天性自天性，情欲自情欲，天理自天理也。"①假若欲望不体现为私欲，天理和人欲是可以共存的。

王国维看重戴震的人性论，甚至借助戴震的理欲观来批评宋明儒家存天理灭人欲的观念，可以看出是受到了叔本华伦理学的影响而产生的对人性问题的新理解。叔本华反对康德将经验世界和自在之物二分，认为物自身是我们所不得而知的，我们所能了解的只是"现象"，也即我们的"观念"而已，"现象"是意志的客观化，即意志入于"知力"之形式。叔本华将意志看作是生命欲望（desire to will），人们之所以要区分意志和现象，是受到了人的"知力"的限制，存在于生活之欲之中的人们，必然会有痛苦和罪恶。随着人的需求的发展，"知力"也会不断发达，"若一旦超越此个物化之原理，而认人与己皆此同一之意志，知己所弗欲者，人亦弗欲之，各主张其生活之欲而不相侵害，于是有正义之德。更进而以他人之快乐为己之快乐，他人之苦痛为己之苦痛，于是有博爱之德。于正义之德中，己之生活之欲已加以限制；至博爱，则其限制又加甚焉。故善恶之别，全视拒绝生活之欲之程度以为断"。②伦理学的最高境界，就是灭绝生活之欲，同入于涅槃之境界。③当然这样的境界只有摆脱意志束缚的天才才能达到。

王国维从叔本华的"生命欲望"中看到了化解宋儒人性论中理欲对立的可能，他肯定戴震不舍弃情感和欲望来思考人性的方式。戴震说："理也者，情之不爽失也，未有情不得而理得者也。"④这就是说"理"就是情感呈现的规则，这种带有传统体用观色彩的叙述方式，就是要证明天理和人欲存在一致性。戴震在《礼记·乐记》中找到文献依据，戴震解释"人生而静，感物而动"那段话说，人生而静，是指未感于物，血气

---

① 戴震：《答彭进士允初书》，《孟子字义疏证》，中华书局，1982年，第167页。引自王国维：《国朝汉学家戴阮二家之哲学说》，《王国维全集》第一卷，第98页。
② 王国维：《叔本华之哲学及其教育学说》，《王国维全集》第一卷，第40—41页。
③ 王国维亦是以此来作为他评论《红楼梦》时的思想基础。他说："生活之本质何？欲而已矣。"王国维：《红楼梦评论》，《王国维全集》第一卷，第55页。
④ 戴震：《孟子字义疏证》，第1页。

心知无有丧失，所以是"天之性"，感于物而动，则欲出于性，"一人之欲，天下人之所同欲，故曰'性之欲'"。① 由此，人性就好比是水，而欲则类似于水之流，如果能调节人欲，就是"依乎天理"。戴震还从孟子《尽心下》的"口之于味也"一段来引证这种理欲关系。孟子认为口舌之欲是"性"，只是需要君子用"命"来"限制"。② 而人欲之所以会背离天理，并非如朱子所言为"人欲所蔽"，而是因为不知节制。据此戴震认为理欲并非是一个相斥的关系，"欲"是"性"是一种自然呈现，"理"引导"欲"符合社会规范。王国维认可戴震人性和欲望的一体性的思想，就化解了将性视为善，欲视为恶的二元论，也吸收了叔本华对于欲望作为人的本质的思想。在批评先秦以来的人性论的讨论方式的时候，王国维也提出了他自己对于人性的看法。基于此，当看到辜鸿铭将《中庸》里的"性"译为 Law of our being 时，王国维认为"law"根本没有必要，不如译为 Essence of our being 或者 Our true nature 妥帖。③ 因为"理"才具有 law 的意义，而性就是人的本然状态。

王国维还引述了阮元在《节性斋主人小像跋》一文中对于"性"的字源上的考察。说"从心则包仁、义、礼、智等在内，从生则包味、臭、声、色等在内"。④ 王国维对戴阮二家的"性"论的肯定意味着他承认欲望是人性的自然状态，也就是借助戴震和阮元来反对宋儒的人性论，他说："二氏之意，在申三代秦汉之古义以攻击唐宋以后杂于老、佛之新学。"⑤

在讨论戴震和阮元的人性论一文的最后，王国维分析了儒墨与道家

---

① 戴震：《孟子字义疏证》，第 2 页。
② 戴震：《孟子字义疏证》，第 5 页。《孟子·尽心下》的原文是："口之于味也，目之于色也，耳之于声也，鼻之于臭也，四肢之于安佚也，性也，有命焉，君子不谓性也。仁之于父子也，义之于君臣也，礼之于宾主也，知之于贤者也，圣人之于天道也，命也，有性焉，君子不谓命也。"孟子此文解释繁多，此处只是戴震的发挥。
③ 王国维：《书辜氏汤生英译中庸后》，《王国维全集》第十四卷，第 74 页。
④ 阮元：《节性斋主人小像跋》，《揅经室再续集》，见《清代诗文集汇编》第 477 册，上海古籍出版社，2010 年，第 743 页。
⑤ 王国维：《国朝汉学家戴阮二家之哲学说》，《王国维全集》第一卷，第 102 页。

在思想取向上的差异:"生生主义者,北方哲学之唯一大宗旨也。苟无当于生生之事者,北方学者之所不道。故孔墨之徒,皆汲汲以用世为事。惟老庄之徒,生于南方,遁世而不悔,其所说虽不出实用之宗旨,然其言性与道,颇有出于北方学者之外者。"① 南北学风的差异固然是晚清学者所乐于讨论的,不过在这里,王国维区分南北学风的不同,是要强调功利主义和纯粹学术之风气的不同。他认为清代考据学的兴起,从某种程度上是北方学术的复兴,所以在讨论"性"的时候,比较接近早期儒家的"实用"倾向,"此足以见理论哲学之不适于吾国人之性质,而我国人之性质,其彻头彻尾实际的有如是也"。② 这里王国维体现了自相矛盾的一面,戴震和阮元都属于考证学风的代表人物,但他们对人性的讨论却能挑战宋儒的二元论。不过,考据学总体上对于抽象玄理的排斥,的确抑制了纯粹哲学的兴趣,这是王国维所深以为憾的。

第三节 《释理》:天理是一种认知力

与"性"一样,"理"也是传统中国哲学最为重要的概念之一,因此,《释理》是王国维用力甚多的哲学文章,他不仅从概念史的角度梳理了中西与"理"相关范畴的意义演变史,而且结合康德和叔本华对于"实践理性"的讨论,辨析了宋明理学家将天理"伦理化"的"失误"。

《释理》一文的起首,王国维从词义的发生发展角度指出"理"的原初词义与后来的衍化。他说:"理"由"治玉"逐渐引申为"物之可分析而粲然有系统者",③ 引申出分析和推理等意思。这样他就给"理"下了这样一个定义:"吾心分析之作用及物之可分析者"。④

王国维又从西文中相关词汇追根溯源,指出 Reason 之原始含义与"理"接近,意指"推理能力"。其拉丁语源 Ratio 与希腊文 Logos 都具言

---

① 王国维:《国朝汉学家戴阮二家之哲学说》,《王国维全集》第一卷,第103页。
② 王国维:《国朝汉学家戴阮二家之哲学说》,《王国维全集》第一卷,第104页。
③ 王国维:《释理》,《王国维全集》第一卷,第18页。
④ 王国维:《释理》,《王国维全集》第一卷,第19页。

语或理性两层含义。因此，王国维认为"理"的含义可分为广义和狭义两种。从广义的解释角度，"理"即"理由"；从狭义的角度，"理"即"理性"。在文中，王国维主要是依据西文中的广狭两种含义来讨论"理"，并试图以西方哲学的概念分析方法来解释中文的"理"概念。

  从广义的"理由"的角度，王国维所看重的是理作为事物发展原因。王国维说："天下之物，绝无无理由而存在者；其存在也，必有所以存在之故，此即物之充足理由也。"[①]他了解西方哲学关于"充足理由"的思想发展史，指出欧洲中世纪前，并不区分知识上的因果关系和自然界的原因和结果之间的区别，自莱布尼茨以来始分别之，康德则将之概括为"形式的原则与物质的原则"。[②]叔本华将充足理由律看作是人类生命意志的体现，在总结前人研究的基础上，提出了"充足理由的四重根"[③]，将之视为人类认识世界的最基本和普遍的法则。这四种分别是（1）名学上之形式；（2）物理上之形式；（3）数学上之形式；（4）世间上之形式。[④]王国维认为这"四重根"的第四种形式可以归入第二种形式中，分别代表人类认识的三种基本形式即理性、悟性（现在一般翻译成知性）和感性。其共同点就是要体现事物发展的必然性和所以然之依据。他借助宋儒陈淳和元儒吴澄的说法来印证中国人讨论"理"的概念时，亦有相近于充足理由的表述。比如吴澄说："凡物必有所以然之故，亦有所当然之则。所以然者理也，所当然者义也。"[⑤]吴澄所说的所以然，就是一种必然性。

  不过，王国维在此处所转述的顺序与叔本华在原书中的顺序和重点有所差别，原书按顺序分别是（1）因果律：关于生成／变化的充足理由律，适用于现实对象；（2）逻辑推论：关于认识的充足理由律，适用于逻辑对象；（3）数学证明：关于存在的充足理由律，解释时间和空间的必然

[①] 王国维：《释理》，《王国维全集》第一卷，第19页。
[②] 王国维：《释理》，《王国维全集》第一卷，第20页。
[③] 此为叔本华之博士论文，中文版可参见叔本华：《充足理由的四重根》，陈晓希译，洪汉鼎校，商务印书馆，1996年。
[④] 王国维：《释理》，《王国维全集》第一卷，第20页。
[⑤] 吴澄：《评郑夹漈通志答刘教谕》，《吴文正集》卷二，《文渊阁四库全书本》，第5页。

性；(4) 行为动机：关于行为的充足理由律，解释动机和行为之间的必然性。全书的大多数内容都在讨论因果律，他强调现实和逻辑的统一是为了弥合康德对于形式和事实的两分，同时也就强调了在现实的世界中并不存在自由，所以事物的发展都是必然的。由此可见，王国维在运用叔本华的理论来作为解释的框架时是有他自己的取舍的，他只是要强调理作为事物发展的决定因素一面，并没有具体到叔本华最为看重的因果律。

从广义的"理性"的含义方面，王国维致力于分析人类理性的认识能力。人类的感性和悟性所处理的是直观的知识对象并在先天范畴体系中得到安顿，而理性在知识上起着范导作用。对于理性和知性的关系的理解可能是王国维所遇到的"话语"（discourse）困境，对此，传统中国哲学并无相关基础可供王国维借鉴。不过，王国维要强调的是能够利用理性认识来进行抽象和概括是人类的特有的能力，而语言则是理性思考的工具。

王国维对广义的理性的讨论多从康德那里吸收资源。他说康德以理性的批评为其哲学上的最大事业，不过，在王国维看来，康德的"理性"比较暧昧。

康德将理性分为"纯粹理性"和"实践理性"，将纯粹理性视为先天的认知能力，实践理性所指是意志之自律。在王国维看来，这会使"理性"所指产生混杂。即使是在对纯粹理性的讨论中，康德的理性和知性所关涉者亦有重叠。王国维说："汗德以通常所谓理性者谓之悟性，而与理性以特别之意义，谓吾人于空间及时间中结合感觉以成直观者，感性之事；而结合直观而为自然界之经验者，悟性之事；至结合经验之判断，以为形而上学之知识者，理性之事。自此特别之解释，而汗德以后之哲学家，遂以理性为吾人超感觉之能力、而能直知本体之世界及其关系者也。"[①] 或许是因为翻译过日本学者桑木严翼之《哲学概论》[②]之故，王国维对康德的认识论体系的介绍是比较清晰的，并指出叔本华对康德的认识论的改造主要集中在悟性概念。他了解在叔本华的体系中，悟性直观是人

---

① 王国维：《释理》，《王国维全集》第一卷，第23页。
② 译文收入《王国维全集》第十七卷。

类形成外部世界认识的关键因素,悟性通过因果关系构造出经验世界。而理性的功能主要是构成概念,这样实际上是否定了康德跟经验世界不相关涉的"纯粹理性",毕竟自在之物不是经验所能认知的,则亦无从了解——"至超感觉之能力,则吾人所未尝经验也"。① 王国维认为是叔本华使理性概念"复明于世"。他也是在这个角度上来理解传统儒家的"理",从认识论的角度,将"理"视为"心的作用",是从悟性和感性结合的意义上来使用"理性"概念,在中国传统的哲学中,并不存在类似于康德的"纯粹理性"这样的观念。

在从"理由"和"理性"两方面梳理"理"之内涵之后,王国维进一步讨论"理"的存在论特性。他说,无论是"理由"还是"理性","理"都是人们的认知能力,是一种主观的存在。然以往的思想家却经常把"理"视为一种客观的存在,不但赋予其创生论的意义,还使其具有实体论的特点。这都偏离了"理"的本来意义。

从中国哲学的发展来看,王国维认为孟子所说的心之所同然者为理,或者程子所说的"在物曰理",都是把"理"视为心中之"存在物"。在宋代的理学家那里,"理"开始有了客观性的意义。他引用朱子"盖人心之灵莫不有知,而天下之物莫不有理"②一语,认为朱子想不到万物之理是存于人心之有知的。所以他要从事物上来求物理:"天地之间,有理有气。理也者,形而上之道也,生物之本也。气也者,形而下之器也,生物之具也。是以人物之生,必禀此理,然后有性;必禀此气,然后有形。"③在王国维看来,这样来认识"理"就是设想有一个客观的"理"存在于万物创生之前,并规定万物之形态和特性,而所谓的"吾心之理"不过是这个理在人心中之"体现",这样就使"理"获得了形而上的意味。

王国维并非是一个单纯的概念史的讨论者,他是要借批评朱子对于"理"的客观化,来提出他自己的哲学认识论。他接受叔本华的观念,将

---

① 王国维:《释理》,《王国维全集》第一卷,第 23 页。
② 朱熹:《四书章句集注》,中华书局,1983 年,第 6 页。
③ 朱熹:《答黄道夫》,见《朱子全书》第 23 册,上海古籍出版社、安徽教育出版社,2002 年,第 2755 页。

第七章　去伦理化的观念：王国维对"性""理"等范畴的新解　167

"理性"视为通过概念来认识事物的能力，据此他认定应该从认知能力上来理解"理"，反对朱子将"理"看作客观实存。从这样的观点出发，他便会认同王阳明的"心外无理"的看法。他并不是要借此来参与理学和心学的道德本原之争，而是强调作为一种认识形式和认知能力的"理"并不承载价值。他引用王阳明"外吾心而求物理，无物理矣。遗物理而求吾心，吾心又何物？"①一语说，国人对于"理"的概念的认知，都不及阳明深刻。阳明对于"吾心之理"的认识，已经超越朱子他们的问题意识。阳明认识到，无论从因果律、作为知识上的理由还是作为我们对于概念认知能力出发，"理性"都只能是人主观的作用，非为客观的存在。那种将"天理"视为事物之根源的说法，不过是一"幻影"。②世界就是意志的呈现而并无超越于此的创造者。

那么，人在认识过程中为什么会产生将"理"客观化的幻影呢？王国维指出概念的抽象作用会让人去追寻"最普遍之概念"，这些概念使用既久，便使人误以为是"特别之一物"，比如西方思想中的"神"，中国哲学中的"太极""道"等等都逐渐被实体化。"理"亦是如此，由最初的玉之条理抽象为朱子等人所说的"理即太极"，为万物之本。③实则上这是认识的误区，这些被实体化的概念依旧只是概念而已。"故理之为物，但有主观的意义而无客观的意义。易言以明之，即但有心理学上之意义，而无形而上学上之意义也。"④

理是主观的，但理作为人类所特有的认识能力，还被赋予伦理学上的意义，此为中外伦理学所共有的特点。

王国维说人们将"理"伦理化由来已久，在中国古代可追溯到《礼记·乐记》。《乐记》说人生而静，与物相感而形成好恶，如若不加以节制，就会导致"人化物"，"灭天理而穷人欲"。王国维认为这里所说的"天理、人欲"接近于孟子所说的"大体、小体"，如果按孟子自己的理

---

① 王阳明撰，邓艾民注：《传习录注疏》，上海古籍出版社 2012 年，第 95 页。
② 王国维：《释理》，《王国维全集》第一卷，第 27 页。
③ 参看王国维：《释理》，《王国维全集》第一卷，第 28 页。
④ 王国维：《释理》，《王国维全集》第一卷，第 29 页。

路来解释，天理即是人心的思虑能力。孟子说："耳目之官不思，而蔽于物，物交物，则引之而已矣。心之官则思，思则得之，不思则不得也．此天之所与我者，先立乎其大者，则其小者弗能夺也。"① 由此可见，人之所以被物欲所控制，是由于"不思"，而"思"正是人的"理性"的作用。如此，《乐记》里所提到的"天理"所指就是"理性之作用"。这样，"存天理"就是保存人类所具有的"辨别"力，"人欲"是"天理"辨别的对象，而不是相对立的两者。

不可否认，王国维在这里有一个解释学上的"迁移"，通过孟子的"心之官"的思虑作用来解释人心判别是非的能力，由此把原先附着于天理之上的"价值因素"转变为"认知因素"，也就是以是非来取代善恶，"理性之作用，但关于真伪，而不关于善恶"。② 这与其说是王国维对《乐记》中"天理"一词的解释，毋宁说王国维是试图通过这种解释，从源头上清理"天理"伦理化的倾向而回归其认识论特性。

在王国维看来，人们之所以将认识论混同价值论，是因为早期思想中真伪和善恶经常混同，而到了宋儒这里，将天理和人欲对立，于是"天理"之伦理学上的意义便得以凸显。这显然背离了早期儒学的"天理观"。朱子之影响所及，即使是与朱子不同的戴震理欲观，也是从伦理价值上来肯定"理"的。

类似的现象在西方哲学史上也不鲜见。柏拉图将理性视为通过节制嗜欲与驯化血气而养成克己、勇敢的德性的关键。由此，后世的哲学家，经常从以理克欲的角度来强调理性的伦理意义。直到康德，把理性视为人的神圣性和目的性的归依，是先天所具有的，才改变了这种现象。不过，王国维接受叔本华对康德的道德律令的批评，认为实践理性的设定并不能解释经验的道德活动，进一步说，人们的许多非道德的行为，往往是基于"理性"的推助。因此，人类的道德需要寻找另外的基础，比如良心、同情等等，人类的德性往往基于人的"非理性"部分，而"理

---

① 《孟子·告子下》，见焦循：《孟子正义》，中华书局，1987年，第792页。
② 王国维：《释理》，《王国维全集》第一卷，第30页。

性"常常成为罪恶的必要手段,成为设计和谋划恶行的助力。这就把理性和伦理做了区隔。

于是,王国维认为理与人类的伦理价值无关。"理性"固然是人禽之别的关键,但区别点并不在于人的德性,而在于人所具有的认知能力:"人类则以有理性之故,能合人生及世界之过去未来而统计之,故能不役于现在,而作有计划有系统之事业,可以之为善,亦可以之为恶。"① 因此,在王国维看来,这样的理性落实于人类的行为,即为"实践理性",与伦理上的善恶无关。

以将"理"的本义解释为"理由"和"理性"的前提,那么,以理由来理解"理",其意义相当于叔本华伦理学中的"动机";而从因果论的原则来看,动机决定了行为的善恶,但动机本身并不能以善恶论,是"虚位",而非"定名"。从动机论的角度,人类后天的修养并不能从根本上改变一个人的品性,由此,叔本华认为道德教育并不能改变一个的行为方式。回到"理性"问题也一样,既然理性只是行为的方式,而非行为的标准。不能因为只有人具有理性的能力,就将伦理上的善恶推根到理性上。这实质上是否认了宋儒将天理作为人伦道德基础的伦理学。

第四节 《原命》:命运与决定论

王国维讨论的第三个概念是"命",在写完《论性》和《释理》两年之后,王国维对于康德与叔本华思想的理解更为深入,他能更为自如地借助西方哲学的观念来讨论问题。不过,这个阶段他对哲学的兴趣却在逐渐消退。相对于"性"和"理",王国维对于"命"的解释并没有过多地梳理中国思想史上有关"命"的原始文本。即使是在《国朝汉学派戴阮二家之哲学说》中讨论到阮元,他所关注的亦主要是阮元支持戴震的"性"论,而对于阮元下过很大功夫的关于"命"的考证和解释则几乎无所着墨。

他对于"命"的讨论也主要是为了引入具有"哲学意味"的"命"。他

---

① 王国维:《释理》,《王国维全集》第一卷,32页。

说，在中国哲学对于"命"的议论，可以分为两类：一类是指"命运"，比如"生死有命，富贵在天"之类；还有一类是哲学上的"命"，比如《中庸》里的"天命之为性"的"命"。与此相类似，西方哲学上也有这两个类别的意思："其言祸福寿夭之有命者谓之'定命论'（Fatalism）；其言善恶贤不肖之有命而一切动作皆由前定者谓之'定业论'（Determinism）。""定命论"也就是宿命论，"定业论"意谓决定论，"而'定业论'与意志自由论之争，尤为西洋哲学上重大之事实，延至今日而尚未得最终之解决"。①

的确，决定论的问题是西方哲学家的核心关切，而中国哲学家除墨子而外都倾向于讨论定命论，对于"决定论"意义上的命，则较少涉及。王国维认为，孟子属于兼具定命论和定业论思想的。他指出孟子说"求之有道，得之有命"②就属于定命论范畴。而从孟子讨论性与命③关系，就可以知道孟子并不是站在定业论的角度来讨论的，这个"命"最多是讨论人们具有某种意义的"意志自由"，即可以在自然欲望和伦理秩序之间做出自己的选择。这种意志自由论也为后世的张载等人所继承，可以归属于儒家之"为己之学"，即一个人要成为一个什么样的人取决于他对自己的要求。沉醉于康德决定论和自由意志问题中的王国维认为以定命论和非定命论为主要特征的传统"命"论，"二者于哲学上非有重大之兴味"。④而且先哲在论述中，"性""命""理"之间常做互为关联的解释，因为在讨论之前并没有对这三个概念的边界做出界定，所以导致问题域的边界模糊。他引述朱子对于天命性理的解释来做例证。《朱子语类》记载学生所问曰：

> 问："天与命，性与理，四者之别：天则就其自然者言之，命则就其流行而赋于物者言之，性则就其全体而万物所得以为生者言之，理则就其事事物物各有其则者言之。到得合而言之，则天即理

---

① 王国维：《原命》，《王国维全集》第十四卷，第58页。
② 《孟子·尽心上》，见焦循：《孟子正义》，第882页。
③ 《孟子·尽心下》中有这样一段话："口之于味也，目之于色也，耳之于声也，鼻之于臭也，四肢之于安佚也，性也，有命焉，君子不谓性也。仁之于父子也，义之于君臣也，礼之于宾主也，知之于贤者也，圣人之于天道也，命也，有性焉，君子不谓命也。"
④ 王国维：《原命》，《王国维全集》第十四卷，第59页。

也,命即性也,性即理也,是如此否?"曰:"然。"①

这段话中的"命",就是事物得自天的自然特性的呈现方式,即所谓的天命流行,这样,人之成为人,固然是有决定性的一面,如从"令"的角度来理解"天命",但儒家经常将这样的决定论埋没于"求仁得仁"的自我选择中,由此,决定论的因素被遮蔽。

在王国维看来,缺乏"决定论"的维度来讨论命,则会让指向意志自由的"选择"失去必然性。通常我们认为儒家倾向于个体道德自我完满的道德理想主义,会失去对于超越性的道德根据的重视。于是,在讨论"命"的时候,王国维将重点集中在康德、叔本华所关注的"意志自由"和决定论的思考上,也就是他企图引导人们去思考道德的终极根源问题。按叶秀山先生的说法,王国维对中国哲学缺乏"意志自由"和"决定论"之间的尖锐对立有敏锐的认识,②从某种意义上,王国维对于"命"的讨论就是要把这个对于伦理问题至关重要的矛盾引入中国思想中。

在西方伦理学史上,对于道德的起源也有天赋和后天人为两种说法,至霍布斯之后,规范伦理学逐渐兴起。霍布斯在其国家学说中区分了自然状态和人订立规则的"契约论",由此,他将道德视为由人为的规则所确立的,其旨趣与古典的至善论和德性论大相径庭,这成为近代西方伦理学中经验论和理性论的不同立场的滥觞。

自从康德的《实践理性批判》出版之后,其先天道德律令和自由意志的论述逐渐成为西方伦理学的主流,他所要解决的就是世俗道德准则和先天道德原则的关系问题。康德追求纯粹意义上的实践理性,实践理性只指向遵循实践理性的法则本身,由此便有了自由意志和责任论的设定。人们通常会发出这样的疑问:既然先天的道德律令只是一种设定,那么它和日常生活中的伦理规则之间是如何产生关系的?日常的道德实践为何会对纯粹的道德律令产生尊敬和认可?这是康德伦理学的内在矛盾。康德坚持认为实践理性的道德法则和经验世界的道德活动之间并无关联,实践理性

---

① 黎靖德编:《朱子语类》卷五,中华书局,1999年,第82页。
② 叶秀山:《王国维与哲学》,载《叶秀山全集》第五卷,第282页。

所关注的是绝对的"必然性"。"现在，如果这行为之为善是只当作达到某种别的东西之手段而为善，则这律令便是假然的；'但是，如果这行动被表象为其自身即是善，……则这律令便是定然的'。"①康德认为，惟其如此，人才能将人自身视为目的，而非工具性的存在。"你应当这样行动，即在每一情形中，你总得把'人之为人'之人，不管是你自己人格中的人之为人之人抑或是别人人格中的人之为人之人，当作一目的来看待，决不可只当一工具来看待。"②将人作为一个目的，而不是工具性的存在，这是近代启蒙运动最为伟大的"转折"。

不过，叔本华认为康德的伦理学没有摆脱神学伦理学的特质，在那些道德律令的假定中，神是隐秘的存在。实践理性的那些设定对于人们的具体生活并没有实际意义。在叔本华看来，"对人来说，唯一具有实在性的事物是经验的事物，不然就是认为可能具有经验的实存的事物，所以结论必然是：道德的激励不能不是经验的，并且自动地照这样显示其自身"。③所以，道德所要应对的是实际的人的行为，而不是做那些与经验无关的假设。

叔本华是一个超绝的命运决定论者，他否定康德的意志自由的方式比较曲折，概而言之，如果要证明意志是自由的，就是要证明我们可以"想要"做我们"想要做"的事。如果我们决定要不要做某一件事的时候，能够自由地做出决断，这似乎可以体会到"自由"，而不是必然，为此，我们还必须了解必然的概念，"一个自由的意志可能是这样一种意志，它不是由理由，不是由任何东西所决定的；它的单个的表现（意志动作）因此从本原来讲就完完全全是产生于它自己的，而并不是由事先的条件所必然造成的，因此也不是由任何东西，按照什么规则所能决定的"④，这就是说，我们做出我们自己的决断的时候，那个意志肯定会有背后的原因，这

---

① 康德：《道德底形上学之基本原则》，见牟宗三译注：《康德的道德哲学》，联经出版事业有限公司，2003年，第48页。
② 康德：《道德底形上学之基本原则》，见牟宗三译注：《康德的道德哲学》，第72页。
③ 叔本华：《伦理学的两个基本问题》，任立、孟庆时译，商务印书馆，1996年，第165页。
④ 叔本华：《伦理学的两个基本问题》，第39页。

第七章　去伦理化的观念：王国维对"性""理"等范畴的新解

样，我们的决断的依据是不自由的，因而不存在自由的意志。叔本华试图用因果论来解决决定论和意志自由之间的矛盾，但他又必须给经验世界的道德选择寻找根据，这就会导出新的矛盾。

对于叔本华对康德伦理学的批判和"矫正"，王国维有清晰的理解，他指出叔本华将动机对于人类活动的决定作用等同于因果律对于自然界的作用："故意志之既入经验界而现于个人之品性以后，则无往而不为动机所决定。惟意志之自己拒绝或自己主张，其结果虽现于经验上，然属意志之自由。然其谓意志之拒绝自己本于物我一体之知识，则此知识非即拒绝意志之动机乎？则'自由'二字，意志之本体，果有此性质否？吾不能知。然其在经验之世界中，不过一空虚之概念，终不能有实在之内容也。"[①]总体上，王国维是支持叔本华对康德的批评的。

从叔本华的角度出发，是否是理解儒家"道德责任何以可能"的最好路径呢？对此，叶秀山先生认为，王国维是以叔本华的非理性的意志来取代绝对的"理性"，"我们看到，德国古典哲学'理性'的这层意思，被叔本华反对掉了，他只承认静观性的理智，而不承认那个高于它的'理性'，而在这个关键的地位，代之以他的'非理性'的'意志'。从这方面来看，王国维没有把持住从康德以来'理性'与'理智'（知性、悟性）的原则区别，应该说，是叔本华'非理性的意志论'挡了他的眼睛。"[②]在叶先生看来，只有自由意志，才能开显出"绝对推卸不掉"的责任，也就是说唯有理性在任何情况下，都可以保持自身自由，才有谈论责任的可能性。在此意义上，如果否认了意志自由，那么儒家的为仁由己的道德自觉就难以落实，也就难以解释儒家的性日生日成的生生之德。而如果没有决定论的前提，"意志自由"则无从谈起。所以叔本华的伦理学的归宿是对悲剧性人生处境的"解脱"，而缺乏直面挑战的责任。

从王国维此一时期的文学评论和哲学介绍性作品来看，其在伦理学上的基本思路受叔本华的影响为大，例如他论述《红楼梦》的伦理价值的

---

① 王国维：《原命》，《王国维全集》第十四卷，第 62 页。
② 叶秀山：《王国维与哲学》，载《叶秀山全集》第五卷，第 284—285 页。

时候，就突出了对于悲剧人生的"解脱"意味。①

在自由意志和道德责任的问题上，他顺着叔本华的因果决定论思路，开始追问一个基本问题，即如果人的行为是必然的，未经他自己选择的，那么责任观念缘何而起呢？但王国维并未追随叔本华的观念而发展出一种基于同情的伦理学，而是强调反省的作用。他说，因为人类自己不能反省自己的行为而让我们生活在一个不适合人生之目的的世界，因此也可能会导引出"责任及悔恨之感情"②，并对接下来的行为选择产生影响。到最后王国维又倒向叔本华的结论，认为自由意志对于论证道德责任并非是必须的："故吾人责任之感情，仅足以影响后此之行为，而不足以推前此之行为之自由也。余以此二论之争，与命之问题相联络，故批评之于此，又使世人知责任之观念自有实在上之价值，不必藉意志自由论为羽翼也。"③这就是说，有许多情感和其他的因素都会导致人的"责任意识"，而不必如康德那样将道德责任和意志自由进行捆绑。所以，王国维对"命"的讨论的初始原因是试图要引入"决定论"的原则来思考道德意识和道德规则的源头，但基于他对康德和叔本华的决定论的有选择的接受，他并没有提出如何利用决定论的思考来构建中国伦理学的完整路径，以致他对这个问题的讨论类似于一个未完成的思路。

第五节　余论：谁在追随王国维的思考
——问题与方法

王国维的"哲学时期"短暂而精彩，但他很快就放弃了在他看来是使中国学术进入摆脱"受动"进入"主动"所需要的根基的"纯粹哲学"，而转向文学和史学。

王国维之所以对哲学感兴趣，首先是基于其自身的人生问题的缠

---

① 王国维：《红楼梦评论》，《王国维全集》第一卷，第69—75页。
② 王国维：《原命》，《王国维全集》第十四卷，第62页。
③ 王国维：《原命》，《王国维全集》第十四卷，第63页。

第七章　去伦理化的观念：王国维对"性""理"等范畴的新解　175

绕①，但经过两三年的阅读和研究，他自认为有所收获，甚至不否认自己有这方面的天赋，"见识文采亦诚有过人者"。②但他终究觉得哲学所能给予的不是"直接之慰藉"③，并不能解决他对人生意义的困惑，所以转而从文学中去寻求精神上的支撑。王国维对于哲学的"疏远"基于他对于哲学所呈现给他的经验事实与形而上的假定之间的矛盾，他将之概括为"可爱者不可信，可信者不可爱"④的冲突。而阅读康德著作的痛苦和曲折让他怀疑他是否能完成创构新的哲学的使命。他看到哲学乃是人类历史中发展最为缓慢的学科，以他对自己能力的评估，作为哲学家力有不逮，作为哲学史家又不甘心，而他对自己在文学上的创造力则存有相当的自信。⑤

从本文所分析的王国维对这三个概念的解释的方式来看，《论性》和《释理》属于他哲学兴趣最为高涨的时候的创作。根据他自己的叙述，他先是从康德的《纯粹理性批判》入手，因阅读困难转而读叔本华的著作，感到"心怡神释"⑥，所以所著《红楼梦评论》完全是建立在叔本华的哲学之上的。不过《论性》则是受康德的知识论框架的影响。随后他又从叔本华复归康德哲学，因此，《释理》《论命》则是夹杂着叔本华和康德的影响。这些作品体现了他试图通过西方哲学的知识论和伦理学的方法来"提纯"中国哲学概念、重构中国哲学的问题域的努力。⑦

从《论性》《释理》和《原命》这三篇解释学的尝试性作品而言，王

---

① 他说：在1902年因身体原因从东京返回，进入独学之时代，"体素羸弱，性复忧郁，人生之问题，日往复于吾前，自是始决从事于哲学"。王国维：《自序》，《王国维全集》第十四卷，第119页。

② 王国维：《自序》，《王国维全集》第十四卷，第121页。

③ 王国维：《自序二》，《王国维全集》第十四卷，第121页。

④ 王国维：《自序二》，《王国维全集》第十四卷，第121页。

⑤ 王国维更以天才的痛苦自况，在《叔本华与尼采》一文中讨论过天才的痛苦。他说天才其认识能力超乎常人，但身体的局限性则与常人同。"然彼亦一人耳，志驰乎六合之外，而身局乎七尺之内，因果之法则与空间、时间之形式束缚其知力于外，无限之动机与民族之道德压迫其意志于内"，而人世之快乐又难以纾解其压力，最后必然寻求其内心之自我安慰。王国维：《叔本华与尼采》，见《王国维全集》第一卷，第92页。

⑥ 王国维：《静安文集自序》，《王国维全集》第一卷，第3页。

⑦ 参看干春松：《王国维与现代中国哲学的建构》，载《中国人民大学学报》2004年第4期。

国维呈现出典型的"反向格义"①的特色，也就是说，他是通过他所了解的叔本华以及康德的认识论和伦理学的基本框架来试图重构中国现代哲学，其目的是剔除传统中国哲学中的功利主义和教化论色彩，而走向以真理和是非为基础的知识论和形而上学。在 20 世纪的初年，王国维寻求普遍真理的方法缺乏足够多的响应者。在亡国灭种的压力之下，为学术而学术的志向难以伸展。但实质上，王国维试图用西方哲学的范式来重构中国哲学的尝试中所面临的困难，已经构成了随后中国哲学学科建立过程中最为关键的争论，这个争论在金岳霖和冯友兰这一代学科化的哲学研究者那里被清楚地表述为"中国的哲学"和"哲学在中国"的困境。即如果以西方哲学的框架来讨论中国哲学家的古典思想，可能会造成关注点的转移。但谁也不能否认对概念进行规范性的界定对于梳理问题是十分必要的。

王国维十分强调哲学学科的必要性，但后起的"专业"哲学家们并没有主动地将王国维视为他们的先驱，当然也较少人沿着王国维的思路来讨论这些对于理解中国哲学的发展至为关键的概念。

从前文之论述可见，王国维对这三个中国哲学核心概念的解释的目的在于要厘定概念的不同层次、区分认识方式和认识对象、辨别价值根源和道德规则。这些努力对于建立纯粹的哲学形态是十分必要的。不过从这三个概念的内容分析而言，并不能算十分成功。任何新"范式"的有效性既要建立于它对于过往的讨论的充分概括基础上，也要视这种范式能否提出新的理解层次，开启理解该问题的新空间。中国古代哲学在长期的发展过程中，因为逻辑学的发展不够充分，导致思想家们在讨论问题或互相辩论的时候，对于概念的一致性缺乏足够的重视，所以许多辩论与其说是针对对方问题的驳斥，不如说是提出一种新的主张。比如荀子的性恶说对于孟子的性善论的批评就是如此。然而，这些"缺陷"并不能掩盖中国思想的问题意识的展开。比如传统伦理学的理论探索往往和道德教化实践结合

---

① 刘笑敢教授对"格义"和"反向格义"有简明的解释，按他的概括，格义是以固有的文化经典中的概念来解释尚未普及的、外来文化的基本概念。而反向格义所指是近代自觉以西方哲学的概念和术语来研究、诠释中国哲学的方法。见刘笑敢：《诠释与定向——中国哲学研究方法之探究》，商务印书馆，2009 年，第 99、101 页。

第七章　去伦理化的观念：王国维对"性""理"等范畴的新解　177

在一起，形成了知行合一的思维方式。如果强行如王国维那样将"理"确定为认识形式，而否定二程、朱熹从"天理"出发来讨论理气、理欲关系的贡献，则不能理解朱熹他们对于"理"概念的丰富和发展。换句话说，如果王国维是从黑格尔的哲学出发，他可能会对程朱的"天理"概念的价值做出完全不同的评判。从决定论的角度来讨论"命"也一样。儒家伦理并没有发展出意志自由和道德责任的背反，但儒家强调个人的道德自觉，并通过仁和礼的关系来疏解道德意识和伦理责任的一致性，虽然从"纯粹哲学"的角度看，其理论逻辑存在着一些"跳跃"，但王国维从"定业论"来讨论中国哲学的"命"，完全无视儒家"命"所包含的紧张，反而"责备"中国哲人没有发展出决定论的思维，这等于是"虚构"了一个批判对象。因为王国维很快丧失了其哲学研究的兴趣，所以我们无从了解王国维在这个思路下所可能提出的哲学创见。

在现代中国哲学中，致力于从哲学层面发掘儒家生命的当数唐君毅和牟宗三。而从问题意识上最为接近王国维的代表性的学者是牟宗三。因为牟宗三试图从"智的直觉"来解决康德所要面对的道德律令和意志自由的问题。与王国维所不同的是，他无须通过叔本华来"读懂"康德，从而也不会被叔本华牵引而使天理"沉没"于欲望中。

为了证明儒家道德意识的本原性和普遍性，牟宗三看到了康德实践理性设准的重要性。若不能设定儒家先天的道德原则的永恒价值，那么"儒学第三期发展"便无从奠基。同时，对儒家道德价值的肯定和接受，又必须是人类内心的自由选择，因此，牟宗三接受"意志自由"的设准，认为人们选择儒家道德并非外在力量（诸如地理或文化传统、政治因素）的影响，而是基于个体的自觉。他不像王国维依违于康德和叔本华之间，只接受基于因果论的决定论而放弃了"自由论"①，这样，他倾向于以叔

---

① 康德说："自由的概念，一旦其实在性通过实践理性的一条无可置疑的规律而被证明了，它现在就构成了纯粹理性的甚至思辨理性的体系的整个大厦的拱顶石，而一切其他的、作为一些单纯理念在思辨理性中始终没有支撑的概念（上帝和不朽的概念），现在就与这个概念相联结，同它一起并通过它而得到了持存即客观实在性，就是说，它们的可能性由于自由是现实的而得到了证明；因为这个理念通过道德律而启示出来了。"康德：《实践理性批判》，邓晓芒译，人民出版社，2004年，第2页。

本华的"同情"来为道德奠基。不过若从同情出发,儒家走向了以良知为基础的道德理想主义,而叔本华最终是陷入了道德虚无主义。站在儒家的立场上,牟宗三要弥合道德律令和自愿选择之间的关系,他说:"服从道德底箴言(命令),即服从道德法则,这是没有巧法可言的。故关于这方面的手段或方法是不需要被教导的。命令你服从,你就应该服从。如果你愿意作,你就能作。你若不愿,亦无巧法使之你愿。是即孔子所谓'我欲仁斯仁至矣',亦孟子所谓'求之在我'。'满足道德命令是在每一个人的力量之中',这是孟子所谓'求则得之,舍则失之,是求有益于得也,是求之在我者也。'但去满足幸福底箴言,这很少可能,这是孟子所谓'求之在外'。然则为什么不可以就'本心即性'这个性或本心说愿说悦?在此,自律就是自愿。"① 王国维要回避决定论和意志自由的紧张,牟宗三则在努力寻找"先天"和"世俗"之间的桥梁。

　　牟宗三也关注儒学史上的人性善恶的争论,他认为,仅仅从好善恶恶并不能断定是善的概念来决定意志,还是意志来决定善的概念,但是孟子用"民之秉彝,好是懿德"来证明性善,说明他并不是从所好之善,或者说是从生活经验中的善来证明人性善,而是从性善之性来建立实践原则并决定意志。这里的"意志"接近于康德所说的具有超越意义的意志,而不是日常生活中的意念或作意。牟宗三先生借重刘宗周的"好善恶恶意之静"的说法,认为这个"意之静"并非阳明四句教中的"意之动",而是接近于康德"纯粹意志""自由意志"。他说这种思路是儒家伦理的主流。②

　　牟宗三意识到康德的先天的实践理性与经验世界的伦理规则之间的鸿沟,他认为儒家的思想能逾越这道沟,从某种程度看,他一心开二门的存有论就是想通过存有的活动性来弥合本体和现象的沟壑。他给这样的存有论以认识论的支持,这就是他特别强调的人的独特的认识能力——"智的直觉"。王国维也认识到康德纯粹的道德理性和自由意志之间的紧张,但他选择了叔本华的方案,放弃先天道德律令而回归经验。牟宗三则直面

---

① 康德《道德底形上学之基本原则》,见牟宗三译注:《康德的道德哲学》,第 192 页。
② 牟宗三译注:《康德的道德哲学》,第 227—228 页。

第七章　去伦理化的观念：王国维对"性""理"等范畴的新解　　179

这个二律背反，并试图超越这个背反来弥合现象与物自体之间的关系。他利用康德在《实践理性批判》中的 type（符徵，邓晓芒翻译成"模型"）概念来充任这个黏合剂。康德提出自由法则是无条件、与经验世界无涉的，但知性作为"居间者"促成了纯粹的德性法则在自然对象上的应用，并影响到人的行为法则。但这种自然法则只能是自由法则的"符徵"（模型），①而不能直接对应于现实世界中的道德规范。这看似近在咫尺实质却远在千里的距离，牟宗三要从"心"的扩展来跨越。牟宗三从"心外无物"观念推论出这心中之物是物自体，此心为无限心，然无限心通过坎陷为认知心，使物自体被扭曲为现象，"如是，无限心对于物自身而言是直贯的，对于现象而言是曲通的。……依儒者，道德秩序即是宇宙秩序，自由之法则即是普遍的自然之法则，这自然之法则是就物自身说的，是说明物自然之'来源的存在'的。因此，认知关系中之自然法则便只好作自由之法则之符徵、引得、或指标。就吾人之实践言，无限心即是理（自由之法则），依此无限心之理以及其智的直觉而来的行动首先亦应是'行动之在其自己'，不是现象，此即所谓实事实理，现象只对认知心而言"。②牟宗三认为"不独吾人之实践统属于自由之法则，全宇宙亦由无限心提挈而为一大实践，此是一整全的实践过程。如是，康德系统中的那些刺谬便得一调整而畅通矣。但是这样的调整必须承认（一）自由意志是一无限心，（二）无限心有智的直觉，（三）自由不是一设准，而是一呈现"。③

对于康德的困境，叔本华是通过改造"悟性"概念来放弃先天的道德律令，而牟宗三则是借助于"智的直觉"来跨越现象与物自体之间的鸿沟，④但姑且不论牟宗三是否真正解决了康德的二律背反，他依然要面临

---

① 康德：《实践理性批判》，人民出版社，2003年，第81—82页。
② 牟宗三译注：《康德的道德哲学》，第262—263页。
③ 牟宗三译注：《康德的道德哲学》，第263页。
④ 王国维试图化德性为知识，因此把理解释为认识力。而"智的直觉"是要打通现象与物自体。从某种意义上说，牟宗三的"智的直觉"并非是一种知识论的讨论，也是一种设定，比如他说："本心仁体既绝对而无限，则由本心之明觉所发的直觉自必是智的直觉。"（《智的直觉与中国哲学》，联经出版事业公司，2003年，第258页）此问题须另文讨论，在此处引入只是为了对应王国维在《释理》中放弃本体的道德认知。

康德式的困境,即他所强调的"智的直觉"是一种实际的认知能力还是一种对认识能力的"设准",这也是对儒家道德理想主义的真正挑战。如果"智的直觉"依然只是在假定意义上的"能力",那么儒家的道德意识成为现代人自觉的选择就成为一个一厢情愿的希望而已。

尽管如此,牟宗三对于王国维问题的推进是令人兴奋的。尤其对于坚守儒家价值立场的哲学研究者而言,如何在儒家价值和哲学真理性追求之间获得平衡是一件极为艰苦的工作,唐文明教授甚至认为牟宗三的探索可能会对儒家伦理构成"隐秘的颠覆"[1]。但当现代性的挑战已经对儒家构成显性颠覆的今天,如何奠定儒家价值的基础是仅靠回向血缘情感是不够的。

经过一个多世纪的探索,对于如何总结古代中国的哲学传统,并发展出中国自身的哲学问题,依然处于探索过程中,难有定论。在这个意义上,王国维和牟宗三的哲学探索的价值颇能显示出其独特价值。对于中国哲学的研究而言,要有透过文献的密林来面向元问题和推进方法论研究的使命感,从而在中西融合和冲突的层面来面对共同的问题,即在变动的世界中,人类如何确立能够互相理解的价值基础,儒家在这个确立过程中能担负起什么样的责任。

---

[1] 这个说法来自唐文明:《隐秘的颠覆:牟宗三、康德与原始儒家》,生活·读书·新知三联书店,2012年。

· 第四部分 ·

差序与平等

第八章

王道与霸道

——以"管仲之器小哉"诠释史而展开

中国古代的理想政治范型是层累形成的,到春秋战国时期的诸子争鸣时期,逐渐定型为"皇帝王霸"的"德衰"的过程。汉代桓谭作《新论·王霸篇》说:"夫上古称三皇五帝,而次有三王五伯,此天下君之冠首也。故言三皇以道治,而五帝用德化,三王由仁义,五伯以权智。……五帝以上久远,经传无事,唯王霸二盛之美,以定古今之理焉。……王道纯粹,其德如彼;伯道驳杂,其功如此。"[①]在这段话中,我们可以获知,在通常的政治范型论说中,皇帝王伯是一个由"纯粹"向"驳杂"坠落的过程。而因为经传的完备性的原因,讨论的范围逐渐集中在"王道"和"霸道"。

桓谭之论,于史有征,《史记·商君列传》记录商鞅去游说秦孝公,先试图以帝道、王道打动他,结果是"其志不开悟矣""吾说公以王道而未入也"。及至以"霸道",秦孝公一改先几次的倨傲,姿态一改为"促膝","其意欲用之"。这说明,当时许多游散之士并无定见,几乎是用"试错"的方式去获得施展自己才华的机会。同时,当时的帝道、王道和霸道各有所本,

---

① 桓谭:《新论·王霸篇》,载汤一介主编《儒藏》精华编一八二册上,北京大学出版社,2016年,第422—423页。

方朝晖总结说:"古人是在帝、王、霸(或者更全面的:三皇、五帝、三王、五霸)相区分的意义上使用王道一词的。其中帝指二帝(尧舜)或五帝;王指三代圣王,主要是禹、汤、文、武等;霸,亦称伯,主要是春秋五霸(通常指齐桓、晋文、秦穆、楚庄和宋襄)。"[①]不同的时期有不同的治理之道,在这个意义上,狭义的王道也就仅仅指称三王之道。[②]

圣人治理之道一以贯之,但亦需要因时而立制,具体的制度设置则需要应时而变,这种一贯和变化的紧张或导致儒家在价值层面肯定"德下衰"的趋势,但在现实层面又需要适应时代的变化。这种争议使得儒家学派将政治理想置于芒忽的传说之中,但又需要从这个稳定的政治理念中提供现实的方案。这种矛盾到战国末期达到顶峰,形成了荀子思想中"先王之道"和"法后王"之间的难以调和的紧张关系。

从孟子、荀子的文本我们已经可以确知,战国儒家的政治论说逐渐将皇、帝、王三个层面的政治理想加以整合,从而使自己的政治理想更为明确为"德治",并以此作为批判现实政治的基础。而同时期的法家,以及战国秦汉时期的黄老道学则从"无为""因循"的角度来解释"帝道",并以此来批评儒家的礼义秩序。此一问题对于理解儒家政治哲学殊为关键,故我们通过对孔子论管仲这一案例,来梳理儒家王道政治的理想和现实的复杂层次。

第一节 孔子论管仲:"不知礼"与"如其仁"

管仲,春秋时期的著名政治家。他因为复杂的人生经历和帮助齐桓公九合诸侯、成就一代霸业的事功,出现在各种不同的历史场景和经典作

[①] 方朝晖:《治道:概念·意义》,生活·读书·新知三联书店,2022年,第92页。对此问题更为复杂的思想史爬梳还可参看孙明:《从"皇帝王伯"到"失其统"》,载孙明:《治道之统:传统中国政治思想的原型与定型》,生活·读书·新知三联书店,2023年,第11—138页。

[②] 郑开说:"'王道'政治从本质上说就是某种贵族(世袭)政治,通过'封建'、'世官世禄,以守宗祊'建构政治结构与社会结构相互嵌套的宗法体系,即德与位的匹配关系,乃是'王道'的基本特征。"郑开:《黄老的帝道:王霸之外的新思维》,载陈鼓应主编:《道家文化研究》第三十辑,中华书局,2016年,第493—494页。

品中。不过，在儒家的论域中，对于管仲的评价争议颇多。仅就《论语》所记载而论，孔子就多次提到管仲，孔子对管仲并不一致的评价，还引发了子路和子贡等人的追问。①

《论语》中有关管仲的讨论，主要在《八佾》和《宪问》两篇中，其主题略有不同，《八佾》篇主要讨论管仲"不知礼"的问题，而《宪问》篇中主要记录了孔子与子路、子贡之间关于管仲是否"仁"的对话。

《论语·八佾》中，孔子说"管仲之器小哉！"朱熹认为这句话有深意，引发了两种不同的猜测，一种是以为在说管子"节俭"，另一种是以为在说管子"知礼"。②但这都引发了孔子的反驳。

同在《八佾》篇孔子针对子贡要舍弃"告朔之饩羊"，孔子的回应是"尔爱其羊，我爱其礼"。这说明孔子是十分看重守礼的。但在回应林放问"礼之本"的时候，孔子并不看重礼仪活动中的奢靡，而是说"与其奢也，宁俭"。这些铺垫都可以联想到孔子对管仲的评价。所以《论语·八佾》中，孔子断然否定了管仲是基于"俭"或"知礼"的可能性。孔子或是想借此来引申出一个更为关键的问题。

> 或曰："管仲俭乎？"曰："管仲有三归，官事不摄，焉得俭？""然则管仲知礼乎？"曰："邦君树塞门，管氏亦树塞门。邦君为两君之好，有反坫，管氏亦有反坫。管氏而知礼，孰不知礼？"（《论语·八佾》）

在历代的注解中，关于什么是"三归"，何为"反坫"，异说纷纭，莫衷一是，在此不论。我所注意的是孔子诸如此类的评论——"焉得俭""管氏而知礼，孰不知礼？"③管仲不尚节俭，其生活方式超过其职位所应享受的部分，这一点在孔子的言论中时常提到，在《礼记·杂记》中，孔子

---

① 古代文献中，以孔子的口气评论管仲的话还很多，比如《礼记》的《礼器》和《杂记》篇中，均有以"孔子曰"开题的讨论管仲的章节，还有《孔子家语·致思》篇中，也录有冠以"孔子曰"的管仲评论，主题都集中在管仲是否"合礼"和"仁"这两个问题上。

② 朱熹：《四书章句集注》，中华书局，2012年，第67页。

③ 《礼记·礼器》中记录孔子说："是故君子大牢而祭，谓之礼，匹士大牢而祭，谓之攘。管仲镂簋朱纮，山节藻棁，君子以为滥矣。晏平仲祀其先人，豚肩不掩豆。浣衣濯冠以朝，君子以为隘矣。"可见孔子非议管仲之"不知礼"应是一以贯之的。

也说了这样的话:"管仲镂簋而朱纮,旅树而反坫,山节而藻棁。贤大夫也,而难为上也。晏平仲祀其先人,豚肩不掩豆,贤大夫也,而难为下也。君子上不僭上,下不偪下。"在这段话中,孔子肯定管仲是一个"贤大夫",但他生活高调,让君主很难堪。在孔子看来,管仲固然能力超群,但他这种让居上位的人很难合作的行事风格,恰好是"器小"的表现。

然而,问题的吊诡之处在于一个"不知礼"的管仲,却同时被孔子赞誉为"仁"。当学生问到对于子产和管仲的评价时,孔子认为子产是"惠人",而论及管仲时,孔子说"人也。夺伯氏骈邑三百,饭疏食,没齿无怨言"(《论语·宪问》),许多注释家认为,"人也",应为"仁人",[①]之所以许之以仁,通行的注释是说管仲夺伯氏之食邑,使伯氏穷到了"饭疏食"的地步,但由于管仲夺得合理,所以伯氏终身没有怨言。[②] 这可称是仁人之所为了。

孔子许管仲以仁的做法,受到了他弟子们的挑战。《论语·宪问》先是记录了子路的质疑:

> 子路曰:"桓公杀公子纠,召忽死之,管仲不死。"曰:"未仁乎?"子曰:"桓公九合诸侯,不以兵车,管仲之力也。如其仁,如其仁。"

子路的质疑在于管仲没有从公子纠而死,违背了君臣之节,这样的人怎么能许之以"仁"呢?而孔子的回答却回避了管仲是否"守节"这样的事实,而是从管仲的事功,即所谓"桓公九合诸侯,不以兵车"这样的功业,来回应子路基于礼制和道德上的非议。

当然,历史上对于"如其仁,如其仁"这个评断的理解也存有争

[①] 这段话,一般认为"人也"前疑丢字。也有别的文献有类似的记录,如《孔子家语·致思》说:"子路问于孔子曰:'管仲之为人何如?'子曰:'仁也。'"《孔子家语》之可信性虽有很大疑问,但是,如果联想到《表记》中有"仁者,人也"这样的说法,大致也可以作为印证,且《宪问》中下文,孔子一直在推许管仲之"仁"。

[②] 何晏:《论语集解》,载汤一介等主编:《儒藏》一〇四册,北京大学出版社,2007年,第162页

议。"如其仁,如其仁"最主要的解释有两种,何晏的《论语集解》解释为"谁如管仲之仁"。朱熹基本上接受了这样的说法,他的解释是:"如其仁,言谁如其仁者,又再言以深许之。盖管仲虽未得为仁人,而其利泽及人,则有仁之功矣。"① 不过,也有注家认为将"如其仁"解释为"谁如管仲之仁"未免褒扬太过。"如其仁"的"如"可以解释为"乃",这样说来,"如其仁"可以理解为"也就算是一种仁吧"。② 孔子的原意现在已经无从确定。但无论是作何种理解,子贡并不满意孔子的答非所问,于是展开进一步的追问:

> 子贡曰:"管仲非仁者与?桓公杀公子纠,不能死,又相之。"子曰:"管仲相桓公,霸诸侯,一匡天下,民到于今受其赐。微管仲,吾其被发左衽矣。岂若匹夫匹妇之为谅也,自经于沟渎而莫之知也。"③

子贡比子路多了一条新的理由,就是管仲不但没有"死于节",反而给公子纠的政敌桓公做相,这样不忠、不义、不信之人如何能许之以"仁"呢?而这次孔子的回答更为坚决,而且提出了他的理由。一是认为管仲辅佐齐桓公,尊周室、攘夷狄,所以匡正天下,百姓至今仍在受惠。二是认为评断一个人,不能只看小节,还应注意大是大非。孔子主张"君子贞而

---

① 朱熹:《四书章句集注》,中华书局,1983年,第154页。
② 黄式三《论语后案》云:"如,犹乃也。"王引之《经传释词》亦云:"如,犹乃也。"刘宝楠《论语正义》引王引之言并云:"此训最当。"见程树德《论语集释》,中华书局,1997年,第987页。
③ 在刘向的《说苑·善说》篇中这个对话被描述为:"子路问于孔子曰:'管仲何如人也?'子曰:'大人也。'子路曰:'昔者管子说襄公,襄公不说,是不辩也;欲立公子纠而不能,是无能也;家残于齐而无忧色,是不慈也;桎梏而居槛车中无惭色,是无愧也;事所射之君,是不贞也;召忽死之,管仲不死,是无仁也。夫子何以大之?'子曰:'管仲说襄公,襄公不知说,管仲非不辩也,襄公不知说;欲立公子纠而不能,非无能也,不遇时也;家残于齐而无忧色,非不慈也,知命也;桎梏居槛车而无惭色,非无愧也,自裁也;事所射之君,非不贞也,知权也;召忽死之,管仲不死,非无仁也。'"(刘向:《说苑》,载汤一介主编:《儒藏》精华编一八一册,北京大学出版社,2014年,第723页。)在文中,管仲之不死节被认为是"知权",因而依然是符合"仁"的行为。

不谅"(《论语·卫灵公》),而不应该"若匹夫匹妇之为谅"①,意思就是不能以小的瑕疵来埋没其重要的贡献。

《论语》中以"知礼"与否来判定管仲之"器"的大小,与在维护王权的权威性时"许其仁"可以视为孔子在判断一个人时的价值标准的"层次性",然这种层次性也给后世儒家评价管仲时增加了复杂性。甚至在不同时代,由于面临的现实挑战不同,而侧重点有所不同。

如果我们将《论语》看作是一个自洽的系统的话,随之而起的疑问是,一个被认定的"不知礼"的人何以又能被许之以仁,这岂非"谋其功而不正其义"?孔子是一个重"礼"的人,"礼"的意义虽然很复杂,但是有一个最基本的要素,就是规则。孔子看到礼崩乐坏的现实,而试图重建社会礼仪秩序,所以他要批评管仲的不知礼。其实,管仲那些被子路和子贡所批评的不顾君臣之义,并投靠政敌的做法,也是严重的"非礼"。但在礼坏乐崩的春秋时代,管仲尊王攘夷,岂非是在维护更为根本的礼制么?多重的参照系,造成了包括他及门弟子在内的儒门后学,对于儒家价值原则一致性的疑惑。这里的内在紧张是明显的,由此就造成了后世儒家对这个问题的经久不息的争辩和解释。

第二节 王霸之别:孟荀对管仲的论说

前文已述,作为一种政治秩序的王霸问题,是由"皇帝王霸"逐渐"简化"的结果。王霸是基于"德"或"力"的不同治理原则而形成的不同政治制度体系。儒家推崇"王道",将理想的政治模式称为王道政治,认为王道衰微之后的春秋战国是霸道政治,如《荀子·王霸》说"故用国者,义立而王,信立而霸,权谋立而亡"。而另一种王霸的论说中,王道和霸道也体现为不同的身份的人采用的符合其身份的统治方式。汉

---

① 这个说法经常被人所发挥。在不能完全确定作者的《管子·大匡》中,管仲也是如此给自己辩护的。"夷吾之为君臣也,将承君命,奉社稷,以持宗庙,岂死一纠哉?夷吾之所死者,社稷破,宗庙灭,祭祀绝,则夷吾死之;非此三者,则夷吾生。夷吾生,则齐国利;夷吾死,则齐国不利。"也就是说管仲的不死,是为了齐国的社稷。儒家方面,则主要是从大义的角度来解释管仲的选择。而夷夏之别,似乎要重于个人的名节。朱熹作如是观,许多儒生也持此见。

代《白虎通义》中说得明白:"霸者,伯也,行方伯之职,会诸侯,朝天子,不失人臣之义,故圣人与之。非明王之法不张。霸犹迫也,把也,迫胁诸侯,把持其政。《论语》曰:'管仲相桓公,霸诸侯。'"(《白虎通义·号》),这里的"霸",首先是"行方伯之职",这乃是职分的限制,一个诸侯不能僭越其身份而去行天子(王)所该推行的王道。

其次,在《白虎通义》中,霸因为尊王攘夷,维持中国之政教,具有正面的意义。"昔三王之道衰,而五霸存其政,帅诸侯朝天子,正天下之化,兴复中国,攘除夷狄,故谓之霸也。"(《白虎通义·号》)在周天子难以以道德的力量维护周朝的礼乐秩序的时候,齐桓公等以"尊王攘夷"为宗旨而"存其政",这样的做法使文明秩序得到维护。① 因此,孔子之有限肯定管仲,就是在维持夷夏秩序的意义上加以肯定。②

还有一种不甚流行的说法,则是从儒家的亲亲和尊贤的原则来定王霸之道。刘向《说苑·政理》篇说:

> 齐之所以不如鲁者,太公之贤不如伯禽。伯禽与太公俱受封而各之国,三年,太公来朝。周公问曰:"何治之疾也?"对曰:"尊贤,先疏后亲,先义后仁也。"此霸者之迹也。周公曰:"太公之泽及五世。"五年,伯禽来朝,周公问曰:"何治之难?"对曰:"亲亲,先内后外,先仁后义也。"此王者之迹也。周公曰:"鲁之泽及十世。"故鲁有王迹者,仁厚也;齐有霸迹者,武政也。齐之所以不如鲁,太公之贤不如伯禽也。③

---

① 钱穆说:"所谓霸业就是要把当时诸夏侯国重新团结起来,依旧遵守西周王室规定下的封建制度和封建礼节。对外诸侯间不得相互侵略,对内禁止一切政权的非法攘夺。如此便形成了一个当时国际间的同盟团体,又逐渐制下了许多当时的国际公法。"钱穆:《中国文化史导论》(修订本),商务印书馆,1994年,第33—34页。

② 蒙文通认为春秋时代只有齐桓和晋文才能称得上"霸",而吴国和楚国并不具备保持文教的能力。"《春秋》严夷夏之防,霸之非霸,亦系夷夏之辨而已。自周室衰微,政由方伯,中国未沦于夷狄",宗周之秩序得以保持,全赖齐桓晋文之功。蒙文通:《古史甄微》,载《蒙文通全集》三,巴蜀书局,2015年,第93页。按蒙说,唯有具备维持政教能力的国家才能称之为"霸"。

③ 刘向:《说苑》卷七,汤一介主编:《儒藏》精华编一八一册,第668—669页。

这段话经常被用来理解《论语》中"齐一变至于鲁"的说法，但这里所强调的是儒家政治以什么为出发点的问题。若从亲亲出发，即是"王者之迹"，可以传之久，而尊贤是"霸者之迹"。这就是说，王霸之间不仅存在着强力统治还是教化感人的区别，还在于其凭借的伦理原则的不同。

作为战国时期发展孔子思想的孟子和荀子，虽在人性等问题上有巨大差异，但对王霸的看法却比较一致，他们都是从德治而不是"职分"的角度来展开其王霸论说的。

> 孟子曰："以力假仁者霸，霸必有大国；以德行仁者王，王不待大。汤以七十里，文王以百里。以力服人者，非心服也，力不赡也；以德服人者，中心悦而诚服也，如七十子之服孔子也。《诗》云：'自西自东，自南自北，无思不服。'此之谓也。"（《孟子·公孙丑上》）

按孟子的说法，王和霸之区别不在于统治区域的大小，而在于统治方式的不同。而大国往往是通过暴力兼并这样的霸道获得的。按照这样的逻辑，管仲就不是"仁者"，而是"以力假仁者"。孟子认为，行一不义，杀一不辜而得天下，不符合王道，更何况像管仲这样的失节之人。如果说管仲辅佐齐桓公，纠合诸侯，匡正天下，在孔子那里还被视为是维护华夷秩序的"仁人"的话，那么在孟子看来，管仲的事功，完全不能掩盖他在治理原则上的错置。所以，当公孙丑问孟子，如果给他主政齐国的机会的话，是否会赞许管仲、晏子的功绩，孟子的回答却是，你真是个齐国人，只知道管仲和晏子。并说，任何一个儒生都会羞于拿自己和管仲比，理由很明显，管仲辅佐齐桓公那么长的时间，却没有让齐国从霸道向王道提升。[1]

---

[1] 孟子说："管仲得君，如彼其专也；行乎国政，如彼其久也；功烈，如彼其卑也。"（《孟子·公孙丑上》）对孟子何以勉励齐宣王、梁惠王实行王道的原因，程颐有如下之解释。他说："孔子之时，诸侯甚强大，然皆周所封建也。周之典礼虽甚废坏，然未泯绝也。故齐、晋之霸，非挟尊王之义，则不能自立。至孟子时则异矣。天下之大国七，非周所命者四，先王之政绝而泽竭矣。"程颐认为只有天下人所认可的王，才可以称之为"王天子"，否则只是"独夫"，"二周之君，虽无大恶见绝于天下，然独夫也。故孟子勉齐、梁以王者，与孔子之所以告诸侯不同。君子之救世，时行而已矣。"《河南程氏遗书》卷二十一下，载王孝鱼点校：《二程集》上，中华书局，1981年，第273页。

当齐宣王向他请教齐桓、晋文之事的时候，孟子的回答很直接："仲尼之徒无道桓、文之事者，是以后世无传焉。臣未之闻也。"（《孟子·梁惠王上》）这个回答当然是对那些对推行王道不感兴趣的诸侯的托辞而已，因为从《论语》的记载中可知，仲尼之徒是经常讨论齐桓公和管仲的。

孟子跟齐宣王说不谈论齐桓公，是要批评齐桓身居五霸之盛不行王道，更是要批评当今的齐国统治者甚至还比不上齐桓公，他们身边的人则差管仲远矣。他说："五霸者，三王之罪人也；今之诸侯，五霸之罪人也；今之大夫，今之诸侯之罪人也。"（《孟子·告子下》）在孟子看来，五霸之所以是三王之罪人，主要是他们的僭越，即把持诸侯来惩罚别的诸侯，若天下有道，礼乐征伐出自天子，不能由诸侯把持。

荀子晚于孟子，他对霸道的态度没有如孟子般激烈。比如他多次提到："君人者，隆礼尊贤而王，重法爱民而霸，好利多诈而危。"（《荀子·疆国》）很显然，他是将王、霸看作不同的治理国家的方式，认为王道政治固然最为理想，但是，若能"重法爱民"，讲究信义，那么霸道也是可以接受的秩序。总比好利多诈的统治要好一些。

在《荀子·王制》篇中，荀子比较了成侯、嗣公与子产、管仲的治国之道的差异。他说：

> 成侯、嗣公，聚敛计数之君也，未及取民也；子产，取民者也，未及为政也；管仲，为政者也，未及修礼也。故修礼者王，为政者强，取民者安，聚敛者亡。故王者富民，霸者富士，仅存之国富大夫，亡国富筐箧，实府库。筐箧已富，府库已实，而百姓贫，夫是之谓上溢而下漏，入不可以守，出不可以战，则倾覆灭亡可立而待也。故我聚之以亡，敌得之以强。聚敛者，召寇、肥敌、亡国、危身之道也，故明君不蹈也。

在他看来，成侯和嗣公善于谋划，但并没有取得民心。子产虽得到百姓的拥护，但并没有实行教化。管仲能对百姓进行教化，但并没有真正"知礼"，所以，没有达到王道。这里荀子就是通过比较而将管仲置于"仅次于"王道的地位。将管仲说成"不修礼"应该受到《论语·八佾》篇中孔子批评管仲不知礼的影响,但这种"接近"王道的评价,也导出了一种解释上的倾向,后世儒者多认为管仲因不能"上升一路"而离王道咫尺天涯。

但荀子对霸道的肯定是在"比较"意义上的,在价值层面,荀子依然肯定王道的终极性。所以,在将五霸和管仲置于一起的时候,荀子也如孟子那样"羞称"五霸,完全没有孔子那样的"宽容"。他说:

> 仲尼之门人,五尺之竖子言羞称乎五伯。是何也?曰:然。彼诚可羞称也。齐桓,五伯之盛者也,前事则杀兄而争国;内行则姑姊妹之不嫁者七人,闺门之内,般乐奢汰,以齐之分奉之而不足;外事则诈邾,袭莒,并国三十五。其事行也若是其险污淫汰也。彼固曷足称乎大君子之门哉!(《荀子·仲尼》)

为何"羞称"呢?因为齐桓和管仲在国内取得政权并不合法,德行未足以担当领袖;对外则采取诈骗和袭击的方式吞并小国,其行为违背儒家"为政以德"的基本原则,因此不能"服人之心"。

> 然而仲尼之门人,五尺之竖子,言羞称五伯,是何也?曰:然。彼非本政教也,非致隆高也,非綦文理也,非服人之心也。(《荀子·仲尼》)

孟子和荀子在许多方面分歧很大,但对于王道和霸道的界限都把得很死,因此,对于管仲的评价,自然较孔子严苛得多。

此外,在《荀子·大略》篇中,荀子在比较了晏子、子产与管仲之后,虽然认为管仲要好于其他两人,但是又说管仲"力功不力义,力知不力仁",① 既然实行的不是以仁义为基础的王道政治,也就从根本上否定了管仲之"仁"。

孟荀开始了一种新的,甚至略有别于孔子的政治正当性的论证,他们对禅让论的质疑,意味着他们对于基于"天命观"的政权更迭方式的否定。他们通过对"汤武革命"的解读来强调,政权以民众的支持与否为转

---

① "子谓子家驹续然大夫,不如晏子;晏子,功用之臣也,不如子产;子产,惠人也,不如管仲。管仲之为人,力功不力义,力知不力仁,野人也,不可以为天子大夫。"

移,失去民心,其统治的正当性便不复存在,孟子坚称,汤武革命不是一般所称的"臣弑其君",而只是"诛一夫"而已。① 荀子也认为"汤武非取天下也,修其道,行其义,与天下之同利,除天下之同害,而天下归之也。"(《荀子·正论》)体现出在混乱的政治现实面前,儒家对于王道理想的坚持。

不过,孟荀的观点一致,并不意味着儒家立场的整体性改变,在公羊学的系统中,尊王说和革命说一起是其最重要的义理。如果说孟子和公羊家在"革命"问题上有诸多共识,但在孟子这里,"革命"意味着政治正当性原则的转型,而在公羊家这里,两者却有了"共存"的理由。陈柱说:"孔子所以倡革命之说者,诚以当时之所谓王,已昏乱无道,不足以为天下之共主,而天下之崩离日甚,故假王鲁之说以见意。然而统一之纲,君臣之权,上下之礼,固不可以不明也。"② 在这个思路下,尊王是长久之经,而革命只是一时之权罢了。由此,在严夷夏之辨的春秋学系统中,对齐桓公的事功评价十分高,甚至认为他尊王攘夷的事业堪称"王者之事"。

> 夷狄也,而亟病中国。南夷与北狄交,中国不绝若线。桓公救中国,而攘夷狄,卒怗荆,以此为王者之事也。(《春秋公羊传》僖公四年)

由此可见,即使孟子不断高扬道德理想主义的大旗,但儒家之评判标准的多元倾向始终存在。

第三节 大一统秩序下的王道理想, 两汉儒生论"管仲之器小"

秦汉之后,郡县制取代封建制,大一统的政治格局在动荡中逐步稳定下来,儒家的"革命"论势必受到限制。孟荀之王道革命观念,虽可为

---

① 《孟子·梁惠王下》:"贼仁者谓之贼,贼义者谓之残。残贼之人谓之一夫。闻诛一夫纣矣,未闻弑其君也。"焦循:《孟子正义》,中华书局,2004年,第145页。

② 陈柱:《公羊家哲学》,华夏出版社,2014年,第21页。

获取政权提供理据，却也可以成为颠覆政权的思想支持。据此，无论是获取权力的汉代统治者，还是儒家内部，都需要进行合法性话语的重建。

汉初以黄老治世，主张无为而治和与民休息，这对于舒缓长期处于战争和暴政之下的民众的心理是一个安慰。"此时，道家'清静无为'之说，给'休养生息'政策提供了玄妙的论证，于是法家政治一变而为黄老政治。道家认为'道'是宇宙的法则，它能把万物自然地调节到适宜状态。"① 人们应该因循，而不要做大的变动。但大一统政治需要强大的意识形态支持，这既是黏合陕西和齐鲁地区的民心的客观需要，② 也是加强皇权的内在需要。于是贾谊、陆贾等人有了强化儒家德治的呼吁，而公羊学家则通过整个秦汉的宇宙观建立起天人感应的经学解释系统。经过董仲舒的策论，儒家获得了制度性的优势地位。在这个时期，管仲没有支持齐桓公进于王道，就成为儒生们解释孔子言管仲器小的主要倾向。

荀子的"法后王"和法家所强调的三王、五霸不同礼法的进化史观，导致人们对儒家治理之道的一贯性的怀疑，因此，董仲舒以"道"和"制"的变与不变的关系来加以整合。董仲舒以天来强调儒家之治道的一贯性，所以新王之改制，"非改其道，非变其理"，"王者有改制之名，无易道之实"，③ 而此奉天法古之道，即是"仁道""王道"，其基础即是"任德不任刑"。由此，董仲舒便将天道和王道加以结合。

在这样的思想背景下，董仲舒对于管仲的讨论紧扣着孔子的评价，侧重于批评管仲没有借助齐国强大的实力，实行以德政为基础的王道政治。

从《春秋繁露》的文本中，我们并没有发现专门讨论管仲是否称得上是"仁人"的文字。董仲舒对管仲的评论，围绕着孔子"管仲之器小哉"一语而发。他指出，孔子之所以觉得管仲"器小"，主要是因为管仲

---

① 阎步克：《波峰与波谷：秦汉魏晋南北朝的政治文明》（第二版），北京大学出版社，2017 年，第 69 页。

② 陈苏镇认为文景二帝对诸侯王权力的剥夺，使陕西和山东一带的文化冲突加剧，以儒学来一统思想是稳定局势的客观需要。见陈苏镇：《〈春秋〉与"汉道"：两汉政治与政治文化研究》，中华书局，2011 年，第 130 页。

③ 董仲舒：《春秋繁露·楚庄王》，载苏舆：《春秋繁露义证》，中华书局，1992 年，第 17、19 页。

不能将霸道"上升"至王道。

> 齐桓挟贤相之能，用大国之资，即位五年，不能致一诸侯。于柯之盟，见其大信，一年而近国之君毕至，鄄幽之会是也。其后二十年之间亦久矣，尚未能大合诸侯也。至于救邢卫之事，见存亡继绝之义，而明年远国之君毕至，贯泽、阳谷之会是也。故曰亲近者不以言，召远者不以使，此其效也。其后矜功，振而自足，而不修德，故楚人灭弦而志弗忧，江黄伐陈而不往救，损人之国而执其大夫，不救陈之患而责陈不纳，不复安郑，而必欲迫之以兵，功未良成，而志已满矣。故曰：管仲之器小哉！此之谓也。（《春秋繁露·精华》）①

在董仲舒看来，虽然齐桓公和管仲在维持诸侯间的秩序上有所作为，但固步自封，甚至以齐国的霸主地位而"矜功""不修德"，所以"管仲之器小"。② 虽然我们不能确定董仲舒所看到的《论语》是哪种文本，但其逻辑是将通行本《论语》中的《八佾》《宪问》中的内容做了整合。即将"器小"与管仲是否有推行王道之理想联系在一起。

儒学群体对于管仲的评论的重点的转移，即特别地谈论他不使桓公进于王，这与《春秋》公羊和穀梁二传的说法存在一定的紧张。因为沿着二传的逻辑，管仲不必辅助桓公修德以至于王，带领诸侯会盟，维护摇摇欲坠的周天子的尊严已经是具备"尊王"之大义，但汉代的一统，乃是刘氏除暴秦而建汉室，属于拨乱反正之举，属于由"霸道"进于"王道"的脉络之上。

我们应该注意的是，孔孟对君臣关系所持之观点是天子不能独治天下，天子与诸侯，诸侯与大夫之间存在一种相互性的责任。就此而言，管仲在公子纠死后辅佐齐桓公，并非一个伦理的重大污点。但是，在汉代之后，天命所予则在天子一人，因此王道之存续，维系于天子，即董仲舒所谓的"一人有庆，兆民赖之"（《春秋繁露·为人者天》）。先秦儒家的德

---

① 苏舆：《春秋繁露义证》，中华书局，1992年，第91页。
② 有功无德，成为对管仲器小的最为通行的解释。比如孙绰的解释："功有余而德不足，以道观之，得不曰小乎。"见程树德：《论语集释》一册，中华书局，1990年，第207页。

位统一观念,已然让位于君与臣格局下的主导者和辅助者的关系。因此,在董仲舒的逻辑中,臣子所应该做的是"促使"君主行王道。所以,在汉代的语境中,《论语》中的管仲的"器小"被集中为下述两点:其一,齐桓公不能行王道;其二,管仲没能辅佐齐桓公行王道。

司马迁作为董仲舒的追随者,在对管仲的评价上接受了董仲舒的观点。

> 管仲,世所谓贤臣,然孔子小之。岂以为周道衰微,桓公既贤,而不勉之至王,乃称霸哉?(《史记·管晏列传》)

同为史官的刘向,在他纂辑的《新序》和《说苑》中,管仲大多数时候,都是一个贤人的代表。他与齐桓公的组合是知人任贤的典范。比如在《新序》卷四《杂事》中说"夫管仲能知人,桓公能任贤,所以九合诸侯,一匡天下,不用兵车,管仲之功也。"[①]不过,刘向在解读"器小"[②]的时候,认为桓公过于依赖管仲,以致不能任用更多的贤人。他说:

> 舜举众贤在位,垂衣裳,恭己无为,而天下治。汤、文用伊、吕,成王用周、邵,而刑措不用,兵偃而不动,用众贤也。桓公用管仲则小也,故至于霸,而不能以王。故孔子曰:"小哉,管仲之器。"盖善其遇桓公,惜其不能以王也。[③]

当然,刘向这里所谓的"桓公用管仲则小",似乎是把齐桓公和管仲放在一起批评,既批评齐桓公不能效法尧舜这样的王者"举众贤",只是依赖于管仲一个人,所以他就不能成就大事;同时,也批评管仲遇到齐桓公这样的霸者,却不能以王道进之。这与董仲舒、司马迁的批评重点有

[①] 刘向:《新序》卷四《杂事》,见汤一介主编:《儒藏》精华编一八一册,第500页。

[②] 刘向的政治观念比较复杂,他总体是比较接受王霸各有所施的,他在《说苑》卷七《政理》中说:"政有三品:王者之政化之,霸者之政威之,强者之政胁之。夫此三者各有所施,而化之为贵也。"刘向:《说苑》卷七,汤一介主编:《儒藏》精华编一八一册,第657页。

[③] 刘向:《新序》卷四《杂事》,见汤一介主编:《儒藏》精华编一八一册,第500页。

所不同。

西汉中期著名的盐铁会议上，御史大夫和贤良文学也以管仲评价为论战的一个话头。御史大夫肯定管仲功绩，他们说："管仲相桓公，袭先君之业，行轻重之变，南服强楚而霸诸侯。"①而贤良文学则贬低管仲的功绩，甚至认为管仲漠视教化的政治行为导致了以利相争，以权相倾，最终的结果是"国家衰耗，城郭空虚"。贤良文学并不涉及他匡正天下，尊王攘夷之事。贤良文学说：

> 管仲专于桓公，以千乘之齐，而不能至于王，其所务非也。故功名墮坏而道不济。当此之时，诸侯莫能以德，而争于公利，故以权相倾。今天下合为一家，利末恶欲行？淫巧恶欲施？大夫君以心计策国用，构诸侯，参以酒榷，咸阳、孔仅增以盐、铁，江充、杨可之等，各以锋锐，言利末之事析秋毫，可为无间矣。非特管仲设九府，徼山海也。然而国家衰耗，城郭空虚。故非特崇仁义无以化民，非力本农无以富邦也。（《盐铁论·轻重》）②

在贤良文学的眼里，管仲有齐桓公的支持，但并没有行王道，这是德之不修的结果。他们借此批判当时的官吏，对利益的追逐之心要远超过管仲，因此，告诫他们应该推崇仁义，以农为本，政治才能走上正道。

扬雄则将"大器"看作一个衡断的标准，即奉行儒家先修身而后治国的原则的人即为"大器"之人，事实上依然将德政视为器量大小的准绳。

> 或曰："齐得夷吾而霸，仲尼曰小器。请问大器。"曰："大器其犹规矩准绳乎？先自治而后治人之谓大器。"（《法言·先知》）

从董仲舒和扬雄等人在讨论中所涉及的问题意识，我们知道在汉代已经流传了一些《论语》的不同版本。目前所知的主要是《鲁论语》和《齐论语》。在发展到我们今天所见的《论语》之前，还有汉成帝时期的张

---

① 王利器校注：《盐铁论校注》，中华书局，2017年，第178页。
② 王利器校注：《盐铁论校注》，第165页。

禹按照《鲁论语》结合《齐论语》而编成的《张侯论》，并由包咸等人对之进行了注释。另一版本就是郑玄的《论语注》，他在《张侯论》的基础上吸纳了古文《论语》。到三国时期，何晏结合包咸、郑玄等人的注释，加上他自己的理解，编成《论语集解》，这就是我们今天所见到的《论语》的版本。

《论语集解》对"管仲之器小"只是同义反复地说"言其器量小也"并没有更多的解读。[①] 对于孔子说管仲"如其仁，如其仁"则引用了孔安国的解释"谁如管仲之仁矣"。[②] 对于子路和子贡对孔子的责难，《论语集解》引用的是王肃的解释："管仲召忽之于公子纠，君臣之义未正成，故死之未足深嘉，不死未足多非。死事既难，亦在于过厚，故仲尼但美管仲之功，亦不言召忽不当死也。"[③] 这个解释对后世影响巨大，因为若是君臣关系未曾形成，这样就直接消解了管仲是否应该"死节"的难题。换一个说法，就是问题意识越来越集中到是否行"王道"上。

在《论语》注释史上，南朝梁的经学家皇侃的《论语义疏》亦十分重要，然该书在解释"管仲之器小"时比较简单。但该书开始将"器小"问题与《论语·宪问》中孔子许其仁的事件结合起来，试图弥缝两个不同倾向的评论之间的紧张。解释"管仲之器小"时称："器小，器者，谓管仲识量也。小者，不大也。言管仲识量不可大也。"[④] 并引用孙绰的解释"功有余而德不足，以道观之，得不曰小乎"。[⑤] 将管仲的功业和道德对立起来，体现的是儒家对于修德的重要性的确认。

但皇侃也关注到"孔子称管仲为仁及匡齐不用兵车，而今谓之小"的矛盾，所以引用了李充的解释："齐桓隆霸王之业，管仲成一匡之功，免生民于左衽，岂小也哉？然苟非大才者，则有偏失。好内极奢，桓公之

[①] 何晏：《论语集解》，载汤一介等主编：《儒藏》精华编一〇四册，北京大学出版社，2007年，第117页。
[②] 何晏：《论语集解》，载汤一介等主编：《儒藏》精华编一〇四册，第163页。
[③] 何晏：《论语集解》，载汤一介等主编：《儒藏》精华编一〇四册，第164页。
[④] 皇侃：《论语义疏》，载汤一介等主编：《儒藏》精华编一〇四册，第264页。
[⑤] 皇侃：《论语义疏》，载汤一介等主编：《儒藏》精华编一〇四册，第264页。

病也。管生方恢仁大勋，弘振风义，遗近节于当年，期远济于千载，宁谤分以要治，不洁己以求名，所谓君子行道忘其为身者也。"即孔子认为这是一般人也会犯的错误，所以就以"器小"来督促。①

对于子路和子贡对管仲没有死节的问题，皇侃接受了当时人们的一个普遍的认知，即认为管仲不死是一个道德上的缺陷："是时人物议者，皆谓管仲不死，是不仁之人也。管仲非唯不死，亦回复辅相桓公，故为无仁恩也。"②对于孔子许管仲为仁的解释，也只是复述了王肃的解释。

第三节 对王道的重申：宋儒对"管仲之器小"之解读

北宋初年的几任帝王在思想上倡导儒释道三教融合，在治理方略上则倾向于黄老道学的"清静无为"。③并重新提出战国秦汉时期的"皇帝王霸"之说，认为若以此为治国之道，那么必将迎来太平盛世。然无为政治的弊端日益显然，促发了范仲淹等人的庆历变革，批评道家薄名教重保真的思想，导致人们鄙弃名誉，难有振起天下之志，故而提出一系列变革主张。范仲淹等人的庆历新政虽然很快就失败，"庆历时代叱咤风云的人物有的从此退隐，有的也转为消极持重，锐气大减。但是，这场新政运动毕竟给社会和政坛以猛烈的冲击，那种君臣同享'清静无为'之'淳风'的庙堂局面不复存在"。④尽管随后王安石和司马光以及二程等存在改革方法的差别，但通过经典解释，试图重回三代王道政治理想的诉求却是共同的。

经典解释总是呼应着时代的声音的。由此，以宋儒对管仲的解释，也可以看出理学家们对王霸问题的新关切。

---

① 皇侃：《论语义疏》，载汤一介等主编：《儒藏》精华编一〇四册，第266页。
② 皇侃：《论语义疏》，载汤一介等主编：《儒藏》精华编一〇四册，第463页。
③ 刘复生：《北宋中期儒学复兴运动》（增订本），生活·读书·新知三联书店，2023年，第155页。
④ 刘复生：《北宋中期儒学复兴运动》（增订本），第179页。

在《论语》的阐释史上，宋代出现了许多对后世影响巨大的注释作品。除了朱熹的《四书集注》之外，邢昺的《论语注疏》和陈祥道的《论语全解》具有代表性。《论语注疏》值得注意的，是对于管仲未为公子纠"死节"的解释。针对子路质疑管仲不死节的质疑，邢昺的解释依然是肯定其维持文明秩序的意义，说孔子是在这个意义上肯定管仲之"仁"的。"孔子闻子路言管仲未仁，故为说其行仁之事。言齐桓公九合诸侯，不以兵车，谓衣裳之会也。存亡继绝，诸夏义安，皆管仲之力也。足得谓仁，余更有谁如其管仲之仁。"①而对于接下来子贡的质疑，邢昺的解释值得注意的是，他对"一匡天下"依然沿用马融的解释，却将"霸"字解释为"把"，形容诸侯把持天子之政。对此除了引用王肃的解释外，还强调了此死节只是"小信"，"言管仲志在立功创业，岂肯若庶人之为小信，自经死于沟渎中，而使人莫知其名也"。②

北宋经学家陈祥道有《论语全解》，他的解释结合了孟子的"大人"和汉儒的"大器"说：

> "器"者，功业之所寓也。大人之功业则大，贤人之功业则小焉而已。仲尼托迹于诸侯，以规矩准绳自用，此自治以治人，正己而正物者也，故谓之"大器"……管仲不自治而治人，不自正而正物，乌得为大器哉？孟子曰"功烈如彼其卑"是也。③

不过，陈祥道试图在"死节"问题的解释上有所调整。

> 自仁智成名而言之，虽君子有所不仁；自所爱而言之，虽管仲有所施。盖仁之所施，有杀生以成仁，有不死以成仁。杀身而不足成仁者，召忽也。不死而足以成仁者，管仲也。④

---

① 邢昺：《论语注疏》，载汤一介等主编：《儒藏》精华编一〇四册，第790页。
② 邢昺：《论语注疏》，载汤一介等主编：《儒藏》精华编一〇四册，第792页。
③ 陈祥道：《论语全解》，载汤一介主编：《儒藏》精华编一〇五册，北京大学出版社，2008年，第39—40页。
④ 陈祥道：《论语全解》，载汤一介主编：《儒藏》精华编一〇五册，第172页。

他认为不能将召忽和管仲相提并论。这个判断有一种以"功业"作为评判生命价值的倾向。在他看来，召忽以他的死节而名留青史。但管仲却不一样，他则因为他的不"死节"而成仁。因为管仲所追求的事业更为远大，从而不能顾及"礼"对自己行为的约束。"管仲不耻身在缧绁之中，而耻天下之不治；不耻不死公子纠，而耻威之不信于诸侯。"①这就是说，管仲为了维护华夷秩序而甘愿自陷于非议之中。陈祥道可能也意识到管仲的做法并非没有瑕疵，故而又补充了一个更为完美性的标准。他说，自王道而论之，"宜子路之为疑也"②。也即子路和子贡对许管仲为仁的质疑是从更高的标准来的。后来朱熹的解释就是从这个方向的发挥。

宋代的道学家因发明"天理"而使其儒学理论迈入了一个新的阶段。虽然，我们从韩愈在《原道》中对于"道统"的叙述中看到儒家的理想和实际统治权力之间的紧张已经成为一个议题。韩愈认为儒家的道统到孟子就中绝了。③这意味着宣判汉代社会已经偏离了儒家之政治理想。但是，韩愈的问题意识要到宋代的道学群体那里才得到真正的展开。超越性的"天理"的提出，意味着道学群体开始建构儒家的形上学体系，并试图通过天理的绝对性来对有限的现实政治实行矫正。落实在政治秩序的评断上，便体现为重拾王道和霸道的论辩。

宋代思想家出于现实政治压力，对王霸问题有新的认识，一方面，道学家更为坚持王道立场，强调儒家的道德理想主义，另一方面，其他的思想家尤其是浙东事功学派，则肯定王霸各有各的合理性。

（一）程朱的王霸论

北宋的李觏在讨论王霸问题时，侧重从职分角度来阐明。他认为，王道与霸道并非只是统治原则的不同，而是基于天子行王道、诸侯行霸道这样的职分之所赋予，也不能说王道政治下就不能有功利和刑杀。他认为孟子在诸侯国之间宣扬王道思想违背了差等原则，会导致人们起意来颠覆

---

① 陈祥道：《论语全解》，载汤一介主编：《儒藏》精华编一〇五册，第172页。
② 陈祥道：《论语全解》，载汤一介主编：《儒藏》精华编一〇五册，第172页。
③ 马其昶校注，马茂元整理：《韩昌黎文集校注》，上海古籍出版社，1986年，第18页。

统治秩序。从增强国家实力因素来考察，霸道可能更为有效。他在给范仲淹的书信中说："儒生之论，但恨不及王道耳，而不知霸也，强国也，岂易可及哉？管仲之相齐桓公是霸也，外攘戎狄，内尊京师，较之于今若何？商鞅之相秦孝公是强国也，明法术耕战，国以富而兵以强，较之于今何如？是天子有帝王之质，而天下无强国之资，为忠为贤，可不深计？"①李觏的想法不为无的放矢，在北方少数民族政权的军事压力之下，如何实现国富民强，抵御强敌，乃是当务之急。基于此，他不惜肯定商鞅这样的法家改革家。

针对李觏、司马光等人将王霸视为职分不同的看法，王安石认为要分辨是真心向往王道还是徒有其表。王霸都以仁义礼智为标榜，但王者之道出于本心之真，王政之教化便是自然发生的一个过程，而霸者则唯恐别人指责其违背王道，故要刻意"展示"其"仁心"。

> 仁义礼信，天下之达道，而王、霸之所同也。夫王之与霸，其所以用者则同，而其所以名者则异，何也？盖其心异而已矣。其心异则其事异，其事异则其功异，其功异则其名不得不异也。王者之道，其心非有求于天下也，所以为仁义礼信者，以为吾所当为而已矣。以仁义礼信修其身而移之政，则天下莫不化之也。是故王者之治，知为之于此，不知求之于彼，而彼固已化矣。霸者之道则不然，其心未尝仁也，而患天下恶其不仁，于是示之以仁；其心未尝义也，而患天下恶其不义，于是示之以义。其于礼信，亦若是而已矣。是故霸者之心为利，而假王者之道以示其所欲，其有为也，唯恐民之不见而天下之不闻也。②

在王安石看来，王霸之别在于是否以求利为出发点。基于这样的认识，他在讨论"管仲之器小"的时候，就反对仅仅看功业，而要考察其背后的动机。他说："管仲功施天下，孔子小之。……孔子岂不乐道人之善哉？辨

---

① 李觏：《寄上范参政书》，载《李觏集》卷二十七，中华书局，1981年，第299—300页。
② 王安石：《王霸》，载王安石著，李之亮笺注：《王荆公文集笺注》（中），巴蜀书社，2005年，第1060—1061页。

是与非无所苟也。所求于人者薄，所以取人者厚。盖辨是与非者无所苟，所以明圣人之道……如管仲无所贬，则从政者若是而止矣。"①

王安石并没有完全否定王霸之间可能存在的一致性，并以此来回应孔子对管仲的"贬"。他说孔子肯定愿意褒扬人所做的善事，但之所以对管仲如此严苛，就是要鞭策从政者"真心"以百姓之疾苦为念。不过就此而言，王安石自身的功过是非便是一个人言人殊的难题。王安石以《周礼》为根据，通过政治和经济改革来提升国家实力和帮助百姓。但却因不讳言"功利"而遭致激烈的反对。那么，如何去判定王安石的初心和绩效呢？如此看来，王安石的管仲论或许难以作为评断他的依据。

宋代儒学最具影响力的是道学群体。王霸问题亦是宋儒政治思想的重心。自二程开始，王霸之辨便成为道学家试图影响现实政治的一个重要的议题。熙宁元年（1068），程颢便向新即位的宋神宗上了《论王霸札子》。他说：

> 得天理之正，极人伦之至者，尧、舜之道也；用其私心，依仁义之偏者，霸者之事也。……故诚心而王则王矣，假之而霸则霸矣，二者其道不同，在审其初而已。……故治天下者，必先立其志。正志先立，则邪说不能移，异端不能惑，故力进于道而莫之御也。苟以霸者之心而求王道之成，是炫石以为玉也。故仲尼之徒无道桓、文之事，而曾西耻比管仲者，义所不由也，况下于霸者哉？②

在这里，王道被解释为天理的正当呈现，而霸者则是不能正确地体现仁义之道。这样王道成为天理在制度秩序中的现实化。不过，程颐对于孔孟之间的王霸论的差异有所辨析。他认为孔子生活的时代，周王之权威已然衰落，故而要坚持尊王攘夷。而孟子之时，封建解体，等级秩序崩坏，已无王可尊，所以就鼓励齐宣和梁惠王"行王道"。程颐说：

> 孔子之时，诸侯甚强大，然皆周所封建也。周之典礼虽甚废

---

① 王安石：《中述》，载王安石著，李之亮笺注：《王荆公文集笺注》（中），第1068页。
② 程颢、程颐著，王孝鱼点校：《二程集》上，中华书局，2004年，第450—451页。

> 坏，然未泯绝也。故齐、晋之霸，非挟尊王之义，则不能自立。至孟子时则异矣。天下之大国七，非周所命者四，先王之政绝而泽竭矣。夫王者，天下之义主也。民以为王，则谓之天王天子，民不以为王，则独夫而已矣。二周之君，虽无大恶见绝于天下，然独夫也。故孟子勉齐、梁以王者，与孔子之所以告诸侯不同。君子之救世，时行而已矣。①

孟子勉励齐、梁行王道，触及诸侯是否有资格行王道的问题，此亦为后来朱子和他的弟子讨论的重要问题，伊川以封建秩序的解体，需要不同的政治原则为由，也是为了疏解王道作为一个政治理想与王霸作为不同统治层级之间的紧张。

二程对《论语》中关于管仲的评价的讨论甚多，比如伊川说：

> 孔子未尝许人以仁。或曰："称管仲'如其仁'何也？"曰："此圣人阐幽明微之道。只为子路以子纠之死，管仲不死为未仁，此甚小却管仲，故孔子言其有仁之功。此圣人言语抑扬处，当自理会得。"②

二程在与弟子论学时经常提到管仲之仁的问题，在二程看来孔子许管仲之仁是从事功的角度肯定，只是随事立教而已，③在根本上，孔子之王道所强调的是"初心"而非结果，所以他肯定董仲舒之"正其义不谋其利"，认为就此一语就足以度越先秦诸子，亦是从根底处强调为政之初心。要求宋神宗在任用人才的时候，提防功利小人，其所指主要是王安石所推行的新法。

朱熹对于管仲"器小"的问题有了更为全面的解释。我们先来看朱熹在《论语集注》卷二中于"管仲之器小哉"的解释：

> 管仲，齐大夫，名夷吾，相桓公霸诸侯。器小，言其不知圣贤

---

① 《河南程氏遗书》卷第二十，载《二程集》上，273 页。
② 《河南程氏遗书》卷第十八，载《二程集》上，183 页。
③ "管仲不死，观其九合诸侯，不以兵车，乃知其仁也。若无此，则贪生惜死，虽匹夫匹妇之谅亦无也。"《河南程氏外书》卷第八，载《二程集》上，400 页。

大学之道，故局量褊浅、规模卑狭，不能正身修德以致主于王道。①

这个解说延续了董仲舒、司马迁以来的一种解释路径，即将"器小"与不能"修德"以推行王道联系起来。但也有不同，朱熹提出的"圣贤大学之道"，应是治国、平天下之大格局。但这个解释也内涵一些复杂问题，比如管仲是否"有资格"平天下等等。这都引发了朱熹的弟子们的关注，在《朱子语类》中有一个专章记录了朱熹与弟子们的讨论。

朱熹试图将管仲之"不知礼"的行为和他不能"主于王道"结合起来，认为两者之间存在着内在的关联。他在与人讨论时，反复申说"度量褊浅，规模卑狭"之意涵。他说：所谓"度量褊浅"，即是略有功利，就心满意足，而"规模卑狭"，则是功利背后的道德准则。他强调要把两句话联系起来，方能真正理解孔子说管仲器小之意谓。

> 必兼某上面两句，方见得它器小。盖奢而犯礼便是它里面着不得，见此些小功业便以为惊天动地，所以肆然犯礼无所忌也。亦缘他只在功利上走，所以施设不过如此。才做到此，便不觉自足矣。古人论王、伯，以为王者兼有天下，伯者能率诸侯。此以位论，固是如此。然使其正天下，正诸侯，皆出于至公，而无一毫之私心，则虽在下位，何害其为王道。②

基于道统和实际政治操作的偏离，朱熹批评了那种将王道和"王者"捆绑的说法，也就是说那些权力的掌控者并不必然是王道的践行者。他强调王道之核心在于"出于至公，而无一毫之私心"。而"自刘汉而下，高祖太宗亦是如此，都是自智谋功力中做来，不是自圣贤门户中来，不是自自家心地义理中流出"。③因此，管仲之器小，并不是因为他只是一个诸侯的相，没资格行王道，而是他没有行王道的"规模"。

---

① 朱熹：《四书章句集注》，中华书局，2008年，第67页。
② 黄士毅编，徐时仪、杨艳汇校：《朱子语类汇校》二，上海古籍出版社，2014年，第668页。
③ 黄士毅编，徐时仪、杨艳汇校：《朱子语类汇校》二，第671页。

> 管仲只缘器量小，故才做得他这些功业，便包括不住，遂至于奢与犯礼。奢与犯礼便是那器小底影子。若是器大者，自然不至如此，看有甚功业，处之如无。①

朱熹赞同扬雄之大器说，扬雄认为"大器其犹规矩准绳乎？规矩准绳，无施不可"，而管仲"器小"，有的事做得可能达道，但紧接着许多事便无章法，这就是小器。②

显然，朱熹之批评管仲，目的是确定儒家道统对现实政治的合法性判准地位。对此，朱熹甚至对被孔子肯定过的"九合诸侯"维持华夏文化之正的功业都有所保留。他说："盖当时之人只见管仲有九合之功，将谓它大处大故。孔子却见它一生全无本领，只用私意小智做将出来，仅能以功利自强其国。"③这与他在与陈亮展开王霸之辨的立场是一致的。他也是要借此批评汉唐以来的统治者不是循着正心、诚意、平天下之大学之道，而是从智谋和功利中立足。其实就是在用道统批评政统。

> 大凡自正心、诚意以及平天下，则其本领便大。今人只随资禀去做。管仲资禀极高，故见得天下利害都明白，所以做得许多事。自刘汉而下，高祖太宗亦是如此，都是自智谋功力中做来，不是自圣贤门户来，不是自家心地义理中流出。④

在朱熹看来，汉高祖和唐太宗比齐桓晋文或许是可以，但是要将他们比作汤武则是"固自不得"。

不过，这样的解读要遇到的一个困难是如何折衷孔子许管仲"如其仁"的问题。朱熹是以"谁似他这仁"来解释"如其仁"的，也就是赞同孔子许管仲为"仁"的。从前面的"管仲器小"的解释中，朱熹判定管仲因为没有行王道之仁心，这里却又肯定孔子许管仲仁。而若许管仲以仁，

---

① 黄士毅编，徐时仪、杨艳汇校：《朱子语类汇校》二，第669页。
② 黄士毅编，徐时仪、杨艳汇校：《朱子语类汇校》二，第670页。
③ 黄士毅编，徐时仪、杨艳汇校：《朱子语类汇校》二，第669页。
④ 黄士毅编，徐时仪、杨艳汇校：《朱子语类汇校》二，第670—671页。

那么汉高祖和唐太宗之功业也可以被许之以"仁"。

> 亚夫问:"管仲之心既已不仁,何以有仁者之功?"曰:"如汉高祖唐太宗未可谓之仁人。然自周室之衰,更春秋战国以至暴秦,其祸极矣。高祖一旦出来平定天下,至文景时几致刑措。自东汉以下,更六朝五胡以至于隋,虽曰统一,然炀帝继之,残虐尤甚,太宗一旦扫除以致贞观之治。此二君者,岂非是仁者之功耶?若以其心言之,本自做不得这个功业。然谓之非仁者之功可乎?管仲之功亦犹是也。"①

在朱熹看来,不能因为这个人出发点的错误而全盘否定他的功绩,如此孔子许他有仁者之功是正常的。如果没有管仲,中国确有沦为夷狄之危险。但是,朱熹又辩解说:孔子并没有说管仲是纯于天理之纯,管仲之"仁"与颜回之三月不违"仁",这两者并不具有同等意义。

从朱熹的这段话中,朱熹继续批评汉唐君主,认为他们虽也有仁政之表现,但并非来自他们"遵王之道"。而朱熹认为孔子所许的管仲之仁,也就是在这个意义上说的。也正因为如此,孟子才视管仲为"以力假仁",只有仁之形式,而无仁之本质。在讨论《论语·雍也》篇的"博施济众"章的时候,朱子和学生也讨论了孔子许管仲为"仁"的问题,在朱子看来,仁是可以分层次的。既可以有圣人之仁,也可以有贤人之仁。这也就把管仲之"仁"视为贤者之仁,并认为它并不能算仁之全体,而是"仁之功"。"一事之仁也是仁,全体之仁也是仁,仁及一家也是仁,仁及一国也是仁,仁及天下也是仁。只是仁及一家者是仁之小者,仁及天下者是仁之大者。如孔子称管仲之仁亦是仁,只是仁之功。"②

在儒家的观念系统中,贤者居位和有德必有位的思想,既可以以此来要求居位者提升其德行的内在要求,也包含着可以反抗"不贤者"和没有"德"的人占据权位的革命因素。这意味着儒家对于现实秩序的批评甚

---

① 黄士毅编,徐时仪、杨艳汇校:《朱子语类汇校》三,第1190页。
② 黄士毅编,徐时仪、杨艳汇校:《朱子语类汇校》二,第893页。

至颠覆。不过，儒家之目的是建立秩序并维持秩序，而这个秩序又建立在等级的基础之上，据此，任何对于等级的超越又必然面临"僭越"的问题，这种礼崩乐坏的局面又非儒家所乐见。由此可见，儒家始终是在秩序的维护与反对这样的矛盾中，展开其思想发展的历程。即使在王权独尊难以挑战的汉代之后，儒家依然不断地从"天""道统""天理"等角度，来对现实的政治秩序进行制约。但同时儒家又承担着对于大一统秩序的辩护者的角色。而管仲则成为儒家呈现其矛盾性的重要案例。

在宋代还有一个讨论在二程和朱熹师徒之间展开，即设若管仲行王道，是否符合齐桓作为一个霸主的身份，即是否是一种僭越。这样的问题也曾经在讨论孟子是否应该劝齐宣王等行王道的合理性问题时有所涉及。对此，程颐从"礼"的角度进行了回应。"孔子之时，周室虽微，天下诸侯尚知尊周为义，故春秋之法，以尊周为本。至孟子时，七国争雄，而天下不知有周，然而生民涂炭，诸侯是时能行王道则可以王矣，盖王者天下之义主也，故孟子所以劝齐之可以王者此也。"① 这就是说，若是以百姓之利益出发，诸侯王便可以径自"行王道而王"。但二程的说法并非一以贯之，在回答学生问管仲是否存在不死节的理由的时候，二程则是以董仲舒之言辞来回应的。

> 问："管仲设使当时有必死之理，管仲还肯死否？"曰："董仲舒道得好，惟仁人正其义不谋其利，明其道不计其功。"②

这是明确反对从功利的角度来判别道德选择的标准。如果一定要在上述两段话之间寻求自洽，则是因为二程以公私来理解仁爱，上述管仲辅佐齐桓公行王道，乃是基于天下之公，而管仲之生死选择，乃是一己之私。

关于管仲是否有推动王道的合法性问题，朱熹的回应是多层次的，首先，他继承二程的说法，认为若是有"公心"，那么在"下位"也可以行王道。"古人论王、伯，以为王者兼有天下，伯者能率诸侯。此以位

---

① 《河南程氏外书》卷第八，载《二程集》上，中华书局，2004年，第399页。
② 《河南程氏外书》卷第八，载《二程集》上，第398页。

论,固是如此。然使其正天下、正诸侯,皆出于至公而无一毫之私心,则虽在下位,何害其为王道。"只是齐桓公是胁迫诸侯来攻打其他诸侯,而归功于己,"天下但知有伯而不复知有天下。此其所以为功利之心,而非出于至公也"。① 但朱子也不能完全否认"在其位谋其政"的礼制规定,据《朱子语类》收录的一则朱熹与弟子之间的讨论记载,有一弟子在讨论中问道:固然我们确定管仲的那些事都是私意小智的行为,那么站在今天的立场看,管仲应该如何做才是正当的呢?有弟子回答说,应该像孟子见齐宣王和梁惠王时那样,如果不愿行王道,那就算了。朱熹说:管仲辅佐齐桓公的时候,周室还没有衰落,应该替周室考虑。另一个人说,那个时候楚国强大,管仲应该辅佐齐桓公伐楚,然后拥戴齐桓公辅助周天子。朱熹说,这个时候有毛、韩诸公担任天下三公,怎么会相信齐桓公,放手让他担任相位呢?还有一个人说,如果桓公率领各诸侯去朝觐周王,怎样?朱熹说,恐怕那些三公九卿也不肯让桓公带如此多的诸侯来朝觐周王。朱熹的结论是"此事思量是难事,又也难说"。② 朱子反对道德选择时的"两行"之可能,但又会面临若坚持道德优先,则难以解读对管仲器小之讥评的困境,管仲问题的确是儒家思想复杂性和丰富性的最"艰难"的证明。

(二)朱熹和陈亮王霸之辨中的"管仲"问题

前述孟荀有王霸之辨,而后汉代黄老道学则在王道之上又加入"帝道",认为自然无为之治理之道要高于仁义之术。

宋初《周易》《春秋》受到更大的关注,从而社会发展规律的阐发又取得新的成就,其中最具代表性的就是邵雍之元会运世之说。对于元会运

---

① 黄士毅编,徐时仪、杨艳汇校:《朱子语类汇校》二,第 668 页。
② 黄士毅编,徐时仪、杨艳汇校:《朱子语类汇校》二,第 670 页。然在自立本心的陆九渊兄弟这边,对此德位和事功之间的道德困境却并未有巨大障碍,进而体现出彻底的民本立场。有人问孟子以行王道游说诸侯,是行王道以尊周室,还是行王道去获取"天位"?梭山(陆九韶)说是要得天位。问者说,若是要得天位,那说明后世怀疑孟子是教诸侯篡夺是有道理的吗?梭山的回答是民为贵,社稷次之。陆九渊听到这个问答之后,良久道:"旷古以来无此议论。"也就是说,连陆九渊都认为这是一个惊天之论,但这个惊天之论却是伏羲以来所一以贯之之理。见《陆九渊集》,中华书局,1980 年,第 424 页。

世的时间序列有很多讨论，目前难以有定论，邵雍则据此构建了天人贯通的"四府"说。他在《观物内篇》中以春夏秋冬为自然之"四府"，而《易》《书》《诗》《春秋》为人事之"四府"，对应仁礼义智四种德性，并引申出四种治理之道：皇、帝、王、霸。

邵雍说，"三皇同仁而异化，五帝同礼而异教，三王同义而异劝，五伯同智而异率"。① 若能以自然之道化成天下，那么天下以道归之，所以三皇尚自然。而五帝以德教民，尚谦让，知天下之天下非己之天下。三王尚政，政者正也，即正天下之不正，以利去害。五伯以力率民，故尚争。五伯虽然是借虚名以争实利，但在维护文明秩序上也不能谓之不利于中国。②

这个将黄老的治理理念糅合进儒家义理的做法并没有被程朱等人所接受，朱熹和陈亮的辩论是围绕着王霸之辨展开的。陈亮还著文《问皇帝王霸之道》来批评"道何其多门"。陈亮说："一阴一阳之谓道……伏羲神农用之以辟天地，则曰皇道；黄帝、尧、舜用之以定人道之经，则曰帝道；禹、汤、文、武用之以治天下，则又曰王道；王道衰，五霸迭出，以相雄长，则又曰霸道。皇降而帝，帝降而王，王降而霸，各自为道，而道何其多门也邪？"③ 陈亮说，孔子删定《尚书》，以尧舜为开端，已经明示尧舜之前的皇道帝道难以为后世所取法。而从子思、孟子、荀子、董仲舒等大儒，都只及王道，但汉代的政治则是"霸王之道杂之"。这说明"儒者专言王道，而趋事功者必曰霸王之杂"。这说明儒家之理想与现实社会之间存在差异，这种言行之间的差距，反而会导致政策上的混乱。④ 因

---

① 邵雍：《观物内篇》，郭彧整理：《邵雍集》，中华书局，2010 年，第 14 页。

② 李震通过对邵雍的文本的梳理，认为他努力将皇帝王伯之说建立在儒家的基础上，一是将《周易》与《尚书》与仁、礼相匹配，认为自然并非为黄老之主张，而是内涵于儒家政治思想中。他以"智"与霸道相联系，因而霸也是可以接受的。见李震：《观物：邵雍哲学研究》，生活·读书·新知三联书店，2023 年，第 418 页。后来朱熹和陈亮之争就是在这个融合上。

③ 邓广铭点校：《陈亮集》增订本上，中华书局，1987 年，第 172 页。

④ 田浩说："南宋的学术与政治危机将其注意力转移到寻求现实问题的解决上来，并且他希望这种诉求不要受到动机伦理学及其道学的形而上学基础等成见的束缚。由于这些伦理与哲学考虑在当时思想界具有中心地位，陈亮便在道德倾向和社会政治问题解决的层面上立论；因此，他的功利主义伦理观面临着当时在文化层上的反对意见。"见田浩：《功利主义儒家：陈亮对朱熹的挑战》，姜长苏译，江苏人民出版社，2012 年，第 114 页。

此，陈亮主张以王道观念来融摄宋明道学家所批评的"霸道",认为汉唐君主所行亦是本于大公的王道,只是不同的时期,人们要根据不同的政治社会现状来选择不同的治理之术。①而陈亮与朱熹之间的辩论也以此为焦点。

陈亮认为：

> 自孟荀论义利王霸,汉唐诸儒未能深明其说。本朝伊洛诸公,辩析天理人欲,而王霸义利之说于是大明。然谓三代以道治天下,汉唐以智力把持天下,其说固已不能使人心服;而近世诸儒,遂谓三代专以天理行,汉唐专以人欲行,其间有与天理暗合者,是以亦能久长。②

在陈亮看来,说曹操之类的人是纯以私欲行却也不差,但若谓汉祖唐宗也是基于人欲,则不一定恰当,即使是王霸相杂,也是王道基础上添加一些霸术,不能全盘否定。如果批评汉唐是利欲霸道,讽刺他们是义利双行,王霸并用,那只有坐而论道才能纯合天理而摈弃利欲。

陈亮认为,这样的标准违背了孟子的教诲。孟子固然坚持仁义,但亦强调智勇。这说明孟子乃既重视良知本心,也强调事上践履。后世儒者也承认"有才而无德""有智勇而无仁义"的现象存在,不可能只有天理而无人欲。从学以成人的角度,儒家只是一大宗,并不能完全否定、排斥别的学派。

陈亮试图从历史事实出发来说明,即使是道学群体所推崇的道统传统亦是"王霸并用"的,他回溯早期中国历史认为,五霸的做法亦是吸收了尧舜禹汤文武周公之所为。他说："昔者三皇五帝与一世共安于无事,至尧而法度始定,为万世法程。"③他举例说,无论是禹传启、汤放桀、武王伐纣,都是通过征伐手段而取得政权,"五霸之纷纷,岂无所因而然

---

① 田丰认为,陈亮的王道观念有三个层次的用法。"1. 涵盖一切道理之大道常道；2. 儒家世传的孝悌忠信之德、经传注疏之典、心性涵养之功；3. 在皇帝王霸的历史沿革中作为一个历史阶段的政治之道。"见田丰：《朱陈王霸之辨义疏》,北京大学出版社,2019年,第79页。
② 陈亮：《又甲辰秋书》,载邓广铭点校：《陈亮集》增订本上,第340页。
③ 陈亮：《又乙巳春书之一》,载邓广铭点校：《陈亮集》增订本上,第344页。

哉。老庄氏思天下之乱无有已时，而归其罪于三王，而尧舜仅免耳；使若三皇五帝相与共安于无事，则安得有是纷纷乎？"而孔子之所以"祖述"到尧舜为止，不及三皇，就是基于他相信三皇之教化天下的理念不可能在现实中得到落实。如此，孔子所提倡的三代之治，也并非最为理想的社会秩序，为何要给汉唐树立难以企及的标准呢？①

陈亮认为天地人共同构成了宇宙运行之道，不可能舍弃人而道"独运"。而就人而言，既不可能人人皆是尧舜，也不可能满目桀纣，汉高祖和唐太宗虽不及圣王，但这只是"完成度"的差异，而不是本质上的不同。因为"心之用有不尽而无常泯，法之文有不备而无常废"，汉祖唐宗"终归于禁暴戢乱、爱人利物而不可掩者，其本领宏大开廓故也"。②而他们若本领宏阔，那么更有利于"推扩"爱民之心。至于说他们"以天下为己物"，这也并非超越儒家之理念，因为三代圣人就已经"不讳其为家天下矣"。

如此，陈亮以孔子肯定管仲"人也"来强调儒家对于功业和德性关系的复杂面向。他说：

> 管仲尽合有商量处，其见笑于儒家亦多，毕竟总其大体，却是个人，当得世界轻重有无，故孔子曰"人也"。③

陈亮说他自己也要做个"人"，不是要以管仲、萧何作为榜样，而是要提倡这样一种价值观，即"搅金银铜铁镕作一器，要以适用为主耳。亦非专为汉唐分疏也，正欲明天地常运而人为常不息，要不可以架漏牵补度时日耳"。④

对此，朱子专门回信做了回应，他从对汉唐的评价和儒家之成人之学两方面来展开分说。

---

① 田浩说：为了肯定汉唐，陈亮不得不反对儒学赋予三代之治的理想性地位，陈亮"企图从较近历史中构建楷模"，而推动现实政治的变革。见田浩：《功利主义儒家：陈亮对朱熹的挑战》，第117页。
② 陈亮：《又乙巳春书之一》，载邓广铭点校：《陈亮集》增订本上，第345页。
③ 陈亮：《又乙巳春书之一》，载邓广铭点校：《陈亮集》增订本上，第346页。
④ 陈亮：《又乙巳春书之一》，载邓广铭点校：《陈亮集》增订本上，第346—347页。

对于陈亮对汉唐的评价，朱熹反问说，如何能从汉祖唐宗的作为中分辨出他们是基于义还是利，正还是邪？"若高帝，则私意分数尤未甚炽，然已不可谓之无；太宗之心，则吾恐其无一念不出于人欲之也，直以其能假仁借义以行其私。"当时与唐太宗相争的人的才情都逊色于他，不知用仁义来标榜自己。也就是说唐太宗的成功源自他善于做表面文章。"若以其能建立国家，传世久远，便谓其得天理之正，此正是以成败论是非"，因此说孟子之后，道统未尝一日得行于天地之间。这个"道"是亘古今常存的，并不会因为有人"作坏"，就会消失。①

在第八封回信中，朱子继续强调"道"虽是常存的，却也可能会被利欲所遮蔽。

> 夫人只是这个人，道只是这个道，岂有三代、汉、唐之别？但以儒者之学不传，而尧、舜、禹、汤、文、武以来转相授受之心不明于天下，故汉唐之君虽或不能无暗合之时，而其全体却只在利欲上。此其所以尧、舜、三代自尧、舜、三代，汉祖唐宗自汉祖唐宗，终不能合而为一也。②

对于陈亮所说"心无常泯、法无常废"的说法，朱熹说既十分同意此说，但也是与陈亮的分歧之所在。"有是人则有是心，有是心则有是法，固无常泯常废之理。但谓之无常泯，则是有时而泯矣；谓之无常废，即是有时而废矣。"③当天理人欲并行之时，道或断或续，便是可以理解的。

针对陈亮所说天地人共同构成宇宙秩序的说法，朱熹说"天地无心而人有欲"，因此，天地运行无穷，而人道则可能因为天理被遮蔽而不显。不能直接得出"苟有是身则道自存，必无是身然后道乃亡"④的结论。朱熹进一步说，"惟圣尽伦，惟王尽制，固非常人所及，然立心之

---

① 朱熹：《寄陈同甫书·六》，载邓广铭点校：《陈亮集》增订本上，第360—361页。
② 朱熹：《寄陈同甫书·八》，载邓广铭点校：《陈亮集》增订本上，第366页。
③ 朱熹：《寄陈同甫书·八》，载邓广铭点校：《陈亮集》增订本上，第364页。
④ 朱熹：《寄陈同甫书·八》，载邓广铭点校：《陈亮集》增订本上，第365页。

本，当以尽者为法，而不当以不尽者为准。"① 也就是说，如若要确定良好秩序的标准，当以尧舜之治为标杆，若不以尧之所以治民者治民，那么就是"贼其民"者，就此而论，汉唐虽然国力强盛，但人心不服，终难以企及三代之治。

对于成人之学，朱熹认为陈亮将金银铜铁合铸一器的做法，就是从功利来着眼。而他肯定管仲"人也"，则是并没有理解孔子的原意。朱熹说：

> 孔子固称管仲之功矣，不曰小器而不知礼乎？"人也"之说，古注得之，若管仲为当得一个人，则是以子产之徒为当不得一个人矣。圣人词气之际，不应如此之粗厉而鄙也。②

在朱熹看来，三代与汉唐并不是程度的不同，而是本质的差异，若将尧舜与汉唐相比，"却将圣人事业去就利欲场中比并较量，见有仿佛相似，便谓圣人样子不过如此，则所谓毫厘之差、千里之谬者，其在此矣"。③并说管仲之心陷溺于利欲之中，其行为亦是追求利欲，虽然孔子对其事功有所肯定，但孟子和董仲舒都是以儒家之价值来对之进行裁断，这是因为对于天理人欲之分，是"毫厘必计"的，因此朱熹区分了"仁的功用"和"道德本身"的不同，即不能把客观效果和道德意识等同起来。④

在现代思想史里，朱陆之辩所受到的关注要远远超过朱熹和陈亮之间的围绕汉唐评价的争论。对此，牟宗三基于儒家现代发展的立场对朱陈之争的分析值得特别的关注。

牟宗三提出了历史哲学中存在道德判断和历史判断两种对待历史的类型，并认为朱熹秉承理性主义的立场，纯以道德判断来对待历史；而陈亮则从英雄主义和直觉主义出发，肯定自然生命的原始价值。他们各执一

---

① 朱熹：《寄陈同甫书·八》，载邓广铭点校：《陈亮集》增订本上，第365页。
② 朱熹：《寄陈同甫书·八》，载邓广铭点校：《陈亮集》增订本上，第366—367页。
③ 朱熹：《寄陈同甫书·九》，载邓广铭点校：《陈亮集》增订本上，第367页。
④ 田浩说："朱熹接受程颐的解释，认为管仲有'仁之功用'。管仲在保卫中原国家免受野蛮楚国的武力侵略、召集诸侯为其政治行为设立指导原则中，建立了对他人有益的功绩；因此，他体现了'仁之功用'。"见田浩：《功利主义儒家：陈亮对朱熹的挑战》，第127页。朱熹认为仁有不同层次，孔子称管仲"如其仁"和说颜回仁是完全不同的。

端,故而难以说服对方。牟宗三说:

> 对于历史,道德判断与历史判断无一可缺。道德判断足以保住是非以成褒贬,护住理性以为本体,提挈理想以立纲维;而历史判断则足以真实化历史,使历史成为精神之表现与发展史,每一步历史事实皆因其在精神之表现与发展上有其曲折之价值而得真实化。无道德判断而只有历史判断,则历史判断只成为现象主义、历史主义,此不足以真实化历史;无历史判断而只有道德判断,则道德判断只是经,而历史只成为经之正反事例,此亦不足以真实化历史。①

牟宗三借助黑格尔的"理性的诡谲"来试图将直觉主义和理想主义综合起来,因为历史上的英雄人物,常常以其生命中的原始直觉,包括贪欲、意气等等行事,但他之作为往往暗合历史之发展趋势,故而如王夫之所言,以一己之私成就天下之大公。惟其如此,评判人物才不致落入一偏。牟宗三亦以朱陈争论中的管仲评价为例,针对孔子管仲器小的评价,"重主观道德,则看重其'不知礼',虽有功业,亦不算大器;重客观功业,则看重其本领,虽有小疵,不掩大体"。②在牟宗三看来,若是道德意识和客观的功业直接对应,自然完美,但现实中,这两者多有分歧。故而,若道德意识不能在个体事件和社会趋势中得到呈现,那么就会只局限于个人之道德自觉。而英雄主义若一任其直觉,不能克己自反,"不能从道德理性上根本反省打天下、家天下之非是",③则也难以克服德性与功业的矛盾。陈亮不能看到汉祖唐宗身上陷溺于人欲的一面,反而想以孔子建构"三代之治"的方式来合理化汉唐政治,只会让英雄人物越发轻视贤圣而为所欲为,终会让历史发展受英雄主义的引领而"漫无目的"。

在牟宗三看来,汉高和唐宗都有其原始的价值,而不能如朱熹那样全然否定。但也不能如陈亮那样直接接受,需要通过人类的理性来将之升华,也即要经受道德判断的检验方能为人类的发展点明方向。不过若纯以

---

① 牟宗三:《政道与治道》,广西师范大学出版社,2006年,第190页。
② 牟宗三:《政道与治道》,第207页。
③ 牟宗三:《政道与治道》,第208页。

道德判断来评断历史事实和历史人物,就使对历史的认识停留于知性的抽象阶段,这样,朱熹对汉祖和唐宗的批判,只能落于他们个体的道德亏欠,而不能上升到利欲之私根源于"家天下"的客观之"私"上,进而难以发展出以天下之大公为目标的新的政治模式。"在家天下之大私之下,无真正事功可言。道德理性之为批判的表现,首先应在此客观的政体问题上具备事功之模型,如此方为切要。盖此是成济天下之事功也。"①此同牟宗三将儒学第三期发展的政治理想确定为儒家道德与民主政治的相辅相成是一致的,即要让"内圣"开出"新外王",要把对历史的认知转化为政治秩序的构建上,方为对历史负责。

第四节　功业与死节:明清时期对"管仲之器小"之解读

到了朱熹这里,纠缠于儒学诠释史的"管仲难题"似乎有了一个新的整体性的理解,这个解决是沿着孟子以来的王道观而发展的,但又有限度地容纳了公羊学解释系统中的"王者之事"。

朱熹和陈亮之间关于王霸的争论所展现的道德评价和实践评价的困境,的确是儒家的价值理念在现实政治实践中的困境的体现。

朱子在理论上更为重要的辩论者是陆九渊。朱陆关于为学工夫的差异当另文详述,然他们对以三代王道政治来要求现实的君王这一点上却是相同的。陆九渊在与郑溥之的信中说:"格君心之非,引之于当道,安得不用其极。此责难所以为恭,而不以舜之所以事尧事君者,所以为不敬其君也。"②也就是说对于君主要衡之以高标准。陆九渊于此也并非停留在口头上,当他获得与皇帝对话的机会的时候,即是告诫君王不要轻信阿谀之人歌功颂德。1184 年,他在《删定官轮对札子》中批评孝宗皇帝,说他得位二十余年,版图未归、仇耻未复,可谓寒心。③并规劝孝宗要以唐

---

① 牟宗三:《政道与治道》,第 220 页。
② 陆九渊:《与郑溥之》,载《陆九渊集》,中华书局,1980 年,第 179 页。
③ 陆九渊:《删定官轮对札子》,载《陆九渊集》,第 221 页。

虞为目标，而唐太宗则不足道。在第二份札子中，他讽刺汉武帝虽然征集贤良对策，但并不真正了解政治之实质。"自秦而降，言治者称汉唐。汉唐之治，虽其贤君，亦不过因陋就简，无卓然志于道者。"① 这与朱熹对汉唐政治的批评是一致的。他也肯定"伊洛诸贤"是传道之儒，为"汉唐所无有"。他说："由孟子而来，千有五百余年之间，以儒名者甚众，而荀扬王韩独著，专场盖代，天下归之，非止朋游党与之私也。若曰传尧舜之道，则不容以形似假借，天下万世之公，亦终不可厚诬也。至于近时伊洛诸贤，研道益深，讲道益详，志向之专，践行之笃，乃汉唐所无有。"② 这也是认同程朱指斥汉唐诸儒没有传承道统的说法。

他反对后人一方面推尊王道，另一方面又"责难"王道理想过于高远而难以落实。他认为所有推托的想法都是没有"决心"而已。他说："商君说孝公以帝道、王道，与今人言礼义相似，其实是讲贯得一项必不可行之说耳。帝道、王道之实，其果如是乎？要看其实王道，则孟子告齐宣梁惠不能舍己私以从孟子耳，孟子之说安有不可行者哉？"③

尽管如此，陆九渊并没有在道德理想主义方面走得过远，他批评世俗儒生鄙薄实际政事的做法，认为儒生若是真要践行"爱民"的价值，那么便不能停留在口头上，听凭恶吏盘剥百姓，而是要积极地落实到为百姓办实事的过程中。他说："世儒耻及簿书，独不思伯禹作贡成赋，周公制国用，孔子会计当，洪范八政首食货，孟子言王政亦先制民产、正经界，果皆可耻乎？"④ 他在给孝宗皇帝的奏议中，强调得人，首举管仲为例，认为齐桓公能捐弃前嫌而任用管仲，是知人得人之举。⑤

陆九渊还有限度地肯定了王安石变法，这也是与二程有很大差别的地方。他对王安石的批评不集中在改变财政制度，而是认为王安石没有从人心入手去培养政治习惯，而是从自己的喜好去任用人才，而面对异议，

---

① 陆九渊：《删定官轮对札子》，载《陆九渊集》，第222页。
② 陆九渊：《与侄孙濬》，载《陆九渊集》，第13页。
③ 陆九渊：《与周廉夫》，载《陆九渊集》，第60页。
④ 陆九渊：《与赵子直》，载《陆九渊集》，第70页。
⑤ 陆九渊：《删定官轮对札子》，载《陆九渊集》，第222页。

动辄辞职,由此难以帮助仁宗和神宗成就尧舜之治。①

陆九渊发明本心,先立乎其大的心学思想为明儒阳明所继承。与陆九渊一样,王阳明也认为,圣人之学当从内心中去求取,而不应该只从经传文本中去求得。在他看来三王之道与文武之治所遵循的是同样的原则,即遵循"万物一体"的原则,将天下人,无论内外远近,都视为自己之兄弟。圣人都是从克私去蔽来恢复其"心之同然",而无有人己、物我之分。经典所载的他们的事迹之不同,只是圣人因时立教的差别而产生的。他说:

> 三代之衰,王道熄而霸术昌。孔、孟既没,圣学晦而邪说横。教者不复以此为教,而学者不复以此为学。霸者之徒,窃取先王之近似者,假之于外,以内济其私己之欲,天下靡然而宗之,圣人之道遂以芜塞,相仿相效,日求所以富强之说,倾诈之谋,攻伐之计,一切欺天罔人,苟一时之得,以猎取声利之术,若管、商、苏、张之属者,至不可名数。②

王道熄而霸道横行,这是普遍的说法,其后果是人们不再以三王之道为教,这样一些奉行霸道的人就会假借圣人之片言只语,来文饰他们的霸道之心。王阳明以管仲、商鞅和苏秦、张仪作为这种类型的人物的典型。

> 既其久也,斗争劫夺,不胜其祸,斯人沦于禽兽、夷狄,而霸术亦有所不能行矣。世之儒者慨然悲伤,搜猎先圣王之典章法制,而掇拾修补于煨烬之余,盖其为心,良亦欲以挽回先王之道。圣学既远,霸术之传积渍已深,虽在贤知,皆不免于习染,其所以讲明修饰,以求宣畅光复于世者,仅足以增霸者之藩篱,而圣学之门墙遂不复可睹。于是乎有训诂之学,而传之以为名;有记诵之学,而言之以为博;有词章之学,而侈之以为丽。若是者纷纷籍籍,群起

---

① 陆九渊:《荆国王文公祠堂记》,载《陆九渊集》,第231—234页。
② 王阳明:《传习录中·答顾东桥书》,载吴光等编:《王阳明全集》一,浙江古籍出版社,2014年,第62页。

角立于天下，又不知其几家。①

阳明认为，儒生试图通过收集圣王之典章来挽救世风，但这种不诉诸内心的注释之学反而会增加霸术的流行。王阳明指出，无论是佛老之说，还是当下之群儒，都难以破除人心中的"功利之见"，所以，要拔本塞源，让内心之良知发用，感物而通，这样，人心自正，亦自能恢复王道政治。

阳明以万物一体之说，来参证心学的政治思想。阳明本身就反对从经典的训诂解释中来阐发思想，因此，他只是从王霸之辨来批评管仲之霸术。然阳明后学中，亦有刘宗周著有《论语学案》来解释孔子对管仲之评价，可视为阳明学系统的"解释"倾向。

刘宗周解释，管仲在做出"春秋二百年"第一人的功绩，反而被孔子以"器小"讥讽，原因是管仲对天下运行之"道"缺乏理解，而看重功名富贵，这样便是轻"道"重"器"，还是霸术占据内心，无有王天下之意。刘宗周说：

> 管仲在当时，一匡九合事业尽恢宏彪炳宇宙，实春秋二百年以来第一人。夫子乃以器小讥之，只为仲心术不纯，学未闻道，不免在功名富贵上立脚，便占得地步小了。天地间唯道至大。……功名富贵，在道中只是一物。以一物受一器，唐虞揖让三杯酒，汤武征伐一局棋，其器亦不足有无，而况仲之为器乎？假而无当于性也，其根柢也；伯而无当于王也，其作用也，则仲之为器小可知矣。②

在刘宗周看来，在《论语·八佾》中，孔子回应学生对管仲是否"知礼""节俭"的问题，都是从"器小"出发来批评管仲的。

对于《论语·宪问》中，子路和子贡对于管仲没有"死节"孔子依然许其为仁的疑问，刘宗周亦是吸取了汉儒君臣之分未定来为管仲开脱，事实上是要为孔子许仁做转圜。刘宗周说：

---

① 王阳明：《传习录中·答顾东桥书》，载吴光等编：《王阳明全集》一，第62—63页。
② 刘宗周《论语学案》，汤一介等主编：《儒藏》精华编一〇五册，北京大学出版社，2008年，第273页。

> 子路责管仲不死，自是君子守身之常法。如子贡便看得宽了。子路只是断断责他不死，不落第二见，即死孔悝之兆也。仲从子纠出奔，未定君臣之分，于此一死，是匹夫而殉义者，虽不可谓至忠，亦成就一是矣。①

若是君臣之分未定，那么管仲死节便是匹夫之义，虽值得肯定，但对于管仲这样对春秋政治秩序做出重要贡献的人而言，则要考究其随后在维持文明秩序时的功绩再做评断。刘宗周认为，春秋之乱局，不可以没有一个管仲这样的人，所以对于管仲的评价，要略其心而取其功可也："夫子生于衰周，目击僭王猾夏之祸，而身不能用，一腔热血无处可洒，不觉追念管仲之功，至以为到今受赐，盖伤今之无仲也，自是痛痒相关。子路、子贡只从一身起见，故云。"②

刘宗周对君臣之大节是十分看重的，在明清嬗代之际，他坚守民族气节，而甘愿饿死以身为文明做表率。

明清转折时期，思想更为深刻和犀利的是王夫之，他要思考文明和国家之间的复杂关系。王夫之所思考的是如何维护文明的存续，因此，他对于管仲的肯定落脚于"大小公私之辨"，认为若是固守子纠与齐桓公的仇隙，那才是禽兽之行。这个解释比司马光在《资治通鉴》中的解释要更进一步，司马光认为管仲之所以被孔子肯定，在于他考虑生民之福祉，明知齐桓公之德行如"狗彘"，但依然辅佐之，是因为管仲了解若不借助齐桓公的力量，则难以完成救百姓如倒悬的危局。③

固然，司马光对齐桓公和管仲的合作之理由的推测有不符合"史实"的成分，但王夫之所要取的就是"捐小以全大"的价值取舍。在讨论"夏侯详说止殷琰降夷狄"一节中，殷琰因担心宋明帝杀他而想投奔鲜卑的拓跋氏的时候，夏侯详便以"忠节"来劝阻。对此，王夫之评论说：

> 夫既以名义为初心，则于义也当审。为先君争嗣子之废兴，义

---

① 刘宗周：《论语学案》，汤一介等主编：《儒藏》精华编一〇五册，第 419 页。
② 刘宗周：《论语学案》，汤一介等主编：《儒藏》精华编一〇五册，第 420 页。
③ 司马光：《资治通鉴》卷六十六，中华书局，1956 年，第 2116 页。

也；为中国争人禽之存去，亦义也；两者以义相衡而并行不悖。如其不可两全矣，则先君之义犹私也；中国之义，人禽之界，天下古今之公义也。不以私害公，不以小害大，则耻臣明帝而归拓拔，奚可哉？①

也就是说，如果从"义"的角度，君臣一伦是"义"，保存中华文明也是义。若是这两种"义"产生矛盾，那么公义，也就是维护文明秩序更为重要。这让王夫之联想到孔子对管仲的评价。王夫之认为孔子许管仲以仁，就是两者相权取其重。

> 呜呼！人莫急于自全其初心，而不可任者一往之意气。欲为君子，势屈而不遂其志，抑还问吾所自居者何等也。情之所流，气之所激，势之所迫，倒行逆施，则陷于大恶而不知，而初心违矣。故迫难两全之际，捐小以全大，乃与其初心小异而不伤于大同。故管仲事仇而夫子许之为仁，以其知小大公私之辨也。使怀子纠之怨，忿戾以去其故国，北走戎，南走楚，必与桓公为难，而雪其悁悁之忿，则抑匹夫匹妇之不若，禽兽而已矣。君子之称管仲曰"徙义"，徙而不伤君子之素，则合异于同，而无愧于天下。②

王夫之认为若是管仲为了成全他与子纠的"义"而置夷夏之辨于不顾，那就只是禽兽而已。这应该是面对明清之嬗代而产生的"文明秩序"的变革而发出的议论。

在《读四书大全说》的《论语》部分，王夫之对于孔子对管仲的评价也有详细的讨论。在关于"管仲之器小"部分，王夫之肯定了朱熹在集注中"局量褊浅，规模卑狭"的评论，并说这是"探本之论"。③但他批评的是人们将管仲之器小的原因归之于"格物致知工夫未到"。他认为管仲器小的根源在于"不以欲修、欲正、欲诚之学为本"，所以导致其没有

---

① 王夫之：《读通鉴论》，《船山全书》第十册，岳麓书社，2011年，第589页。
② 王夫之：《读通鉴论》，《船山全书》第十册，岳麓书社，2011年，第589页。
③ 王夫之：《读四书大全说》卷四，《船山全书》第六册，620页。

"欲明明德于天下"之心。

在明末的社会危机下,王夫之对于管仲之"功"之"力"有更多的肯定。他指出"德为体,功为用"。体用一源,如果仁心不能有现实的效果,其德便难以现实化。所以,王夫之说桓公九合诸侯,是"管仲之力",这个力,就是"仁之力"。"其所为讲信修睦于天下,惇信明义于国中,而以全乎'爱之理'为'心之德'者,固非虚枵袭取之仁,明矣。"①在王夫之看来,孟子对于管仲的批评,是一种救时之偏的言论。"无仲之力,而袭仲之迹,则趋入于功利而不仁。"②他认为孟子并没有直接批评管仲"心术不正",是宋儒吹毛求疵之论,③对于管仲的评价应该折中于孔子,肯定其为仁之"力"。

顾炎武在《日知录》中,也是从文明秩序的维护的角度来为管仲不死节开脱,在解释"管仲不死子纠"一条时,顾炎武说:

> 君臣之分,所关者在一身;夷夏之防,所系者在天下。故夫子之于管仲,略其不死子纠之罪,而取其一匡九合之功,盖权衡于大小之间,而以天下为心也。夫以君臣之分犹不敌夷夏之防,而《春秋》之志可知矣。④

在顾炎武看来,孔子不追究管仲不死节之罪,是权衡了天下利益和个人品藻之间的"大小"的。很显然,夷夏秩序比君臣之分更为关键,这就可以理解孔子为什么肯定管仲的理由了。

顾炎武以宋人"不读书"来讥评脱离文本的"自得"和理学家对性理的阐发,加上清统治者严格的思想管控,导致清代学风偏向考据。在经世实学风气中,以三礼和《春秋》最受人重视,清中期之后,有"以礼代

---

① 王夫之:《读四书大全说》卷六,《船山全书》第六册,807页。
② 王夫之:《读四书大全说》卷六,《船山全书》第六册,807页。
③ 王夫之说,自从孟子和荀子贵王贱伯之说起,人们便以此为准来质疑孔子对于齐桓公和管仲的评价。孔子说齐桓公是"正而不谲",既以正许之,但朱熹依然批评他们"心皆不正"。他认为这是陈义过高之论。见王夫之:《读四书大全说》卷六,《船山全书》第六册,803页。
④ 顾炎武:《日知录·卷七·管仲不死子纠》,黄汝成集释:《日知录集释》(上),上海古籍出版社,2006年,第412页。

理"①的风气,这在依旧以程朱理学为官方正统的思想环境中,足见人们希望重视礼仪、典章的复性重理。

清代《论语》注释考订著作众多,本文选择程瑶田之《论学小记》与刘宝楠之《论语正义》为例来梳理考据之风下对"器小"的讨论。

程瑶田《论学小记》有专文《大器篇》讨论管仲之"器"。他从孔子"君子不器",认为所有之器均有"容量"之大小,应如川流,能容纳"众汇",更应如大海,是百川之所归,其器大是无以名之,所以称"不器"。这样的解释与《论语》之原意或有区别,但程瑶田则由此引出对管仲的理解。

> 管仲相桓公以霸诸侯,有匡天下之功;其力能不以兵车而令桓公九合诸侯也,有仁天下之功,功不可谓不大矣!古来之事功大者,必有容事功之量。尧则天而民无能名,盖尧德如天,而即以天为其器。大"器小"者,未有不有功而伐者也,其功大者,其伐益骄。②

管仲之塞门、反坫这些逾越礼制的行为都是骄矜的表现,说明他因其事功而内心膨胀,即为不知礼而"器小"。程瑶田还说,一般人难以做到富而不淫,桓公尊管仲为"仲父",但管仲难以如舜禹那样以天下为其器,关注生民之疾苦,所以,管仲也因其"不俭"而"器小"。

刘宝楠的《论语正义》除了收集前人之注疏之外,亦关照到清人对《论语》的新解,大量篇幅聚焦于管仲之逾越礼制的考索,并能结合其他文献中对管子的记载,参错综核,多有创发。在关于"管仲之器小"的辨析中,刘宝楠认为历代注家从齐桓公称霸来理解管仲"器小"并不准确,因为,古代王、伯之分,是天子、诸侯的不同称呼。桓公九合诸侯,被推为诸侯之盟主是其美称,而非如后世以"霸"为恶名。

《论语·宪问》篇孔子对于齐桓公"正而不谲"的评价,其实埋下了孔子许管子以仁的伏笔,而子路和子贡对于孔子许管仲"如其仁"则是基

---

① 参看张寿安:《以礼代理:凌廷堪与清中叶儒学思想之转变》,河北教育出版社,2001年。
② 程瑶田:《论学小记》,《程瑶田全集》第一册,黄山书社,2008年,第23页。

于"礼制"而发出的疑问。在这里刘宝楠接受了王引之在《经传释词》的解释,并照应了《八佾》篇中的"器小"之说。

> 管仲能知人用人,成此伯功,所以《论语》归美管仲也。"如其仁"者,王氏引之《经传释词》:"如,犹乃也。"此训最当。盖不直言"为仁",而言"如其仁",则专据功业言之,《穀梁传》所云"仁其仁"者也。①

若从管仲所建立的功业来看,那么也可以称其为"如其仁",但亦因其非有德行之支持,难以直接评价其"为仁"。

孔子对管仲之事功的评定与儒家对礼的关切有很大的张力,这也是子路、子贡追问的原因,历代注家须调停其不同的指向。因此,有以公子纠未及继位而管仲与之的君臣关系还未成立,故而不应以臣为君死节来要求管仲而来为之开脱。也有召忽死之而难以为社稷、国家做出贡献来为管仲辩护的。刘宝楠照顾到历代注家的不同视角,既不否认君臣之大节,又为管仲之"偷生"做开解。

> 仲志在利齐国,而其后功遂济天下,使先王衣冠礼乐之盛,未沦于夷狄。故圣人以仁许之,且以其功为贤于召忽之死矣。然有管仲之功,则可不死;若无管仲之功,而背君事仇,贪生失义,又远不若召忽之为谅也。②

在我看来,刘宝楠的"调停"并没有解决管仲的"道德困境"。首先,在做出生死选择之前,我们并不能预测这个选择所可能带来的事功上的后果;其次,我们并不能根据事后的事功来反推道德选择的合理性。再次,儒家固然有经权之论,但并未认可所有人都存在着"行权"的能力,而孔子对管仲之事功的肯定,并未正面回答管仲不死节这个选择的恰当与否。后世试图从事功来化解道德选择困境的做法,会导致道德上的机会主

---

① 刘宝楠:《论语正义》下,中华书局,1990年,第576页。
② 刘宝楠:《论语正义》下,第581页。

义，从而消解儒家道德理想主义色彩，此或为清代儒生疏解自身道德困境之托词。

清代中期以来，公羊学兴起，并深刻影响到晚清社会政治。他们大多讨论过《论语》的著作，比如刘逢禄的《论语述何》、宋翔凤的《论语说义》、戴望的《论语注》，开启了以《春秋》义来解释《论语》的风气，这种解释方法将《论语》中的孔子言论与《春秋》所载之释例相对应，从而贯通六经。但缺陷是将《论语》视为《春秋》之注脚，那么不同经典之独立存在价值便会受到质疑。

对于《论语》中对管仲的评价，宋翔凤的解释有新的突破。

宋翔凤的解读一方面照顾到《论语》文本中孔子论礼时所说的"与其奢也，宁俭"来说明管仲超出自己身份的越礼为"不知礼"，由此认为"管子以霸术佐齐，虽有尊周攘夷之功，然终不能宏先王之道，充礼乐之美，以致太平，此其器之小也"。若能"精之以德，行之以礼，舜之所以无为而治，此治器之大也"。①前人讨论"器小"一般是从"境界"和"气量"入手，而宋翔凤则引入"治器"概念，这样便将管仲之"器小"指向政治秩序的建构上。

公羊学素以"三世说"来解释历史发展的不同阶段，这样王道和霸道不仅是治理之原则的差异，还在于不同的时期须以不同之秩序来应对，不能超越，由此，管子之采用霸术是"世运"所决定的。

宋翔凤说："盖管子固明道德礼乐之意，春秋当齐桓之世为治起衰乱，裴回而不行，桓之德又不足及此，故霸者之起亦世运之所限也。孔子于《春秋》张三世，至所见世而可致太平，于是明礼之本，使先王之礼乐可行于今，遂贬霸术以明其器小。"②这里需要做一些辨析，公羊家认为《春秋》三世是以孔子为坐标，"所见""所闻""所传闻"，而所见世，是孔子所亲历的时期，多有微言大义，表达太平世的社会理想。而在宋翔凤看来，因为齐桓公之德行所限，管仲只能行霸道。孔子批评管仲器小，就

---

① 宋翔凤：《论语说义》，华夏出版社，2018年，第59页。
② 宋翔凤：《论语说义》，第59—60页。

是要就此表达太平礼乐之理想。然太平世是否是礼乐时代,在儒家内部则是有分歧的。

《论语·宪问》对齐桓公有"正而不谲"的评价,在朱熹的《四书章句集注》中,"谲"释为"诡",批评晋文公是彻头彻尾的"诡诈",而齐桓公是以"正"来掩盖其"谲"。但宋翔凤的解释中,"谲"视为"权","正"理解为"法",即法则之意。宋翔凤由此推论道:"齐桓之事,知正而不知权,轻重不平,而亲亲之义县阙。及身受祸,五公子争立,其后嗣不复振。晋文之事,知权而不守正,故数世雄长中国,亦终不合于王道。"①只有圣人才能根据"义"的原则来判断,既可以立,也可以权,这样才能人事合理、王道灿然。

虽然齐桓之事功不及王道,按孟子的说法是"以力假仁",但宋翔凤对此亦有所肯定,他说:"惟能假仁,故亦仁其仁,孔子言如其假仁也。"如九合诸侯不以兵车来看,管仲相齐桓公,所行皆是仁之事,值得肯定,宋翔凤并借用孟子"久假而不归"来说明若一直在行仁之事,怎么判断他内心没有"仁心"呢?因此,孔子以"人也"来推许管仲,就可以理解了。

戴望对"管仲之器小"的解释,聚焦于孔子评价管仲的动机。戴望说因为大家都知道管仲是"贤者",所以可能会遮蔽人们对管仲的缺陷视而不见。"管仲贤者,不为之讳,因其功足以覆恶。"②

戴望也辨析了管仲是否要死节的问题。他说,若是"匹夫匹妇"为显姓扬名,而不顾所担负的公共责任,轻率地终结自己的生命,这是可以理解的。甚至召忽之死和管仲之死也不能等而视之。他引用《说苑·善说》中孔子告诉子路的话说,召忽只是一个人臣之才,因其死而名闻天下,何为不死呢?而管仲,则是天子之佐,诸侯之相,死了的话只是成为沟壑中的污泥,而不死则有利于天下,他为什么要死呢? ③

戴望以公共责任来判别死节之合理性的思路也影响到康有为。

---

① 宋翔凤:《论语说义》,第 175 页。
② 戴望:《戴氏注论语小疏》,华东师范大学出版社,2014 年,第 80 页。
③ 戴望:《戴氏注论语小疏》,第 219 页。

若是按传统的注释的标准，康有为的《论语注》有太多基于自己的政治理念来做出的过于"大胆"的推断。他认为儒分为八，而《论语》所传主要是由守约派的曾子所记录的孔子言论，而儒家之大道则被隐没。在宋代儒者的推崇下，便将《论语》作为"孔学之全"，而"大同神明仁命之微义，皆未有发也"[①]。

不过，对于"管仲之器小"的注释，康有为依然延续了朱熹所说的"局量褊浅，规模卑狭"的解说，同时结合了汉儒的说法，说"孔子辩之器小，言其不知圣贤之道，天人之理，正身修德，以致王道。盖苟能通达天人，则志量高远，规模广大，其视霸千里之国，犹烹鲜反掌也，岂以自足"。[②] 不过在进入国家主义的时代之后，康有为并不真正将王道政治视为当下之所急，他所需要的正是管仲的"成霸之术"。他说："管仲治国之才，成霸之术，以今观之，自是周公后第一人才，如今德国之俾斯墨矣，故孔子称其仁。"[③] 这里已然将《论语·宪问》中孔子许管仲为仁"移植"至此。只是因为管仲不知礼和不知俭，故而他的霸业难以持久。

在对《宪问》中"管仲相桓公，霸诸侯，一匡天下"一章的注释中，康有为结合他对当时世界政治的认知，将管仲之功业上升到"保种族、教化"的高度。他说："霸者，有天下之别名，但未一统，革命废王，如希腊之代兰得，日本之大将军耳。法之拿破仑似之，即德之该撒受封教皇，亦为霸耳。"[④] 将中国封建制度下的王、伯比附于西方、日本之攻取天下之有为之政治家，多有不伦之处。但康有为所看重的是强力统治者通过联盟的手段来保存文明、凝聚国家之作为。所以他肯定管仲在维护华夏礼乐文明的作用，并说，若历代遭遇外族侵扰之时，有管仲这样的维护文明秩序的人，中国的文明程度必不止此。

他说中外历史上都发生过文明程度相对落后的民族征服文明程度较高国家的例子，这些对于人类文明的进步都造成了实质性的损害，是"天

---

① 康有为：《论语注》，载姜义华等编：《康有为全集》第六集，第378页。
② 康有为：《论语注》，载姜义华等编：《康有为全集》第六集，第400页。
③ 康有为：《论语注》，载姜义华等编：《康有为全集》第六集，第401页。
④ 康有为：《论语注》，载姜义华等编：《康有为全集》第六集，第492页。

下之公罪。有捍御之者，亦为天下之公功。微管之言，称许之至，亦保爱种族、文明之至。宋贤妄攻管仲，宜至于中原陆沉也。"①

在晚清频遭西方列强侵凌的大背景下，康有为急于振弱起衰，肯定管仲不以兵车而九合诸侯的功业，"仁莫大于博爱，祸莫大于兵戎，列国君民皆同乐生，功莫大焉"。②如此，孔子许管仲为仁，乃是对天下和平的赞许。所以，子路、子贡乃至后世宋儒以"死节责人"，立义狭隘，不能从人类的公理来思考管仲的选择。他说："盖孔子之道贵仁，有可以救人者则许之，至于保救天下之文明，则仁大莫京。孔子自称尧、舜、文王外，未有若管仲者。"③在康有为看来，仁义之间若必须有所选择，那么"施仁大于守义"，也就是说，相比于管仲为维护礼乐文明之不坠而建立的功业，他未能死节就是一个相对次要的缺陷。

余论：西政西学下的管仲问题

"管仲之器小"乃儒学史上围绕道德与功业紧张的最为复杂的问题之一。然近代中国，西风渐入，国家间的竞争日趋激烈，如何发展军事和经济以增强国家的竞争力成为当时思想家的一大主题。由此，对于王霸问题也有了新的认识。

魏源早年协助编《皇朝经世文编》，关注从漕运、盐务、河工等对国计民生关系密切的政治、经济改革，以图改变道咸年间日趋疲弱的国力和艰辛的民生。鸦片战争似乎是印证了贺长龄、魏源等人对时局的判断，因此，反思失败教训的魏源提出要"师夷之长技以制夷"，编写《海国图志》，系统介绍世界的格局和以英国为代表的西方现代国家的政治法律制度。在这样的背景下，魏源开始思考中国传统的王霸思想。他首先肯定王道要以德政为基础，但认为王道并非是要排斥对经邦济世的具体事务的关注。而面对新的国际纷争，能够带领国家从竞争中胜出，以维护文明体系，乃是最值得肯定的。所以，他肯定春秋五霸，尤其是齐桓公、晋文公

---

① 康有为：《论语注》，载姜义华等编：《康有为全集》第六集，第492页。
② 康有为：《论语注》，载姜义华等编：《康有为全集》第六集，第492页。
③ 康有为：《论语注》，载姜义华等编：《康有为全集》第六集，第493页。

在尊王攘夷中的作用。他说："五伯者，三王之罪人，中夏之功臣"①，五伯"尊王攘夷"，维持礼乐秩序。"《诗》之录二伯，与《春秋》之奖桓、文，皆所以延王迹于一线。"②虽然依然肯定五霸是三王之罪人的说法，但认为不能否认齐桓、晋文在华夏文明遭遇困境时的努力。他在《诗古微》中亦有相似的阐释，他说："理、欲同行而异情，王、伯同迹而异心。孟子说齐、梁以王道，皆不外乎勿违农时，……故曰：王道至纤至悉。……使耕战、尽地、治生，皆为小民谋其衣食，与孟子说齐、梁易田畴、薄税敛者何异乎？"③虽然，魏源在理路上接受朱熹在和陈亮辩论时的理欲、王霸说，认为即使看上去相似的行为，但背后的出发点则差之毫厘谬以千里。但在具体的论述中，魏源并没有完全沿着孟子批评齐桓晋文"以力假仁"的思路，而是肯定孟子说王道时所提出的具体经济措施。在魏源看来，不能保疆守土、纾解民困的王道政治是虚妄的。他说："王道至纤至悉，井牧、徭役、兵赋，皆性命之精微流行其间。使其口心性，躬礼义，动言万物一体，而民瘼之不求，吏治之不习，国计边防之不问；一旦与人家国，上不足制国用，外不足靖疆圉，下不足苏民困，……天下亦安用此无用之王道哉？"④

魏源主张富民，认为节俭这样的德性应该主要针对统治者，王者应该藏富于民，而不应陷百姓于困穷之中。富民是安邦定国之一大旨归。曾言：

> 俭，美德也；禁奢崇俭，美政也；然可以励上，不可以律下；可以训贫，不可以规富。……王者藏富于民，譬同室博弈而金帛不出户庭，适足损有余以益不足……天道恶积而喜散，王政喜均而恶偏，则知以俭守财，乃白圭、程郑致富起家之计，非长民者训俗博施之道也。⑤

---

① 魏源：《默觚·治篇》，《魏源全集》第十二册，岳麓书社，2004年，第43页。
② 魏源《诗古微》（二十卷本），《魏源全集》第一册，岳麓书社，2004年，第411页。
③ 魏源：《诗古微》（二十卷本），《魏源全集》第一册，第593—593页。
④ 魏源：《默觚·治篇》，《魏源全集》第十二册，第36页。
⑤ 魏源：《默觚·治篇》，《魏源全集》第十二册，第72—73页。

认为公平的政治是要给百姓以均等的机会，而不是统治者训导百姓的口头文章。当然魏源并非完全否定王道政治的德性本色，只是更为强调这些富国安民之策，要"纯出乎道德"，认为"礼乐胜则纯乎道德，如春风之长万物而不知"。"夫惟使势、利、名纯出乎道德者，可以治天下矣。"①

如果魏源的王道经世思想更多地是从经典的重新解释来为经济、财富等诉求寻求发展的空间的话，那么到梁启超时期，他是从现代政治发展的大势来说明当时中国国家治理所必须关切的问题：他说当今政治思想最可关注者，为国家思想、法治精神、地方制度、经济竞争、帝国主义。这几项都是近二三百年来所兴起，并导致了欧美称雄于世界的基础。人们在分析中国之所以积弱积贫的时候，认定中国缺少这些观念，这其实是一种错误的"成见"。其实中国早就产生了这些思想，其源头是管仲，但为何数千年来国人对于管仲，总是贬大于褒，起因于孟子对管仲的批评。梁启超说：

> 孟子之论管子也，与孔子异。孔子虽于器小之讥，偶有微词，而一则称之曰"如其仁、如其仁"，再则叹之曰"微管仲，吾其被发左衽"，岂非以其事业之所影响，功德之所沾被，不徒在区区一齐，而实能为中国历史上别开一新生面耶？孟子之论管子，则轻薄之意，溢于言外，常有彼哉彼哉羞与为伍之心。嘻！其过矣！吾以为孟子之学力，容有非管仲所能及者。管仲之事业，亦有断非孟子所能学者。在孟子当时或亦有为而发，为此过激之言。而后之陋儒，并孟子之所以自信者而亦无之，乃反吠影吠声，撼至迂极腐之末论以低訾管子。②

此种文风为梁启超之惯常的"惊世骇俗"，因他将孟子之后的批评管仲的儒生之言，斥之为"吠影吠声"，则是轻易消解儒家价值的内在紧张"浮夸"之言。不过梁启超所论主要是要因应中国所处的现实困境，故而非为

---

① 魏源：《默觚·治篇》，《魏源全集》第十二册，第43—44页。
② 梁启超：《管子传》，汤志钧等编：《梁启超全集》第六集，中国人民大学出版社，2018年，第501页。

纯学理的探讨。

梁启超认为欧洲启蒙运动以来,自由民权学说兴起,开启欧洲生产力之发展。故而中国亦需要一场思想启蒙,并认为管子与霍布斯的思想有相合之处,且更为中正,尤其是管仲的"主权在国"思想,有别于"主权在君"和"主权在民",能顺应当下国家主义的时代。

虽然《管子》一书为后人所托,但梁启超亦希望借助《管子》来传管仲的思想,他把管仲不死节而回到齐国之举誉为"爱国心"。对于管子的政治经济思想有接近法家的倾向,梁启超不以为非,认为中国历史上有所作为的政治家所能"得于法家言者,能革旧法之弊而建设新法者",是第一流的政治家。而那些因循旧法、略做补救的只能称为第二流的政治家。由此在梁启超眼里郑国的子产、秦国的商鞅、宋代的王安石、明代的张居正都是第一流的政治家,这固然是要为中国进行彻底的社会变革呼号,但亦完全抛弃了儒家的德性政治的立场,宣称儒家基于教化的礼乐秩序在现实政治中往往"无效"。因为以教化而"自淑"者,只能是君子,而对于一般之人民,还是需以法制规训之。①

《管子》书中所列之内政条目,梁启超将之概括为理财、治兵、教育三大纲领,这的确是现代国家治理的最为核心的三个方面,而梁启超依然认为管仲运行国家的调控来管理经济和教育之举,有类于计划经济的体制,是一项十分超前的制度设计。而管子注重商战而不以兵战,能通过会盟来稳定春秋时期的国家间秩序,亦值得为当下的万国竞逐的世界提供启示。

从魏源到康梁,管仲问题到清末民初由德性和功业之紧张转变为如何利用管仲的思想来启发国人的爱国热情和增进国家能力,亦可见儒家之价值原则在新的思想论域中逐渐淡出的趋势。

---

① 梁启超:《管子传》,汤志钧等编:《梁启超全集》第六集,第 529 页。

第九章

大同与小康：礼制及其超越

王霸之辩所关注的是治理"原则"的区分，那么，如实行了"王道"政治之后的"平天下"的理想社会是何等样态呢？

我们最熟悉的儒家对于理想社会的描述是《礼记·礼运》篇中的"大同""小康"之说。

但就《礼运》篇是否存在着错简，"大同"是否体现儒家的价值理想一直存在着争议。首先，儒家主张"和而不同"，特别强调了差异性和谐，而墨家才主张超越血缘和阶层的"同"。

其次，《礼运》篇中大同"降为"小康的缘由是确立礼仪制度而导致"谋用是作""兵由此起"之言，构成对儒家的秩序结构的批评，与《道德经》中"大道废，有仁义"之论相连类。据此，历代注家均关注到大同小康之说与先秦诸子之间尤其是与道家思想之间的关系。

再次，大同和小康的区分，更符合战国时期流行的"皇帝王霸"①的社会发展说，大同更为接近"皇道"和"帝道"的社会

---

① 孙明认为无为而治，是儒、道两家对于"帝道"的共同的历史记忆。"两家皆言帝道，但道家常高论'皇帝尧舜'，儒家则取法'二帝三王'。帝道是漫长的历史时期，从开端的皇帝延续皇道而更侧重自然无为，道尧舜之帝道末端已于无为之中开启礼乐制度的文治。尧舜帝道，是孔子、老子在无为之治上的交集。"（转下页）

状况，没有差等和内外远近之别。这在战国时期就已经引发了诸如对"先王之道"和"法后王"的辨析。一方面荀子认为古今之治道是一以贯之的，但"欲观圣王之迹，则于其粲然者矣，后王是也。……禹汤有传政而不若周之察也"（《荀子·非相》），要理解"先王"之理念，还得从可以于史有征的事实出发。

总之，理想社会是"礼乐"世界还是平等、无差别的社会，对于后世儒家而言，反而构成对儒家现实秩序的解构。从"大同""小康"的文本解释史上，我们可以梳理出儒家在理想社会的构建中所出现的终极目标和现实秩序之间的矛盾。

第一节 王者无外：儒家之"大同"理想的理据

那种怀疑大同理想属于道家或墨家的脉络，小康才更符合儒家礼制秩序的观点，多少是被后世皇权独尊忠孝伦常的"意识形态"所遮蔽，所有强调普遍的、平等的理念都会遭到质疑。甚至连张载的"民吾同胞，物吾与"的说法，也会被斥之为近墨。①

一 亲亲、仁民、爱物到万物一体

儒家伦理以亲亲为本，但此为儒家之爱的出发点，逐步扩充到仁民、爱物，最终是要达成"万物一体"的境界。如果我们能够对仁爱观念的层次性做一个梳理，我们就可以看到儒家由个体到群体的爱的扩展程序，这点，与墨家所强调的超血缘的"兼爱"虽看上去接近但却差异巨大，儒家强调了人的自然血缘联系作为爱的出发点的必要性，认为唯有"老吾老以及人之老、幼吾幼以及人之幼"的"推己及人"的方式，才让

（接上页）孙明：《从"皇帝王伯"到"失其统"》，载孙明：《治道之统：传统中国政治思想的原型与定型》，读书·生活·新知三联书店，2023年，第106页。

① 朱子是以"理一分殊"来化解天地万物与人类在"理一"层面的贯通，但依然认为乾称父和亲生父母之间有亲疏之别，此为分疏。并认为杨时批评张载"近墨"乃是没有从只见分疏，未见理一。参看黄士毅编、徐时仪等汇校：《朱子语类汇校》四，上海古籍出版社，2014年，第2510—2511页。

爱成为可落实为实践行为的理念。于是，墨子将亲情和普遍之爱对立起来的方式，遭致孟子的反击。孟子认为亲情之爱和泛爱众的普遍之爱是"一本"而非对立性的"二本"，血缘亲情并不会忽视社群的共同体的福祉。

儒家依据"人情之自然"的逻辑，认为将生养自己的父母和"陌生人"一视同仁是违背人之常情的。儒家强调"诚"，反对自欺欺人。而墨家的"兼相爱交相利"将人的感情置于"利"的基础上，难以成为一个社会建构的坚实基础。

儒家从个体修身出发，敦睦亲属，到治国平天下的人生观比较符合文明开端期源于团体生存的内在需要，在《尚书·尧典》中：尧"钦明文思安安，允恭克让，光被四表，格于上下。克明俊德，以亲九族；九族既睦，平章百姓；百姓昭明，协和万邦，黎民于变时雍"。这里将个人到大共同体之间的一致性，通过尧治理天下的实践来加以神圣化。由个体的"恭让"发展到"亲睦""教化"，最后的目标是"协和万邦"。类似的以"亲亲之爱"而转进于跨越血缘的爱的理念在儒家经典中被不断强调，我们在《大学》中看到的修身齐家治国平天下和《中庸》中由修身到"王天下"①的顺序的概括，都是对这种价值的引申和反复强调。

早期儒家也习惯于从"天"或"天道"去寻求由己身、家到天下的一致性依据。在中国早期文本中，"天"的含义虽然比较复杂，但在孔子的思想中，天具有"自然之天"的含义已经十分显豁，天具有无所不覆的特性可以引申出其普遍性的面向，在以天道明人事的思维方式下，天所具备的超越人事的普遍性特征又反过来作为人类秩序的普遍性的依据。诸如无私、公平等价值由此得到展开。《尚书·洪范》篇中说："无偏无陂，遵王之义；无有作好，遵王之道；无有作恶，遵王之路。无偏无党，王道荡荡；无党无偏，王道平平；无反无侧，王道正直。会其有极，归其有极。"天道的普遍性是人类秩序中正直、公平的保障。

---

① 《中庸》说："凡为天下国家有九经：曰修身也，尊贤也，亲亲也，敬大臣也，体群臣也，子庶民也，来百工也，柔远人也，怀诸侯也。"这九种类型"所以行之者一也"。这里的"一"即是儒家之"爱"。

董仲舒以仁与天互释,目的就是要完成天道和人道之间一贯性的"互证"在他看来,仁是《春秋》之宗旨,由此,"明王道重仁而爱人",康有为解读董仲舒的思想说:

> 俞序得《春秋》之本,有数义焉,以仁为天心,孔子疾时世之不仁,故作《春秋》,明王道重仁而爱人,思患而豫防,反覆于仁不仁之间,此《春秋》全书之旨也。《春秋》体天之微,虽知难读,董子明其托之行事,以明其空言,假其位号,以正人伦,因一国以容天下,而后知素王改制,一统天下,春秋乃可读。①

一方面,董仲舒认为"仁"是"天心",而天道、地道和人道经由"王"而得到贯通,这样,王者之制就是"天心"在现实社会中的制度化表达。

宋明以来,佛学已渗入中国人的思维方式和生活方式中,由此,道学家们从公私之分来强调儒佛之别,认为佛道只顾自己的解脱而放弃社会责任的行为是"私"。他们强调"天理"来强化儒家之伦理观念的永恒性和普遍性,并突出仁道的公共性和责任感来贬斥佛道之"偏私",并以此来构筑从家族到国家、天下之间的新的一致性。②

在朱子看来,圣人先得天理之同然,是一个总的理,有了人类、有了万物,便"万变不齐",如此,万物亦有各自的规定性,则产生差异,由此,便是同中有异,异中有同。这样的道理,落实到普遍之仁和人伦万物之爱,便亦是同与异的关系,他也将之称为"理一分殊"。

在宋明道学的理气范式下,理一分殊的另一面即是具有超越性意味的"万物一体"的观念。万物一体所体现的是成就他者并达成自我完善的"仁爱关怀","在如此意向中,自我以无所不及的道德之心包容和成就着天地万物,具体来说,这种包容和成就表现为自我对他人和他物的关爱,

---

① 康有为:《春秋董氏学》,中华书局,1990年,第2—3页。
② 朱子对程子以"公"解"仁"有一个辨析。他说"仁是人心所固有之理,公则仁,私则不仁。未可便以公为仁,须是体之以人方是仁。公、恕、爱皆所以言仁者也。公在仁之前,恕与爱在仁之后。公则能仁,仁则能爱、能恕故也。"黄士毅编、徐时仪等汇校:《朱子语类汇校》四,上海古籍出版社,2014年,第2443页。

贯彻其中的则是儒家'亲亲—仁民—爱物'的价值原则"。①张载的民胞物与观念就是宋代儒家的普遍性立场的最具有影响力的表达。

阳明以知行合一为基础的致良知学说中，通过天理内在化的方式，使万物一体在逻辑上得到彻底的完成。

"万物一体"和"致良知"之间并非各自孤立，从某种意义上，王阳明的良知学说预设了一种超越人的社会关系的"本原"性的人，这使得人们能够在遇到社会情景时"生发出"道德感来应对伦理需求。这种立论旨趣的目的在于要确立道德情感的"天赋"性，人的后天修身活动并非是"习得"某种道德能力，因为这样的假定会导致一部分人缺乏"可教性"，由此，修身活动变成努力实现自己的内在本质，及致良知于不同的事物上。这样的本原性决定了良知并非为少数人所垄断，其道德目标也并非是个人品质的养成，而是与自然万物之间的"共感"。所以，王阳明强调如能致良知于事事物物，则可以达到万物一体的境界。

二 夷夏论的层次性

在儒家的经学体系中，夷夏论也能体现儒家对普遍性和特殊性关系的层次性展开。夷夏问题在《春秋公羊传》中受到重视，是要协调不同文化和族群之间的关系模式。童书业先生指出："东周王室在春秋开始的几年还有些威权，自从周、郑繻葛之战，王师大败，就一蹶不振；后来又继续发生内乱，……于是王畿削小，王室也更趋衰弱了。……因为王室衰微，所以造成列国互相争胜的形势；因为列国互相争胜，中原内部因不统一而更不安宁，所以又造成戎、狄交侵的形势，要'攘夷'必先'尊王'，'尊王'的旗帜竖起，然后中原内部才能团结；内部团结，然后才能对外，所以'尊王'与'攘夷'是一致的政策。"②然而，一种原初用以

---

① 张美宏：《生生之道与圣人气象：北宋五子万物一体论研究》，中国社会科学出版社，2015年，第16页。

② 童书业：《春秋史》，上海古籍出版社，2003年，第157—158页。对此赵鼎新提出春秋初期逐步形成了一个强有力的诸侯联合周边小国的霸主体系。"在这一时期，大多数霸主国还会通过为周王室提供保护并以周王室的名义行事以提高其霸主地位的合法性。就这样，（转下页）

处理国家间乱局的"夷夏观"逐渐抽象为一种先秦时期"外交关系原则"和"文明—民族"理论，体现为接受礼乐文化的程度差异而导致的政策差别。

在《春秋公羊传》的夷夏论中，与修齐治平的思路相一致，国家与天下的秩序也是先内治其国。如成公十年"春秋内其国而外诸夏，内诸夏而外夷狄"。当有人问王者要一统天下，为啥要分内外呢？回应是"自近者始也"。何休的解释是"明当先正京师，乃正诸夏；诸夏正，乃正夷狄，以渐治之"。① 在古代的世界，地理上的远近，往往成为接受教化的难易，先近而后远既是对教化者的自我要求，也是符合实际的政教可能性的举措。董仲舒在《春秋繁露·王道》篇中说："亲近以来远，未有不先近而致远者也。故内其国而外诸夏，内诸夏而外夷狄，言自近者始也。"② 公羊的一贯的思路是由近及远，由内而外，其内在的逻辑在于只要把身边的事情做好，自然就会吸引别人的模仿和归附。而如果内治未治，便难以正外。

如果夷狄能仰慕中国的，一般都予以肯定，比如僖公二十九年，夷狄之国介之葛卢来，为何史书上没有书"朝"（朝觐）呢？对此，何休解释说，之所以记录葛卢之名，是因为"能慕中国，朝贤君，明当扶勉以礼义"。③ 尤其是那些能阻止夷狄入侵中国的人，则极力褒扬之。

夷夏论之最革命性的理论是"从变而移"，即"夷狄进于中国则中国之"。也就是说夷狄之国，若接受礼乐教化，那么无论其种族和地域，就以文明国家视之。这也意味着原先采用礼乐之治的国家，若不修明政事，就会降为夷狄。这种升降机制的存在，就是"所有国家"最终都能达成礼乐共同体的基础。

夷夏之间的差异既然是基于对礼乐文明的接受程度的差异，而不是

（接上页）霸主体系不仅保持了周王室的存在，而且在一定程度上延续了西周以来的封建体系。"赵鼎新：《东周战争与儒法国家的诞生》，夏江旗译，华东师范大学出版社，2006 年，第 53—54 页。

① 何休注、徐彦疏：《春秋公羊传注疏》下，上海古籍出版社，2014 年，第 672—673 页。
② 苏舆：《春秋繁露义证》，中华书局，1992 年，第 116 页。
③ 何休注、徐彦疏：《春秋公羊传注疏》上，第 490 页。

种族决定论的,那么,夷夏之身份也并不是确定不变的,而是一直在变易的过程中。在《春秋繁露·竹林》中,董仲舒说:"《春秋》无通辞,从变而移,今晋变而为夷狄,楚变而为君子,故移其辞以从其事。"① 何休的看法与董仲舒基本一致,他说:"于所传闻之世,见治起于衰乱之中,用心尚粗觕,故内其国而外诸夏,先详内而后治外……于所闻之世,见治升平,内诸夏而外狄夷……至所见之世,著治太平,夷狄进至于爵,天下远近、小大若一,用心犹深而详,故崇仁义,讥二名。"② 何休是将"天下远近大小若一"的理想境界置于公羊三世说中的太平世,在此世中,人与人、国与国都处于"王者之治"中,其"王者无外"的理想最终达成。

华夷之辨的立场,在不同的历史时期,因为内外环境的变化,有时会强调"夷夏之别",有时则强调"六合同风"。比如宋代的胡安国、明末清初的王夫之,均在文化和政治的危机面前,强化中原文化与周边文化之间的差异。但是,这种认知在儒家的解释史上并不占据主流,而且,他们对种族差异的强调,都是在特殊的社会大变局面前所抱有的对文化立场和文明体系的忧惧之心。

第二节 "大同""小康"阐释中的学理和政治

先秦经典中关于"和"与"同"的讨论,充分体现出中国传统思想注重多元性和谐的特点。《国语·郑语》中有一段史伯关于兴衰存亡的政治经验的讨论,他说"和实生物,同则不继",认为万物成分单一,则生长性会被抑制,只有不同事物的相荡相靡,才可使事物丰茂。史伯批评的是周幽王"去和取同",不愿听取不同政见的昏聩做法。这个说法是在原始五行说的基础上提出来的,后来晏子和齐景公也以烹饪为例,说明只有不同滋味的有机统一,才能烹制出美味的羹。这种观点也得到孔子的呼应。他说"君子和而不同,小人同而不和"(《论语·子路》)。

---

① 苏舆:《春秋繁露义证》,第 46 页。
② 《春秋公羊传解诂·隐公元年》,载何休注、徐彦疏:《春秋公羊传注疏》上,第 38 页。

同与异的问题也为先秦其他思想流派所关注，比如惠施之"历物十事"中，就有"大同而与小同异，此之谓小同异；万物毕同毕异，此之谓大同异"（《庄子·天下》）。张岱年先生认为"惠施学说之要义，在于见异之同，见对待之合一"，由此推论出"泛爱万物，天地一体"的人生思想。① 而庄子的"齐物"，实质是从否定事物的差异性的角度，构成了对同异问题的结构，认为世界上所有的差别来自人们的"立场"差异，所有对"齐一"的追求都构成对人的多样性的泯灭。

《尚书》中的"大同"出现在《洪范》篇"明用稽疑"中，即"汝则有大疑，谋及乃心，谋及卿士，谋及庶人，谋及卜筮。汝则从龟从，筮从，卿士从，庶民从，是之谓大同"。与哲学性地讨论同异不同的是，这里的"大同"是讨论如何以多重证据的方式去寻求对某一问题的统一看法，"大同"即是达成一致之后的决策措施，目的是"尽可能多地了解和统一族群、国家内部的各种意志和力量"②。

本文所关注的"大同""小康"问题，关涉的是儒家的社会形态理论，源自《礼记·礼运》。围绕篇中对"大同""小康"社会进程的描述，以及由"大同"降等为"小康"的原因的探索所牵扯的对"礼乐"活动的意义的认知，后世儒家广泛讨论，甚至关涉到《礼运》之意是否符合儒家义理的质疑。下文将从文献诠释史的角度，来观察历代儒家对之的辨析，有助于我们从理论和制度层面理解"大同"对中国社会的影响。

一 《礼记·礼运》的"大同""小康"论与早期解释

按《礼记·礼运》中"大同""小康"说，人类社会是由"大道之行""滑落"到"大道既隐"的状态。这种"滑落"与其说是对历史进程的描述，不如说是儒家树立了一个用以批判现实秩序的价值标杆，人类通过不断的回望来校正发展方向，并期待重回大同世界。

孔子说：

---

① 张岱年：《中国哲学大纲》，中国社会科学出版社，1982年，第154页。
② 丁四新：《洪范大义和忠恕之道》，商务印书馆，2022年，第268页。

> 大道之行也，天下为公，选贤与能，讲信修睦。故人不独亲其亲，不独子其子，使老有所终，壮有所用，幼有所长，矜、寡、孤、独、废疾者皆有所养，男有分，女有归。货，恶其弃于地也，不必藏于己；力，恶其不出于身也，不必为己。是故谋闭而不兴，盗窃乱贼而不作，故外户而不闭。是谓大同。①

对于"大道之行也，天下为公，选贤与能，讲信修睦"可以有两种解释的进路：一是将天下为公与选贤与能、讲信修睦视为并列的三个特征；二是将选贤与能、讲信修睦看作是天下为公的体现。天下为公既可以是对统治者基于公共利益治理国家的要求，也可以视为强调财富可以为天下人所分享，是对于血缘伦理的超越。选贤与能是指每个人都是按其能力在共同体中找到适合自己的位置，并获得参与生产和管理的权利。讲信修睦是对个体道德和公共道德的要求或状态的描述。在一个诚信和睦的社会，人人会尽力服务社会，共享公共财物，维护社会秩序。

"小康"是"大道既隐"的后果。

> 今大道既隐，天下为家，各亲其亲，各子其子，货力为己，大人世及以为礼，城郭沟池以为固。礼义以为纪，以正君臣，以笃父子，以睦兄弟，以和夫妇，以设制度，以立田里，以贤勇知，以功为己。故谋用是作，而兵由是起。禹汤文武成王周公，由此其选也。此六君子者，未有不谨于礼者也。以著其义，以考其信，著有过，刑仁讲让，示民有常。如有不由此者，在势者去，众以为殃。是谓小康。②

在失去天下为公的精神之后，家庭和私有制出现，血缘和等级制度确立。需要用军队和礼义制度来管束人们的行为，人们赞美智谋和勇敢，建立军队互相征战。这个时期最重要的首领包括大禹、商汤、文王、武王、成

---

① 郑玄注，孔颖达疏，吕友仁整理：《礼记正义》，《儒藏》精华编五〇册，北京大学出版社，2016年，第646页。

② 郑玄注，孔颖达疏，吕友仁整理：《礼记正义》，《儒藏》精华编五〇册，第646页。

王、周公。这六位君王都强调礼的作用，肯定正义，惩罚过失，让人们知道行为规则，这就是小康社会。所以孔颖达说："孔子发叹，遂论五帝、三王道德优劣之事。"①

《礼运》篇的开头是孔子参加"蜡宾"之礼时发出的叹息，郑玄对此解释说是针对鲁君之礼不备。孔子所论大同、小康主要是指社会变迁所导致的天子之礼的转变。或许更为合理的解释是，孔子看到礼仪不备的时候，由礼仪之荒疏联想到社会秩序的"衰落"，因为，孔子十分具体地描述了不同制度的情状。

郑玄在注释"大道之行，天下为公"时说："公，犹共也。禅位授圣，不家之。"②就天子之位的传递而言，不以血缘为原则，强调权力的"公共性"，是战国时期人们对于权力转移理想的向往。不过，若是参加由鲁君所主持的典礼，强调禅让的理想性，是否会构成对鲁君权力的挑战呢？所以，孔颖达认为，孔子若直接攻击鲁国"失礼"，针对性过于强烈，故而借五帝三王之德之盛衰变化来说明何为完美的"礼制"。孔子说礼制的变迁有史可征，披览前代所记，便可了解。孔疏说：大道之行是要表彰五帝之善，"谓广大道德之行，五帝时也"③。这个疏解符合战国时期逐渐层累构建起的帝王世系。后来汉代的司马迁在《史记·五帝本纪》中，所提到的五帝是指黄帝、颛顼、帝喾、唐尧、虞舜，但将五帝时代与"大道之行"等而视之是后世注家的解释。在《礼运》的原文中，并没有说"大道之行"时的帝王是谁，小康时期的"六君子"却是明文所具的。

孔颖达疏"天下为公"说："为公，谓揖让而授圣德，不私传子孙。"这是对郑玄"不家之"的注释的再度说明，重点落在政权的转移问题上。对于"选贤与能"，孔颖达说："此明不世诸侯也。国不传世，唯选贤与能也。"④但所举的例子则是尧舜时期处置四凶、共公、鲧等地方首领。孔颖达在发挥郑玄"不家之"之解释时说："天位尚不为己有，诸侯公卿大

---

① 郑玄注，孔颖达疏，吕友仁整理：《礼记正义》，《儒藏》精华编五〇册，第647页。
② 郑玄注，孔颖达疏，吕友仁整理：《礼记正义》，《儒藏》精华编五〇册，第646页。
③ 郑玄注，孔颖达疏，吕友仁整理：《礼记正义》，《儒藏》精华编五〇册，第648页。
④ 郑玄注，孔颖达疏，吕友仁整理：《礼记正义》，《儒藏》精华编五〇册，第648页。

夫之位，灼然与天下共之，故'选贤与能'也。"①与至尊之天位相比，子是卑下，所以可以舍子而改立别人有德行之子。

对于"讲信修睦"，孔颖达侧重于"君既无私，言信行睦，故人法之，而不独亲己亲，不独子己子"②。这是从天子以身教而民自化的"垂拱而治"说的，从孔疏看，"天下为公，选贤与能"是前提，"讲信修睦"是前两种措施所会产生的社会效果。

大同世中，比较复杂的是对"男有分，女有归"的解释。郑注是从"职分"和"良奥之家"立论的，孔颖达由此解释说："'男有分'者，分，职也。无才者耕，有能者仕，各当其职，无失分也。"③从"按比例的平等"角度，给与不同能力的人，以符合他能力的差别性的对待。这是将天赋的差异予以制度化的肯定的做法。而"女有归"，孔颖达则是从不"失时"的角度来解释郑注的，并发挥说，若女子不能在适婚的年龄嫁出去，难免会不安。

如果社会上每个人都尽职尽责，计谋不生，人们之间也无须防范，举国如一，此之谓"大同"。

在大道既隐的"小康"之世，在郑玄注释"天下为家"为"传位于子"，并认为由家天下而设立的礼乐刑政制度，"以其违大道敦朴之本也。教令之稠，其弊则然。《老子》曰：'法令滋章，盗贼多有'"。随后又于"是为小康"之后注曰："大道之人以礼于忠信为薄，言小安者，失之则贼乱将作矣。"④郑玄引用《道德经》来注释"小康"不免令人想到"大同"观念是否源自墨家和道家的猜疑。

观念的相似性在先秦诸子，特别是战国后期各种流派之间互相争鸣、互相吸收的历史背景下，并非不可理解。儒家、道家和墨家之间在理想层面有许多共同之处，最大的差异是在论证方式和达成理想的价值依据上。

---

① 郑玄注，孔颖达疏，吕友仁整理：《礼记正义》，《儒藏》精华编五〇册，第 649 页。
② 郑玄注，孔颖达疏，吕友仁整理：《礼记正义》，《儒藏》精华编五〇册，第 648 页。
③ 郑玄注，孔颖达疏，吕友仁整理：《礼记正义》，《儒藏》精华编五〇册，第 649 页。
④ 郑玄注，孔颖达疏，吕友仁整理：《礼记正义》，《儒藏》精华编五〇册，第 646 页。

在郑玄引老子语注经的那番话中，孔颖达疏解曰："以三王之时，教令稠数，征责繁多，在下不堪其弊，则致如此。然，谓'谋作兵起'也。"①不过，按记载，五帝之时也常发生战争，"案《史记》，黄帝与蚩尤战于涿鹿之野；《尚书》，舜征有苗，则五帝有兵。今此三王之时，而云'兵由此起'者，兵设久矣，但上代之时用之希少，时有所用，故虽用而不言也。三王之时每事须兵，兵起烦数，故云"。②的确三王时期，周公制礼作乐，建立起宗法制为基础的封建国家。但若视之为"教令"繁多，明显受道家观念的影响。而夏商周时期，王朝的更迭主要采取征伐的手段，虽是有道推翻无道统治、顺天应人的革命之举。那么，如果革命是因为"不堪之弊"，其正当性要受到很大的挑战。

禅让和革命是儒家政治思想的重要议题，从权力的继承方式的"理性性"而言，大同和小康体现的是两种完全不同的制度体系。"'天下为家'者，父传天位与子，是用'天下为家'，禹为其始也。"因为君以天位为自家之私有物，所以"各亲其亲"。诸侯也效之，传位与自家。"父子曰世，兄弟曰及。谓父传与子，无子则兄传与弟也。以此为礼也，故五帝不言礼，而三王云'以为礼'也。"③这就是说，五帝以大道为治国之纲，而三王则主要以礼义来建立秩序。根据父子、君臣、夫妇、兄弟的不同关系模式，用不同的礼义原则来规范，并以宫室、衣服、车旗、饮食、贵贱等来将之制度化。但利益和权力的私有化必然会引起争夺和奸谋，禹、汤、文、武、成王、周公都是谨于礼的人，以礼来裁断百姓的行为，教育民众礼让、守礼，推崇仁义礼智信，因此，小康之"康，安也。行礼自卫，乃得不去势位，及不为众所殃，而比大道为劣，故曰小安也"。④这个解释中，"康"主要是"安全"感，在一个秩序体系中，每个人都有所保障，这就需要强化"政权"的力量。其中的优劣昭然若揭。

郑玄的注和孔颖达的正义疏通了文义，但留下了几个十分关键的问

---

① 郑玄注，孔颖达疏，吕友仁整理：《礼记正义》，《儒藏》精华编五〇册，第651页。
② 郑玄注，孔颖达疏，吕友仁整理：《礼记正义》，《儒藏》精华编五〇册，第651页。
③ 郑玄注，孔颖达疏，吕友仁整理：《礼记正义》，《儒藏》精华编五〇册，第651页。
④ 郑玄注，孔颖达疏，吕友仁整理：《礼记正义》，《儒藏》精华编五〇册，第651页。

题，即"大同"世的儒家属性问题与五帝三王之间的"一以贯之"的问题。作为《礼记》中的一个文本，其后文一直在讨论"礼之急"的问题，那么，如何看待礼在五帝三王时期的连续性便是问题之一；第二，是在世代变迁的时候，儒家固然应时立制，这些精神是否具有一贯性，尧舜和禹汤文武之间是"德衰"还是"道统"的自然传递过程中的"损益"？若五帝和三王存在政道之"差异"，那么道统的一贯性就会受到怀疑。这些问题在宋明时期都得到了充分的讨论。第三，《礼运》文字是否存在错简？"改经"和"疑经"是传统士人疏通文义的重要手段，前述的问题也导致了宋儒或清儒调整经文的"冲动"。

二 道的一贯性：宋明时期对大同小康的质疑和弥合

作为儒家自身理论发展和应对佛教挑战的产物，唐宋以来的新儒学呈现出与汉代儒家所不同的面貌。如果说，郑玄的注释更为侧重于疏通文献和典章制度的话，那么，宋儒更关注儒家之"道"的一贯性。从天道流行的角度，尧舜和禹汤文武之间的连续性就会被强调。

在强调道的连续性的思维模式下，大同和小康之间的"断裂"就成为当时思想家首先关注到的。

系统论证《礼运》的大同小康之论"杂而不伦"的是北宋时的李清臣。他在一篇名为《礼论》的文章中说："自秦焚书之后，学者不得完经。亡者已亡，而存者大抵皆杂乱，已不可全信。汉之儒者，各守所见，务以自名其家。亦有非圣人之言而设之于圣人，学者谓圣人之重也，不敢辄议，又从而传师之，故五常之道为之不明，斯教之大害也。……今之《礼》经，盖汉儒鸠集诸家之说，博取累世之残文，而后世立之于学官，夏、商、周、秦之事无所不统，盖不可以尽信矣。尝观《礼运》，虽有夫子之言，然其冠篇言大道与三代之治，其语尤杂而不伦。"[①] 在他看来，秦朝的焚书坑儒导致儒家经典残缺，汉代经师又多有成见，经常以己意托

---

① 李清臣：《礼论》（下），曾枣庄、刘琳主编：《全宋文》第七十八册，上海辞书出版社、安徽教育出版社，2006年，第347—348页。

之圣人，导致儒家典籍并不完整或并不是圣人之"本意"了。客观的后果是五常之道由此而被掩盖不明。很显然，李清臣是以纲常伦理的视角来判断"大同"之说。

客观的事实与李清臣的说法有点出入，恰恰是汉儒才将儒家之纲常伦理系统化、制度化。而在大一统的皇权政治格局中，以忠孝为中心的纲常伦理已成为"天理"的秩序化表现。如此，"不独亲其亲，不独子其子"为"大同"与纲常伦理之间的冲突被凸显。而以"各亲其亲，各子其子"为"德衰"而退步"小康"，也不可能被接受。李清臣对大同的质疑，就是因为他坚信"夫圣人之所以持万世，与天地长久而不变者，君臣父子而已矣"。[①]超越君臣父子之伦的"大同"流于墨氏之兼爱，非儒门之正理。《礼运》中有"礼义以为纪……故谋用是作，而兵由此起"之说，将礼义之兴，理解为乱世的不得已之手段，郑玄又借《道德经》来注释，《礼运》亦接近于老庄之意。当然，若是将大同、小康理解为不同治理原则，将损害道统之延续性。

李清臣对《礼运》篇的质疑基本上囊括了当时对《礼运》篇的看法，也是道学群体内部讨论的议题。比如吕祖谦就曾问朱熹是否思考过《礼运》的立场接近道家和墨家的说法。朱熹认为大同、小康，"略有些意思"，但不同意将尧舜和三代视为"二道"。他说：

> 《礼运》以五帝之世为大道之行，三代以下为小康之世，亦略有些意思，此必粗有来历，而传者附益，失其正意耳。如程子论尧舜事业，非圣人不能；三王之事，大贤可为也，恐亦微有此意。但记中分裂太甚，几以二帝三王为有二道，此则有病耳。[②]

[①] 李清臣：《礼论》(下)，曾枣庄、刘琳主编：《全宋文》第七十八册，第347页。
[②] 朱熹：《答吕伯恭》，见《朱子全书》第21册，上海古籍出版社、安徽教育出版社，2002年，第1437页。其实，二程还是区分尧舜、汤武之间的高低的。"尧与舜更无优劣，及至汤、武便别。孟子言性之反之，自古无人如此说，只孟子分别出来，便知得尧、舜是生而知之，汤、武是学而能之。文王之德则似尧、舜，禹之德则似汤、武，要之皆是圣人。"载王教鱼点校：《二程集》上，中华书局，2004年，第41页。

他不认为《礼运》记录的是孔子的"原意"。在回答学生所问"《礼运》似与老子同?"的问题的时候,朱子就直接断定说《礼运》"不是圣人书"①。

在王霸问题上与朱熹展开持续争辩的陈亮,也认为《礼运》之说是与老子一脉的。他在《问古今文质之弊》一文中,认为老子思想就是对"周文疲惫"的一种救治之方。他赞成《道德经》将奢靡之风和权谋视为提倡仁义、礼乐的后果,指出要解决这些弊病,唯有鼓励人们返璞归真。他甚至认为,孔子所说"礼与其奢也宁俭,丧与其易也宁戚"的说法"几近于聃,而《礼运》所论大同、小康,则纯聃之说也。春秋之末,夫子老死而不用于世,世之贤人君子,念周之弊不可复救,乃以为虞夏之道,不大望于民,不求备于法,商周既极其情,则爵赏刑罚之穷固其势也。"②不过,陈亮说《礼运》中的大同、小康是老子的立场,并不是如李清臣般要分辨朱赤,反而是认为要超越学派的藩篱,大胆肯定这些说法。

从前述朱熹的语句中可见,道学家们不会接受二帝三王"道二"的弊病。对此,张载、二程就已经有许多论说了。

张载是从"礼"一本论的角度来理解大同和小康的,他借用孟子"由仁义行"和"行仁义"的话头,说"大道之行"是由"礼义而行",而若"礼义以为纪,行礼义者也"。这是从人的主动性的角度来分辨。"行礼义"的人虽遵礼义而行,但难以心悦诚服。在张载看来,大同和小康的差别,并不在于是否"谨于礼",而是三代之际,有一些人并不能真正做到"由礼义行",而未及"大道之行"的"民自化"的状态。"大道之行,如尧、舜方是也。虽三代之英,犹有劣者,以其未成功也。此所以未有不谨于礼。惟谨于礼,则所以致大道之行。"③

张载承认天下为公的禅让要高于家天下的世袭,但认为禅让和世袭是"礼义"的不同层次的表现,并非是两种不同的"政治模式"。尧舜时

---

① 黄士毅编、徐时仪等汇校:《朱子语类汇校》四,上海古籍出版社,2014年,第2266页。
② 陈亮《问古今文质之弊》,《陈亮集》增订本,上册,中华书局,1987年,第167页。
③ 张载:《礼记说·礼运第九》,载林乐昌编:《张子全书》,西北大学出版社,2015年,第337页。

期，政通人和，神人共襄，礼义存而不彰。禹以后的圣王们之所以如此注重礼义之教，目的是最终达到尧舜无为而治的境界，但从本质上，尧舜和六君子都本于礼义，"六君子所以急于礼者，欲至乎大同也。尧舜之治，若此莫不本诸礼义"。①只是社会环境的变迁导致他们的治理方案有所不同，若六君子处于尧舜之际，也必然会选择"大同"之治。

张载持气本论立场，以气之聚散来理解事物的发展和变化，而二程兄弟则通过对"天理"的体贴为儒家确立一贯通时空的价值基点。较之秦汉的多重面向混杂的"天"，"天理"既是万物的源头和规律，也是价值准则，因此，从哲学上建构了儒家的普遍性维度，这也为理解"仁"和其他儒家的伦理规范提供了一个新的面向。

二程之后的道学群体，大体接受了以"公"释"仁"的思路，目的是在确立"天理"观后，要凸显儒家之爱超越血缘的公共面向。程颐说："仁之道，要之只消道一公字。公只是仁之理，不可将公便唤做仁。公而以人体之，故为仁。只为公，则物我兼照，故仁，所以能恕，所以能爱，恕则仁之施，爱则仁之用也。"②由此，作为仁之用的"爱"，便可以在亲亲之上更突出仁民、爱物的一面。他说，一以贯之的忠恕之道的核心就是要实现"公平"。"忠恕所以公平，造德则自忠恕，其致则公平。"③

二程在讨论大同理想时多有创见。程颐在《周易程氏传》中，就认为公能让天下一心，建构起天下的凝聚力。他在解释"同人"卦的"同人于野，亨，利涉大川，利君子贞"时说：

> 野谓旷野，取远与外之义。夫同人者，以天下大同之道，则圣贤大公之心也。常人之同者，以其私意所合，乃暱比之情耳。……而于郊野旷远之地，既不系所私，乃至公大同之道，无远不同也，其亨可知。能与天下大同，是天下皆同之也。天下皆同，何险阻之

---

① 张载：《礼记说·礼运第九》，载林乐昌编：《张子全书》，第337页。
② 《河南程氏遗书》卷第十五，载王孝鱼点校：《二程集》（上），中华书局，2004年，第153页。
③ 《河南程氏遗书》卷第十五，载王孝鱼点校：《二程集》（上），第153页。

不可济？何艰危之不可亨？①

虽然这里的"大同"更接近于《尚书·洪范》中实现上下同心的"为政之方"，但通过强调公心来达成君臣之间的共识是程颐所要肯定的。在程颐看来，天下虽万殊，然因同秉天理，故能通天下人之志。他在解释"同人"卦之九五爻的时候，特别提出"人君当与天下大同，而独私一人，非君道也"。②这也是程颐对待禅让的态度。

在讨论禅让时，二程认为若以"天下为公"为目标，选择一个有公心的人十分重要，是通过禅让或世袭，只是方法的不同，并非问题的关键。程子的思路回到了孟子"天与之"的思路上。他认为启继承大禹，得到了百姓的拥戴，如此这般，"传子"也属于"天下为公"。程颐说：

> 大抵五帝官天下，故择一人贤于天下者而授之。三王家天下，遂以与子。论其至理，治天下者，当得天下最贤者一人，加诸众人之上，则是至公之法。后世难得人而争夺兴，故以与子。与子虽是私，亦天下之公法，但守法者有私心耳。③

若是得天下之最贤，即使是传位给自己的儿子，依然是"至公之法"。这就扭转了以往关于尧舜到三王是分属不同治理层级的说法。圣人之间并无优劣之分。"尧、舜之让，禹之功，汤、武之征伐，伯夷之清、柳下惠之和，伊尹之任，周公在上而道行，孔子在下而道不行，其道一也。"④

朱熹所持的大同小康并非圣人观点的看法，对后世影响很大。元代陈澔著有《礼记集说》，其中《礼运》篇首语中，他就断言"大同小康之说，则非夫子之言"。他引石梁王氏的话说"以五帝之世为大同，以禹、汤、文、武、成王、周公为小康，有老氏意"，证据就是将礼视为"忠信

---

① 王孝鱼点校：《二程集》（下），第 763 页。
② 王孝鱼点校：《二程集》（下），第 767 页。
③ 《河南程氏遗书》卷第十八，载王孝鱼点校：《二程集》（上），第 228 页
④ 《河南程氏遗书》卷第二十五，载王孝鱼点校：《二程集》（上），第 324 页

之薄"。① 在这些具体问题的分析上，陈澔的注释并没有超出郑注孔疏的讨论范围。

儒道大约都接受理想社会前置的发展观，即人类社会处于不断退化的阶段，但差异在于道家预设一个"自然而然"的无为社会，而儒家的理想社会则是接受了圣人教化而民自行的"无为"社会，由此，有无礼乐则会处于不同的发展阶段，而儒家的礼书中，也会有礼乐是对纯美社会崩溃的矫正的观点。陈澔就说："礼家谓太上之世贵德，其次务施报往来，故言大道为公之世，不规规于礼，礼乃道德之衰，忠信之薄。大约出于老庄之见，非先圣之格言也。"② 从礼家的立场看，不可能接受大同时代没有"礼乐"秩序的说法，尤其不能接受礼乐的产生是道德衰败的产物的判断。

阳明虽并无专门的论礼著作，但在他的《拔本塞源论》中，也可以体会他对社会发展的看法。阳明认为圣人之所以为圣人，在于义理，而名物制度则无关于作圣的工夫。在孔子、孟子之后，王道熄而霸道昌，儒生为复三代之治，故而关注三代之制度名物，然忘却圣人之心志，这并不能救世之弊。因此，体察圣人之万物一体之仁，才能同心一德，共安天下之民。③ 他接受道统在孟子之后终绝的说法，并认为人们若要追慕圣人之治，不应拘泥于礼制存废，而应体察圣人万物一体之仁，这堪称是王阳明的"大同"观。

明末清初是中国思想史上的又一个高峰，尤以王夫之的哲学思想最为丰富复杂。在历史观上，王夫之肯定人类文明是一个不断进化的过程。他说是燧人氏教人学会了用火，神农氏教人耕种，以及后稷推广农业，这样奠定了中国文明的基础。这种历史观与宋儒以三代以上为天理流行的"退化史观"存在着根本差异。但王夫之的历史也没有摆脱经验论的影

---

① 陈澔：《礼记集说》，汤一介等编：《儒藏》精华编五五册，北京大学出版社，2009年，第205页。
② 陈澔：《礼记集说》，汤一介等编：《儒藏》精华编五五册，北京大学出版社，2009年，第206页。
③ 参看王守仁著，吴光等编校：《王阳明全集》（一），上海古籍出版社，2014年，第61页。

响，他看到中国历史发展中经常出现治乱循环现象，便认为一治一乱，恰如日之有昼夜，是天道之条理错综所决定的。王夫之的历史观的二重性，导致了他对《礼运》中大同、小康认识的双重性。

一方面，他认为不能以古之制来治理今日之天下，所以"封建、井田、朝会、征伐、建官、颁禄之制，《尚书》不言，孔子不言。岂德不如舜、禹、孔子者，而敢以记诵所得者断万世之大经乎！"① 与此认识相应，王夫之认为大同和小康，只是圣人根据世道的变化而制定出来的不同治理方案，孔子之向往是一致的，并无高低之分。

大同、小康之不同是基于当时人们民风的差异。他认为大道行之时，"民淳则政可简，为之上者恭己无为，而忠信亲睦之道自孚于下土"。而到三代之时，百姓之道德已经退化而难以自控，因此"王者敷至道之精华制为典礼，使人得释回增美而与于道"。② 即要通过礼乐教化的方式，使百姓回归纯美之本性。

由于王夫之并未将五帝与三王分出高低，因此，他在解释《礼运》的篇名的时候，就说是"言礼所以运天下而使之各得其宜"。③ 这样"公天下"与"礼义"之治的区别仅仅在于它们是根据时代的变迁而制定的对应性的秩序原则。比如，"大道之行也，天下为公，选贤与能，讲信修睦"一段，他说"天下为公，选贤与能"是指五帝通过选择贤能之人来治理天下，不把天子之位传给自己的儿子。然而在解释"讲信修睦"时，他则强调了人们自觉地遵循盟誓和契约，人与人之间关系的亲睦。"讲信修睦而天下固无疑叛，则礼意自达，无假修为矣。"④ 这是有意将"三代之英"和"五帝"之间的"位阶"之别加以弥合。由此，大同世界的所有德行都是"礼意"之流行而已。

他解释说："'不独亲其亲'，老其老以及人之老也。'不独子其子'，幼其幼以及人之幼也。""老有所终"，就是人能生养而送死；"壮有所用"，

---

① 王夫之：《读通鉴论》，《船山全书》第十册，岳麓书社，1996年，第1180页。
② 王夫之：《礼记章句》，《船山全书》第四册，第536页。
③ 王夫之：《礼记章句》，《船山全书》第四册，第535页。
④ 王夫之：《礼记章句》，《船山全书》第四册，第537页。

就是人能以某一职业来维持生计。王夫之将"男有分，女有归"中的"有分"解释为"分田制产"，"有归"解释为家庭关系的存在。这样，大同之世的自觉自主的世界与礼乐秩序之间达成了融合，礼制和规则并非是对人的自主性的压制。不待教而治的大同时代或许没有礼制的存在，但"上下同于礼意也"，①人们自觉地遵循规则，而无须督促和强制。

王夫之释"礼"为"常"，这样礼义之间便构成了"理念"和"制度"的关系，社会之运行皆要依赖礼义来安排，以防止强者对弱者的侵凌，防止奸诈之谋对社会正义的破坏。

王夫之的"礼意"和"礼制"的融合很大程度是受到了张载以体用关系来理解"礼运"和"礼器"关系的影响。他还批驳了那种因为"大同""大一"的说法与老庄之辞相近而将之斥为道家之论的说法，认为应该看到"词同而理异"。

另一方面，他也接受大同和小康在秩序优劣上的差异，他说："'康'，安也。'小康'者，民不能康而上康之，异于'大同'。"②

为此，王夫之"调整"了《礼运》的文字顺序。按照《礼运》原本的经文，"小康"章的文字顺序是这样的：

> 大人世及以为礼，城郭沟池以为固。礼义以为纪，以正君臣，以笃父子，以睦兄弟，以和夫妇，以设制度，以立田里，以贤勇知，以功为己。故谋用是作，而兵由此起。③

然而，王夫之在"兵由此起"一句下注云："此节旧在'以立田里'之下，盖错简，今定之于此。"④又在"以立田里"一句下注云："此节旧在'以贤勇知'之上，今定之于此。"⑤那么，经由王夫之改定的经文，则变为了这样：

---

① 王夫之：《礼记章句》，《船山全书》第四册，第 537—538 页。
② 王夫之：《礼记章句》，《船山全书》第四册，第 540 页。
③ 郑玄注，孔颖达疏，吕友仁整理：《礼记正义》，《儒藏》精华编五〇册，第 646 页。
④ 王夫之：《礼记章句》，《船山全书》第四册，第 538 页。
⑤ 王夫之：《礼记章句》，《船山全书》第四册，第 539 页。

> 大人世及以为礼，城郭沟池以为固。以贤勇知，以功为己。故谋用是作，而兵由此起。礼义以为纪，以正君臣，以笃父子，以睦兄弟，以和夫妇，以设制度，以立田里。①

这样的改动符合王夫之以"礼"作为大同、小康之世的共同价值基础的理念，也就是说，礼用来矫正以功业为成就标志、计谋争夺横行的世界。由此，三代之英之"谨于礼"，是"使民有所率循而行于大道者也"。②由此，王夫之认为，《礼运》中有关"大同"和"小康"的文字都是关于"大道之行"的。他说，大道之行和三代之英是相为表里，治理天下的道本来是一样的，谁继承统治权力，也都不能改变，孔子所叹息的是礼衰乐崩，若无价值的支撑，任何制度秩序只会是摆设而已，如此，无论大同之意还是小康之治都难以落实。③

三 理想的瓦解？清代学者对《礼运》文本的调整

王夫之所调整的《礼运》文本，乾嘉时期的考据家大率不可能见到，但如何处理《礼运》文本中大同、小康在道统和治统上的连贯性，以及由此而带来的秩序和伦理的一致性问题，则是清儒所必须要面对的。如果说张载和王夫之侧重于从体用关系将"礼意"和"礼器"、典章加以一元化，二程和朱子是从天理的一贯性凸显大同小康的一贯性的话，那么，清儒所崇尚的"汉学"方法更倾向于通过文本的"重编"来处理《礼运》篇中所呈现的价值冲突。

对于清儒之怀疑《礼运》错简的相关思路，目前已经有裴传永等学者加以梳理，根据他们的总结，清代有任启运、黄式三和姜兆锡等人，根据《孔子家语》和《礼运》篇文字的不同，各自做出了自己的文字调整，④本文根据皮锡瑞《论〈礼记〉义之精者本可单行〈王制〉与〈礼运〉

---

① 王夫之：《礼记章句》，《船山全书》第四册，第538—539页。
② 王夫之：《礼记章句》，《船山全书》第四册，第540页。
③ 王夫之：《礼记章句》，《船山全书》第四册，第540页。
④ 参看裴传永《关于"大同小康"之论错简问题的探讨——从宋代以降学者的相关质疑说起》，《孔子研究》2017年第4期及前揭常达之博士论文。

亦可分篇别出》之梳理来着重分析邵懿辰对《礼运》相关文序的调整和意义说明。

皮锡瑞说，《礼运》说礼"极精"，应该"分篇别出"。他肯定黄式三的《黄氏日钞》中，将《礼运》看作是一个批判性的文本的说法，"虽思太古，而悲后世"①，即将大同之理想视为对现实政治的批判。虽然从全篇看，对礼乐的批评有近似于老子的地方，但也有许多精要之言："如论治，谓圣人耐以天下为一家，中国为一人；如论人，则谓人者天地之心；……如论礼，则谓礼者固人之肌肤之会、筋骸之束。"②的确，将礼对社会的功能比喻成人的肌肤和筋骨的会合、枢纽，十分形象传神。

宋儒以来怀疑大同小康非孔子之言，将不独亲其亲、尧舜是大同之论说成是墨、道之语，皮锡瑞认为这是二程、朱子的"偏见"。很显然，皮锡瑞这个判断并不属实，大同论说与道墨接近，是从郑玄以来就有的看法，并被程朱所接受。而对此种说法，邵懿辰试图通过"错简"论来化解。

邵懿辰指出，先儒之所以有如此之怀疑，是因为不了解《礼运》的首章存在着错简。他说："《礼运》一篇，先儒每叹其言之精而不甚表章者，以不知首章有错简，而疑其发端近乎老氏之意也。今以'禹、汤、文、武、成王、周公，由此其选也，此六君子者，未有不谨于礼者也'二十六字移置'不必为己'之下、'是故谋闭而不兴'之上，则文顺而意亦无病矣。"③经此改动，他便将《礼运》之首章调整成这样的顺序：

> 大道之行也，天下为公，选贤与能，讲信修睦。故人不独亲其亲，不独子其子，使老有所终，壮有所用，幼有所长，矜寡孤独废疾者皆有所养。男有分，女有归。货恶其弃于地也，不必藏于己；力恶其不出于其身也，不必为己。禹、汤、文、武、成王、周公，由此其选也。此六君子者，未有不谨于礼者也。是故谋闭而不兴，

---

① 皮锡瑞：《经学通论·三礼》，中华书局，1954年，第79页。
② 皮锡瑞：《经学通论·三礼》，第79页。
③ 皮锡瑞：《经学通论·三礼》，第79—80页。

盗窃乱贼而不作，故外户而不闭，是谓大同。今大道既隐，天下为家，各亲其亲，各子其子，货力为己。大人世及以为礼，城郭沟池以为固，礼义以为纪，以正君臣，以笃父子，以睦兄弟，以和夫妇，以设制度，以立田里，以贤勇知，以功为己。故谋用是作，而兵由此起。以著其义，以考其信，著有过，刑仁讲让，示民有常。如有不由此者，在势者去，众以为殃，是谓小康。

邵懿辰说经过这样的调整，就"文顺而意亦无病矣"。并提出了六条证据。

其一，邵懿辰说前人在阅读"大道之行也，与三代之英"时，过于看重其中的"与"字，并据此将"大道之行"属"大同"而"三代之英"属"小康"。其实，"大道之行"是概指"治功之盛"，而"三代之英"指的是"治世之人"。孔子说"有志未逮"是对大同之治功和治世之人的"想往"，若是五帝、三王有高低之分，孔子何以会慨叹他不能身逢盛世呢？

其二，"大道既隐"用以描述周以后的社会犹可，以此说夏商则不可。既说"未逮"又说"今大道既隐"，文句矛盾。

其三，如果说"礼"是"忠信之薄"的后果，那么子游应问孔子如何回复大同世界，而不应强调"礼之急"。

其四，"讲信修睦"后文三次出现，都是指圣人先王，说明《礼运》并没有重五帝轻三王的"偏向"。

其五，"五帝官天下，三王家天下"本属战国时道家之说，汉儒受黄老影响而述之。从历史事实看，五帝也并非都禅让，所谓"天下为公"其实是指"以天下为一家，中国为一人"，这是儒家推己及人的仁爱思想。儒家所看重的选贤与能，目的是发现贤能之士，而与禅让还是世袭无关。

其六，夏商周虽治国之法有所差异，但作为秩序原理的"道"则是一致的。①

如此，邵懿辰系统地回应了宋以来对大同说的种种疑问，以及《礼运》首章上的文字难解之处，论证了"大同"作为儒家理想社会的正当

---

① 皮锡瑞：《经学通论·三礼》，第80页。

性，以及儒家道统的一贯性，实质上是以大同来统括夏商周的文明理念，而将小康视为理想瓦解之后的"混乱"社会，这贴合前述朱熹、陈亮王霸之辨时朱熹对于汉代以后中国社会秩序的整体判断。

四　礼运传孔子大道：康有为与《礼运注》

近代中国面临西方的挑战，大同理想与西来的社会理想结合引发了人们对于"大同"社会的新的想象，宋儒所强调的道的一贯性，已不再是这个时代的经典解释者最关注的问题，大同、小康原始文本中所具备的"德衰"的原因，被有机地整合进因进化论所带来的社会发展阶段的新的理论框架中。只不过，需要给它来一个颠倒，即大同不再停留在我们遥远的传说世界中，而存在于未来的可能性中。

在众多的解释者中，康有为对《礼运》的阐发，因为构成了他《大同书》写作的基础，尤为影响深远。

康有为通过三世进化扭转"大同""小康"的顺序，认为社会发展必然是从宗法社会演化为人各独立的平等社会，小康必然会迈向大同。这是孔子因时立制之高妙之处。但"孔子又明大夫不世不得专宗"，宗法、家族制度必然要被取代，"盖人渐平等，人渐独立，既不能以宗子收养，即不能以宗法摄制。至升平世人各独立，则族制必变"，转化为以个体为基本单位的人类意识，"此进化自然之理"。①因此，康有为有意识地把《礼运》视为孔子阐发"大同"理想的书。

秉承在《新学伪经考》中所确定的思路，他认为后世儒家过于受"拘谨"的曾子的影响，导致孔子之大道湮没不显。后又经荀子、刘歆、朱子之"偏安"，使儒学"安于小康，不得蒙大同之泽"。②然而，居今之世，"中国已小康矣，而不求进化，泥守旧方，是失孔子之意，而大悖其道也，甚非所以安天下乐群生也，甚非所以崇孔子同大地也"。③

---

① 康有为：《春秋笔削大义微言考》，载姜义华、张荣华编：《康有为全集》第六集，中国人民大学出版社，2007年，第84页。
② 康有为：《礼运注》，载姜义华、张荣华编：《康有为全集》第五集，第553页。
③ 康有为：《礼运注》，载姜义华、张荣华编：《康有为全集》第五集，第553—554页。

在《礼运注》的开头，康有为就提出这个世界有"五德之运"，"礼运"只是其一，孔子关于大同的思想应在"仁运"中，因需要应时而行运，《礼运》只是包含着关于仁运的微言大义。"孔子以群生同出于天，一切平等，民为同胞，物为同气，故常怀大同之志，制太平之法，而生非其时，不能遽行其大道。"①而蜡祭之礼，诸侯大夫都穿草笠野服，等级被暂时搁置，这样触发了孔子的大同之思。

对于《礼运》"大道之行"部分的解释，康有为强调了平等作为公理是建立大同公平、公正、和平的世界的基础。由此，他特别对"女有归"进行了新解。他说"归"本作"岿"，"岿者，巍也。女子虽弱，而巍然自立，不得陵抑。各立和约而共守之，此夫妇之公理也"。②

在这个提倡"公共性"的时代，身、家、国都是"私"的载体，损害公理、阻止进化，故需要"破除"。他认为"人为天所生"，直隶于天，超越家国的公共性的世界，才符合"公理"。"平等公同，此广大之道也。无所谓君，无所谓国，人人皆教养于公产，而不恃私产。"如果一部分人拥有更多的财富，也应该分之于公共所有，唯其如此，"人人皆公，人人皆平，故能与人大同也"。③在康有为看来，大同世不仅需要制度的保障，还需要人的道德品质，甚至人的健康水平的支持。

从进化的阶段性出发，康有为并未否定儒家礼制的必要性，他认为相比于乱世的"无礼无义"，礼乐社会规定了上下等级和私有财产制度，保障了社会秩序。况且，未到其时，不能行其道。即使禹汤文武周公，其治理社会，也不出此法。所以。到"圣人耐以天下为一家，以中国为一人"一章，康有为提出了礼制社会所确立的制度体系，规定了人的权利和义务，有助于培育行之天下的公共意识和道德情感，是圣人"不得已之苦心"。④

他在《礼运注》中，也对文本的顺序有所调整，他把大同小康文之后，子游问了"如此乎礼之急"那段，调整到"故礼义也者，人之大端

---

① 康有为：《礼运注》，载姜义华、张荣华编：《康有为全集》第五集，第554页。
② 康有为：《礼运注》，载姜义华、张荣华编：《康有为全集》第五集，第555页。
③ 康有为：《礼运注》，载姜义华、张荣华编：《康有为全集》第五集，第555页。
④ 康有为：《礼运注》，载姜义华、张荣华编：《康有为全集》第五集，第556页。

也"一章之后,而并未变动大同小康的文本内容。

在解释为什么要做如此调整的时候,康有为说:以前在"是谓小康"后有子游问孔子"如此乎礼之急"的话,但在前文中,并没有说到"礼急"的事项,因此要将之移于后。①

在康有为看来,孔子在讨论圣人制礼之后,强调说,礼仪是人道之关键,若舍弃礼义,那么就会产生"坏国、丧家、亡人"的后果,由此才能体现"礼之急","旧本在'是谓小康'章下,则大同章不言礼,小康言礼亦不言急。意义不贯,当是错简。今移在此,意义贯切,且言之重、词之复,益觉圣人言礼之郑重焉"。②并说《礼运》之文本由此转变为讨论"礼意"而非"礼制"。在康有为看来,礼作为人情之体现,对于社会秩序的维护是极其有必要的,但应该注重礼所体现的精神,而非具体的"制度""礼仪"。③

康有为认为《礼运》是孔子揭示其三世之变、大道之真的宝典。而二千多年以来,从荀子、刘歆到朱子,无论他们的学说之真伪、高低,"总总皆是小康之道"。孔子虽有救人之心,但因生当乱世,深感社会发展须循序而进,因此,除《礼运》之外,其他经典所发明的主要也是小康之论,后世儒者泥于文本,判定孔子只注重小康,不求进化。④这样,孔子作为大地教主的制法者的身份隐而不彰。康有为将《礼运》单独注释,并同时写作《大同书》,是试图在新的历史转折关头,重新梳理儒家的理想性和普遍性维度,打破祖宗之法不能变的观念,以容纳西方的政治法律理念,推动社会变革和制度创新。

---

① 康有为:《礼运注》,载姜义华、张荣华编:《康有为全集》,第五集,第556页。
② 康有为:《礼运注》,载姜义华、张荣华编:《康有为全集》,第五集,第567页。
③ 康有为说:"夫圣人岂不欲人类平等哉?然而时位不同,各有其情,各有其危。礼者,各因其宜而拱持其情,合安其危而人各自得矣。夫天生人,必有情欲。圣人只有顺之,而不绝之。然纵欲太过,则争夺无厌。"所以要制定礼制来节制。见康有为:《礼运注》,载姜义华、张荣华编:《康有为全集》第五集,第569页。
④ 康有为:《礼运注》,载姜义华、张荣华编:《康有为全集》第五集,第553页。

第十章

平等与差序：荀子贤能政治观念的制度格局

春秋战国时期，由殷周之际而建立的封建家国天下体制，在实际政治权力不断下移到诸侯甚至卿大夫层级的时候，已经难以维持，封建等级制度的崩坏被孔子等人批评为礼崩乐坏，而孟子直接将这种权力层级的混乱归罪于不断崛起的新兴政治力量。他说："五霸者，三王之罪人也；今之诸侯，五霸之罪人也；今之大夫，今之诸侯之罪人也。"（《孟子·告子下》）在原先的封建等级秩序中，天子、诸侯、大夫各有其权力范围，但天子权力的空虚，诸侯之间的不断兼并，使得诸侯国逐渐成为实际的政治主体，而诸侯国的内部，则表现为由相对独立的各级贵族政治向准官僚制的分层系统转变。许倬云把这样的过程定性为"新型国家"的建立。在这个过程中，诸侯逐渐削弱强宗巨室的政治权力，改为选派家宰去管理以前相对独立的封地。如此，当贵族逐渐失去其权力和责任，而改由一批职业性的官吏来处理行政事务，"而且君主也要很好地驾驭这些人以防止他们危及国君之位。为了提供这些官员，职业教育就成为了必需。在战国时期，这类新型国家发展到一个新的阶段：拥有一批组织有序、训练有素的职业官吏"①。

　　贵族制度向官僚制转变，社会结构也随之被打乱，人们一方面慨叹贵族的衰落，另一方面，特别是"流散"的知识阶层呼唤选贤与能，并谋求施展才华的机会。这种士人和庶民之间的角色转换，在史书中已经找到了"哲学性"解释。比如，《左传·昭公三十二年》记载史墨对赵简子说："社稷无常奉，君臣无常位，自古以然。故《诗》曰：'高岸为谷，深谷为陵。'三后之姓于今为庶，主所知也。"杜预把"三后之姓"解释为虞、夏、商三代贵族的子弟，孔颖达疏说"从周而上，故数此三代。三代子孙，自有为国君者，言其贱者为庶人也。"②这样的长时段的解释，真实地描述了社会变革的过程中，由于政权更迭而导致的权力阶层降为普通百姓的不断重复的过程。而史墨之所以要讲这番道理，一是揭示当时所处的正是各国权力更迭频繁发生的情形，二是让赵简子对这种地位升降的历史有所了解。具体到鲁昭公时代，这些贵族或巨室的子弟变为庶民的原因：一是诸侯国的君主开始集中权力，故而有意识地限制贵族子弟的权力空间；二是随着新型国家的建立，君臣关系发生了很大的变化，由原来的基于血缘的忠诚改变为一种契约式的雇佣和服务的关系。

　　与权力群体失去政治地位相对应的是，一些原先处于社会底层的人获得了上升性流动的机会。不过，他们与新型国家的关系往往体现为"雇佣"关系。对于这样的新型关系，先秦诸子有很多讨论，尤其是韩非子，将君臣关系描述成功利性的"计数关系"③，而告诫君王不要轻信这些士

---

① 许倬云：《新型国家》，见氏著：《中国古代社会史论——春秋战国时期的社会流动》，广西师范大学出版社，2006年，第112页。顾炎武也看到了春秋与战国之间的封建制度的失序，他明确地指出了当时诸侯国家间关系的新特点："如春秋时，犹尊礼重信，而七国则绝不言礼与信矣，春秋时，犹宗周王，而七国则绝不言王矣。春秋时，犹严祭祀，重聘享，而七国则无其事矣，春秋时，犹论宗姓氏族，而七国则无一言及之矣。春秋时，犹宴会赋诗，而七国则不闻矣，春秋时，犹有赴告策书，而七国则无有矣。邦无定交，士无定主，此皆变于一百三十三年之间。"《日知录》卷十三《周末风俗》，载黄汝成：《日知录集释》中，中华书局，2020年，第675—676页。

② 杜预注、孔颖达疏：《春秋左传正义》，载汤一介等主编：《儒藏》精华编七十五册，北京大学出版社，2016年，第1474页。

③ "且臣尽死力以与君市，君垂爵禄以与臣市，君臣之际，非父子之亲也，计数之所出也。"(《韩非子·难一》)

人的忠诚度,也不要相信儒家对君臣伦理的道德保证。①

相对于韩非子或自商鞅以来法家的功利性表述,儒家选择了更为复杂的论说策略。儒家提倡要依靠德才来获得服务社会的机会。孔子首开私人教育之风,以一种积极的态度应对因社会流动而造成的对各类人才的需求。不过,虽然倡导"有教无类",但儒家学派并没有完全向功利性和"理性化"政治时代完全妥协,他们依旧坚持道德教化和家庭亲情在政治活动中的重要作用,血缘(亲亲)和尚贤的结合始终是儒家政治哲学的基础。②

第一节　亲亲　尊尊　贤贤

宗法政治最核心的特征就是亲亲、尊尊。《礼记·丧服小记》说:"亲亲,尊尊,长长,男女之有别,人道之大者也。"按原意,这里的亲亲指的是父母,尊尊是指祖父母及其曾祖高祖等。长长是兄及旁亲。③而在更多的儒家文本里,亲亲指的是基于血缘而确立的人与人之间的亲情,虽据血缘的远近,亲亲的程度有差等,然此亲亲之情必推扩而至血缘之外的人群乃至事事物物。而尊尊,是对于依血缘而形成的尊卑秩序的尊重,也可引申为对家庭、社群乃至国家天下的领导者的服从。这样,由亲亲和尊尊的原则的支撑,一个稳定的社会秩序乃得以建立。《礼记大传》说:"人道

---

① 白彤东对韩非子面对国家的转型而提出的"现代性"方案做了有新意的研究。并提出,法家应该考虑儒家对于政权合法性的讨论,而儒家则应该吸收法家在广土众民的国家所进行的法律和制度上的设计。不过如果关注到荀子的一些思考,儒法之间对制度设计的设想的关系要复杂一些。见白彤东:《韩非子与现代性——一个纲要性的论述》,载《中国人民大学学报》2011 年 5 期,第 49—57 页。

② 李源澄说,儒家所讲政治,始终不脱贵族制度或者说家长制的意味。"在家长制中生出两种政治道德,一是家长要以身作则,上行下效。二则相亲相爱,君民一体。此两种政治道德,亦是从孔子到清末未曾稍变的。这都是儒家承继周代贵族政治的痕迹。但是这种家长制,非贤人政治不可。"参看李源澄:《论宗法政治》,见王川选编:《李源澄儒学论集》,四川大学出版社,2010 年,第 437 页。

③ 陈澔:《礼记集说》,载汤一介等主编《儒藏》精华编五五册,北京大学出版社,2009 年,第 305 页。

亲亲也。亲亲故尊祖，尊祖故敬宗，敬宗故收族，收族故宗庙严，宗庙严故重社稷，重社稷故爱百姓。"

然亲亲、尊尊所建构的政治体制要想顺利运行，还需一个条件，即"贤贤"。"贤贤"即推选血缘共同体内部的贤能之人，最初意味着对于血缘尊卑的自然秩序的"突破"。在《礼记·礼运》篇中，"各亲其亲"是小康社会的特征，而"天下为公，选贤与能"则是大同社会的理想形态。这也反映出在战国时期的"新型国家"的阶段，宗法制日渐衰微，选择贤能之人为国家服务已成为共识，所区别者是如何认定"贤能"者而已。

孔子追慕礼乐政治，并相信礼治是一个百世可知的具有永恒价值的政治秩序。然而孔子并非不知损益，而是通过对于"君子"和"儒"的人格特征的重新定义来体现他的损益。在孔子看来，儒生一方面要积极参与政治活动，但对于政治势力却要保持一定的独立性。"天下有道则见，无道则隐"（《论语·泰伯》），"君子谋道不谋食"（《论语·卫灵公》），这样便与法家功利性地建构社会关系的做法有截然的差别。

孔子对儒生的内在要求，也被孟子所继承，孟子在回答齐宣王如何做"卿"的问题时，已经点明"贵戚之卿"和"异姓之卿"的差别，这大概可以看作是儒家对于君臣关系的变革性的阐释。孟子说，贵戚之卿，碰到国君有大过，则谏，如果国君不听，就让国君走人。而异姓之卿，遇到国君有大过，也谏，如果国君不听，那么，此卿便离开（《孟子·万章下》）。所谓"异性之卿"就是职业化的官吏群体，他们不再是贵族集团，所以君臣之间不再具有依附关系。孟子甚至提出国君如果轻视臣下，那么臣下就可以把国君视为"寇仇"。如果从道德和权势的关系看，我们可以将之理解为儒家革命精神的体现，不过我们需要由此发现儒家也一样对君臣关系进行了契约性的理解而非视其为简单的人身依附关系。

因为君臣关系所发生的巨大变化，所以提倡"选贤与能"已经成为统治者和诸子百家的共同呼声。

从君主方面说，在春秋特别是战国复杂的社会形势下，能够让贤能之士来为自己做事，这是维护其统治甚至完成霸业的最为重要的一步。因此，从平原君的"养士"到战国末年稷下学宫的"不治而议论"的博士制度,都可以看作是统治群体有意识地招募贤士以为己用的制度设计。而士群体自由流动的特征,则使得战国时的国君可以在更大的范围内招募贤能之士,以完成自己的霸业。从效果论的角度看,选拔人才的标准比较单一的秦国似乎更能招募适合于他们发展的人才。

而对社会其他阶层成员而言,提倡消除等级和出身的尚贤政策,尤其为儒墨所倡言。墨子说:

> 故古者圣王之为政,列德而尚贤,虽在农与工肆之人,有能则举之,高予之爵,重予之禄,任之以事,断予之令……故当是时,以德就列,以官服事,以劳殿赏,量功而分禄。故官无常贵,而民无终贱。有能则举之,无能则下之。举公义,辟私怨,此若言之谓也。(《墨子·尚贤》)

墨子与儒家一样,以托古的方式来展开自己的理想政治构建,认为应该让能者居位,而无能者则应该被罢免。而《孟子·告子下》中我们则可以看到类似于励志故事的记载:

> 舜发于畎亩之中,傅说举于版筑之间,胶鬲举于鱼盐之中,管夷吾举于士,孙叔敖举于海,百里奚举于市。故天将降大任于是人也,必先苦其心志,劳其筋骨,饿其体肤,空乏其身,行拂乱其所为,所以动心忍性,曾益其所不能。

这段话虽然是对处于困境中的人的一种激励,然而同样也可以看作是对于当时的社会流动状况的一种期待。在孟子看来,无论处于何种境况,只要你有能力并能坚持,那么就可以获得机会。由于强调贤者居位,儒家比其他的任何学派都强调学习的重要性。无论是内在的道德心性还是具体的管理技艺,都要靠学习而获得。学习的水准很大程度上能够决定你所能获得的社会资本和社会地位。

贤者居位始终是儒家的一个核心的理念,在更早的经典《尚书》中就有许多关于任贤的说法。比如"建官惟贤,位事惟能。重民五教,惟食、丧、祭。惇信明义,崇德报功。垂拱而天下治"(《尚书·周书·武成第五》)。即如果能找到合适的人来担任职务,那么君王就可以实现"垂拱而天下治"的目标。在《礼记·王制》中,我们可以看到,司徒的职能之一就是"上贤以崇德"。

选拔贤能之人,使不同能力的人能各尽其才、各安其位,被孔门后学视为实现理想的前提。在《礼记·礼运》中,"选贤与能"的社会则被看作是"大同"社会的一个指标。"大道之行也,天下为公。选贤与能,讲信修睦,故人不独亲其亲,不独子其子,使老有所终,壮有所用,幼有所长,矜寡孤独废疾者,皆有所养。男有分,女有归。货,恶其弃于地也,不必藏于己;力,恶其不出于身也,不必为己。是故,谋闭而不兴,盗窃乱贼而不作,故外户而不闭,是谓大同。"

不过,这个"不独亲其亲"和"不独子其子"似乎与儒家的差等之爱有一定的差距,或者对于这个问题的认识,恰好能凸显儒家政治伦理的独特性。这个独特性就是普遍之爱和差等之爱之间的差异性和统一性的问题。

儒家与其他强调贤能政治的诸子学派不同的是,儒家在主张贤者居位的时候,并不完全否认家族血缘的重要性,认为自然感情是推出天地之爱的一个基点。因此,孟子尤其要着力"拒杨墨",认为杨墨的观点否定了君和父的优先性原则,从而也就否定了儒家之尊尊、亲亲的伦理原则,在孟子看来,墨子的尚贤和兼爱等观点,因为与儒家有很多的相似性,反而容易迷惑人,所以必须加以辨别。在孟子看来,儒家的差等性的爱与所追求的普遍性的爱,其实是统一的。对此,清儒程瑶田说,那种强调一公无私的言论,往往难以达到真正的"公"。在他看来,墨子爱无差等的兼爱思想,让人为了博取大公之名,而扭曲了自己对亲人的真正情感。由此可见,孟子所说的亲亲而仁民,仁民而爱物,说明"爱之必不能无差等,而仁之必不能一视也。此之谓公也,非一公无私之谓也"。[①]

在立场有同有异的诸子之间进行辨别,这是儒门后学所强调的。对此,荀子也是如此,所以他说"君子必辩"(《非相》),因为荀子认为他所处的时代邪说纷起,天下已经浑然不知是非治乱。所以他在《非十二

---

① 程瑶田:《论学小记·述公》,载《程瑶田全集》第一册,黄山出版社,2014年,第53页。

子》中，对当时流行的许多言论进行了批评。比如批评墨子太注重功用而轻视差等；批评惠施、邓析"不法先王，不是礼仪"。尤其引人关注的是荀子也同样批评了孟子和子思，对他们"略法先王而不知其统"提出了批评，认为孟子、子思之言会令人误解为是孔子之意而贻害后人。在这些辩论中，荀子尤其重先王之道的问题，要讨论荀子的贤能政治是如何循着儒家的一贯思路而有所发展的，或许可以从"先王之道"这个问题入手。

第二节　王者之政与贤能之治

与孔孟相比，荀子更为接近由封建向郡县过渡的中国社会的大转折时期。这个转折点，从制度层面来考察，是在大一统的政治体制下，政治权力逐渐由血缘宗法组织向行政政治组织转变。管东贵先生说："在战国时期秦是最早全国一体实行县制的国家。而县制也正是当时历史发展的潮流。相对于封建制而言，县制的最大特色是尚贤而非世袭（这跟秦国之采开放政策，用人唯才的做法相一致），也即郡守、县令都直接由国家最高首领视其才能直接任用。"① 正是因为秦国的转变具有制度变革的重大意义，所以，荀子特别关注秦国的经验。在《强国》篇中，荀子在回答"入秦何见"的问题时，荀子的回答颇具深意，即除了地形和民风上的特点之外，秦国的最大制度创新就是明公私之分。"入其国，观其士大夫，出于其门，入于公门，出于公门，归于其家，无有私事也，不比周，不朋党，倜然莫不明通而公也，古之士大夫也。"这就是官员的血缘性特征被行政性特征所取代。不过，荀子也指出了这种制度的短处，即不行礼义之道。

荀子在回答秦昭王"儒家对于治国是否无益"的问题时，就特别指出儒家对于新的政治体制具有重要作用，简而言之，就是"在本朝则美政，在下位则美俗"（《荀子·儒效》）。或许从秦昭王的问题中，我们可以看出郡县体制下的君主对于儒家作用的怀疑，而荀子专门写作《儒效》

---

① 管东贵：《秦汉封建与郡县由消长到统合过程中的血缘情结》，载氏著：《从宗法封建制到皇帝郡县制的演变：以血缘解纽为脉络》，中华书局，2010年，第88—89页。

这样的篇章，其目的就是要说明，儒家在新的政治形势下依然可以发挥其重要的价值。当然，要说明这个价值，关键在于必须说明贤能政治和血缘政治之间的关系。

荀子的理论构造是从解释"先王之道"和"法后王"的关系中来展开的。

按东方朔的理解，荀子提出"先王之道"和"法后王"的问题是试图给他所处的转折时代建立一种新的"历史意识"，这个历史意识不仅要通过批评诸子百家的不同学说来凸显儒家的价值立场，同时需要对儒家内部进行批判性反省，来解决儒家的一贯性和变通性的问题，也就是儒家在当时社会的"古今问题"①。

对于荀子所讨论的"先王"和"后王"的关系，后世学者有很多的讨论。将先王和后王放在一起对照着说的有两处，"道过三代谓之荡，法贰后王谓之不雅"，分别见于《儒效》和《王制》，可以看出这属于荀子的基本立场。对这句话，杨倞的解释是"论王道不过夏、殷、周之事，过则久远难信。法不贰后王，言以当世之王为法，不离贰而远取之"。② 荀子十分强调儒家之道的一贯性，并认为圣人可以成为贯通者。这个一贯之道主要由儒家的经典来呈现。但是这样的一贯性只是治理之道，而非为具体的治理之术。就具体的治理方式而言，不同时代的王者，有不同的方法。三代之治理之术，因为年代久远，已无法成为处理现世问题的现成办法，而只能效法后王。按杨倞的解释，后王是指近世之王，具体或不可遽然落实。对此，梁启雄先生将"先王之道"解释为政治原理，而"法后王"则是政教法术，③ 大约是符合荀子的基本立场的。

因此，对于何为好的政治秩序这一问题，荀子既有对传统儒家立场

---

① 东方朔：《"先王之道"与"法后王"——荀子思想中的历史意识》，见氏著：《合理性之寻求：荀子思想研究论集》，台大出版中心，2011年，第344—345页。
② 杨倞注：《荀子》，上海古籍出版社，2010年，第91页。
③ 梁启雄说："荀子法先王，又法后王，大概在道理原则上他是掌握着无变的道贯，这是'原先王'；可是，在法术和政教上他是随时灵活地变革的，这是'法后王'。"见氏著：《荀子简释》，中华书局，1983年，第230页。

的坚守，也有基于现实政治情势的改变而提出的新的设计思路。

荀子对儒家政治立场的坚守，主要体现在他始终强调"先王之道"的一贯性。他称那些基于古今之差异而难以看到一贯性的人为"妄人"：

> 夫妄人曰："古今异情，其以治乱者异道，而众人惑焉。"彼众人者，愚而无说，陋而无度者也。其所见焉，犹可欺也，而况于千世之传也！妄人者，门庭之间，犹可诬欺也，而况于千世之上乎！圣人何以不欺？曰：圣人者，以己度者也。故以人度人，以情度情，以类度类，以说度功，以道观尽，古今一度也。（《荀子·非相》）

荀子所说的妄人主要指的是法家学派的人。在荀子看来，这种只看到变化，而不能看到背后的原则的稳定性的错误缘于不"知类"，他们不能以人的情理来看到变与不变是可以统一的。他反复强调道贯，认为先王之道，"古今一也"（《荀子·强国》）。他解释说，之所以我们除五帝之外，已经不知道别的贤人和善政的具体情形，之所以我们了解禹、汤之政不如周公之政详细，这主要是因为年代久远，而与我们时间相近的会齐全一些，这并非是他们所持之道有所变更。这种看法也是后世道统的一贯性和治道的变通性的理论模式的雏形。顾炎武的看法也可以帮助我们理解其中的曲折。

> 自春秋之并为七国，七国之并为秦，而大变先王之礼。然其所以辨上下，别亲疏，决嫌疑，定是非，则固未尝有异乎三王也。故曰："其或继周者，虽百世可知也。"①

只是顾炎武是将亲亲、尊尊、长长视为是不可变革的，实际上内涵了三王之道就是这亲疏、是非的原理。不过，当荀子讨论先王之道与后王之法，强调其有内在的一致性的时候，并没有一定要将先王之道如此坐

---

① 顾炎武：《日知录》卷七《子张问十世》，载黄汝成：《日知录集释》上，中华书局，2020年，第356页。

实，①不过，他所说的"礼仪之统""是非之分"也是基于亲亲、尊尊的原则的。圣人之制作礼仪，就是将千万人之常情得以制度化的表达而已：

> 故千人万人之情，一人之情是也；天地始者，今日是也；百王之道，后王是也。君子审后王之道，而论于百王之前，若端拜而议。推礼义之统，分是非之分，总天下之要，治海内之众，若使一人。（《荀子·不苟》）

荀子所之所以要区分法先王还是法后王，强调百王之法不同，但治理之道则是一以贯之的，目的是要在坚持儒家以民为本的基本政治立场的前提下，建构一套符合在新型国家体系下的儒家的政治策略，这样的策略既继承了先王之道，又能反映时代的要求。

对此，东方朔还点明荀子之所以强调法后王，是对孟子言必称尧舜的批评。②孟子说："遵先王之法而过者，未之有也。"（《孟子·离娄上》）但在荀子看来，这是"不知其统"的说法，会让儒家难以恰当地处理新出现的社会政治问题。

那么，荀子对先王之道和后王之治有什么具体描述吗？荀子在《君子》篇中，对先王之道的内容有具体的说明：

> 尚贤使能，等贵贱，分亲疏，序长幼，此先王之道也。故尚贤使能，则主尊下安；贵贱有等，则令行而不流；亲疏有分，则施行而不悖；长幼有序，则事业捷成而有所休。故仁者，仁此者也；义者，分此者也；节者，死生此者也；忠者，惇慎此者也。兼此而能之，备矣。

---

① 追求"一"是战国诸子的共识，然荀子坚决要反对的是法家依靠政治权力来实现的"一"。这样的"一"不是真正的一，而是不同立场取其一而定为一尊。在主张人性恶的荀子来说，如何"判断何为真正之圣王礼义，是荀子学说的重要主题之一。"因为"圣王"之出现或被"认定"，是荀子的难题。见洪涛：《心术与治道》，上海人民出版社，2013年，第13页。

② 东方朔：《"先王之道"与"法后王"——荀子思想中的历史意识》，见氏著：《合理性之寻求：荀子思想研究论集》，第360页。

尚贤使能、等贵贱、分亲疏、序长幼，这样基于自然秩序的治理原则是儒家所一贯坚持的基本原则，但是在这个原则之下，荀子却对等贵贱有了新的说明。在《王制》中，荀子强调社会流动渠道的必要性。他建议王公士大夫的子孙如果不具备礼义之修养就应该归之为庶人，而庶人之子孙若能通过学习而获得礼义之积累，就应该获得社会地位。他提出建立规则的重要性，并以自然法则（天德）的方式来证明这样的流动的必要性和必然性。

> 请问为政。曰：贤能不待次而举，罢不能不待须而废，元恶不待教而诛，中庸不待政而化。分未定也，则有昭缪。虽王公士大夫之子孙也，不能属于礼义，则归之庶人；虽庶人之子孙也，积文学，正身行，能属于礼义，则归之卿相士大夫。故奸言、奸说、奸事、奸能遁逃。反侧之民，职而教之，须而待之；勉之以庆赏，惩之以刑罚。安职则畜，不安职则弃。五疾，上收而养之，材而事之，官施而衣食之，兼覆无遗。才行反时者，死无赦。夫是之谓天德，是王者之政也。

以人的德行、才能的不同来给予相应的社会地位、使之担负相应的社会责任，这在某种程度上是对血缘等级制的补充甚至否定。虽然不能就此判定荀子否定亲亲在社会秩序中的基础作用，但荀子所强调"无德不贵，无能不官，无功不赏，无罪不罚"（《荀子·王制》），意味着对于实际的能力和效果的肯定，也就是说，以差异性来管理社会的原则中，能力和德行的因素占据越来越重要的地位。

在荀子的王者之政中，"尊贤"得到更多的重视。荀子在给君主的建议中提出，如果想要政治安宁，就要"平政爱民"；如果要获得赞誉，就要"隆礼敬士"；要立功名，就要"尚贤使能"。其中"隆礼敬士"和"尚贤使能"，都指向让贤能之士有参与社会治理的机会。

> 选贤良，举笃敬，兴孝弟，收孤寡，补贫穷。如是，则庶人安政矣。庶人安政，然后君子安位。传曰："君者，舟也，庶人者，水

也；水则载舟，水则覆舟。"此之谓也。故君人者欲安，则莫若平政爱民矣；欲荣，则莫若隆礼敬士矣；欲立功名，则莫若尚贤使能矣。(《荀子·王制》)

尚贤的反面，是对不肖之士的态度。在礼法的关系层面，孔子对通过刑罚来保持社会秩序的做法一直持怀疑态度，① 相比之下，荀子主张"隆礼尊法"，他肯定通过惩罚的手段来规训不接受礼义教化之人的必要性。在荀子所期许的"王者之政"中，对于贤能之士要加以拔擢，而对于不善之人，则要待之以刑，并认为这两者同样重要。他说：

听政之大分：以善至者待之以礼，以不善至者待之以刑。两者分别，则贤不肖不杂，是非不乱。贤不肖不杂则英杰至，是非不乱则国家治。(《荀子·王制》)

由此可见，在荀子的政治设计中，尚贤既是实现政治理想的手段，更是王者之政的一个指标性体现。如果说荀子将法后王作为先王之道的现实化途径的话，那么尚贤则成为荀子法后王的一个重点。

第三节　德和能：差异与平等的社会哲学

国家的转型意味着社会管理模式的变化，意味着需要的人才层次更为多元。封建制向郡县制的转变可类比是贵族统治向官僚政治的转变。按照韦伯的说法，就是行政制度日益培养起一个技术化的官僚阶层，以取代传统的贵族统治。② 在封建制日渐废弛的战国时期，荀子就试图通过将儒

---

① 孔子说："政者，正也。子帅以正，孰敢不正。""季康子问政于孔子曰：'如杀无道，以就有道，何如？'孔子对曰：'子为政，焉用杀？子欲善而民善矣。君子之德风，小人之德草，草上之风必偃。'"(《论语·颜渊》)
② 韦伯说："官僚体制化提供着最大的可能性，在行政管理中按照纯粹业务的观点，实行分工的原则，对各种具体工作进行分工，最好是把干部培养为专家，并在实际中不断进一步深入培训。"(马克斯·韦伯：《经济与社会》下卷，商务印书馆，1997年，第297页。)但是荀子的想法并不一样，他的主张是儒家可以成为这个专业干部中的一个比较高端的层次。因此，韦伯对儒家的理解有片面性。比如他说"儒学的基本原则是：高尚的人并非工具，也就是普遍的人格（转下页）

生进行分层，以适应不同职业的需求，而不是所有儒生都要去寻求治国平天下的崇高使命。

儒家的理想是成为君子，孔子和孟子都强调君子、小人之区别。笼统地说，君子要担负传承儒家价值、引导社会风尚的重任。但接受儒家理念的许多人并无机会去管理国家，他们中有的人只能接受"谋食"的现实处境，这就是说，儒生固然要抱持君子理想，但他却必须从事某个具体行业来养家糊口。君子固然"不器"，但一个现实中的人则难免成为"工具人"。

一　分工与合群

自孔子开始，儒家就强调通过礼义教化来影响社会，所以当时孔子教学，就回避了学生们对于农业和园艺技术的问题，并且对这样的提问方式进行了批评：

> 樊迟请学稼。子曰："吾不如老农。"
> 请学为圃。曰："吾不如老圃。"
> 樊迟出。子曰："小人哉，樊须也！上好礼，则民莫敢不敬；上好义，则民莫敢不服；上好信，则民莫敢不用情。夫如是，则四方之民襁负其子而至矣，焉用稼？"（《论语·子路》）

在这段饱受近现代反儒人士批评的对话中，孔子就自认其"职能"是要为社会（或通过君主）来提供价值准则和行为规范，这比进行具体的劳动要有更大的作用。这样的思想被孟子发挥为劳心者和劳力者之间的差别。

荀子则更进一步讨论社会分工的问题，在《王制》中，荀子提出了一个问题，即在体力和运动功能都强于人的情况下，为何牛马反而被人支配？荀子的答案是，人能"群"，也就是能通过秩序原理来建立起团体。

（接上页）自我完善的理想，同西方的客观业务的职业思想针锋相对，这条原则妨碍着专业培训和专业业务权限的划分，而且一再阻止他们的实行"（同上书，第 373 页）。这句话是对"君子不器"的解释。其实，孔子希望他的弟子除了从事实际工作之外，还有更高的道德上的追求。孔子以六艺教人，除了品行之外，亦有具体的技能教育。后世的选拔官员的科举制度，其实也有对具体技能的考察。

这个团体秩序原理就是"分"。这个"分"有多重含义，比如知道自己的社会地位；另一个重要的含义是"分职"，即不同人以其所习之技艺来获得职位。他说，人君若能在职业训练上有所作为，那么人心就能安定。在《君道》篇中，荀子说："明分职，序事业，材技官能，莫不治理，则公道达而私门塞矣，公义明而私事息矣。"而社会地位和血缘系统中的角色则是确定君臣父子这样的基本人伦关系，如果君臣父子兄弟"各安其分"，则社会秩序就会平和而稳定。

荀子也继承了儒家对于高层次管理者所应具有的道德高度的设定。荀子说，所谓的贤者，并非他在具体的行业能力上强于别人，而是要通过社会管理能力的培养使人尽其才、地尽其利：

> 君子之所谓贤者，非能遍能人之所能之谓也；君子之所谓知者，非能遍知人之所知之谓也；君子之所谓辩者，非能遍辩人之所辩之谓也；君子之所谓察者，非能遍察人之所察之谓也；有所正矣。相高下，视硗肥，序五种，君子不如农人；通财货，相美恶，辩贵贱，君子不如贾人；设规矩，陈绳墨，便备用，君子不如工人；不恤是非然不然之情，以相荐撙，以相耻怍，君子不若惠施、邓析。若夫谪德而定次，量能而授官，使贤不肖皆得其位，能不能皆得其官，万物得其宜，事变得其应，慎、墨不得进其谈，惠施、邓析不敢窜其察，言必当理，事必当务，是然后君子之所长也。（《荀子·儒效》）

荀子特别重视分工，提出"明分使群"的说法：

> 故百技所成，所以养一人也。而能不能兼技，人不能兼官。离居不相待则穷，群而无分则争；穷者患也，争者祸也，救患除祸，则莫若明分使群矣。（《荀子·富国》）

在这段话中，荀子明确了专业化的意义，认为人不能兼技，不能兼官，而应该各尽其力，令社会安定。"兼"还有分享的意味，即不能把所有资源集中在少数人手里，政府应让人们了解自己的所长并能有机会发挥之：

> 兼足天下之道在明分。掩地表亩，剌屮殖谷，多粪肥田，是农夫众庶之事也。守时力民，进事长功，和齐百姓，使人不偷，是将率之事也。高者不旱，下者不水，寒暑和节而五谷以时孰，是天下之事也。若夫兼而覆之，兼而爱之，兼而制之，岁虽凶败水旱，使百姓无冻馁之患，则是圣君贤相之事也。（《荀子·富国》）

荀子甚至将"君"字和"群"字做了关联性的解释，认为"能群"是"君"的角色要求，把人组织起来就能为人民创造好的生活秩序、生活质量和生活前途：

> 道者，何也？曰：君道也。君者，何也？曰：能群也。能群也者，何也？曰：善生养人者也，善班治人者也，善显设人者也，善藩饰人者也。善生养人者，人亲之；善班治人者，人安之；善显设人者，人乐之；善藩饰人者，人荣之……省工贾，众农夫，禁盗贼，除奸邪：是所以生养之也。（《荀子·君道》）

要做到这一点，他又一次强调了"论德而定次，量能而授官"。

> 天子三公，诸侯一相，大夫擅官，士保职，莫不法度而公，是所以班治之也。论德而定次，量能而授官，皆使人载其事而各得其所宜，上贤使之为三公，次贤使之为诸侯，下贤使之为士大夫，是所以显设之也。修冠弁衣裳、黼黻文章、雕琢刻镂，皆有等差，是所以藩饰之也。故由天子至于庶人也，莫不骋其能，得其志，安乐其事，是所同也。衣暖而食充，居安而游乐，事时制明而用足，是又所同也。（《荀子·君道》）

在这里荀子对于异、同的讨论，颇具程序公正[①]的意味，根据德和能来确定一个人的社会地位，即更有德性和能力的人通过某种"公平"的"法

---

① 有学者认为："程序公平建立在对某些不平等的证成之上。因此，程序公平似乎不是一个平等主义的概念。"见托马斯·斯坎伦：《为什么不平等至关重要》，陆鹏杰译，中信出版集团，2019年，第50页。

则"来获得其优势地位,享受更多的物质财富和人格尊严,这种差异的后果是具有某种"正义"性的。① 通过这种公平的制度设计,每个人都得到了与他的德才相匹配的生活,这是能体现公平原则的"同"。

荀子这里的"同"有两个层次,"骋其能,得其志"是在机会均等意义上的"同",而"衣暖而食充,居安而游乐"则是在"机会均等"前提下所产生的每个人的期待都得到满足的"同"。但荀子并不认为每个人的期待是"均等"的。他始终认为贤德程度不同的人,不应该享受"同等"的回报。这种观念,在现代的政治语境中有很多共鸣。萨托利说:"平等"和"相同性"是要被严格加以区分的。平等是一个价值原则,追求平等是一个正义的目标,但"对平等的道德性追求,既不包含也不需要事实上的相同性。人们是否生来(相同)这一事实,和他们理应被一视同仁这一伦理原则并不存在必然联系。"②

荀子反对那种不辨贤愚的"均",认为这对社会秩序的建立并没有好处,如果每个人的"势位"都是一样的,他们就会要求同等的物质待遇,如此,就会因社会财富的不足而引发争夺,以礼义作为原则来区分"贫富贵贱之等",这是体现了"公平"③原则的"王者之政"。

在平等和差异的关系上,荀子体现出超出同时代的认识深度。他还通过讨论"均"和"齐"来进一步辨析平等和相同的关系,他说"分均则不偏,势齐则不壹,众齐则不使"(《荀子·王制》)。这里的主题要说明差异化是管理效能的保证,但我们可以提出这样的疑问,假如人性自私,那么,任何管理决策都可能会产生决策者自我利益的偏好,这也是荀子被后世儒家所批评的关键。荀子说圣人"制礼义以分之",可能导向"依赖

---

① 按罗尔斯的说法,正义只是要消除那些让人受损的不平等。如果某种程度的不平等可以让所有人获益,那么"可以充分发挥有益于社会的禀赋和能力,这样的不平等就可以被每个人接受。"参看威尔·金里卡:《当代政治哲学》,刘莘译,上海译文出版社,2015年,第70页。

② 乔万尼·萨托利:《民主新论》下卷,冯克利、阎克文译,上海人民出版社,2015年,第514页。

③ 荀子在《王制》篇中,使用了"公平"这个概念,他说"故公平者,职之衡也;中和者,听之绳也。其有法者以法行,无法者以类举"。意思是说,公平就是根据"法"和"类"的原则,使事物得到合乎规则的对待。

于幸运的家庭和早期生活的环境"而获得的优势地位为"应得",[①]这会使儒家的民本立场失去价值支撑。

用效能这样的功利目标来证明"均"的正当性,并不符合孔子、孟子义利观,从而使决策过程导向与个人的权力和尊严无关的效果优先,并最终把人作为"工具"("器")。

在中国传统中,平等观念具有巨大的道德感召力,孔子说不患寡而患不均,更想表达的是让每一个个体在生活中能拥有一个"公平前景"。但平等的诉求却极容易在理想和现实中产生背离,比如若以机会均等作为前提,那么因为性别、地域产生的不平等不可避免,实质上将儒家所努力建构合理社会秩序的诉求变成维护少数精英人物的特殊利益。

毫无疑问,所有基于功利和效能的思考都包括了对结果的思考,结果的平等也符合所有的社会规则应该对所有人都有利这样的正当性要求。但若以结果平等作为"均"的目标,则意味着分配正义的原则被破坏,人们创造财富、贡献社会的热情就会被压制,这会导致平等被自我解构。

荀子认为要承认由于先赋的不平等或把握机会能力的差异而产生的不平等,社会管理者所要提供的是一个保证贤能发挥作用的社会环境。荀子在这方面的讨论并不细致,但他已经考虑到不以血缘而以能力为衡准的社会分层的可能。他相信合理的社会分工以及有差异的社会分层是激发社会成员活力的重要途径。

二 官僚和士人的"分层"

由于官僚制对于世卿、世禄的冲击,故而在战国末期社会结构中,呈现出相对固定的阶级和具有流动性的阶层制度共存的状态。在这样的背景下,荀子基于他的贤能观念,认为合理的社会制度就是让有才德的人获得职位来管理社会。因此,我们在《荀子》的文本可以看到大量关于"官

[①] 罗尔斯:《正义论》(修订版),何怀宏等译,中国社会科学出版社,2009年,第79页。

员职能"的讨论。

比如《荀子·王制》中有"序官"部分，详细叙述了宰爵、司徒、司马、大师、司空、治田、虞师等官员的管理事务，这些大略与《礼记·王制》接近，然荀子同时强调了如果官员不能履行其职责，在其管辖范围内出现重大失误，则说明他不适合担任这个职位，甚至"天王"也不除外。他说：

> 论礼乐，正身行，广教化，美风俗，兼覆而调一之，辟公之事也。全道德，致隆高，綦文理，一天下，振毫末，使天下莫不顺比从服，天王之事也。故政事乱，则冢宰之罪也；国家失俗，则辟公之过也；天下不一，诸侯俗反，则天王非其人也。（《荀子·王制》）

荀子还对士（官僚）群体、儒家群体进行了"分层"化的讨论，而且对社会成员也有"分层"化的思考，在相关的思考中，荀子承认差序性的结构，但这种差序性并非封闭的，而是一个允许以贤德程度不断升降的开放社会。

在辑录鲁哀公与孔子、颜回的言论的《哀公》篇中，荀子借助孔子与哀公的对话勾画出统治阶层的不同层次特性。在这个分类系统中，孔子把管理者分为五类，即庸人、士、君子、贤人和大圣。他对庸人的定位中有"不知选贤人善士托其身焉以为己忧"，拥有选人权限的人显然不是普通百姓，指的那些没有识人之明的庸碌的官员。

而他对于"士"的整体定位与孟子等有很接近的地方，比如"富贵不足以益也，卑贱不足以损也"与孟子所提倡的"富贵不能淫，贫贱不能移，威武不能屈"的人格特质异曲而同工。

然而，荀子对士也进行了区分，在《不苟》篇中，他将士分为五类：通士、公士、直士、悫士和小人。与前引"庸人"一样，这里所说的"小人"，也不是作为君子的对立面的小人，而是士中行为不端的那些人。荀子说：

> 上则能尊君，下则能爱民，物至而应，事起而辨，若是则可谓通士矣。不下比以暗上，不上同以疾下，分争于中，不以私害之，

> 若是则可谓公士矣。身之所长，上虽不知，不以悖君；身之所短，上虽不知，不以取赏；长短不饰，以情自竭，若是则可谓直士矣。庸言必信之，庸行必慎之，畏法流俗而不敢以其所独甚，若是则可谓悫士矣。言无常信，行无常贞，唯利所在，无所不倾，若是则可谓小人矣。（《荀子·不苟》）

如此对"士"进行不同层次的分辨，所依据的主要是道德品行，既然社会结构需要多种层次的人才，也没必要对他们有道德上完美性的要求，若贤明之主能将不同层次的人合理地安排到不同的位置上，社会的运行就会顺畅。

在《哀公》篇中，对于君子①的定位值得关注。孔子说：

> 所谓君子者，言忠信而心不德，仁义在身而色不伐，思虑明通而辞不争，故犹然如将可及者，君子也。

也就是说，君子虽然言忠信，但并不自矜其德。实践仁义却并不以此为标榜，明辨是非而并不与人争论。如此，人们都觉得君子与自己的身边人无异，但事实上则是很能及得上的。

比君子还高一层次的是贤人，孔子说：

> 所谓贤人者，行中规绳而不伤于本，言足法于天下而不伤于身，富有天下而无怨财，布施天下而不病贫。如此，则可谓贤人矣。

对于贤人的描述，则主要着眼于行为导向，比如行中规绳而不伤于本，言足以法天下而不伤于身，意思是说所有的措施都是顺应人心民情，故而能够顺利推行，天下人富有而自己并无私蓄，家给人足而不担心百姓生活困乏。如果以贤人与君子相比较，我们是否可以认为，在荀子的视野中，治国安邦的实践才能要高于纯粹的道德品质。

---

① 《荀子》对于君子的说法很多，主要还是延续孔孟以来儒家对于君子的一般性说法，即道德和地位相得益彰之人。在《儒效》篇中，荀子说"言必当理，事必当务"，是君子之所长。但在《哀公》篇中，君子则主要是从德性的角度来说的，体现了荀子对君子的新的定位。

人所能达到的最高境界就是圣人。在荀子的社会分层中,圣人是一个特殊的群体。在通常的意义上,荀子也相信所有的人都可以成为圣人,在《劝学》篇中,荀子说:"学恶乎始?恶乎终?曰:其数则始乎诵经,终乎读礼;其义则始乎为士,终乎为圣人。"在《礼论》篇中说:"圣人者,道之极也。故学者固学为圣人也,非特学为无方之民也。"这就意味着,要想由士上升到圣人,可以通过"学"的途径而获得通途,即通过不断积累而成为圣人。"故圣人者,人之所积而致矣。"(《荀子·性恶》)当被问到为什么没有看到有人通过学而成为圣人的问题的时候,荀子的回答是关键在于是否有这个信心。虽然可能性并不能等同于现实性,但是,现实中没有发生的事,并不能否定其可能性。

> 故涂之人可以为禹,则然;涂之人能为禹,未必然也。虽不能为禹,无害可以为禹。足可以遍行天下,然而未尝有能遍行天下者也。夫工匠农贾,未尝不可以相为事也,然而未尝能相为事也。用此观之,然则可以为,未必能也;虽不能,无害可以为。(《荀子·性恶》)

即使我们身边并不存在圣人,也不能否认圣人是普通人可以达成的目标。这甚至与其他的"职业"性的技能有相类似之处,工匠、农夫、商人都可以通过学习的积累而成为其"专业"人士。

> 涂之人百姓积善而全尽谓之圣人。彼求之而后得,为之而后成,积之而后高,尽之而后圣。故圣人也者,人之所积也。人积耨耕而为农夫,积斫削而为工匠,积反货而为商贾,积礼义而为君子。(《荀子·儒效》)

然而在现实生活中,我们之所以见不到圣人,则是由于圣人所具备的特殊能力,并不能为一般人所识别。

> 所谓大圣者,知通乎大道,应变而不穷,辨乎万物之情性者也。大道者,所以变化遂成万物也;情性者,所以理然不取舍也。是故其事大辨乎天地,明察乎日月,总要万物于风雨,缪缪肫肫,

> 其事不可循,若天之嗣,其事不可识,百姓浅然不识其邻。若此,则可谓大圣矣。(《荀子·哀公》)

从这段话中,孔子对圣人的描述主要集中于非凡的见识和通乎大道,应变无穷的能力。强调圣人具有超凡认知能力倾向的特点,我们可以从《解蔽》篇中得到类似的表达。

> 圣人知心术之患,见蔽塞之祸,故无欲无恶、无始无终、无近无远、无博无浅、无古无今,兼陈万物而中县衡焉。

在列数了诸子百家各有所蔽的情况之后,荀子认为,只有圣人才能仁智而不蔽,能够体察万物之情并做出合适的决策。圣人之所以具备这样的能力,是因为他们有独特的认知能力,即能够"虚壹而静"。

> 虚壹而静,谓之大清明。万物莫形而不见,莫见而不论,莫论而失位。坐于室而见四海,处于今而论久远,疏观万物而知其情,参稽治乱而通其度,经纬天地而材官万物,制割大理而宇宙里矣。恢恢广广,孰知其极?睪睪广广,孰知其德?涫涫纷纷,孰知其形?明参日月,大满八极,夫是之谓大人。(《荀子·解蔽》)

虚壹而静这样的治心术,深受黄老道学的影响①,似乎不言自明。但荀子与基于道家为主体的治心术所不同的是他并不是要通过摒弃欲望和世俗的事物来求得灭情去欲的"虚无",而是指向一种"大清明",对此,王正的解读颇得荀子思想之肯綮。他说:"在'大清明'中,人的心知'通于万物',万物莫不清晰可见,而人对万物的认知也各得其宜、各得其理、各当其位,这便是'知道'。通过认知来得'理''知道',进而可以经纬天地,实现人在天地之间的'人职'之所在,即'与天地参'。"②儒家的圣人之明乃是世事洞明,因而既能是道德上的楷模,也是治国实践的表率,

---

① 比如被认为是黄老道学著作的《管子·内业》说:"人能正静,皮肤裕宽,耳目聪明,筋信而骨强。乃能戴大圜而履大方,鉴于大清,视于大明。敬慎无忒,日新其德,遍知天下,穷于四极。"直接就有大清、大明的说法。
② 王正:《重思荀子的"大清明"》,《现代哲学》2019年第5期,第127页。

即所谓"尽伦""尽制"的人(《荀子·解蔽》)。尽伦、尽制的结合,才能完成圣人之终极目标:治国平天下。

三 治国与治天下

"尽伦""尽制"是圣和王的结合,从儒家贤者居位的立场而言,必先具超然之德性累积,才可承接治国平天下之重任。故荀子说:圣人首先是要纠正人性上之"偏险",使之"合于善"。他说:"故古者圣人以人之性恶,以为偏险而不正,悖乱而不治,故为之立君上之势以临之,明礼义以化之,起法正以治之,重刑罚以禁之,使天下皆出于治,合于善也,是圣王之治而礼义之化也。"(《荀子·性恶》)然要实现圣而王,还需要对天地万物之情有充分的了解。荀子虽主张天人相分,各有其独特的规律,然人道的有效需要了解天道并运用之。荀子说:"圣王之制"就是制定具体的社会生产、生活的规则,让百姓安定、富足。而"圣王之用也:上察于天,下错于地,塞备天地之间,加施万物之上,微而明,短而长,狭而广,神明博大以至约。故曰:一与一是为人者,谓之圣人。"(《荀子·王制》)这里的"一与一是"意思是说圣人具有以类推举、以一行万的能力,这种能力是他治理天下所必需的。也就是说,官僚群体的主要职能是行使好他们所管辖范围内的事务,而圣王则需要沟通天人、众理万事,就需要他具备超越群伦的认知能力和恰到好处的处置力,使其能承担起治理"天下"的崇高使命。

> 天下者,至重也,非至强莫之能任;至大也,非至辨莫之能分;至众也,非至明莫之能和。此三至者,非圣人莫之能尽,故非圣人莫之能王。(《荀子·正论》)

荀子把治国和治天下做了区分,他认为治国是任何人都可以胜任的,可以通过各种手段达到,但是治天下,则非圣人不能为。

> 国,小具也,可以小人有也,可以小道得也,可以小力持也;天下者,大具也,不可以小人有也,不可以小道得也,不可以小力

持也。国者，小人可以有之，然而未必不亡也；天下者，至大也，非圣人莫之能有也。(《荀子·正论》)

惟圣人才能治天下是荀子圣王论的要点，但在此我们亦可以有所质疑，既然圣人亦是积学所能致，那么，治天下或需要以治国作为能力提升的必要训练过程，由此，荀子将治国和治天下所进行的区分，不应以小人和圣人来对应之。当然，荀子的区分或许也有其他目的，在我看来，荀子有限度地承认了战国晚期的政治秩序中的诸侯逐渐走入政治中心的局面。与孟子等人对于霸道的极端否定有所不同的是，荀子虽然以王道政治为理想，但他也不否定霸道统治的合法性，并"鞭策"争霸中的诸侯"提升"其政治品位。

在《王霸》篇中，荀子区分了三种政治秩序："义立而王，信立而霸，权谋立而亡。"所谓义立而王，即儒家所一直推崇的王道政治。对于孟子极力反对的霸道政治，荀子认为，虽不理想却有可取之处。他说：

> 德虽未至也，义虽未济也，然而天下之理略奏矣，刑赏已诺，信乎天下矣，臣下晓然皆知其可要也。政令已陈，虽睹利败，不欺其民；约结已定，虽睹利败，不欺其与。如是，则兵劲城固，敌国畏之，国一綦明，与国信之，虽在僻陋之国，威动天下，五伯是也。非本政教也，非致隆高也，非綦文理也，非服人之心也，乡方略，审劳佚，谨畜积，修战备，齺然上下相信而天下莫之敢当。

所以，在《王霸》篇中，荀子指出，人君若是能任用贤能之人，就能治理好这个国家。他举例说，齐桓公这个人并不以修身著称，甚至因为奢靡的生活方式而饱受批评。但他却能一心一意地信任管仲，最终九合诸侯、一匡天下。由此可见，统治的关键是能找到并充分相信依赖贤人，即"能当一人而天下取"(《荀子·王霸》)。而荀子要反对的则是基于利益的功利性的权谋政治。

> 挈国以呼功利，不务张其义、齐其信，唯利之求，内则不惮诈其民而求小利焉，外则不惮诈其与而求大利焉，内不修正其所以

有，然常欲人之有。如是，则臣下百姓莫不以诈心待其上矣。上诈其下，下诈其上，则是上下析也。如是，则敌国轻之，与国疑之，权谋日行而国不免危削，綦之而亡。（《荀子·王霸》）

荀子对于不同类型国家的分类，是基于对战国末期政治格局的客观化的认知，在国家竞逐的战国时代，向朝不保夕的君王呼唤实行王道仁政，可能并不现实。现实的策略是，在确保自己国力不断增强的前提下，再追求王者之政。可以看出这是儒家与现实政治的一种新的关系模式。由此，荀子对儒生的"角色定位"也包容了多种层次的修养境界和能力值，这也是对当时多样化的儒生形态的肯定。

第四节 儒生群体的"兼容性"及其目标

儒家对管理者的要求是有能力识别不同德性和能力的人，在荀子这里，管理者自身也依据德性和能力的差异有了君子、贤人、圣人等更多层次的区分。而荀子对儒家内部的"判教性"工作则是在儒家群体内部进行"细分"，传统儒家强调君子和小人之分，这固然是因为儒家特别重视内在人格提升和责任担当而产生的内在要求，但是，作为一个群体本身，儒家内部也存在着境界上的高下之别。

类似的区分，在孔子告诫自己的弟子要做君子儒，而不要成为小人儒的时候就开始了。在《论语》中，我们还可以看到多处孔子跟弟子讨论人生和职业志向的对话。比如，在《论语·公冶长》中说：

> 颜渊、季路侍。子曰："盍各言尔志。"
> 子路曰："愿车马衣轻裘，与朋友共，敝之而无憾。"
> 颜渊曰："愿无伐善，无施劳。"
> 子路曰："愿闻子之志。"子曰："老者安之，朋友信之，少者怀之。"

这段对话中，孔子希望子路和颜回有更强的社会责任，除了自我修养之外，能让老者安心、少者得到好的成长环境。如此等等。关于"志向"的对话，更著名的就是《论语·先进》中孔子与子路、冉由、公西华和曾点之间的对话，从孔子的反馈中，可见他对有些弟子的境界不甚满意，进而道出"吾与点也"这样的叹息。① 很显然，无论是成为小国的家臣，还是使民富足甚至是从事"相礼"的职业，这些都是当时儒者一些职业选择的方向，本身并无甚不妥，而孔子是借助赞许曾点来希望其弟子有更高的目标。

荀子对此问题的思考，与孔子有相似之处，他看到了儒生之间的目标并不相同，且都有其合理性。这也是《儒效》篇的主旨。

荀子的《儒效》篇，首先是为了回应秦昭王对于儒家是否能破解现实困境的质疑。因此，他首先以周公为例，说周公在成王年幼的时候，辅佐成王，制礼作乐，打击背叛周天子的行为。在成王成人之后，又主动放弃摄政的地位，荀子说这样的行为只有圣人才能做到，称得上是"大儒之效"，这也就是说，在荀子的眼里，大儒就相当于圣人。

在回答秦昭王对于儒家是否对于国家有益这一问题的时候，荀子的回答是分两个方面展开的，即儒家"势在人上"或"居于人下"。

荀子说，儒家如果势在人上，那么他就会行王道、施仁政，就可以造成四海之内若一家而天下归附的局面。而如果位于人臣，荀子则直接以孔子为例，认为可以使政令严明、教化乡里。因此在朝美政、在下美俗。周公和孔子就是荀子所谓的大儒。

不过，对于谁堪为"大儒"，荀子并不完全以事功为唯一标准，指出能坚守如一的人，都可以视为"大儒"，在同一篇中，他又称孔子和子贡为"大儒"。

> 彼大儒者，虽隐于穷闾漏屋，无置锥之地，而王公不能与之争名；在一大夫之位，则一君不能独畜，一国不能独容，成名况乎，诸侯莫不愿得以为臣；用百里之地，而千里之国莫能与之争胜；笞棰暴国，齐一天下，而莫能倾也；是大儒之征也。其言有类，其

---

① 孔子为什么并不认可子路等人的回答，而独赞许曾点的说法？一般来说，是因为孔子看到子路等人，只存仕进之心，而唯有曾点能道出孔子与天地万物上下同流的境界。

行有礼，其举事无悔，其持险应变曲当，与时迁徙，与世偃仰，千举万变，其道一也，是大儒之稽也。其穷也，俗儒笑之；其通也，英杰化之，嵬琐逃之，邪说畏之，众人愧之。通则一天下，穷则独立贵名，天不能死，地不能埋，桀、跖之世不能污，非大儒莫之能立，仲尼、子弓是也。（《荀子·儒效》）

在这段话中，荀子着力强调了大儒的影响所及不限地域和特定的时间段，他们往往会让天下人归往。而且大儒虽有时会被俗儒耻笑，有时被众人夸耀，但他们不会让处境影响自己的价值诉求，所以无论穷达，都在为社会提供榜样的力量。

但对于不同境界的儒生的分层，荀子的说法不止一种，有时，他将大儒、小儒与众人相比较。

> 志不免于曲私，而冀人之以己为公也；行不免于污漫，而冀人之以己为修也；其愚陋沟瞀，而冀人之以己为知也；是众人也。志忍私，然后能公；行忍情性，然后能修；知而好问，然后能才；公修而才，可谓小儒矣。志安公，行安修，知通统类，如是则可谓大儒矣。大儒者，天子三公也；小儒者，诸侯、大夫、士也；众人者，工、农、商贾也。（《荀子·儒效》）

在这段话中，荀子认为以大儒之德才，应居天子三公之位。而小儒能忍私为公，则可以居诸侯、大夫、士之位。而那些一般的百姓，过于考究自己的利益，可以从事工农商贾这样的职业。

在《儒效》篇中，荀子还将儒家分为俗儒、雅儒和大儒。而将上文所论之"众人"称之为"俗人"。

在《儒效》篇中所描述的俗儒，其衣着上有点类似于《非十二子》中所指责的子张、子夏、子游这样的"贱儒"[①]。

---

① "弟佗其冠，衶禫其辞，禹行而舜趋，是子张氏之贱儒也。正其衣冠，齐其颜色，嗛然而终日不言，是子夏氏之贱儒也；偷儒惮事，无廉耻而耆饮食，必曰：君子固不用力，是子游氏之贱儒也。"（《荀子·非十二子》）

> 逢衣浅带，解果其冠，略法先王而足乱世术，缪学杂举，不知法后王而一制度，不知隆礼义而杀《诗》《书》；其衣冠行伪已同于世俗矣，然而不知恶者；其言议谈说已无异于墨子矣，然而明不能别；呼先王以欺愚者而求衣食焉；得委积足以揜其口则扬扬如也；随其长子，事其便辟，举其上客，偄然若终身之虏而不敢有他志：是俗儒者也。

与对思孟的批评一样，荀子对只知法先王而不知变通的儒门弟子的批评十分严厉，用词也比较尖锐。说这些人只知道借用先王之名、引用诗书之言来欺骗君王以获得职位，而不知道随时势的变化而制定新的制度。因此，这些人的作为与墨子无异，只图衣食而不敢有他志，最终败坏了儒家的社会声誉，最终丧失治理社会的机会。

后人对荀子隆礼仪而杀《诗》《书》多有批评，按照钟泰等人的解释[1]，类似的意思，荀子在《劝学》篇中就已经表达过："不道礼宪、以《诗》《书》为之，譬之犹以指测河，以戈舂黍也，以锥餐壶也。"（《荀子·劝学》）即如果只是搬运经典之成说来应对社会问题，则如"以指测河"，缺乏针对性，如果能法圣人之所以为法，略知变通，"其言行已有大法矣"。这样的一类人因为认知能力有局限，不能具有大儒那种"虚壹而静"的超识，但他们诚实无妄，能够尊贤畏法，称得上是"雅儒"。荀子说：

> 法后王，一制度，隆礼义而杀《诗》《书》；其言行已有大法矣，然而明不能齐，法教之所不及，闻见之所未至，则知不能类也；知之曰知之，不知曰不知，内不自以诬，外不自以欺，以是尊贤畏法而不敢怠傲；是雅儒者也。（《荀子·儒效》）

而荀子心目中的大儒，正如前文已经引述的那样，既能法先王之道，又能应变而无穷，举统类而应之。

---

[1] 见王天海：《荀子校释》修订版，上册，上海古籍出版社，2016年，第348页。

> 法先王，统礼义，一制度；以浅持博，以古持今，以一持万；苟仁义之类也，虽在鸟兽之中若别白黑；倚物怪变，所未尝闻也，所未尝见也，卒然起一方则举统类而应之，无所儗怎；张法而度之，则晻然若合符节；是大儒者也。（《荀子·儒效》）

荀子将不同层次的儒家进行分别，类似于给不同的诸侯提供了人才的路线图。他说聘用什么层次的儒生，依赖于国君的雄心。如果你只想保存国家，那么用俗儒就够了。如果要想国家得到发展，甚至平天下，那么就必须倚重雅儒和大儒。

> 故人主用俗人，则万乘之国亡。用俗儒，则万乘之国存。用雅儒，则千乘之国安，用大儒，则百里之地久，而后三年，天下为一，诸侯为臣；用万乘之国，则举错而定，一朝而伯。（《荀子·儒效》）

很显然，荀子继承了儒家的选贤与能的传统，同时也进行了很大的改进，他以一种正视客观现实变化的态度，来应对儒家面对战国时期重大社会变革所带来的挑战，直面社会对于儒家是否能帮助治国的"儒效"质疑。

荀子的回应方式是儒家式的常与变的结合。一方面，他坚持儒家的价值优先，即推崇"王者之政"的民本立场；另一方面，也认为让国家强大、百姓安定的秩序只有通过不断的制度创新才能落实。这就需要"先王之道"和"法后王"能实现动态统一。在这样的认知前提下，他正视战国末期社会形态所产生的巨变，而不拘泥于《诗》《书》所呈现的古典政治理念的唯一合法性，而是给王、霸等不同的政治理念和实践以包容性。他的制度理念需要突破以孟子为代表的道德理想主义，多层次的制度形态需要多样化的人才来为之服务，荀子根据道德和行为能力、认知水平的差异，从而给各类人以不同的定位，这样使贤者居位这样的理念与按职论官这样的政治实践结合起来。具体到儒生群体，他也进行了层级性的划分，而反对思孟那样简单以先王之道来批评现实的抗议者的形象，从而为儒生参与现实的政治活动，提供了价值上的合理性。也正是由于荀子所体现出对现实的"妥协性"态度，使荀子的主张与专制体制之间也有了通融的可能。在宋明之后，儒家的性理之学标举道德理想主义的立场，荀学日渐被边缘化，而在近代西方文化传入之际，荀子之学，又因其多层次兼容的政治理念，被指斥放弃了孟子所具有的对抗权力的精神，因而也遭受了猛烈的批评。[①]

余论：贤能政治与官僚体制

儒家政治推崇精英管理的政治模式，主张让那些最具有品德和知识的人来治理这个社会。这样的人在传统中国被称为贤能之士。如果"贤"作为道德上的指标的话，"能"则代表知识上的优势。在儒家的视野中，这两者通常是应该结合在一起的。

随着政治体制的变化，特别是在战国后期，以郡县制为特征的新型国家的逐渐形成，国家的行政系统也发生了很大的变化。这样的大型国家的形成，意味着原先以家族伦理为维系的国家治理结构需要做一个根本性的转变，即社会需要大量的技术型的人才。而这些人才为政并非一定要以某种价值立场作为前提，而只是一种"职业化"的行为而已。比如兵家、比如纵横家，他们可以与各种不同类型的国家或君主合作。

这样的变化给儒家这样以培养君子为旨要而忽视具体为政实践的培养方式提出了挑战，具体的表现是，处于战争威胁中许多诸侯开始怀疑儒家是否能够帮助他们维持领土和人口。从孟子见梁惠王和滕文公的经历中，我们可以明显看到这样的疑虑，司马迁在《史记·孟荀列传》中"有意"将邹衍之事迹与孟子对比。文中提出，当秦国任用商鞅富国强兵，楚、魏用吴起战胜强敌，齐威、宣王用孙子和田忌，让各方臣服这样的

[①] 谭嗣同在《仁学》中说："两千年来之政，秦政也，皆大盗也；两千年来之学，荀学也，皆乡愿也。唯大盗利用乡愿，唯乡愿工媚大盗，二者交相资，而罔不托之于孔。"载《谭嗣同集》，浙江古籍出版社，2018年，第359页。不过近代学者对荀学的态度比较多元，章太炎《訄书》初刻本首篇《尊荀》，肯定其与时俱变的"法后王"精神，强调制度要因应时代的需要，然《訄书》重订本此文即被刊落。见《章太炎全集·訄书初刻本》，上海人民出版社，2014年，第6页。

政治环境下，孟子所提倡的政治策略的确"迂远"。[①] 司马迁说，与邹衍在齐、燕、赵等国备受尊崇的礼遇相比，孟子之不苟合世俗的主张，受到冷遇不足为奇。

  这样的质疑，荀子也经常遇到。秦昭王劈头之问就是"儒无益于人之国"，荀子需要面对儒者如何有利于治国这样的"普遍的疑问"，要回应这样的问题，为儒家在新的政治格局中寻求发展的可能性。在荀子看来，要与制度变革的大环境相适应，儒生必须经历职业技能和价值目标的双重调整。具体来说，就是儒家应该适应职业官僚制发展的需要，应该培养出适应于管理不同类型国家的人才，而最终目的才是治国平天下。因此，荀子的贤能政治所主张的是对儒家进行分层化的处理，这便使儒家的理想与政治实际得到了结合，汉儒所寻求的儒学与大一统政治模式的结合，亦可说是荀学的发展。

[①] 赵汀阳提出了贤能政治的内在困难。他说道德的力量难以超越利益的诱惑，沿着这个逻辑，不同阶层的人因为不同的利益考虑，就会有不同的选择，他说："通常君主和高层官员对天下公益和政治成功比较感兴趣，而其他人往往更关心私利而导致德治无法贯彻落实。"赵汀阳：《从世界问题开始的天下政治》，见周方银等编：《东亚秩序：观念、制度与战略》，社会科学文献出版社，2012年，第75页。

· 第五部分 ·

权力与疆域

第十一章

权力转移的合法性：禅让、世袭与革命

儒家的理想社会是"选贤与能"的大同世界。这是对基于血缘的世袭制的否定，显然有悖于西周以来所实行的宗法制的观念。该观念何以在战国时期兴起并流行，有很多不同的分析。顾颉刚在《禅让传说起于墨家考》一文中认为，这种帝王起自平民的说法，只有在战国时代阶层发生巨大重组的背景下才能出现，绝不是历史事实。①但裘锡圭在赞成顾氏的见解的前提下，认为禅让制不可能是向壁虚造，从《礼运》篇和郭店竹简中《唐虞之道》等出土文献的相关记载来看，禅让制可能保留了早期部落社会君长推选制的一些"历史记忆"。②

尽管各种各样的"让王"观念在墨家和道家文本中反复出现，但对于"让"德的肯定，在儒家文献中也是屡见不鲜。如《论语·泰伯》中，孔子称泰伯"三以天下让"为"至德"。③孔

---

① 顾颉刚：《禅让传说起于墨家考》，载《顾颉刚古史论文集》卷一，中华书局，2011年，第423—498页。

② 裘锡圭《新出土先秦文献与古史传说》，载《裘锡圭学术文集》第5卷，复旦大学出版社，2012年，第269—270页。

③ 据史料记载，周之大王生泰伯、仲雍和季历三子。而季历生子昌，即周文王。大王有灭商的决策，泰伯并不认同，而理论上他又是统治权的第一继承者，因此，就出逃"荆蛮"之地，从而让季历顺利继位，并由文武开创了周之漫长的王朝。

子肯定"温良恭俭让",然泰伯"让天下"显然不是一般礼仪交往中的"谦让""辞让",而是将统治权力的"让渡"给他认为最合适的人选。儒家也肯定基于自身意愿对统治权力的放弃。在学生们问他何以评价伯夷、叔齐饿死于首阳山的事件时,孔子的回答是"求仁得仁",无可怨恨。

不过,泰伯和伯夷、叔齐的"让天下"主要是在家族内部的权力转移,最为儒家推崇的三代理想,则是权力在天下人之间的"让渡",内涵着重要的儒家政治理念:从天下为公的角度,既然天下为天下人之天下,也就不能"一家以私之"。

禅让制所体现的公天下的价值是儒家民本思想的最充分的体现。但与世袭制之存在严格的制度设计不同的是,禅让制更多是作为"秩序理想"而被建构起来,在现实中,很难落实。这种制度需要依赖统治者个人的德性,故而难以具体化可"评估"或"衡量"的设计,同时人民的政治权利也并没有得到制度性的确立。民本始终只停留在对政治提出要求,而人民并没有获得作为权利人的主体资格。① 故而,对于儒家的政治哲学而言,须从民本向民主进行新的理论创构。

第一节 禅让与革命的变奏

民本是相对于君本而论的,也就是要讨论君主和民众在政治体系中的权利和地位等因素,按金耀基的概括,包括六项含义,即以人民为政治之主体、君主的地位须得到人民之同意、人民的生存和安全是君主最大的责任、与人民分享财富、以教化而非暴力手段维护社会秩序,总而言之,人民作为政治的目的。② 这是从儒家经典相关民本论述所做的概括,若以中国传统的政治现实来衡量,民本或仅仅为儒家之"理想",或君主之自我标榜而已,按徐复观的说法,中国传统"政治中存有一个基本的矛盾问

---

① 夏勇说:"权利思想的生发和论证,有一个曲折的理论过程,这个过程,主要是论证民众对政治提出要求(right as claim)的权力和作为权利主体的资格(entitlement or moral status as right subjects)的问题",见氏著:《中国民权哲学》,生活·读书·新知三联书店,2004年,第12页。

② 金耀基:《中国民本思想史》,法律出版社,2008年,第11—15页。

题。政治的理念，民才是主体；而政治的现实，则君又是主体。这种二重的主体性，便是无可调和的对立。"①

徐复观对君主和人民的"二重的主体性"的揭示至为深刻，其实，徐复观所更为关心的是为何民本思想没能转化为政治制度，故而认为现代儒学应更为侧重儒家理想的现实化问题。

一 禅让制所描摹的政权转移模式

《礼记·礼运》篇首描述了两种统治者的产生模式，一为禅让，一为世袭。前者体现了天下为公的精神，后者则是家天下的格局。

无论是政治意义上的诸侯"选贤"，人伦意义上的"不独亲其亲"，还是社会生活意义上的财富"不必藏于己"，禅让制所体现的政治原则，其实就是儒家的民本观念。即政治权力和社会财富都要与人民分享，而民心的向背才是政治合法性的最重要的依据。

在先秦的文本中，"禅"和"让"往往单独出现。与禅让含义接近的还有授、与等概念。在《荀子·正论》中出现了"擅让"的组合词，从意义上看是十分接近禅让的。真正将禅让连用的是汉代的经师，他们用"让"来解释"禅"。不过，要到《后汉书·高凤传》中范晔写道"颍阳洗耳，耻闻禅让"，正史中才首次正式使用"禅让"一词。②

虽然禅让这个词的形成和使用比较晚，但禅让所体现的贤者居位的观念则是儒家所一贯坚持的。儒家反对"世卿""世官"，自然会肯定禅让制。在儒家经典中，尤以《尚书》《春秋》力主之。

将价值理想诉诸早期传说时期圣王与实际的历史事实之间会发生紧张，但对先秦诸子而言，他们对中国早期历史的"塑造"要为现实社会秩序提供一种批判性或建设性的维度，至于这些记载是否是"历史事实"反在其次。按现代史学强调史实的角度，20 世纪 20 年代中国学界兴起疑古

---

① 徐复观：《学术与政治之间》，九州出版社，2014 年，第 88 页。
② 杨永俊认为"禅"字经历了由最初的祭祀含义向后世的政权传递含义的转变。而"禅让"的最初可见，要到"南朝时代"。见杨永俊：《禅让政治研究》，学苑出版社，2005 年，第 29 页。

思潮有其必然性。但如果我们回到春秋战国时代的历史场景中，在制度变革的转型时刻，早期圣王谱系的"构建"既是对历史价值的厘定，也是文明发展方向的树立过程。

在春秋战国时期，禅让代表一种新的政治观念。面对社会重组所带来的原先社会阶层结构的破坏，禅让所能体现的天下公有的理念，为诸子百家所共同推崇，儒家、墨家都主张选贤与能以获得参与社会管理的机会，反对血缘伦理秩序的道家和法家，更是要借助禅让来阐发他们反对贵族阶层对权力和利益的垄断。代表法家思想的《商君书》说："故尧舜之位天下也，非私天下之利也，为天下位天下也。论贤举能而传焉，非疏父子亲越人也，明于治乱之道也。"（《商君书·修权》）意思是说尧舜居天子之位，并非是将天下作为自己的私有物，而是为天下人管理天下而已，推崇尧舜根据德、能而非血缘来传递他权力。思想谱系比较复杂的《吕氏春秋》也认为禅让行为堪称"至公"："尧有子十人，不与其子而授舜，舜有子九人，不与其子而授禹，至公也。"（《吕氏春秋·去私》）这些文本中所用的"传"和"授"等，词义与禅让接近。

传贤不传子，是禅让说之核心，是公天下还是家天下的分水岭。《尚书·尧典》①对这个理念的塑造意义重大。按照阮芝生的分析，《尧典》为禅让确立了三个基本原则。第一是尧在活着的时候，就让各地举荐合适人选，亲自选择和确定继承人选，并完成政权移交。第二，传位的对象不是自己的儿子，也不必是贵族。从舜的家庭背景而言，他父亲眼睛失明，而且父顽、母嚣，兄弟还一心想害死他，舜几次都是死里逃生。这些故事共同构筑了舜起于"畎亩"的传奇。第三，即是考察，通过自己的两个女儿和山川河湖、风雨雷电等多方面的期限为三年的考察，尧最终将天下让与舜。②

该文描述的尧舜禅让事迹包括四个基本程序性的要素，一是天子在位时就选定人选；二是被推荐者接受推荐；三是被推荐者并无身份要求；

---

① 《尚书·尧典》的成书年代有许多争论，本文倾向于认为是春秋晚期战国初期的作品。
② 阮芝生：《论禅让与让国——历史与思想的再考察》，《"中研院"第二届国际汉学会议论文集：历史与考古组》，1989年，第489页。

四是选定继位者之后，还需要进行考核。《墨子》和《孟子》中的尧舜禅让故事比《尧典》更为复杂，可以看作是在这个故事原型基础上的发挥，而这些程序原则在《孟子》《荀子》文本中都进行了反复讨论，虽然孟子和荀子并不认为禅让制高于世袭制。

近年出土的《唐虞之道》和《容成子》等作品展现了更为丰富详密的古代圣王的禅让谱系，也证明了禅让说在春秋晚期和战国初期受人推崇的状况。禅让制是否在历史中真实发生的问题也再度引发人们的兴趣。

二　禅让制的现实悖谬

一种价值观的流行说明其存在着广泛的社会基础，在历史上也多次出现将禅让理念现实化的例证。许景昭梳理了商代至春秋战国的禅让思想与实践，他发现，自商周到春秋有比较多的"让国"事件，但对这些事件进行"理论概括"的讨论较少。而战国时期的文本中，则是讨论热烈而实例不多。"相同者，均以礼让精神为让位之根本价值。而不同之处，则在于禅让之延伸精神：战国时的禅让思想倡导异姓相让，贤者继位，而不再固限于春秋之亲缘让国。"① 类似前文所述孔子所肯定的泰伯这样的兄弟间让贤，虽也被视为"至德"，但就禅让之本质而言，让国所体现的是儒家基于"让"而追求的宗族和睦的理想，与"公天下"并无关联，只有超越血缘的权力转移才是真正的理想政治模式。

战国时期受到普遍关注的是燕王子哙让位于子之的故事，这是依据禅让理念而进行的一个现实操作。

实质上，子哙的禅让看起来是纵横家苏代的阴谋之一，从现有的记载看，鹿毛寿劝说燕王说，尧舜之所以获得美名，是因为让天下的缘故。但故事中的另一个候选者许由因为没接受权力也得到赞许。这样，让王者和拒绝者都获得了美名。借鉴这个例子，他建议子哙让位给子之，并断言子之肯定不敢接受。如此，你既可以坐收尧舜之名，又不会失去燕国。从

---

① 许景昭：《禅让、世袭及革命：从春秋战国到西汉中期的君权传承思想研究》，上海古籍出版社，2014年，第131—132页。

实际的效果看，这次基于阴谋和掠取名誉的"禅让"带给燕国的是混乱。而孟子在《公孙丑》篇中直接将之视为权力的私相授受，是不具备正当性的。

随着由春秋向战国的客观形势的转变，即使是儒家内部，主张禅让的声音也呈现日渐微弱的倾向。对于禅让制衰落的原因，有多种说法，比如李存山先生认为燕国所发生的子哙的禅让事件及其悲剧性后果是战国后期禅让思潮衰落的原因。也有人认为君主世袭制的逐渐成型可能是禅让销声匿迹的原因。而尤锐则认为是因为战国时期的人们除了引用尧舜故事之外，并不能举出坚实的推理来说明禅让制优于世袭制的理由。①

禅让制所体现的政治理想是何其符合天道人心，也符合儒家之义理，这也为现实中的政治野心家和阴谋家所喜欢和"僭用"。西汉末期王莽又实践了一次禅让制，最终被后世的儒家定义为"篡夺者"。王莽的失败并没有阻止后世的政治家对"禅让说"的喜爱。东汉末期的曹魏政权代汉而立，以及司马家族以晋代曹魏，禅让说一再成为篡夺者论证政权更替的正当性依据。但根据楼劲的研究，这些时期的禅让，不再强调"以圣传圣"的有德居位的面向，由此，"革命"话语作为"易代"的要素，也被引入。② 不过，"革命"所带来的"君臣纲常"的矛盾也须加以协调。

后来的唐朝和宋朝等都借禅让之名来自证其权力的合法性。王夫之评论说，禅让这个名头被反复地盗用，以致不借用舜禹禅让的故事，后世的那些统治者，都想不出更好的执政理由。王夫之认为，只有圣人复起才能遏制这种无耻的行径。③ 楼劲虽承认这种继承模式有虚伪的成分，但依然认为禅让和革命的糅合的理论和实践有一定的严肃性。他说："魏晋以

---

① 参见尤锐：《展望永恒帝国：战国时代的中国政治思想》，上海古籍出版社，2018年，第98页。

② 楼劲说，魏晋时期的霸主，大多是臣下跃居君位，而多有寒微出身，"引入革命大义来论证其崛起易代乃水到渠成，最终则以禅让来完成'惟有德者居之'的大位交割"。是理论和实际结合的一种必然选择。见楼劲：《中古政治与思想文化史论》，上海人民出版社，2023年，第69页。

③ 王夫之：《读通鉴论》卷十九《隋炀帝》，载《船山全书》第十册，岳麓书社，2011年，第727页。

来禅让革命模式接武继轨大同小异的样态,是因汉代以来的社会整合已渐铸就了朝野上下均难逾越的统治合法性原则,禅代程序即与之兼容又强化了易代的规则,其权力更替正是因其不可违背而须循规蹈矩,因高度的程式化而得平稳过渡。其表明的也正是王朝体制在最为尖锐复杂的易代问题上的重大进展,是禅让和革命内涵经刷新、协调后仍然具有的严肃性。"①此中有真意存也。

毫无疑问,在君主世袭的政治体制下,禅让有时被用来掩饰野心家觊觎统治权力的欲望,转而借助尧舜这样的圣君之名号来窃据大位。作为对世袭制难以维持的朝廷崩溃阶段的重要的政权转移模式,禅让既肯定了世袭制度的"客观明定的标准",又延续了儒家贤能政治的理念。

钱穆说:"中国乃一广土众民之大农国,无论由民众公选,抑由官吏互选,皆多窒碍,求贤不必得,而酿乱则其易。古人之理想,以为求贤之需,尚不如弭乱息争之急,故舍彼而取此。"②钱穆认为代表行政系统的"相权"可以对"君权"进行制约。君主维持国家的稳定,宰相负责政制的效能,因此,儒家之贤能政治理想主要通过相权的确立来体现。

以相权来制约君权或许是基于对现代契约政治理念的"化用",实质上是把君权置于"选贤"的框架之外,而君权之外的政治权力的取得则采用选贤制。这也是传统政治理念和社会现实结合的"折中性"方案。

第二节 孟子、荀子何以质疑禅让制

按制度的实际效用而言,钱穆对君主世袭制的肯定不为无见,而且他以官僚组织的"选贤"来肯定了政府官员的能力本位取向。但世袭制的最大问题依然存在,即周期性"革命"来实现权力转移而出现的"治乱循环"。虽然"五德始终"和"文质互递"都是解释这种周期律的最佳理论模型,但由革命所导致的暴力和混乱依然是以普通百姓的生命为代价的。

---

① 楼劲:《中古政治与思想文化史论》,上海人民出版社,2023年,第74页。
② 钱穆:《政学私言》,九州出版社,2011年,第35—36页。

世袭链条中"昏君"的出现所导致的社会经济秩序的崩坏，君主权力的终止自然要面临君臣一伦的道德困境，对此，孟子所展现出的激进立场将在后文讨论。问题在于符合儒家公天下价值理想又完美适应天命说的禅让为何被儒学在战国时代最重要的两个代表人物所"质疑"，甚至被荀子认为是"不正"呢？

孟子文本中与禅让有关的是关于"伐燕"的讨论。当沈同就可否伐燕的问题问于孟子的时候，孟子的回应是可，理由就是与禅让有关。孟子所讨论的就是子哙把燕国"禅让"给子之的问题。《孟子·公孙丑下》说："子哙不得与人燕，子之不得受燕于子哙。"如果没有"王"的同意，一个诸侯国并没有权力私下将国家授予别人。这是一个"程序正义"的问题。但当有人问孟子是否鼓励齐国伐燕的时候，孟子却说，他只是认为可以讨伐燕国，而并没有劝齐国去做这件事，因为齐国也没有讨伐的资格，唯有"天吏"①，即获得人民充分信任的君主率兵讨伐才符合程序正义。

而事实上，除了批评子哙"私自"让国的不当之外，孟子认为"天下"也不能由"天子"自己做主进行"转让"。

《孟子·万章上》记载了万章关于禅让于禹中断的解释，认为是因为"德衰"而导致大禹把统治权力传于自己的儿子。对此，孟子认为"德衰"的判断不准确。

> 孟子曰："否，不然也；天与贤，则与贤；天与子，则与子。昔者，舜荐禹于天，十有七年，舜崩，三年之丧毕，禹避舜之子于阳城，天下之民从之，若尧崩之后不从尧之子而从舜也。禹荐益于天，七年，禹崩，三年之丧毕，益避禹之子于箕山之阴。朝觐讼狱者不之益而之启，曰：'吾君之子也。'讴歌者不讴歌益而讴歌启，

---

① 赵岐解释"天吏"是"天所使，谓王者得天意者"，其实孟子文中即是将能行仁政、保护各项经济活动正常进行、获得百姓拥护的人，视为"天吏"。（见焦循：《孟子正义》上，中华书局，1987年，第289页。）后来汉代的刘向说："夫天之生人也，盖非以为君也；天之立君也，盖非以为位也。夫为人君，行其私欲而不顾其人，是不承天意，忘其位之所以宜事也。"（刘向：《说苑》卷第一，《儒藏》精华编一八一册，北京大学出版社，2014年，第603页。）此或谓"天吏"的一种更为明晰的解释。

曰：'吾君之子也。'……孔子曰：'唐虞禅，夏后殷周继，其义一也。'"

孟子在这里提出了一个政权转移的"主体"的问题，即唯有"天"才能决定政权转移的目标是"与贤"还是"与子"。那么何以确认"天意"呢？就是靠民众和官员的"追随"，这样天意便与民意得到贯通。舜举荐的禹和大禹举荐的启同样面临"儿子"的问题，但民众有不同的选择。禹和启能即位，是因为他们的贤德，让他们能够承继舜、禹之道。反之，舜之子和益之所以未能按计划即位，并不在于出身，是由于他们没有得到民众的信任。

孟子并没有区分禅让和世袭在政治德行上的高低，而是认为这种高低取决于民心和天意，而不是他们的血缘根柢。

1993年湖北荆门出土一批文献，其中的几个文献如《唐虞之道》《容成子》和《子羔》等都涉及禅让话题。这批文献普遍被认为是子思到孟子之间的作品。美国学者艾兰认为，这批文献的学派归属比较难以确定，"从简文可以看出，孟子关于天命变化体现在民心向背上的理由，即使未必针对《唐虞之道》，也是对当时崇尚禅位于贤这类思想的回应"。[①]

或许是子哙禅位子之的"禅让"事件于理念还是实践都存在巨大的瑕疵，或许禅让理论容易与墨家、道家甚至纵横家难以划清界限，[②]因此，孟子对禅让的辨析可以视为是儒家内部主张禅让的声音呈现日渐微弱的体现。

孟子与荀子之间有许多不可调和的差异，然对禅让的否定有共通性。在系统清理战国时期的思想倾向的《正论》篇中，禅让成为荀子着墨最多的需要"拨乱反正"的错误观点之一。

荀子反对禅让，是基于他对礼法治国的坚信，所谓："礼义之分尽

[①] 艾兰：《湮没的思想——出土竹简中的禅让传说与理想政制》，商务印书馆，2016年，第4—5页。

[②] 对于《唐虞之道》等文本，有人认为属于儒家类文献，也有人认为更接近道家、杨朱或纵横家，甚或兼而有之。参看：艾兰：《湮没的思想——出土竹简中的禅让传说与理想政制》，第4页。

矣，擅让恶用矣哉！"（《荀子·正论》）从某种意义上，荀子是彻底的贤能政治的推崇者，他说：

> 王者之论：无德不贵，无能不官，无功不赏，无罪不罚，朝无幸位，民无幸生，尚贤使能而等位不遗，析愿禁捍而刑罚不过。百姓晓然皆知夫为善于家而取赏于朝也；为不善于幽而蒙刑于显也。（《荀子·王制》）

但这种贤能政治有一个明显的"天花板"，即不涉及对最高权力的转移的讨论，在荀子看来，齐家治国的才能是可以通过学习而掌握的，但平天下非圣人不可。[①]于是他对当时流行的禅让论的不同情形分门别类地加以驳正。

首先就是尧舜禅让的问题，荀子说：

> 是不然。天子者，势位至尊，无敌于天下，夫有谁与让矣？道德纯备，智惠甚明，南面而听天下，生民之属莫不振动从服以化顺之。天下无隐士，无遗善，同焉者是也，异焉者非也，夫有恶擅天下矣？（《荀子·正论》）

在王者天下的时代，不可能存在一个跟他能力相匹配的人。那么是否是预定了继承者，待死之后传位呢？荀子认为也不是如此。如果圣人死后，天下没有圣人，那么不存在禅位对象。若是天下有新的圣人，那么"以尧继尧"，天下秩序依然，无所谓禅让。那是不是"老衰而擅"呢？荀子也不认可。圣人是用智慧治国，身体可以老衰，知虑能力不可能衰减的。

那是不是因为"老者不堪其劳而休"呢？荀子说，在量能授官的贤能政治环境下，天子治国是处于一种心情愉悦的状态。只有诸侯、卿相才有可能不堪其劳。

[①]《荀子·正论》说："国，小具也，可以小人有也，可以小道得也，可以小力持也；天下者，大具也，不可以小人有也，不可以小道得也，不可以小力持也。国者，小人可以有之，然而未必不亡也；天下者，至大也，非圣人莫之能有也。"

> 夫曰"尧、舜擅让",是虚言也,是浅者之传,陋者之说也,不知逆顺之理,小大、至不至之变者也,未可与及天下之大理者也。(《荀子·正论》)

由上述讨论可见,孟荀对于禅让的质疑与他们的基本立场相一致。孟子是基于民本立场,认为统治者最重要的是符合民心民意,至于是通过禅让还是世袭并非问题的关键。而战国后期,儒家的发展需要跟大一统的趋势相结合,所以,荀子之反对禅让制,更多是要突出礼法治国的原则,而将天子之势位置于至高的地位。

荀子在《君子》篇中,基于礼法秩序的贤能政治有正面的说明:

> 尚贤使能,等贵贱,分亲疏,序长幼,此先王之道也。故尚贤使能,则主尊下安;贵贱有等,则令行而不流;亲疏有分,则施行而不悖;长幼有序,则事业捷成而有所休。故仁者,仁此者也;义者,分此者也;节者,死生此者也;忠者,惇慎此者也。兼此而能之,备矣。

尚贤使能、等贵贱、分亲疏、序长幼,这种基于自然秩序的治理原则是儒家所一贯坚持的基本原则,但是在这个原则之下,荀子却对"等贵贱"有了新的说明。在《王制》篇中,荀子尤其强调,王公士大夫的子孙如果不具备礼义之修养就应该归为庶人,而庶人之子孙通过学习而获得礼义之积累,就应该获得社会地位。他尤其强调了规则的重要性,并从自然法则(天德)的角度来证明上述流动的必要性和必然性:

> 请问为政?曰:贤能不待次而举,罢不能不待须而废,元恶不待教而诛,中庸不待政而化。分未定也,则有昭缪。虽王公士大夫之子孙也,不能属于礼义,则归之庶人。虽庶人之子孙也,积文学,正身行,能属于礼义,则归之卿相士大夫。故奸言,奸说,奸事,奸能,遁逃反侧之民,职而教之,须而待之,勉之以庆赏,惩之以刑罚。安职则畜,不安职则弃。五疾,上收而养之,材而事之,官施而衣食之,兼覆无遗。才行反时者死无赦。夫是之谓天

德，是王者之政也。

除了天子而外，其他人的社会地位要与他的才能、德性相匹配，由此进入社会身份的"流转"中。所以，荀子对禅让的态度，也体现出他的贤能政治其实是为了更好地维护天子的"势位"，荀子或许预见到儒家政治哲学将进入"民本"和"君本"的二重主体的格局之中。

第三节　经学视野中的禅让与革命

在儒家的思想谱系中，孟子最重"革命"精神，《孟子·梁惠王下》记载："齐宣王问曰：'汤放桀，武王伐纣，有诸？'孟子对曰：'于传有之。'曰：'臣弑其君，可乎？'曰：'贼仁者谓之贼，贼义者谓之残，残贼之人谓之一夫。闻诛一夫纣矣，未闻弑君也。'"这段话最重要之处，在于孟子强调了一个君主的政治地位会因他失去百姓支持而不再具有正当性，由此，君臣之间的伦理关系就宣告完结，不再能用君臣之纲来要求臣民。对于齐宣王试图用"弑"来定义汤武革命之事件的时候，孟子则认为只是"诛杀"一个失道之人而已，即所谓"诛一夫"。孟子和齐宣王的争论呈现出儒家尊君和重民两个维度之间的可能裂隙，"肯定'汤武革命'则可能损害儒家所提倡的君臣名分，若直接加以否定，又不符合儒家以民本、仁政为核心的政治理念"。[①]

对于篡夺和弑君的问题，荀子的观念与孟子一致。对于"桀纣有天下，汤武篡而夺之"这种观点，荀子也进行了批驳。他说：

> 亲有天下之籍则不然，天下谓在桀、纣则不然。……能用天下之谓王。汤、武非取天下也，修其道，行其义，兴天下之同利，除天下之同害，而天下归之也。桀、纣非去天下也，反禹、汤之德，乱礼义之分，禽兽之行，积其凶，全其恶，而天下去之也。天下归之之谓王，天下去之之谓亡。故桀、纣无天下，而汤、武不弑君，

---

① 肖永明、李江：《〈孟子〉"诛一夫"的诠释与儒家政治伦理观的展开》，《中国哲学史》2021年第5期，第12页。

由此效之也。汤武者，民之父母也；桀纣者，民之怨贼也。（《荀子·正论》）

荀子也认为诛暴君不是篡夺，而是"诛独夫"。不能将汤武和桀纣之间的关系理解为一般意义上的君臣关系。当桀纣所发之令已经得不到天下百姓响应的时候，他们就已经失去了天下。而汤武则是以自己的德行赢得天下的归往。汤武的革命才是顺天应人的，是建立在符合仁义、天道的基础之上的。

公羊家将孟子视为精神上的起点，其革命精神亦在公羊家对公羊义例的阐发中多有呈现。近人陈柱在概括公羊哲学时，指出将君臣一伦视为天经地义违背了孔孟大义，若是将推翻无道的君主视为"弑君"，就是让全体国民成为独夫民贼的牺牲品。他认为公羊家托"王鲁"，以孔子为有德无位之"素王"，都体现了要拨正混乱现实政治的革命精神。他还说，公羊传将"元年春，王正月"解释为大一统的建立，就是对文王受命，武王革命事功的肯定。[①]客观地说，陈柱的观点，过于以今人的眼光来描摹孔孟大义了。

郡县制国家建立后，皇位继承问题已不复能允许质疑，通过天人关系的新阐发，儒家接受了"君权神授"的观点，并从天地阴阳的尊卑来"比类"人伦秩序，这样儒家向法家所主张的君权的绝对有了很大的妥协。只是，董仲舒又将王权限定在天意和民意的双重限制中，他提出"屈君而伸天"，强调天意通过"谴告""灾异"等方式对君主行为的制约力。他以仁爱来定义天道的道德性，希冀保持道德要求对君子权力合法性的制约。

汉初公羊学盛行，公羊学中的素王、革命思想，亦不时通过儒生的政治主张直接表达出来。前人多有批评汉儒之掺杂阴阳黄老之言，颇疑禅让说的儒家品格，对此钱穆有所辩护。他说"汉儒恢伟，颇羼阴阳家言，以孔子为教主，奉尧、舜禅让为绳律，推演五德终始，发明无万世一统之帝王。既主禅国让贤，而一代之新王兴，又必变法易德，与民更始，以符

[①] 陈柱：《公羊家哲学（外一种）》，华东师范大学出版社，2014年，第160页。

大化之运，而归其极于天人之相应。其立说虽时杂谶纬迷信，要之儒学之大义存焉。"①总体而言，汉儒对其他诸子之言多有吸收，目的是丰富儒家之政治理想，禅让说在汉代的流行，是儒家理想主义在大一统政治格局下的一次"挣扎"。

《史记》记载了汉景帝时辕固生与黄生的一次争论：清河王太傅辕固生与倾向于黄老之学的黄生在景帝面前就汤武到底是革命还是弑君展开了争论。黄生坚持认为汤武非受命，是弑君者。辕固生反驳说：桀纣暴虐，天下之人心皆归向汤武，民心所向就是"受命"，他们顺应民心而诛桀纣，是正当的行为。黄生进一步的申说很有意味。黄生说君臣关系就如冠履一样，其本质是预先就决定了的。最破的帽子也要戴在头上，最新的鞋子也只能穿在脚上。君臣关系也一样。桀纣虽然昏聩，但他们是君主；汤武虽然是圣人，但他们是臣下。若是肯定汤武的行为，就会导致一旦君主有过失，臣下不是通过规劝和讽谏使其改正，而是直接诛杀并取而代之，这就是弑君啊！对此，辕固生的回击并不针对黄生的逻辑，而是诉诸汉代秦的合法性。即若不肯定革命理论，汉高祖怎么可以推翻秦政呢？辕固生和黄生的争论其实涉及政权的取得和统治权的维持的双重问题，革命理论的确有助于为政权之取得提供正当性依据，但也会导致对统治权的颠覆。所以，景帝的裁决是劝大家不要再争论这些问题了。《史记·儒林列传》说："是后学者莫敢明受命放杀者。"

关于禅让和革命的讨论，在汉代并没有停止。儒家革命论和君臣之伦服务于不同的政治目标，

在《春秋繁露》中有一篇文字专门讨论尧舜禅让和汤武革命的关系，就是要疏通君权和民本的关系。董仲舒说：依家庭伦理的原则，父亲若有财物遗留给儿子，儿子并不能将之随意施舍给别人。但统治者所治理的天下，并非父亲的遗产，天下是天所予，他不能"自己决定"将之直接留给他的子孙。这就是说天下与家庭之私有财产在性质上是完全不同的。王者之地位的获得与失去的最终裁决权在"天"而不在统治者自身。尧舜就

---

① 钱穆：《政学私言》，第126页。

是从天之意，进行政权交接。儒家为什么将汤武也列为圣王呢？是因为他们看到桀纣对天意的违背，而拨乱反正。"天之生民，非为王也，而天立王以为民也。……故其德足以安乐民者，天予之；其恶足以贼害民者，天夺之。……有道伐无道，此天理也。……果不能臣天下，何谓汤武弑？"①这实质上是沿着孟子对禅让和世袭同等看待在"天人观"上的论证，政权转移方式之优劣不如以"义政"与否来衡量更为合理。

我们从孔子对于韶乐尽善尽美的评价可知，他对于尧舜禅让和汤武革命是有价值上高低之分别的。《论语·八佾》中，孔子对《韶》乐的评价是"尽善尽美"，而对《武》则是"尽美矣，未尽善也"。毕竟汤武革命一直要遭受"君臣"伦理的质疑。

汉初的儒生更为看重革命，这可以为汉取代秦做理论证明。董仲舒的《三代改制质文》就是要强调政权的转移乃是文质互递的天道必然。②这也可以从《周易》"顺天应人"的说法中找到依据。所以前揭文中，董仲舒要给汤武革命做辩护。但董仲舒的公羊学也要面对大一统格局下"阴阳尊卑"的权力格局，当政权稳定之际，"革命"的形式和内容都需要做出改变。蒙文通先生对汉代革命精神的减退有敏锐的描述。他说，董仲舒的春秋学对禅让和革命的弥合，让先秦儒家的革命精神趋于消沉，"自儒者之说，始乱于仲舒，易革命为改制，易井田为限田，选天子之说废，而教太子之说起，明堂议政之义隐，而诤臣讽谏之义张，学校与考试相代兴，封建与守相相错杂，其蜕变固可考也。既乱于学官博士之术，再乱于佚经古文之说，章句训故，秕尘极目，而大义晦、微言绝"。③

"革命"由原本的改朝换代下降为"改制"，是大一统格局形成之后，汉武帝等寻求长期稳定统治的一种意识形态的转换。但文化符号的力量一

---

① 董仲舒：《春秋繁露·尧舜不擅移汤武不专杀》，载苏舆：《春秋繁露义证》，中华书局，1992年，第220—221页。
② 《三代改制质文》强调帝王受命，是应天而革命。易服色、改正朔是一统天下之举，并非"继人"，并将五帝、三王一以贯之，消解了换代方式的高低之别。董仲舒：《三代改制质文》，载苏舆：《春秋繁露义证》，第185—187页。
③ 蒙文通：《儒家政治思想之发展》，载《蒙文通全集·儒学甄微》，巴蜀书社，2015年，第78—79页。

旦形成，就会构成对现实政治活动的制约。董仲舒等人所采用的"屈民而伸君，屈君而伸天"的策略，通过灾异和谴告等方式，来干预帝王的政治活动，特别是当政局混乱、经济困顿之际，这种来自谶纬的力量日渐凝聚。

比如，汉武帝经过累年的征战，人口和财产损失巨大，民间不满情绪就形成了。眭孟等人利用谶纬来提倡"禅让"说。

《汉书·眭孟传》记载说，当时发生了泰山有巨石自立，还有枯木复生等奇异事件，他推《春秋》之意，认为这是有匹夫要成为天子的预兆。他引用董仲舒的说法："虽有继体守文之君，不害圣人之受命"，据此他引申道，在君主世袭的情况下，依然会有受命之圣人出。自然界所出现的怪异现象，表征受命之君已经出现，因此，他希望汉帝自动禅位。在强势的汉武帝去世之后的复杂政治局面中，这种让在位君主退位的说法，令昭帝的支持者霍光十分不满，以妖言惑众罪处死了眭孟。①

有学者认为眭孟的说法为儒家的政权更替提供了新的思路，"禅让出于世袭与革命之间，是两者的调节手段，而其最大好处就在于防止世袭君权的腐化以及避免暴力革命的出现"。②并认为眭孟的学说对西汉中后期产生了影响力，并"为王莽代汉铺上一条平坦的道路"。

王葆玹在概括西汉的"革命""禅让"观念的转变的脉络时说："西汉一代的学者不论何种派别，在西汉前期与中期都是称赞'汤武革命'、不赞成仿效'尧舜禅让'；到西汉后期受到政治上的压制，多数人不敢提议'禅让'，宁愿回避这个问题；到西汉末期则纷纷放弃'革命'说，改从'禅让'说。"③无论是主张革命还是主张禅让，经学家们都希望社会安定。汉初禅让论的再兴，是因为他们认为社会变革已不可避免，禅让是

---

① 比眭孟稍晚的盖宽饶向汉宣帝上奏时引用《韩氏易传》的话说，"五帝官天下，三王家天下，家以传子，官以传贤"。认为按照自然的运行，"功成者去，不得其仁则不居其位"（《汉书·盖宽饶传》）。这些话被认为是规劝皇帝禅让，大逆不道。盖被迫自尽。

② 许景昭：《禅让、世袭及革命：从春秋战国到西汉中期的君权传承思想研究》，上海古籍出版社，2014年，第267页。

③ 王葆玹：《西汉经学源流》，四川人民出版社，2021年，第390页。

不流血方式实现权力转移的最好方式，在这个意义上，王莽借助禅让来获得权力，也是这样一种社会氛围下的"合理"选择。

如何处置君臣伦理关系与推翻暴力政治的合法性之间的争论在儒学史上一直绵延不绝，至晚明黄宗羲、王夫之等人开始，儒家的民本思想进入了新的阶段。其中尤以黄宗羲之《明夷待访录》的思想具有鲜明的启蒙色彩。之所以用"启蒙"来定义黄宗羲的民本思想，在于他在《原君》篇中，认为"有生之初，人各自私也，人各自利也"，并说"好逸恶劳亦犹夫人之情也"，这种论证方式，接近荀子、韩非一脉的人性观，也接近亚当·斯密、霍布斯对于人的"自然状态"的"假定"。因此，黄宗羲就根本上解构了早期"禅让"说人性论基础，他认为，如果只是为天下人的利益，而自己要付出千万倍的努力而"不享其利"，这不符合人之常情，所以古代的君主，并不留恋其位。

黄宗羲是要借此来说明，后世之君主将天下视为一己之私产是"情之所欲"，因此，必须从制度的层面来制约之。而在制度原则中，首先要摈弃的就是君臣纲常，认为天地不会专门垂青"一人一姓"，这里黄宗羲又衔接了孟子"诛一夫"的价值立场，认为士人之出仕，也是要为天下人，而非为君主一人。

如果从黄宗羲"人各自私"的人性论出发，并不能得出士人出仕是要为天下人谋利的结论，由此他提出以"学校制度"来确定"公是非"也难以在逻辑上自我圆满，然他对君主专制的批评和公私观念的思考，依然是传统中国民本思想中最具突破性的思考。

与黄宗羲相比，王夫之的思考更为哲学化。他从公私之分出发批评皇权专制政治是以一己之私而不惜"弱天下"。他认为政治制度的设计乃是理势合一的后果，在解释孔子殷周损益可知时说，"孔子何以云可知也？夫知之者，非以情，以理也；非以意，以势也。理势者，夫人之所知也。"而圣人知理势合一，就会以"公天下"和"利天下"为立政之本。"理有屈伸以顺乎天，势有轻重以顺乎人，则非有德者不与。仁莫切于笃其类，义莫大于扶其纪。笃其类者，必公天下而无疑；扶其纪者，必利天下而不吝。"① 在王夫之看来，政治制度通过不断损益渐趋合理，最后必越来越符合天下人之利益。

王夫之对儒家的正统论亦有新论，他认为正统的根据在于文明与野蛮的区分，而不在于由某个特定的族权来组织国家。据此，他认为政权的转移也非就以禅让为高，世袭为低，他指出政权"可禅、可继、可革，而不可使夷类间之"②，即只要能够保存华夏文明免遭夷狄侵害，改朝换代的方式并不是不可变通。在王夫之看来，国家的设立就是保护族群免受外敌的欺凌，君主的责任也是"保其类"。但后世之君王却只注重君主权力的维护，"一姓之兴亡，私也，而生民之生死，公也"。③ 这与顾炎武对于亡国和亡天下的辨别有异曲同工之效。

王夫之身处明清之际的复杂的政治和文化环境中，对于中华文明能否得以延续抱有深刻的忧虑。一方面，他强调了文明的延续对于证成政治正当的重要性，由此禅让还是革命，要以不导致"以夷变夏"为前提；另一方面，王夫之与顾炎武和黄宗羲一样，以"天下为公"的态度，祈求战乱不要导致"原野流血之惨"。很显然，这些论述已于传统儒家的君臣论说有很大的突破，成为晚清思想界接受西方民主观念的"本土资源"。

儒家政治哲学中有关权力转移议题中，贤者居位是最能体现民本价值的制度设想。就禅让而言，所期待的是君主的"自我革命"：主动而广泛地去发现贤能者以自代，这种富有道德理想主义的期许逐渐演化为篡夺者的"伪装"。而"诛一夫"的言说，则是对暴虐统治的抵抗，但内在的君臣伦理和民本立场之间构成儒家政治思想的矛盾和紧张。如何吸收传统的政治观念，来为建构更好的政治秩序服务，则是中国文化发展的使命所在。

---

① 王夫之：《尚书引义》，中华书局，1976年，第161页。
② 王夫之：《思问录·俟解·黄书·噩梦》，中华书局，2009年，第103页。
③ 王夫之：《读通鉴论》卷十七，《船山全书》第10册，岳麓书社，1988年，第669页。

第十二章

集权与分权：封建与郡县

封建与郡县的制度之争，[①]自秦至现代，代有争论，其中交织着价值理想和制度选择的问题，也有对经济社会发展与制度选择的关系的讨论，还包括有作为制度理念的"公"与人们个体利益之"私"关系的认识。而其中柳宗元的《封建论》可谓枢纽性的作品，他既充分梳理了前人对此观念的争论线索，也开启了后世对此问题的讨论"视界"。在近代以来的思想政治互动中，围绕中国传统社会"封建"制属性的讨论，以及政治领袖对《封建论》的推崇所体现的政治理念，也引发了更广泛的范围对柳宗元《封建论》的充分关注。

[①] 近来研究封建郡县甚勤的陈佩辉认为封建与郡县可以归纳出四种类型的制度模型，以化解制度研究和政治哲学研究中郡县与封建对置的两极化思路。他说："关于封建与郡县，杨联陞认为从政治制度史的角度来看，封建与郡县居于'两极'的位置。其实，即使从政治哲学史的角度来看，二者也同样居于'两极'位置。我们认为儒家政治哲学视野下的中国政治制度有四种不同的理想型（ideal type），它们分别是：封建制、郡县化封建制、郡县制以及封建化郡县制。" 陈佩辉：《论儒家政治哲学的制度之维——以封建郡县之辨为中心》，载《人文杂志》2022年第4期，第33页。

中国近代学术话语中的"封建"①观念，主要是指社会发展阶段中五种社会形态（原始社会、奴隶社会、封建社会、资本主义社会和共产主义社会）的一种，并认定秦汉到清代为中国的封建时代。虽然，对于封建社会的开端和结束的时间、近代以来中国的社会性质等问题有广泛的讨论，然这些问题牵涉面过于宏阔，故本文将焦点集中于传统封建郡县之争的历史文本，从理想与现实的互动中，分析封建郡县制度选择的争议中所体现出的儒家政治哲学的发展。

封建制虽不必如王国维在《殷周制度论》中所强调是由殷周变革所定型，但包括井田、分封等复杂体系的"宗法分封制"是由周公所完善则无可争辩，受到孔子"吾从周"的支持，该制度在儒家的秩序原理中具有充分的正当性基础；但是，作为依赖血缘纽带而形成的政治秩序，当"基于血缘关系的身份秩序与现实中的力量关系"②出现背离的时候，分封体的独立和分离倾向便难以维系，到春秋战国时期，已经显现出效能的衰退，而出现了郡县制的萌芽。较早采用郡县制试点的诸侯国诸如秦国、楚国迅速崛起，秦统一六国，使郡县制成为国家的根本制度。

汉代秦，秦国所依赖的严刑峻法的统治手段受到汉代儒家学者的激烈批评，但郡县制作为一个国家的基本政治制度并没有被动摇。尽管，为了安抚血缘和军功群体，汉初也分封了一些"王""侯"。从制度的角度看，是在郡县制的基础上，辅之以封建制，以稳固新生的刘氏皇权。③有

---

① 中国近代的"封建"概念，有时是作为 Feudal 的翻译，这种制度"是建立在军事领主与其封臣的相互关系基础上的。封臣们替领主作战，作为回报，从领主那里获得土地。然而在获得的土地上实行地方自治"。载戴维·米勒、韦农·波格丹诺编《布莱克维尔政治学百科全书》，中国政法大学出版社，1992 年，第 259—260 页。这个概念与先秦封建制有接近之处。1920 年代后，中国的"封建"术语更多是政治化的描述，来指称中国皇权专制社会。

② 谷川道雄：《中国中世社会与共同体》（增订本），上海古籍出版社，2013 年，第 54 页。

③ 秦汉之间的政局变化复杂，存在着分封军功集团到转而剥夺军功、刘氏封王的转变，但封建和郡县双轨制的并存则是一个总趋势。李开元说："从高帝六年始，刘邦接受田肯之建议，对于分封之原则作了重大的修改，废除因功封王，将其变更为因亲封王，并且限定于皇室刘姓。在废功劳因血缘的意义上讲，汉之同姓诸侯王之封，其思想渊源可以说是受到周之分封同姓的影响。"李开元：《汉帝国的建立与刘邦集团：军功受益阶层研究》（增订版），读书·生活·新知三联书店，2023 年，第 106 页。

人说，秦汉之间，"从大势上看，它是在封建制解体转变为郡县制的历史潮流下，由（秦始皇）郡县单轨的皇帝制，转变为（汉代）封建郡县双轨一体的皇帝制，始趋于稳定"。① 这种"封建"和"郡县"的双轨制格局，一方面是大一统政权寻求政治同盟的努力，另一方面也可以理解为皇权的统治和地方自治力量之间不断寻求平衡的现实需要。这两者之间既互相对立，又互相妥协的"不定型"，造成了唐以前每一次的王朝更迭，都会爆发一次有关封建和郡县孰优孰劣的争论，从中可以看到倾向于自治的家族—宗族的力量与主张权力服从的官僚政治结构之间的纠缠。即皇权的绝对性需要依靠血缘的纽带来强化维护力量，而血缘本身也可以成为民间独立势力的凝聚因素，世家豪族也会成为垂直统治的制约性因素。

第一节 封建制的"价值理念"与历史的选择困境

顾炎武说："秦始皇议封建，实无所本"②，封建的解体乃是一个"事实发生"而非理念的现实化。秦国一统天下之后，淳于越与李斯等人之间对秦国要实行什么制度之间发生争论，实质是关于制度有效性的辩难。关键是李斯对于血缘凝聚的"持久性"的怀疑，的确击中了血缘宗法的封建制所内在的"结构性"困境，即分封制所依赖的血缘纽带是否能经受住"时间"的考验，以及当统治区域扩大到一定程度时，如何确保分封诸侯的忠诚。

殷周之际，封建制的确立与完善有其现实的需要。作为二次东征的政治成果，作为小邦的周征服了东部大片土地。为了对新征服的大片土地实施有效的统治，周公需要通过血缘凝聚力将有限的人力物力合理地分散到各地，来维持其庞大的地缘政治统一体。封建制允许诸侯国保持政治和财政权力相对独立，地方政治势力与中央权力的关系主要依靠巡狩-供奉

---

① 管东贵：《从宗法封建制到皇帝郡县制的演变》，中华书局，2010年，第129页。
② 顾炎武著、黄汝成集释：《日知录集释》中，中华书局，2020年，第1118页。

的"非强制性"的形式来维系,这种灵活的统治方式是应时而生的,以小御大,可化解统治力不足的压力。周公强调嫡长子继承制、同姓不婚和庙制等礼制的确立是为了让"王与其同族的亲族关系"得到"政治性的扩大"。①在这个体系下,每一个地方封国在自己的领地内实质上是一个"自主的地缘政治实体"。他们兼有民政、司法和军事的独立处置权。周公所建立的则是纳国家于"道德共同体"的宗法制度,②即是通过道德和伦理关系来强化诸侯与中央政权之间的联系。

但"随着时间的流逝,中央授予诸侯的行政管理自治权逐渐滋生出一种离心力,这种离心力不但打消了诸侯支持中央政权的积极性,甚至激使他们同中央公然对抗"。③也就是说,当血缘纽带和军功的合法性随着时间流逝而衰减的时候,封建制所内在的分离力必然会危害其制度本身。

基于"西周国家的功能是由众多的地方代理来执行的。这些地方代理以作为西周王室之分支或婚姻对象的宗族为中心,可以称得上是中央政府在地方的翻版"④,也就是说,这种分离、独立倾向是"逐级传递"的,即由诸侯向作为卿大夫的管辖区域"家"延伸。而且在"别子为宗"的体制下,不断会有新的独立的封地的出现。

这种诸侯国或卿大夫的家的独立性的"固化"必然会导致礼制上的僭越,比如违背礼制等级的"八佾舞于庭"。随着天子权力的空心化,体现天子尊严和控制力的巡狩、封禅、朝觐等制度名存实亡。势力强大的诸侯国,起初(比如春秋时期的齐桓、晋文)可能还需要借助"周天子"的名号来维护封建秩序的弱平衡⑤,到战国时期,诸侯国开始探索跨越血缘

---

① 谷川道雄:《中国中世社会与共同体》(增订本),第52页。
② 除宗法制度之外,也有其他的政治设置来保障中央权力对地方诸侯的控制,比如"监国",即向诸侯国派驻监督人员,定期向中央政权汇报所监国的情形;还有就是"述职",即诸侯国定期向中央政权觐见。见李峰:《西周的灭亡——中国早期国家的地理和政治危机》,上海古籍出版社,2007年,第131—132页。
③ 李峰:《西周的灭亡——中国早期国家的地理和政治危机》,第107页。
④ 李峰:《西周的灭亡——中国早期国家的地理和政治危机》,第129页。
⑤ 孔子呼吁"尊王攘夷"并肯定管仲之"九合诸侯"等维护封建秩序的做法,都体现出到春秋时期,封建制的实际运行中枢已经在诸侯和卿大夫之"家"这个层面。

共同体的权力垂直运行的新制度：这就是郡县制。①

对秦始皇确立封建制，《汉书·地理志》做如此描述："秦遂并兼四海，以为周制微弱，终为诸侯所丧，故不立尺土之封，分天下为郡县，荡灭前圣之苗裔，靡有孑遗。"不过，也有不同的提议，比如当时的丞相王绾认为对燕、齐、荆等地，可以立诸子为王去治理。对此，李斯认为血缘纽带会随时间的推移而失去凝聚力，要顾及亲缘关系，不如直接采用物质赏赐的手段更为有效。

秦国祚短暂，在抵御连绵不断的起义过程中，没有屏藩的力量被认为是废封建的后果。②汉初在继承了郡县制的前提下，辅之以封建因素。③关东之地分封异姓王，这是对军功集团的褒奖。基于对权力基础的担心，刘邦集团很快剪除了异姓王而改封子弟，建立宗藩。不过，这些措施并没有起到维护中央权力的作用，反而是不断有宗藩势力反叛。所以，如何阻止宗藩不断增长的独立势力已成为重要的政治议题。班固《诸侯王表序》中描述这个过程说：

> 故文帝采贾生之议分齐、赵，景帝用晁错之计削吴、楚。武帝施主父之册，下推恩之令，使诸侯王得分户邑以封子弟，不行黜陟而藩国自析。④

---

① 关于秦之前县、郡等行政制度的形成可见顾炎武《日知录·郡县》的讨论。顾炎武著、黄汝成集释：《日知录集释》中，第1111—1114页。

② 马端临说："秦罢侯置守，曾不数年，始皇死而群雄蜂起，六国之裔与其强宗，大概皆逐秦守宰而自王故地也。"马端临：《文献通考·封建考九》，第十一册，中华书局，2011年，第7335页。

③ 李开元认为汉初刘邦并没有具备绝对控制权力的资本，因此需要与军功集团等建国力量进行社会资源的再分配。如果说秦国的统一是消灭王国，而汉高祖的再分配则是通过"复活分封"来实现的。从而汉初的王朝可以称为是"有限的皇权"，见李开元：《汉帝国的建立与刘邦集团：军功受益阶层研究》(增订版)，第263页。

④ 马端临：《文献通考·封建考六》第十一册，第7233页。贾谊虽然坚持封建制，但他主张不断分封以削弱诸侯王的势力，让他们难以积聚对抗中央政权的力量。贾谊说："欲天下之治安，莫若众建诸侯而少其力，力少则易使以义。国小则亡邪心，令海内之势如身之使臂，臂之使指，莫不制从。诸侯之君不敢有异心，辐凑并进，而归命天子。"载马端临：《文献通考·封建考六》第十一册，第7222页。

从文帝、景帝到武帝，一直在通过析分等手段来削藩。这也说明汉初所采用的封建和郡县混合政体，无论是军功集团，还是血缘团体，都逐渐发展为对抗中央权力的力量。由此，贾谊建议让在长安的这些侯国首领回到他们自己的封地，同时还实施侯国迁移政策。如此，在京城的列侯功臣，就因迁离长安而远离政治中心，不再能干涉政策的制定，汉初所形成的军功集团的势力被削弱。而"由于侯国迁徙策之施行，散处王国领土的侯国皆被迁徙到汉直辖之郡，极大地便利了汉朝对于它们的管理和控制"。这是互为表里的政策。①

很显然这些削弱地方势力的政策遭到不少抵制，文帝也有一些让步，比如保留侯国内任命官员的权力。然借平定七国之乱，汉景帝收回了一些权力，主要是撤销了王国自置御史大夫、廷尉、少府、宗正、博士官的权力。由此，汉初形成的皇帝、诸侯王与军功集团互相鼎立之局面逐渐瓦解，诸侯王国等同于一般的郡县，丞相为中心的政府从属于皇帝。由此皇权的专制逐渐形成。至汉武帝所有官员都不能自置，并强迫诸王分封自己的子弟，这实际上是不断将大的诸侯国进行分拆，让它们没有对抗中央权力的能力，绝对的皇权就此定型。

从汉代封建制的困境可以看出，秦汉之后血缘组织已难以复刻周初的凝聚力，而面对广土众民的新帝国，皇帝试图依赖血缘团体来强固政权的支持力量，不过，封建和郡县的混合体制依然让汉代完成了王朝国家形态的建构。

但是，帝国不断扩大的边疆和对周边民族的征服，也会成为国家统治的巨大负担，分封区域在权力和文化习惯上拥有更多自治权力，在朝廷统治力下降的时候，边缘地区的独特性会成为王朝解体的重要的推动力量。而郡县制内部，由乡里推荐和察举制的实行，这些获得权力的人由于其道德感召力和学术上的成就，日渐构成一种独特的社会势力，并形成以门阀为特色的贵族阶层，他们亦构成对中央集权的制约力量。这些造成郡县制的制度困境的问题，都促使汉以后的学者，继续在封建和郡县的理念

---

① 李开元：《汉帝国的建立与刘邦集团：军功受益阶层研究》（增订版），第233页。

和实践等问题上展开争论。

第二节 天下是谁人的天下
——"封建"与"郡县"之争所争在何？

秦始皇在确立帝国的体制时，王绾和李斯之间的分歧将后世的争论者划分为两个不同的阵营，元代的马端临概括说：

> 秦既并天下，丞相绾请分王诸子，廷尉斯请罢封建，置郡县，始皇从之。自是诸儒之论封建、郡县者，历千百年而未有定说，其论之最精者，如陆士衡、曹元首则主绾者也，李百药、柳宗元则主斯者也。二说互相排诋，而其所发明者，不过公与私而已。①

马端临比较系统地梳理了唐以前封建、郡县争论的各家之说，认为主要分为王绾派和李斯派，其中魏晋时期的陆机和曹囧（元首）支持王绾的观点，唐代的李百药和柳宗元则追随李斯的观念。在马氏看来不同主张的差异点在于对何种体制更能"公""私"的认识上的不同，他具体综述二者的观点说：

> 曹②与陆③之说曰："唐、虞、三代公天下以封建诸侯，故享祚长。秦私天下以为郡县，故传代促。"柳则反之曰："秦公天下者也。"眉山苏氏又从而助之曰："封建者，争之端，乱之始，篡杀之祸，莫不由之。李斯之论当为万世法。"而世之醇儒力诋之，以为二氏以反理之评、诡道之辨而妄议圣人。④

---

① 马端临：《文献通考·封建考六》第十一册，第7209页。
② 曹囧说："昔夏、商、周历世数十，而秦二世而亡，何则？三代之君，惟天下共其民，故天下同其忧。秦王独制其民，故倾危而莫救也。秦观周之敝，以为小弱见夺，于是废五等之爵，立郡县之官，内无宗子以自毗辅，外无诸侯以为藩卫。"曹囧：《六代论》，载《文献通考·封建考十一》第十一册，第7373页。
③ 陆机著有《五等论》，主张"圣王建国，义在封建"，认为封建制要优于郡县制。
④ 马端临：《文献通考·封建考六》第十一册，第7209页。

到底封建制和郡县制何者更能体现"公天下"的儒家理想呢?两派的分歧正在于此。对此,马端临认为两种说法都有道理,不过,在他看来制度是否能体现天下为公的精神的关键不在制度本身而在于制度中的人。

> 封建、郡县皆所以分土治人,未容遽曰此公而彼私也。然必有公天下之心,然后能行封建,否则莫如郡县。无公天下之心,而欲行封建,是授之以作乱之具也。①

在他看来,封建和郡县本身并不能体现"公""私"之别。而实现封建制对统治者自身的要求很高,即使是三代之初,封建制的弊端就已经有所显现。然为什么唐虞之世不闻众多国家有反叛行为?舜的时候,也有王政所不加的蛮夷地区违背统治的时候,但不战而服也。"又安得如柳氏所谓群之分,其争必大,大而后有兵。如苏氏所谓争之端而乱之始乎?所以然者,何也?则尧舜公天下之心,有以服之也。"②尧舜因为没有私心,所以封建制能造就"居天下之上而与天下之贤且能者分治之"。等他们因为勤政而感觉疲累,他们就会找寻天下的盛德之人来"禅让"。

封建制的弊端或来自"家天下"的夏,尤其是"大封同姓"的周,二者虽也是圣人因时立制,不能简单地认为他们有私心。但如果与尧舜相比,其偏失也很明显。

> 夫惟天子不以天下自私,而后诸侯不敢以其国自私,是以虽有土地之广,人民之众,甲兵之强,其势足以为乱而莫不帖服于其下,如臂指之相使,以为当然。是则唐虞以公天下之心行封建,而当时封建所以无敝也。盖家天下自夏始,大封同姓而命之曰藩屏王室自周始,二者皆圣人随时制变以纲维,斯世未容以私议之也。③

在夏与周之后,经常发生天下因为诸侯不服从而征战的现象,而所征伐的"有扈氏"和"羲、和",他们的错误诸如"沉湎于酒"之类,用

---

① 马端临:《文献通考·封建考六》第十一册,第 7209 页。
② 马端临:《文献通考·封建考六》第十一册,第 7209—7210 页。
③ 马端临:《文献通考·封建考六》第十一册,第 7210 页。

一个廷尉就可以治罪，何必以大兵压境之势去征伐？"夫治一人之罪而至于兴师，使无辜之人受用兵之祸，则封建之敝也，故曰已见于三代之初，此之谓也。"① 由此之后，君主垄断权力，若遇到圣明的君王或可有安定的生活，若逢中衰之际，诸侯叛乱，民众颠沛。周代实行五等邦国，但封建制越周密，其偏私的特点越明显，所以，若"时不唐虞，君不尧舜，终不可复行封建。谓郡县之法处于秦而必欲易之者，则书生不识变之论也"。② 马端临认为若是没有尧舜这样的君主，不可复制封建制。他借助孟子所反对的"德衰"③说，认为这种历史趋势乃是社会发展之必然，并非个体道德层次的降低（德衰）所引发的后果。

马端临所概括的问题，包括了柳宗元《封建论》之前围绕封建为圣人所创制，是否会产生弊端的问题；也包括封建郡县何者是"公天下"的体现，郡县制取代封建制的必然性问题；等等。而《封建论》之所以得到后世学者的特别关注，原因就在于该文对上述问题的讨论最集中且试图展开相关的理论创构。

第三节　唐代围绕封建、郡县的争论与柳宗元的《封建论》

唐高祖李渊在天下未定之际，曾经广封宗室，以加强其统治力量，他将堂兄弟及其子侄数十人封为郡王。到唐太宗即位之后，他封房玄龄和长孙无忌等人为"国公"，引发了封德彝等人的反对，封氏认为以亲缘关系封爵是以天下为私，而非"至公"之道也。于是，太宗削减了郡王的人数。但到贞观二年，唐太宗又援引周秦故事，相信封建制能使国祚长久，此议得到萧瑀的支持。这次站出来反对的是礼部侍郎李百药，他着力反驳

---

① 马端临：《文献通考·封建考六》第十一册，第 7210 页。
② 马端临：《文献通考·封建考六》第十一册，第 7211 页。
③ 《孟子·万章上》说："万章问曰：'人有言："至于禹而德衰，不传于贤而传于子。"有诸？'孟子曰：'否，不然也。天与贤，则与贤；天与子，则与子。'"孟子并不认为禹不传贤而传子是"德衰"，而是认为权力的转移要以天意和民心为依据，不能由个人所决定。

了封建必导致国祚绵长的论断。

　　李百药指出王朝的长久与否由上天决定，与个人的德行无关。在社会环境已经发生巨大变化的背景下，若强以三代之法行于当下，"天下五服之内，尽封诸侯，王畿千里之间，俱为采地"。这是刻舟求剑的做法，徒增混乱之扰。

　　他还批驳了持封建论甚力的陆机和曹冏的观点，指出他们肯定封建制的理由是荒谬的。他说陆机的论断无视封建数代之后，封建之诸侯之间已然化为"仇敌"的事实，反问道：封建何以能屏卫王室？

> 　　陆士衡方规规然云："嗣王委其九鼎，凶族据其大邑，天下晏然，以理待乱。"斯言之谬也！而设官分职，任贤使能，以循良之才，膺共理之寄，刺举分竹，何代无人，至使地或呈祥，天不爱宝，人称父母，政比神明。曹元首方区区然称："与人共其乐者，人必忧其忧；与人同其安者，人必拯其危。"岂容委以侯伯，则同其安危；任之牧宰，则殊其忧乐。何斯言之妄也！①

在李百药看来，这些依靠门资而被封君列侯的人，往往不会念及祖上创业之艰难，以为自己的身份乃上天赐予，骄奢淫佚，不守礼法。而朝廷从士庶中选拔的官员，都是以其绩效获得提升，这种做法扩大了吸纳贤人的门路，是儒家选贤任能的理念的体现。而封建所依靠的血缘等级制度，根本不可能营造成上下共其忧乐的局面，在春秋至西汉、东汉，灭国杀君，淆乱纲纪之事，不胜枚举。相比之下，郡县制更能体现天下为公的精神。

　　对于唐太宗欲行封建之举，中书侍郎颜师古作《论封建表》说：

> 　　或欲追法殷、周，远遵上古，天下之地，尽为封国，庶姓群官，皆锡茅社。或云浇弊之后，人稀土旷，封建之事，普未可行。此皆不臻至理，两失其衷。臣愚以为当今之要，莫不量其远近，分置王国。均其户邑，强弱相济。画野分疆，不得过大。间以州县，

---

① 马端临：《文献通考·封建考十六》第十一册，第7519页。

杂错而居。互相维持，永无倾夺。使各守其境，而不能为非，协力同心，则定扶京室。陛下然后分命诸子，各就封之，为置官僚，皆一省选用，法令之外，不得擅作威刑。朝贡礼仪，具为条式。一定此制，万代永久。①

颜师古的主张中包含后世顾炎武提出的"寓郡县于封建之中"的意思。他既反对模仿远古，分疆列土的做法，也不认可完全推行垂直管理。他提出了"王国"与"州县"杂错的做法，主张要平衡各地区的经济、人口力量，以避免强弱之间的互相侵轧。但所封之王国悉要遵循国家法令，并定期朝贡。

与此同时，魏徵在奏议中则提出了推行封建的五大不良后果：其一是突然将百姓固定在一个封邑内，可能会因为惊恐而逃亡；其二，建立诸侯就需要建立宫舍和礼仪典章制度，若细修则困难，而粗制则理不安；其三，因封建而附带的行政人员的俸禄导致的财政困难；其四，贡赋的独立所带来的中央财政的困乏。其五，外患未除，封建易导致凝聚力的缺失。②

唐太宗时期，可能是中国历史上言论相对自由的时期，尽管太宗多次试图仿行封建，然围绕封建制和郡县制的优劣，不断有新的争论出现。在贞观六年（632），中书舍人马周以圣王也不免有骄逸之子而导致王朝覆灭的例子来证明世袭制所可能带来的不良后果，劝谏唐太宗废弃世袭刺史之制，得到了太宗的采纳。贞观十一年（637），太宗又封房玄龄和长孙无忌以及子弟等十四人为世袭刺史，又一次引发了关于封建和郡县的争论。

武则天事件之后，唐朝官员们对于是否应该封建来制衡其他势力对皇权的觊觎，又有新的争论。《新唐书·宗室》中记载说，刘秩认为唐代这种"设爵无土，置官不职"的方式，导致统治权力不掌握在宗室手里，而这些人聚集在京师也有不小的隐患。采用郡县制可以"小宁"但不能

---

① 马端临：《文献通考·封建考十六》第十一册，第 7519 页。
② 马端临：《文献通考·封建考十六》第十一册，第 7520 页。

"久安"。杜佑反驳了这种说法,他说:

> 夫为人置君,欲其蕃息则在郡县,然而主胙常促;为君置人,不病其寡则在建国,然而主胙常永。故曰,建国利一宗,列郡利百姓。且立法未有不敝者,圣人在度其患之长短而为之。建国之制,初若磐石,然敝则鼎峙力争,陵迟而后已,故为患也长。列郡之制,始天下一轨,敝则世崩俱溃,然而戡定者易为功,故其为患也短。①

在杜佑看来,封建有助于君主的权力的延续,而郡县则更有利于百姓,他批评说,尧舜禹的圣王时代之所以实行封建,是由时势决定的,这并不是说他们会反对后世实行郡县制。儒生们以三王不行郡县而加以否定,则是不知变。这些观念对于柳宗元的《封建论》中的说法,具有逻辑上的前导性。

第四节 制度与时势:柳宗元《封建论》的价值倾向和理论逻辑

柳宗元于何时撰写《封建论》目前难有定论,亦有人推测是参与王叔文"永贞革新"而后被贬至永州司马之际。②在安史之乱之后,朝廷瓜分河北等地与投降的叛将以安抚之,造成新的割据局面,并延续很长时间。柳宗元之《封建论》既是对历代封建论争之总结,也是基于现实局势之考量有感而发。

《封建论》首先要讨论的是封建制的背后的"圣人立制"问题。在儒学史上,圣人是为万世法还是"因时立制"是一个被反复讨论的问题,这决定着人们是依据圣人之"意图"去创造性地推出新制度,还是依据经典所载之圣人言辞来作为万世准则。这种认识上的分歧,也体现在封建郡县之争中。儒家的主流观点认为:"封建"既为圣人之制作,所包含的

---

① 《新唐书·列传第三·宗室传赞》,中华书局,1975年,第3537页。
② 柳宗元:《封建论》,载尹占华、韩文奇校注:《柳宗元集校注》第一册,中华书局,2013年,第192页。

"分权""自治"特性更能体现"天下为公"的价值诉求。而郡县制则为秦制,将天下据为己有。因此,封建制更具有价值上的正当性。

柳宗元的《封建论》所着眼的是安史之乱之后的藩镇割据对中央集权的侵耗,这也是他所参与的王叔文永贞革新的核心内容。在写作《封建论》时,他们的改革已经失败,写作此文,矛头直指"圣人立制"以及封建制更能体现"公意"的观点,既是对于已然失败的变革运动的"理论辩护",也是对历代肯定封建制观念的一次理论清算。

在《封建论》中,最关键的概念是"势"。在《说文解字》中"势"的意思是"盛力权也"。从"威权"的意味来理解"势"尤其为法家所强调。《韩非子·难势》篇中说,在政治运行中,"势位"要强于"贤知"。然"势"也有"趋势"的意思,《道德经·五十一章》说:"道生之,德畜之,物形之,势成之",这里"势"就可以理解为"环境""势能""条件"等含义。在柳宗元的《封建论》中,"势"还意味着一种"决定性"意味的"必然性",即在社会经济环境的影响下所必然会发生的事件。

如果不考虑法家的因素的话,或许可以说柳宗元对人类社会的发展原因的追溯,深受荀子的影响。荀子虽主张圣人立制,但他的制度生存论,则是肯定人的欲望的客观存在,制度就是用来节制欲望以防止发生争乱。沿着这样的思路,柳宗元从制度的发生论角度指出人们最"初"的生存状态,经过不断博弈而建立"封建制"。

"群"是人类成为"政治性动物"而拥有超越其他动物能力的"利器"。人们最初的生活是构建"群体"生活,人的"群"的结构的完善和由小"群"向大"群"的发展,是圣智之人为人类应付不断扩大和复杂的自然环境而"设计"的行之有效的制度。这种制度发生论的观念与荀子"名分使群"的观点有着明显的亲缘关系,这类"理想模型"来源于对"历史事实"的抽象和提炼。

在柳宗元的笔下,"初"即相当于人的原始状态,面对如此荒蛮的世界,人能借助外物而生存发展,在生存或死亡的选择中,能判断是非曲直的人会获得人们的信任,于是"智而明"之人担任"君长",制定刑律法令,这样就产生了"群"。依此类推,群与群之间也会产生争夺,甚至比人与人之间的争斗更为激烈，需要建立军队，由此"德之大"者成为"众群之长"，产生诸侯，以及方伯、连帅，最后产生天子。各个层级的首领，死后必然会让他们的子弟继承其权力，这就是封建制产生的社会历史原因。由此，他得出结论说："封建非圣人意也，势也。"①柳宗元的分析符合制度产生的一些基本规律，但他试图将这规律"普遍化"就会出现巨大的张力，因为这种规律不能解释为什么不同的地理区域会产生不同的政治组织（如希腊的城邦制度），这其中必有人们"有意识"的"设计"和"建构"，这也是人类在不同的区域形成多样化的制度形态的原因。

柳宗元认为尧、舜、禹、汤之事已经久远，难以描述，封建之事至周才有清晰的记载，然到周宣王时封建等级秩序已经难以维持。到周幽王、厉王时期，王室已经"自列为诸侯"，"徒建功名于公侯之上"，实际的政治重心已经以诸侯为核心，最终落入被秦国所吞并的格局。

秦之有天下，毁弃都会而为"郡邑"，扫除公侯之爵等而代之以"守宰"，四海都运摄之于掌中，旋即危机产生，征集万人而施之以暴政，走投无路之人集群而反抗。但柳宗元认为秦末的起义是民众的抗争，而非各地的守吏的背叛，因此，"咎在人怨，非郡邑之制失也"②。不能简单将秦朝失败的原因归结为郡县制的失败。

汉代建国，要矫正秦国的失误，郡县制和封建制并行，柳宗元看到，后来的发展却是"有叛国而无叛郡"，这反而可证秦国确立郡县制在维护政治秩序时的优势之所在。对于自己所处的唐代，柳宗元说："唐兴，制州邑，立守宰，此其所以为宜者"③，虽然时而有叛乱，但亦是有叛将而无叛州。

在完成了封建郡县更迭历史线索的梳理之后，柳宗元对封建和郡县的制度"原理"进行了辨析，证明郡县制优于封建制。封建制的拥护者认为在封建制下，君长才会长久地关注他所管辖的地方，悉心教化，维护秩序。而守宰因为是外派的，他所关注的是自己官职的提升，更关心短期出

---

① 《柳宗元集校注》第一册，第186页。
② 《柳宗元集校注》第一册，第187页。
③ 《柳宗元集校注》第一册，第187页。

政绩。对这样的"假说",柳宗元反驳说,周代的政治实践已经说明,封建制下,乱国多,秩序焕然之国寡。而各国有很强的独立性,天子难以直接进行矫正,其他侯国也难以干涉。周制的困境说明,这套制度本身存在着难以克服的缺陷。而秦国的事实是:有理人之制,但并没有在州郡推行;有善于治国之人,则难以得到守宰的职位,任由酷吏横行,这恰好说明郡县制的制度设计是好的,秦朝的失误是制度没有真正落实。

汉代封建和郡县双轨政治格局恰好给封建和郡县的优劣提供了参照。天子之政,只能行于郡而不能行之于国,由此,在所封之侯的区域,只能任由侯王"怙势作威、大刻于民",最终须出兵才能夷平谋求独立的势力。反观郡邑,则是"理且安矣"。为什么能有如此大的差别?就在于郡邑政治运作机制的效能,如若发现贤能之人,选擢之即可。如若不能胜任其职位,直接削夺其权力则可。这是一种符合贤者居位的政治设计。在唐代,既然已经尽变郡邑之制,那么只需加以完善,何来重启封建的必要呢?

围绕着封建与郡县,还有一种看似有历史依据的说法:夏、商、周、汉因为实行封建制而国祚长久,而秦国因推行郡县制而国运短促。对此,柳宗元也进行了批驳。他说:魏晋时期也推行封建制,但这两个朝代都持之不久。国祚长久与诸侯之制无关。唐代的封建,大多只是收其租食,所封之人并不实际参与管理。这样的制度导致他们与所封之地只有利益关系,而无情感上的联系。他们对地方收取无度,既导致国家财政的匮乏,也让百姓反受其害。唐中宗景龙三年(709)大封食邑,当时河南巡使监察御史宋务光和兵部尚书韦嗣立都上疏反对王侯大规模侵占税收的行为,对此马端临说:"愚尝为古之诸侯即后之守令,自汉以来始判而为二。为王侯者,于其受封之地,实无抚字之责,而但利其租食之人,于是反为百姓之患。"①

最后,或许也是最为关键的问题是,圣人所立之制是否能因时而作出改变?既然殷、周之圣王都推行封建而不加以变革,后世的人为什么要

---

① 马端临:《文献通考·封建考十六》第十一册,第 7527 页。

改变圣人所立之制呢？对此，柳宗元认为殷周之圣王采用封建制，是因为殷周之际有大量的诸侯国"归附"，这些诸侯对夏商、殷周之际的政权更替贡献巨大，是"不得已"之举，"夫不得已，非公之大者也，私其力于己也，私其卫于子孙也。秦之所以革之者，其为制，公之大者也，其情私也，私其一己之威也，私其尽臣蓄于我也，然公天下之端自秦始"。① 将秦所立郡县制视为"公天下"的开端，这显然不符合《礼记·礼运》的"天下为公"的描述，反而掩盖了秦始皇试图使天下成为一己之私有物的客观事实，这个问题要待王夫之在《读通鉴论》中才有更为合理的解释，其中的曲折留待后文讨论。

柳宗元提出了一个"理安"的秩序观，即贤者居位，不肖者居下。封建制所内涵的世袭制，并不能保证"上果贤"的贤能秩序，难以"理安"，在这样的社会里，即使是圣人"生于其世，亦无以立于天下"。这肯定不符合"圣人之意"，由此，柳宗元认为封建"非圣人之意也，势也"。②

将封建取代郡县视为历史发展之大势所趋，这是柳宗元《封建论》的基础，由此，柳文点明"封建"并非因是"圣王制作"而具有永恒的"历史合法性"，但柳宗元的论证亦存在自我消解的倾向，即他同时也否定了封建制形成的"必然性"，认为只是因为殷周时代为了安抚大量归顺的诸侯而"不得已"所推行的制度，而否定了在国家能力相对薄弱的殷商时代，血缘的凝聚力所具有的稳定统治的有效手段。

在秩序原理上，柳宗元特别强调"贤者居位"，并以此作为"公天下"的重要依据。他反对任何形式的"世袭"，即使圣人，也不是"先赋"的，或生而知之的，而是通过建立功业、获得百姓拥护等过程，才能被确立为"圣人"。这实质上也意味着，创立者的功业并不能自动传递到后代，如此，以世袭为特征的封建制所造成的阻碍功德人士达到社会上升流动的弊端即成为封建制的最大弊端。

---

① 《柳宗元集校注》第一册，第188页。
② 《柳宗元集校注》第一册，第188页。

我们从柳宗元的其他文字中可以看到，这是他一贯的立场，如在《涂山铭》中，柳宗元就是通过他对大禹这样的圣人的刻画来叙述自己的"圣人观"的。他说大禹治水立大功，在涂山大会诸侯，是立大政。立功和立政确立了大禹的"圣人"地位。

> 呜呼！天地之道尚德而右功，帝王之政崇德而赏功。故尧舜至德而位不及嗣，汤武大功而祚延于世。有夏德配于二圣，而唐虞让功焉；功冠于三代，而商周让德焉。宜乎立极垂统，贻于后裔，当位作圣，著为世准，则涂山者，功之所由定，德之所由济，政之所由立，有天下者宜取于此。①

文中柳宗元对大禹与尧、舜、汤、武的比较我们暂且不论，他对圣人之所以为圣人的定位则是十分明确的，即圣人所获得的地位源于他所建立的功业。如此，柳宗元对封建制的批评，还在于他对地位之贵贱、血缘之远近"固化"的不满。他在评析《左传》中的"六逆"时说："《春秋左氏》言卫州吁之事，因载六逆之说曰：贱妨贵、少陵长、远间亲、新间旧、小加大、淫破义，六者，乱之本也。"②柳宗元说："少陵长、小加大、淫破义"这三种固然是乱之本者。不过"贱妨贵、远间亲、新间旧"虽然于理不合，但并不一定会导致秩序混乱。如果贱而贤，贵而愚，这事实上是世卿制对于贤人居位的"妨碍"，这种妨碍才是乱之本。柳宗元说，我们看重古训是对的，但不能由此认为古圣言都须毫无批判地遵守。

柳宗元的《封建论》运用他独特的社会运行视野，勾勒出中国制度发展的内在趋势，认为大一统的郡县制更符合历史的内在发展规律，更有助于建立稳定的社会秩序。

---

① 柳宗元:《涂山铭》，《柳宗元集校注》第四册，第 1374—1375 页。
② 柳宗元:《六逆论》，《柳宗元集校注》第一册，第 272 页。

第五节　柳宗元《封建论》的判断堪"当为万世法"吗？

柳宗元的《封建论》在宋代受到普遍的关注，最有力的肯定是苏轼。他说柳文一出，以前关于封建郡县之争可以歇矣，并用"时"来为柳宗元的"势"做注脚。苏轼说，制度的有效性取决于其是否符合时代的需要。圣人并不能创造"时"，圣人之所以为圣人，是其能"不失时"。周代之所以封诸侯，是因为诸侯势力强大，不能夺削其封邑。而到春秋战国，诸侯国之间不断兼并、征战，人们开始担忧诸侯争夺之乱，所以秦并天下，废封建置郡守，乃时势的要求。

汉以后，有许多人争论封建之存废，"昔之论封建者，曹元首、陆机、刘颂，及唐太宗时魏徵、李百药、颜师古，其后有刘秩、杜佑、柳宗元。宗元之论出，而诸子之论废矣，虽圣人复起，不能易也"。[①]

苏轼赞成柳宗元对郡县制的肯定，并将之推向极端。他认为在所有政治组织中，封建制是最注重私利的。因为皇权的至高无上，故而为了获取皇位，父子相残、臣弑其君的局面，不可胜数。汉以来，由于废除了官吏的世袭制，再也没有出现互相争夺的祸害，所以，封建制不可复。"仁人君子，忍复开之欤？故吾以李斯、始皇之言，柳宗元之论，当为万世法也。"[②] 苏轼认为如果实行封建制，便难以避免兄弟残杀的事件发生，故而，废封建立郡县才是万世可行之法。这种论断引发了巨大的争议。

宋代的道学群体并不赞成将封建视为因私利而争夺频发的制度，而是肯定封建制的稳定性。比如胡宏就认为封建是尧舜安天下之"大法"，他说："圣人有不忍人之心，斯有不忍人之政矣。封建诸侯，仁政之大者也。秦人专利，削除封建，郡县天下，天运方否。自是而后，圣人之道不

[①] 苏轼：《论封建》，载张志烈等主编：《苏轼全集校注》第十册，文集第一册，石家庄：河北人民人民出版社，2010年，第524页。

[②] 苏轼：《论封建》，载张志烈等主编：《苏轼全集校注》第十册，文集第一册，第525页。

行，人君莫不蓄独擅天下之心，故袭用郡县之制而不革也。"①

朱熹认可不同的历史发展阶段应实行不同的制度，这能体现"圣人之公心"，但与郡县制相比，封建更能体现圣人"共为民底意思，是乃为正理"。②所以，他并不认同柳宗元视封建制为"不得已"的论断。朱熹说："子厚说'封建非圣人意也，势也'，亦是。但说到后面有偏处，后人辨之者亦失之太过……且封建自古便有，圣人但因自然之理势而封之，乃见圣人之公心。且如周封康叔之类，亦是古有此制。因其有功、有德、有亲当封而封之，却不是圣人有不得已处。若如子厚所说，乃是圣人欲吞之而不可得，乃无可奈何而为此！不知所谓势者，乃自然之理势，非不得已之势也。"③朱熹在价值上十分肯定封建制，与张载、二程一样，④他也不反对世官制，有功、有德、有亲的人封邑，这是亲亲、贤贤的体现，在他看来柳宗元是因为不能理解"自然之理势"而将圣人封建视为"不得已"之"势"，是对"势"的体察不够充分。

但朱熹亦承认封建一久就会产生弊端，至二代诸侯往往据地自尊，这会导致诸侯之间的纷争。⑤

朱熹认为周末征战，礼乐征伐不自天子出，才会有诸侯兼并之事。所以朱熹说封建，"柳子厚说得世变也是，但他只见得后来不好处，不见

---

① 胡宏著，吴仁华点校：《胡宏集·皇王大纪论·千八百国》，中华书局，1987年，第231页。

② 《朱子语类》卷一百八，载黄士毅编，徐时仪、杨艳汇校：《朱子语类汇校》五，上海古籍出版社，2014年，第2661页。

③ 《朱子语类》卷一百三十八，载黄士毅编，徐时仪、杨艳汇校：《朱子语类汇校》五，第3247页。

④ 张载肯定宗法制，虽不是西周的封建制，但却是"封建"之精神。他说："宗子之法不立，则朝廷无世臣。"人不知其来处，骨肉无统。见张载：《经学理窟·宗法》，林乐昌编校：《张载全书》，西北大学出版社，2015年，第68页。

⑤ "封建以大体言之，却是圣人公共为民底意思，是为正理。以利害计之：第一世所封之功臣犹做得好在，第二世继而立者个个定是不晓事，则害民靡所不为。百姓被苦来诉国君，因而罢了亦不是，不与他理会亦不是。"是利少而弊多。这个看法显然是站在历史和价值评价相结合的角度来展开的。见载黄士毅编，徐时仪、杨艳汇校：《朱子语类汇校》伍，第2661页

得古人封建底好意"。① 柳宗元的偏颇在于只看到封建制所可能带来的弊端，便一味肯定郡县制，立论不够公允。朱熹也借助历史事实来点明柳文之不周全，他说：

> 周自东迁之后王室益弱，畿内疆土皆为世臣据袭，莫可谁何。而畿外土地亦皆为诸侯争据，天子虽欲分封而不可得。如封郑桓公都是先用计，指射郐地，罔而取之，亦是无讨土地处。此后王室子孙岂复有疆土分封？某常以为郡县之事已萌于此矣。至秦时，是事势穷极去不得了，必须如此做也。②

即使是圣人的制度，也会日久生弊。在朱熹看来，封建的衰落是因为王室的羸弱导致封建难以持续，这并非是制度本身的缺陷，而是诸侯为维护一己之私而阻止再封建的进行。此类与柳宗元针锋相对的说法在《朱子语类》中十分常见。朱熹认为柳宗元不能看到封建的"好意"，论证也比较粗疏。③ 他梳理了历史上宗室不断被削弱的历史，认为这也是后世自然秩序被破坏的根源。他说：

> 秦既鉴封建之弊，改为郡县，虽其宗族，一齐削弱。至汉，遂大封同姓，莫不过制。贾谊已虑其害，晁错遂削一番，主父偃遂以谊之说施之武帝诸侯王，只管削弱。自武帝以下，直至魏末，无非

---

① 《朱子语类》卷一百八，载黄士毅编，徐时仪、杨艳汇校：《朱子语类汇校》五，第2661页。

② 《朱子语类》卷一百八，载黄士毅编，徐时仪、杨艳汇校：《朱子语类汇校》五，第2663页。

③ 《朱子语类》卷一百八，载黄士毅编，徐时仪、杨艳汇校：《朱子语类汇校》五，第2662页。柳文的论证的缺失，已为学界所公认。比如管东贵说："柳宗元的《封建论》是一篇取材于历史以论述封建制在政治上可行不可行问题的文章。以近代以前的人的历史认知衡量，他的论述确有相当的说服力，惟仍有举证偏颇之嫌。他的具体论证事例都只是取自封建制已渐趋崩溃的西周晚期以来的历史。至于封建制在周初巩固统治、积聚国力、奠定八百年政权基础的功效，及其所以然的道理，他却未予以重视。……柳宗元没有去探究古代封建制的社会基础，以及它演变的历史，不了解在皇帝职位仍行世袭的情形下，仍有依赖血缘团体为保障政权安全最为可靠的力量的需要，所以认为封建制必不可行。"管东贵：《从宗法封建制到皇帝郡县制的演变——以血缘解纽为脉络》，第125—126页。

划削宗室，至此可谓极矣。晋武起，尽用宗室，皆是因其事势，不得不然。①

在朱熹看来，宋代不仅是宗室的力量被削弱了，州县的势力也一起被削弱，这导致国家能力不振。当有学生说是王安石变法导致州县财力空虚，天下瓦解。朱熹却替王安石辩护，他认为不能将地方能力削弱的责任归咎到王安石身上，皇帝集权的趋势，其实在范仲淹推行庆历新政之际就已然如此了。现实政治秩序的建构要从当下的社会问题出发，不能只是"讨论典故"，否则既无益于现实问题的解决，也难以真正分辨制度之优劣。

与儒家的一贯立场一致，在朱熹看来，制度的成败最关键是"择人"，从而把制度问题归结为"得人"。②世界上的制度并无绝对好坏之分，关键是落实这些制度的人，在这方面，朱熹与柳宗元又有了一致的地方。

宋明时代，讨论封建郡县之制者众多，但对封建郡县之争的理论和史实作出更深入分析的是王夫之和顾炎武。

王夫之从总体上否定柳宗元的《封建论》的理论逻辑。他讽刺柳文说："流俗之所谓深入，君子之所谓浅夫也。读柳宗元谪后之书，'匪舌是出已'，其愚亦可哀也。"③

尽管如此，王夫之也必须面对柳宗元从"势"来讨论制度合法性的角度，只是他反对宋儒将"理"与"势"分做两截看。他认为制度并非只是时势的产物，制度背后需有价值主张作为基础，这就是王夫之所强调的"理"与"道"。他提出了理势合一的主张："故其始之有理，即于气上见理，迨已得理，则自然成势，又只在势之必然处见理。"④

王夫之认为"势"乃是"顺而不逆"的趋势，不容阻挡，乃是因为

---

① 《朱子语类·子张问十世可知章》，载黄士毅编，徐时仪、杨艳汇校：《朱子语类汇校》二，第635页。
② 《朱子语类》卷一百八，载黄士毅编，徐时仪、杨艳汇校：《朱子语类汇校》五，第2664页。
③ 王夫之：《读通鉴论》卷二十五，《船山全书》第十册，岳麓书社，2011年，第948页。
④ 王夫之：《读四书大全说》卷八，《船山全书》第六册，第994页。

作为"势"的基础的"理"在,"势""安往而非理乎"?王夫之也认识到,若如此来理解"理",那么会产生气不定,势亦不定,理亦无所定的"价值虚无主义",由此,他又引入"道",指出"道者,一定之理也"。有了这个前缀,是"理有一定而不尽于一定",则可以激励人们去反对"无道之理",如若没有这样的抗争精神,那么难以自存也。

从他的理势论出发,王夫之指出政治措施的优劣要体现在现实的可能性上,他在解释孔子所论的"损益"时说:"若夫建官之制,周则损益乎殷矣,殷则损益乎虞、夏矣。世已易,俗已移,利已尽,害已生,其可相因而不择哉?"① 尤其是在评断历史上的封建和郡县的不同主张时,王夫之认为周公之所以要建立封建制,是要发挥有功德的贤人的后代治理国家的积极性。② 封建制之被各地的势力强大的诸侯或强臣所削弱并最终转化为郡县制,是封建制的结构所内在决定了的。郡县制的形成也是逐步完成的,汉朝分封王之子弟为列侯的主张出自贾谊,但到主父偃献策汉武帝之时才得以落实,原因是贾谊之时,侯王强,任何削弱他们控制力的措施都会遭到强力的对抗。而汉武帝七国之乱已然平定,各诸侯自顾不暇,这种现实的"条件",就是王夫之的"势"。

> 高帝之大封同姓,成周之余波也。武帝之众建王侯而小之,唐、宋之先声也。一主父偃安能为哉!天假之,人习之,浸衰浸微以尽泯。治天下者,以天下之禄位公天下之贤者,何遽非先王之遗意乎?司马氏惩曹魏之孤,欲反古而召五胡之乱,岂其智不如偃哉?不明于时故也。③

从制度设置的角度,王夫之认为后世对封建制批评,主要集中在权力分散、以下陵上等问题。但此问题或不能归咎于制度,而是制度失灵之后所导致秩序原理难以维系的表现。比如,封建制要强调君臣上下之"职分",周衰,大夫各拥都邑而自治,臣主分治,便不知其别,因而篡夺和

---

① 王夫之:《尚书引义·立政周官》,中华书局,1976年,第161页。
② 王夫之:《尚书引义·立政周官》,第165页。
③ 王夫之:《读通鉴论》卷三,《船山全书》第十册,第134页。

弑君者多有，因此，孔子要著《春秋》，提供一种"治法"。①他并不否认世臣的重要性的。对此，王夫之评价孟子的"保国之道"的说法可证之。

当孟子告诉齐宣王，何为"故国"的时候，孟子的回答是并非有乔木，而是有世臣。

> 孟子见齐宣王曰："所谓故国者，非谓有乔木之谓也，有世臣之谓也。王无亲臣矣，昔者所进，今日不知其亡也。"（《孟子·梁惠王下》）

王夫之的解释说："孟子言保国之道，急世臣，重巨室，盖恶游士之徒乱人国也。夫游士者，即不乱人国，而抑不足以系国之轻重，名望所不归也。主其地，习其教，然后人心翕然而附之。"②

虽然肯定世臣，但不能由此推论出王夫之肯定封建制。他将为封建制辩护的言论视为"无益之论"。在王夫之看来，一种持续了两千年而没有变革的制度，若不符合"理""势"，断不可能。与柳宗元的观点接近，他也认为封建制的最大弊端在于世袭既久，贤人难以获得施展才能的机会，于是在秦之前，就已有郡县制之设。"俾才可长民者皆居民上以尽其才，而治民之纪，亦何为而非天下之公乎？"③这种制度打破了权力世袭所带来的私有化倾向。那种说后世非封建帝王孤立无辅、帝祚不永的辩护之论，恰好说明郡县制"非天子之利也"，若是以百姓的利益计，国祚不永也无足为憾。在王夫之看来，秦始皇立郡县是"私天下之心"，却无意中，"天借其私以行其大公"④，兜兜转转，在封建郡县的公私之争上，却也与柳宗元异曲同工。

顾炎武有《郡县论》九篇专门论述封建与郡县之争。在首篇他就强调，封建已不可复，而郡县之弊也已发展到极点，原因是这两种国家体制，都有其内在的缺陷。"封建之失，其专在下；郡县之失，其专在上。"

---

① 王夫之：《读四书大全说》卷八，《船山全书》第六册，第981页。
② 王夫之：《读通鉴论》卷十二，《船山全书》第十册，第447页。
③ 王夫之：《读通鉴论》卷一，《船山全书》第十册，第67页。
④ 王夫之：《读通鉴论》卷一，《船山全书》第十册，第67页。

郡县制是让天下来满足一己之私,故而在郡守之外,又设监司、督抚等官职来监视,而这些附加的制度都会给百姓增加负担。所以,要打破所有权力都尽归于上的集权体制。对此,顾炎武提出了"寓封建于郡县"之中的主张,认为在郡县内部推行封建制,恢复世官、舍弃督抚等冗官,实行更大范围的自治,节省行政成本。

顾炎武认为郡县制所要求的财政统筹政策,会导致富裕地区亦无余力发展本地经济,最终造成社会的普遍贫困。但顾炎武并没有说,若是各地财政独立,如何处理地区之间不平衡的问题。

顾炎武还对官员轮转制度提出了批评,即官无封建而吏有封建。官员到一定任期需要去其他地区任职,这就会造成吏把持地方利益的后果。故而顾炎武主张改变官吏选拔机制,用古人乡举里选的方式来举荐,借助唐代"身言书判"之法,来测试官员的能力,然后根据不同的能力担任不同的职务。

这样顾炎武就从地方自治、财政独立、人才选拔等方面,凝聚成他认为的有效社会治理之法,此即"寓封建之意于郡县之中"。①

顾炎武的设计具有十分明显的理想主义色彩,比如,县令、郡守都选择熟悉地方政情的人来担任,经过若干年的考察,合格者许以终身任职。面对任用亲属可能带来的徇私现象,顾炎武肯定"私"的合理性。他说"各怀其家""各私其子"是人之常情,即使是尧舜禹时期亦是如此,所不同者,圣人善于以"用天下之私,以成一人之公而天下治"。②也就是利用人们的私心来维护公共秩序。按顾炎武的逻辑,若一县能有自治的空间,则县令便会将之视为自己的田地、百姓而倍加珍惜,从而以其私心而成一县之公。而如若每个县令都能在辖地建立良好秩序,客观上就等于为天子分担责任,所以"天下之私,天子之公也"。

与顾炎武相比,王夫之虽然对柳宗元评价不高,但其封建郡县之论与柳宗元之间存在着明显的问题意识的关联性,而且在以私来成就公的结

---

① 顾炎武:《郡县论一》,载华忱之点校:《顾亭林诗文集》,中华书局,2008年,第12页。

② 顾炎武:《郡县论五》,《顾亭林诗文集》,第14页。

论上，更是与柳宗元的结论接近。当然，王夫之的确对柳宗元的《封建论》的主要论据有重要的推进。比如，理势合一的讨论是对柳宗元"势"论的完善，他否定了封建和郡县何者更有利于统治持久的争论，但他也认为对天子的尊奉并非基于伦理上的服从，而是基于对于权力的屈服。

相比于王夫之认为郡县制已无可改变的结论，顾炎武则提出了他的混合政体的设想，即寓封建之意于郡县的思路。但顾炎武的讨论显然也是要回应历代封建郡县之争的核心问题，即如何处理封建、郡县两种制度所产生的"公""私"之争，顾炎武相信人是自私的，认为封建、郡县的混合政体可以兼顾个人之私与天下之公，这比柳宗元只肯定郡县制的说法要更全面。

封建郡县之争，既涉及国家形态的设计，也涉及治理原则的讨论，但到明末清初，争论的问题域并没有真正的突破。渠敬东说：从郡县与封建的论争历程看，"虽然郡县论者似乎把握住了历史的要脉，往往用现实的逻辑来反驳封建的理念，但这种反驳既不构成文明的本题，也无法为历史提供完整的解释。毋宁说，只有封建与郡县之辨，才在观念和经验双重面向上构成了真正的历史。而且，中国历史通过自身的内在否定而产生的创造力，恰恰是通过不断重返封建制之母题而推动的"。[①]这种看法，深得王夫之封建郡县论的要义，即历史的趋势必须结合价值的方向才能认识制度发展的内在根据。但就"封建""郡县"之争的学术史爬梳来看，这样的不断重返却难以释放出制度进一步发展的思路。无论是从"理势论"来讨论郡县制的必然性，还是"寓封建于郡县"的制度设计，都难以获得新的制度可能性的突破与思路。

从柳宗元到明末清初，他们更为坦然地接受了"私"的合理性，但其观念依然没有转换到"个人"在政治秩序的建立中的作用，由此所讨论的集权与分权的议题，也不涉及个人权力的肯定和约束等基本制度的设计，化解皇权过度集中的手段，只能是回复到宗法伦理为基础的郡县自

[①] 渠敬东：《中国传统社会的双轨治理体系——封建与郡县之辨》，《社会》2016年第2期，第28页。

治。但这样的设计，马上又产生社会流动和贤者何以获得政治参与机会的困境。历史的"理"与"势"在生产方式的突破之前难以看到新的突破性的方向，从而使这个问题的实质在柳宗元那里已经被"终结"，制度设置的构想陷入了难以突破的封建、郡县的互斥与互救之中。

所以，封建与郡县之争需要一次"历史的突破"，晚清中西文明的激荡下，中国知识界开始了解，社会发展史的视野让人们开始探索跨越封建和郡县模式的新的制度体系，20世纪的中国可以称之为制度探索的世纪，然历史的包袱与现实的选择依然难以厘清思路。吊诡的是"封建"的概念因为被置于历史发展阶段的讨论中，封建与郡县的话题日益被掩盖在现实的制度博弈中，湮没在意识形态"词语"的密林中。

· 第六部分 ·
感与教化

第十三章

人同此心:"感"与儒家的人性理解论

儒家的道德理想主义由孟子奠基,其所谓的"不忍人之心",即能感知他人的痛苦并产生同情。孟子认为这种感知力是天赋的"良知",这种良知虽在某种意义上是"道德直觉",但也具备道德意识(感受他人痛苦的理由)和价值判断力,诸如恻隐、辞让、是非和羞恶。孟子认为这种天赋的感受力需要修养功夫来护持并推扩,从而构成稳定社会秩序的基础。

良知非由"外铄"是孟子对人之异于其他生物的高贵性的肯定,但孟子依然要解决两个基本问题:一是秉受良知的个体的道德自觉的萌芽和扩充的问题,孟子意识到本心容易被遮蔽因而产生"放失内心"的后果。二是社会群体的道德共识如何达成。孟子相信人们对于道德生活的向往类似于感官对于色、味的感受,有"同欲""同嗜",这就是从"感知"的角度来架构人与人之间的道德桥梁。对此,儒家传统中有一个坚强的传统,即从自然的反应来体察道德感受和道德感动,由此确立儒家道德秩序的"自然"属性。这里所说的自然并非仅仅是花开花落的自然世界,还是一个更高程度的直接秩序。

然而,如何从个人的道德意识(道德禀赋)转化为共同体的伦理规范,孟子提出了多重思路,首先是尽心尽性知天的形而上论证，即通过知心养性的功夫来达成个体与群体的统一性。其次是"类"思维，通过人禽之别的判准来强化人的"类意识"。我们先从先秦儒家的"类意识"出发，来讨论儒家伦理秩序的建构。

第一节 知类：别同异

儒家文献中一直肯定基于"类"而产生共感的可能。基于对人类在自然万物中的独特性的强调，将人类的尊严加以凸显，就需要"知类"。

古人讨论到"类"，所强调的是"相似性"，包括形状、种群乃至事物性质上的共同性，也可以延伸到共同血缘和地域而形成的基因或生活方式的共通。《诗经·大雅·文王之什》中"孝子不匮，永锡尔类"的"类"是说孝行会被模仿和复制，这样孝子就一个个地不断涌现。这里的"类"接近于"相似性"的本义。《荀子·礼论》中说："礼有三本：天地者，生之本也；先祖者，类之本也；君师者，治之本也。"荀子将"先祖"作为"类之本"，意味着相同的血缘所构成的共同体意识。血缘也可以扩展到"种族"和因地域等因素所构成的"族类"。比如，《左传》中"神不歆非类，民不祀非族"（《左传·僖公十年》）通过对人和神之间的对应性关系来确定共同体的"边界"，这种"边界"即是来自天赋的"德"（类似于今天所说的基因），《国语·晋语》中也说"异姓则异德，异德则异类"。

人的认知成熟的标志是"知类"。《礼记·学记》中说："古之教者，家有塾，党有庠，术有序，国有学。比年入学，中年考校。一年视离经辨志。三年视敬业乐群，五年视博习亲师，七年视论学取友，谓之小成；九年知类通达，强立而不反，谓之大成。夫然后足以化民易俗，近者说服，而远者怀之，此大学之道也。"到了"知类"阶段，人的教育过程就完成了，这意味着他已经具备了处理政事的能力。

"知类"是别同异，"别同异"其实更可以被理解为寻找共同点的过程。也就是说不仅是确认主体具备先验的道德意识，而且这种道德意识具备主体间性，在类的范围内可以得到"公度"。从知识论的角度来看，就是通过比对和推理，能够将对某单一事物的认识扩展到更大的范围。孟子曰:"今有无名之指屈而不信,非疾痛害事也,如有能信之者,则不远秦、楚之路,为指之不若人也。指不若人,则知恶之;心不若人,则不知恶,此之谓不知类也。"(《孟子·告子上》)孟子指出,若人们手指受伤不能伸屈,他们会不远万里去寻求医治之法。但对于自己心灵上的"盲区",则浑然不觉,这就是因为缺乏"知类"这样一种推理能力。孟子督促人们关注人心中共同的道德意识的"反求",如此,基于共同体的道德共识和互相关爱的行为方式才能转化为人类的生活秩序。

孟子对"吾心之同然"的讨论就是要解决个体道德意识和群体道德共识之间的关系。在孟子看来,人与人之间要达到互相理解的可能性,就要坚信与生俱来的"良知",这既可以视为儒家对于人之为人的一个基础性的"要求",也可以作为人类之间建构互相理解的"基础"。

在性善论的视野中,需要解释为什么有一些人并不能按照良知的指引来辨别善恶是非。在这方面孟子也肯定了道德修养对于达成共识的重要性。他将人分为"大人"和"小人",他们的差别并非在于是否禀受良知,而是有的人善于保存其赤子之心,故而成为"大人",反之则为"小人"。从孔子以来,儒家学派对于"大人"和"小人",或"君子"与"小人"的区分更多转向其道德品性,而不是基于社会地位的高低不同。按孟子的话说,如果你选择满足自己的口腹之欲,那么你会变成"小人",而如果是存心养性,则会成为"大人"[①]。在孟子看来,人们成为"大人"的决心是人类能够共同"感受"到的,除非他们被物质欲望所遮蔽,由此,修身便是一个回归道德"感受力"的必要过程。人们要生活在合理的社会秩序中,前提是社会成员都成为君子。而在此之前,圣人率先做出表

[①] 《朱子语类》中朱子对于仁和圣的解释,有助于我们理解一体之仁和对于仁的不同实现状态而出现的"境界"上的高低差别。也就是说圣人和一般人都有爱人的禀赋,只是圣人能将这种爱扩大到最彻底的地步。他说:"盖仁以道理言,圣以地位言,自是不同。如'博施济众'为仁,而利物爱人小小者亦谓之仁。'仁'是直看,直上直下只一个道理。'圣'字便横看,有众人,有贤人,有圣人,便有节次,只岂但于仁。盖'博施济众'之大,虽尧舜犹病耳。"黄士毅编:《朱子语类》卷三十三,载徐时仪、杨艳汇校:《朱熹语类汇校》二,上海古籍出版社,2014年,第892页。

率，让大家来效仿。^①他总结说："故曰：口之于味也，有同耆焉；耳之于声也，有同听焉；目之于色也，有同美焉。至于心，独无所同然乎？心之所同然者何也？谓理也，义也。圣人先得我心之所同然耳。故理义之悦我心，犹刍豢之悦我口。"（《孟子·告子上》）批评一般人之所以不能从对身边的事物的关切中推扩到人类之间的爱是因为不"知类"，若是能"知类"，就能从感官的爱好中推论出心对于理义的"亲附性"。而孟子明确地说"圣人"的言行具有示范意义，他们能先于一般人意识到义、理是心之同然的"内容"，从而帮助一般人能更容易地"知类"。

荀子也把"类"的自我认知看作是人类的"特性"。《荀子·礼论》中说："凡生天地之间者，有血气之属必有知，有知之属莫不爱其类。"意思是人作为"血气之属"有认知能力，这种认知引导他们爱自己的同类。他也用"类推"来说明认知能力，并名之曰"以情度情"。"故以人度人，以情度情，以类度类，以说度功，以道观尽，古今一也。类不悖，虽久同理，故乡乎邪曲而不迷，观乎杂物而不惑，以此度之。"（《荀子·非相》）在儒家的文献中，类似的表达并不稀见。比如《礼记·三年问》中就有几乎一样的表述。"凡生天地之间者，有血气之属，必有知，有知之属，莫不知爱其类。"

对于人的"类"特征的高贵性的肯定是儒家的信念，一直被历代的儒家思想家所坚持。汉儒董仲舒从天人相类的角度，在天道与人事之间建立起"同类相感"的理路。他说："为生不能为人，为人者天也。人之人本于天，天亦人之曾祖父也。此人之所以乃上类天也。人之形体，化天数而成；人之血气，化天志而仁；人之德行，化天理而义；人之好恶，化天之暖清；人之喜怒，化天之寒暑；人之受命，化天之四时；人生有喜怒哀乐之答，春秋冬夏之类也。"^②人在形态上是模仿天地之数，而在德性上就是天的意志的显现者，这种人副天数的关系确证了人的高贵性。

---

① 孔子认为君子之德像风一样，德风所过，人们便会追随。《论语·颜渊》说："君子之德风，小人之德草，草上之风必偃。"
② 董仲舒：《春秋繁露·为人者天》，载苏舆：《春秋繁露疏证》，中华书局，1992年，第318页。

宋明时期的儒家发展主要也是奠基于孟子的思想基础之上的。比如，朱熹在与弟子讨论"圣人先得我心之所同然"这一段话的时候，就是假定了人同此心，因此，同类才能相感，这并非需要专门的教育，而是自然而然，就是"如此做，人人都道是好；才不恁地做。人人都道不好"。①

对于圣人所率先感受到的"同然"，朱熹强调了后天的修养功夫的重要性，他认为圣人的感知力并非起因于圣人之心与我们一般人的内心有所不同，而是圣人基于其修养，能够将被物欲堵塞的纯然内心呈露出来。对此，阳明却认为"类"意思对于体会共同感情的重要性，阳明用推己及物的态度，将类加以扩展，从亲亲仁民，最终打破人我之别，物我之隔，而确立起"天地万物一体之仁"。阳明说："圣人之心，以天地万物为一体，其视天下之人，无内外远近，凡有血气，皆其昆弟赤子之亲，莫不欲安全而教养之，以遂万物一体之念。天下之人心，其始亦非有异于圣人也，特其间于有我之私，隔于物欲之蔽，大者以小，通者以塞，人各有心，至有视其父子兄弟如仇雠者。圣人有忧之，是以推其天地万物一体之仁以教天下，使之皆有以克其私，去其蔽，以复其心体之同然。"②私蔽克去之后，"心学纯明，而有以全其万物一体之仁，故其精神流贯，志气通达，而无有乎人己之分，物我之间"。③这样，便能对天下之人，无内外远近，都充满关爱。

儒家始终将先天的感受力和后天的努力结合，因此反复申说知行合一的重要性。而一般的百姓之所以能被圣人的教诲所感动，就是因为他们共同禀受了天理，所以一旦被教化所"感"，便自然有所反应。"然民之所以感动者，由其本有此理。上之人既有以自明其明德，时时提撕警策，则下之人观瞻感发，各有以兴起其同然之善心，而不能已耳。"④朱子在说

---

① 黄士毅编：《朱子语类》卷五十九，载徐时仪、杨艳汇校：《朱熹语类汇校》四，第1470页。
② 王阳明：《传习录》卷中，载吴光等编：《王阳明全集》一，上海古籍出版社，2014年，第61页。
③ 王阳明：《传习录》卷中，载吴光等编：《王阳明全集》一，第61页。
④ 黄士毅编：《朱子语类》卷十六，载徐时仪、杨艳汇校：《朱熹语类汇校》一，第338页。

到"一家仁,一国兴仁;一家让,一国兴让"的时候,更是强调上行下效的"感应"之理。"自家礼让有以感之,故民亦如此兴起。自家好争利,却责民间礼让,如何得他应!"①

近代以来影响中国最大的则是西方的"启蒙"思潮,梁启超将中国人接受西方的价值观念视为"新民",这固然是对于《大学》观念的借用,但其所明之"明德"已经是将个人权利作为基础的观念。当个人的权利从神权中得到"独立"和"解放"的时候,这是人类价值观的一种"革命性反转",其内在的逻辑是人不再将"神性"作为对于自己的人格特质的内在要求,而是不断肯定自然欲望的合理性。这样的转变如果放在孟子的语境中,或许可以被理解为,人们将自然的欲望作为理解人的起点,从而放弃了成为"大人"的高阶要求。

按照孟子的思路,人与人之间在成为"大人"这一点上要形成共识,在孟子的良知观下,肯定了每个人都可以成为圣人的潜力,反过来说,在这样的意义上,圣人是可以被理解和模仿的。因此,后世的儒者们更强调共识的形成需要"教化"和自我克制的"功夫"。普遍的感受能力是一种情感意向,它不能通过严格知性或理性的原则得以明确地表达,它需要通过圣人的示范和教化,再结合个人的修养工夫而得以现实化。

在儒家的"类"观念中,人与人的差别不在于其邦国层面,而在于对理义或者伦常的认知,而且,在于他们接受这样的认知的先后。儒家建立起以人类为导向的价值体系,圣人的作用就是通过教化,让所有的人认识并实践这样的共识。宋代的陆九渊对此有最为精彩的表达:"东海有圣人出焉,此心同也,此理同也。西海有圣人出焉,此心同也,此理同也。南海北海有圣人出焉,此心同也,此理同也。千百世之上至千百世之下,有圣人出焉,此心此理,亦莫不同也。"②此即是从普遍主义的立场出发来强调人类作为一个共同体的共同意志和道德价值之所共享的原理。

我们知道人类社会从生产方式到生活形态已经发生了巨大的变化,

---

① 黄士毅编:《朱子语类》卷十六,徐时仪、杨艳汇校:《朱熹语类汇校》一,第 378 页。
② 钟哲编:《陆九渊集》,中华书局,1980 年,第 483 页。

人与人之间也有了更为密切的交往，人心和价值的可通约和可交互理解则依然如此，人同此心、心同此理。也就是说，今天的儒者依然会坚持这样的信念。

从前文我们可以看到，儒家思想看重"学以成人"，认知世界与具体的道德实践密切关联，这就决定了儒家的认识论更为依赖"感官"和"身体"的维度。对于现代人来看，儒家的许多论述会有一些训诫式的"独断论"，即在论证"人为何要如此""人为何要遵循礼仪规范"时，或诉诸"圣人之制作"、或是内心之"安定"这样的"感受性"的结论，但这也是儒家注重"人"的精神层面的表征。

儒家相信人的修养和身体上的"定"等功夫都可以促进认识的深化，这种认识论上的特征也会影响到儒家对于"人类理解论"的建立，儒家的"理解论"有一个十分关键的概念就是"感"，是宇宙和人类、人与人之间的"感"让我们可以互相理解并使我们可以拥有共同的世界观和价值目标。本文将从《周易》的《咸卦》和《礼记·乐记》这两个文本的解释史，并结合宋明儒者的发挥来梳理"感"对于建立儒家理解论的意义。

第二节 由"感"而"公"，《周易》中的"感"的原理

从早期文献中的"感生神话"而言，"感"是人类早期信仰中的一种常见的思想模型。比如《诗经》中的"天命玄鸟，降而生商"，或圣贤的感应式诞生，都是如此。"感"还可以引申为人对神明的旨意的了解。比如伪《尚书·大禹谟》中"至诚感神"，大意是说，人的赤诚状态即可以感应或感受到神的旨意或会影响到神的意图。但春秋时期中国信仰的文化主义倾向，并没有吸收"感应"论的因素，而是发展为中国传统情感论思想的重要基础。按《说文解字》的解释，"感"指的是"动人心"，就是让对方感受到你的意图，"感"让认知的主体和对象之间产生一种了解，形成相互之间的反应。

早期儒家关于"感"的原理的阐发最为重要的文献是《周易·咸卦》

和《礼记·乐记》。后世儒家学者或许更为关注《周易·系辞》的"寂然不动，感而遂通"的观念，《系辞》说："《易》无思也，无为也，寂然不动，感而遂通天下之故。"从字面上看可以这样来理解：《周易》并不是有一些固定不变的认知规则，而是通过阴阳之间的"感"来沟通世界上的万事万物，由此，《周易》试图提供一种理解天下事物之间互相关联的"原理系统"，这个原理的展现要依赖"感"的触发，从而使世界上的事事物物建立起合理的秩序。

《周易》中关于"感"的问题最为集中的呈现是在"咸卦"。其卦辞曰"咸：亨，利贞，取女吉。"虞翻和郑玄都将"咸"训释为"感"。此卦为艮下兑上（山上有泽），所以经常通过夫妇之道来解释。王弼在给此卦做注时，专门讨论了《周易》中天道与人事相结合的原则，指出乾坤象征天地，而咸卦则象征夫妇，它们的共同点则在于本始性"乾坤乃造化之本，夫妇实人伦之原"①。不过，乾坤作为自然属性的两极与夫妇作为人类属性的两端之间却因为"阴阳"相"感"而"利贞"，也就是说阴阳相感而平衡就会有好的结果。"人物既生、共相感应。若二气不交，则不成于相感。""此卦明人伦之始，夫妇之义，必须男女共相感应，方成夫妇。既相感应，乃得亨通。"②在阴阳相感的大原则下，夫妇作为人伦之始，即是所有人类社会的道德规范的原发点。这个触发机制并非是社会性的群体生活要求，而是天然的"吸引力"，是男女之间的"感"。男女在属性上互相吸引，这种吸引力的介质就是"感"。

历代的注家都注意到象辞中的解释，《象》曰："咸，感也。柔上而刚下，二气感应以相与。……天地感而万物化生，圣人感人心而天下和平。观其所感，而天地万物之情可见矣。"对此，王弼在注释解释道："天地万物之情，见于所感也。凡感之为道，不能感非类者也，故引取女以明同类之义也。"③王弼的注强调了"同类相感"的层面，因为天地相感，所以万物化生，而圣人则通过感化人心的方式来建构和平的社会秩序。

---

① 王弼注、孔颖达疏：《周易正义》，北京大学出版社，2000年，第163页。
② 王弼注、孔颖达疏：《周易正义》，第163页。
③ 王弼注、孔颖达疏：《周易正义》，第164页。

这样的解释符合儒家伦理由夫妇父子之亲扩展到仁爱天下的过程。而具有更为明显的儒家价值倾向的孔颖达在《正义》中，对"圣人感人心而天下和平"做了详尽的说明：

> "圣人感人心而天下和平"者，圣人设教，感动人心，使变恶从善，然后天下和平。"观其所感而天地万物之情可见矣"者，结叹咸道之广，大则包天地，小则该万物。感物而动，谓之情也。天地万物皆以气类共相感应，故"观其所感，而天地万物之情可见矣"。①

这段话的后半部分，继续解释"感"的原理，认为天下万物之间因为气类共相感应，所以存在着普遍的关联性。而这段话的重点在于突出了圣人的"教化"。圣人因为了解事物之"本来样子"（情），所以，可以对人进行道德教化，而人们也因为这些教化"感动人心"而接受之，由此，天下和平的目标就可以实现。

宋明时期，理学家们注重天理和人道之间的关系，因此，大多重视《周易》，并通过对《周易》的注释来阐发自己的思想。张载在讨论"咸"卦的时候，说"咸"是以"虚受为本"，意即要放弃自己的主观成见，而容纳万物。②并认为夫妇虽是理解"感"的入手处，但并不能局限于此。为了避免对对类同而感的固化认知，张载指出感之道有很多种：或以同，或以异，或以人，或以事，对于《象》传中"圣人感人心而天下和平"的说法，张载解释"是风动之也；圣人'老吾老以及人之老'而人欲老其老，此是以事相感也"。③即圣人通过每个人都能体会到的情感生活来施行道德教化，最终让人感而化之。

在宋儒的注释中，侧重于阐发《周易》社会政治意义的是程颐的

---

① 王弼注、孔颖达疏：《周易正义》，第164页。
② 张载：《易说中》，载林乐昌编校：《张子全书》，西北大学出版社，2015年，第159页。在《正蒙·乾称》中，张载说："无所不感者，虚也；感即合也，咸也。以万物本一，故能合异；以其能合异，故谓之感……感者性之神，性者感之体。"载林乐昌编校：《张子全书》，第54页。
③ 张载：《易说中》，载林乐昌编校：《张子全书》，第160页。张载认为："能通天下之志者为能感人心，圣人同乎人而无我，故和平天下，莫盛于感人心。"张载：《正蒙·至当》，载林乐昌编校：《张子全书》，第26页。

《周易程氏传》，程颐在对卦名进行解释时，从类似于发生学的角度上来梳理从天地万物到人类社会形成的过程，这导致程颐会从天地的空间位置来引申其社会秩序中的尊卑倾向，并将之贯彻到对"咸"卦的解释中。

> 《序卦》："有天地然后有万物，有万物然后有男女，有男女然后有夫妇，有夫妇然后有父子，有父子然后有君臣，有君臣然后有上下，有上下然后礼义有所错。"天地万物之本，夫妇人伦之始，所以上经首《乾》《坤》，下经首《咸》继以《恒》也。天地二物，故二卦分为天地之道。男女交合而成夫妇，故《咸》与《恒》皆二体合为夫妇之义。①

程颐在对"咸"的解释中，除了继承前人以"感"解"咸"之外，又结合咸卦后面的恒卦，强调了"常道"和"正"的意味。以"正"来理解"常道"赋予了人类秩序的正当性和对于人性的高点的坚持。由此所建构的社会秩序会让人愉悦。"咸，感也，以说为主；恒，常也，以正为本。而说之道自有正也，正之道固有说焉，巽而动，刚柔皆应，说也。"② 程颐认为男女之间相感最为深刻。他借助"艮"所指称的山的意象，指出"艮体笃实，止为诚悫之义。男志笃实以下交，女心说而上应，男感之先也。男先以诚感，则女说而应也"。③ 通过男女特征的相反相成来解释结构的稳定性和持久性。

程颐解释"咸，感也"说，世界上的所有关系的成立，都源自他们之间的感应。"不曰感者，咸有皆义，男女交相感也。物之相感，莫如男女，而少复甚焉。凡君臣上下，以至万物，皆有相感之道。物之相感，则有亨通之理。君臣能相感，则君臣之道通；上下能相感，则上下之志

---

① 程颐：《周易程氏传》卷三，载王孝鱼点校：《二程集》下，中华书局，2004年，第854页。
② 程颐：《周易程氏传》卷三，载王孝鱼点校：《二程集》下，854页。
③ 程颐：《周易程氏传》卷三，载王孝鱼点校：《二程集》下，854页。

通；以至父子、夫妇、亲戚、朋友，皆情意相感，则和顺而亨通。事物皆然，故咸有亨之理也。"①程颐强调了不同社会角色的人之间的共同点通过"感"而发现并确立的原则。

如果说程朱理学以天理来为人伦秩序的正当性提供基础的话，那么程颐还强调了人伦本身所包含的"情感因素"。程颐说："相感之道利在于正也。不以正，则入于恶矣，如夫妇之以淫姣，君臣之以媚说，上下之以邪僻，皆相感之不以正也。"②通过对"感"提出"诚""正"的条件，程颐认为"感"可以尽天地之理，由此，圣人就能实现"天下和平"的目标。"既言男女相感之义，复推极感道，以尽天地之理、圣人之用。天地二气交感而化生万物，圣人至诚以感亿兆之心而天下和平。天下之心所以和平，由圣人感之也。观天地交感化生万物之理，与圣人感人心致和平之道，则天地万物之情可见矣。感通之理，知道者默而观之可也。"③通过对万物感通的体察，亲亲仁民爱物之逻辑得到确立。如此，"感"成为这样的"爱"的扩充的内在机制。儒家以修身入手，最终则要达成平天下的大任。在程颐的思想中，天下和平目标的实现，在于去私而存公。人与人之间因为有"感"，所以才有意愿将爱加以推扩，然后实现"天下为公"的目标。

程颐在解释九四爻的时候发挥说，感之道存于"心"，心在人身之中，据此，"感"就应该是中正无私的。如果不是基于内心的"感"，就不正，难以有好的结果，在对九四的"贞吉"的解释中，他显然接受了张载的"虚"的观念，认为，"贞者，虚中无我之谓也"。这样，他把中正引入无私之大公，"夫贞一则所感无不通，若往来憧憧然，用其私心以感物，则思之所及者有能感而动，所不及者不能感也，是其朋类则从其思也，以有系之私心，既主于一隅一事，岂能廓然无所不通乎？"④我们知道，程

---

① 程颐：《周易程氏传》卷三，载王孝鱼点校：《二程集》下，第854—855页。
② 程颐：《周易程氏传》卷三，载王孝鱼点校：《二程集》下，第855页。
③ 程颐：《周易程氏传》卷三，载王孝鱼点校：《二程集》下，第855页。
④ 程颐：《周易程氏传》卷三，载王孝鱼点校：《二程集》下，第858页。

颐特别倾向于以"公"释"仁",① 儒家之终极目标是对于天下为公的肯定,中正之心必然是无所偏私的,其内在的理据就在于"感通"。他说:

> 《系辞》曰:"天下何思何虑? 天下同归而殊途,一致而百虑,天下何思何虑?"夫子因咸极论感通之道。夫以思虑之私心感物,所感狭矣。天下之理一也,涂虽殊而其归则同,虑虽百而其致则一。虽物有万殊,事有万变,统之以一,则无能违也。故贞其意,则穷天下无不感通焉,故曰:"天下何思何虑?"用其思虑之私心,岂能无所不感也?②

如果是基于私心,所能被感和感人处自然狭隘,只有体会到万殊背后的"理一",才能无不感通。有感有应,事物变化之理、道德教化之功效才能完全达成。

> 感,动也,有感必有应。凡有动皆为感,感则必有应,所应复为感,感复有应,所以不已也。……穷极至神之妙,知化育之道,德之至盛也,无加于此矣。③

反复感-应的过程,犹如一种实践的校正机制,让人不断自觉化道德规范,最终养成完美的人格。感并非静态、僵化的,而是处于动态生成之中。感与客观的伦理秩序处于相互构建的动态机制之中,一方面它是客观伦理秩序的主观条件,同时它也被客观伦理秩序所约束和规范。宋代理学家强调天理先在,使儒家的普遍主义精神有了更为理论化的表达,以往人们更多关注从理气心性层面去讨论道学家的问题关切,然如果从"感"出发,我们可以认为,因为事物都分有天理,也就有了"同类相感"的基础,由此生发出万物一体的精神,从而加深我们对于从血缘亲情发展为人

---

① 唐纪宇说:程颐通过对"公"的观念于"仁""理一"结合起来,"所强调的都是在伦理学意义上对'私'的破除而实现儒家'物我兼照'的道德理想"。见氏著:《程颐〈周易程氏传〉研究》,人民出版社,2016年,第163页。
② 程颐:《周易程氏传》卷三,载王孝鱼点校:《二程集》下,第858页。
③ 程颐:《周易程氏传》卷三,载王孝鱼点校:《二程集》下,第858—859页。

类之爱的逻辑关系的认识。作为程颐思想的传人,朱熹也关注到《周易》"感"的重要性。在《周易本义》中,朱熹强调了"感"的真诚一面,反对拿言辞来"蛊惑"。①朱子强调感应作为自然原理的面向,《朱子语类》中记载了他与弟子之间对于感应问题的讨论。在被问到如何理解程颐的感应交互发展的问题时,朱子说:"凡在天地间无非感应之理,造化与人事皆是。且如雨旸,雨不成只管雨便感得个旸出来;旸不成只管旸,旸已是应处,又感得雨来。是'感则必有应,所应复为感'。寒暑、昼夜,无非此理。如人夜睡,不成只管睡至晓,须著起来;一日运动,向晦亦须常息。凡一死一生、一出一入、一往一来、一语一默,皆是感应。"②

在这里,朱熹通过对有感必有应的强调,认为感与应的反复不仅是自然的规律,也是人类之间建立起互相理解的心理机制,他认为若心没有偏向,那么就会感受到事物的温度,"寒则遍天下皆寒,热则遍天下皆热",此即能与天下共其寒热。

第三节 "感"的心理机制与社会教化：
从《礼记·乐记》出发

对于"感"与共同伦理规范确立的关系,另一个对我们有重大启发的儒家文本是《礼记·乐记》。礼乐文明可以看作是儒家文化的代名词,与礼仪之有文献可据不同的是,世事变迁,乐器和乐谱已经茫昧难寻,虽然讨论"乐"的文字亦可在不同的文献中有所记录,不过比较集中的就被收录在《礼记·乐记》中。《乐记》的开篇就介绍音、声与乐之间的关系。人心感于物,而发声,不同声相杂,形成音,不同音所构成的旋律则可以称之为"乐"。

与"礼"主别尊卑不同,"乐"更侧重于求同以促进人与人之间的亲和,"乐者为同,礼者为异。同则相亲,异则相敬。乐胜则流,礼胜则

---

① 朱熹：《周易本义》,中华书局,2009年,第130—131页。
② 黄士毅编：《朱子语类》卷七十二,载徐时仪、杨艳汇校：《朱熹语类汇校》四,第1853页。

离。合情饰貌者，礼乐之事也。礼义立则贵贱等矣，乐文同则上下和矣，好恶著则贤不肖别矣，刑禁暴、爵举贤则政均矣。仁以爱之，义以正之，如此则民治行矣。"①唯有内外合一、礼乐配合社会才能和谐。

人们所遵循的礼由圣人缘情而制作，而乐则发自人的内心，礼乐即体现了符合人性人情的社会秩序，礼乐这样的风尚进一步扩展，发展到"大礼"和"大乐"，就会"四海之内合敬同爱"。"大乐与天地同和，大礼与天地同节。和故百物不失，节故祀天祭地。明则有礼乐，幽则有鬼神，如此，则四海之内合敬同爱矣！"②

那么为什么礼乐能够达成普遍和谐的世界秩序呢，主要还是在于"感"，这要从儒家对于音乐的理解说起。

按照《乐记》的说法，声音都来自人心，而人心本静，要感于物而动，产生反应。而不同的情绪状态，人心感于物的反应也有所不同。

> 乐者，音之所由生也，其本在人心之感于物也。是故其哀心感者，其声噍以杀。其乐心感者，其声啴以缓。其喜心感者，其声发以散。其怒心感者，其声粗以厉。其敬心感者，其声直以廉。其爱心感者，其声和以柔。六者非性也，感于物而后动。是故先王慎所以感之者。故礼以道其志，乐以和其声，政以一其行，刑以防其奸。礼、乐、刑、政，其极一也，所以同民心而出治道也。③

这六种情绪状态并非人心之自然，而是人心受到外在环境的刺激而产生的反应。因此，圣王们对于这种"感之者"是极其慎重的，通过礼来呈现"志"，通过乐来调节声音，通过政令来统一人们的行为，通过刑法来阻止奸邪行为，这样的社会管理策略可以让民心一致而秩序井然。

从孔颖达以来的注家十分看重"六者非性"的说法，由此强调了乐在调节由"声音"时所体现出来的情绪，节制欲望回归到礼乐的秩序中，这就需要发挥感的作用。礼乐用来调和人与世界的相处的具身关系，这种

---

① 孙希旦：《礼记集解》下，中华书局，1989年，第986—987页。
② 孙希旦：《礼记集解》下，第988页。
③ 孙希旦：《礼记集解》下，第977页。

身体意向不仅包含原初的感知，而且还蕴含着道德意识。它规范着诸种情绪的发用。"感人心固以乐为主，然万物得其理而后和，故道以礼而后可以乐也。……民心，即喜、怒、哀、乐、爱、敬之心也。同，谓同归于和也。六者之心，人之所不能无，唯感之得其道，则所发中其节，而皆不害其为和矣。故礼乐刑政，其事虽异，然其归皆所以同民之心而出治平之道也。"① 人所具有的六种情绪不可能完全被压制，只是需要恰如其当地表达，这就需要依赖"感"的作用。在这里，"感"不仅所指是"感知世界的能力"，而且还具备"辨识善恶的禀赋"。② 如果从儒家性情论的角度看，声音所体现的人的喜怒哀乐之情并非心之本体本身，而是通过"心感于物"，这些情绪才得以体现，而感并非是被动的，也是要"心"之判别力在此动静过程中发挥作用。

声音作为情绪的体现，其喜怒哀乐也是现实政治的反应，"治世之音安以乐，其政和。乱世之音怨以怒，其政乖。亡国之音哀以思，其民困。"（《礼记·乐记》）善为政者，须通声音之道。

人的喜怒之情来自对于外物的"有感而应"，这个过程类于儒家修养论中对于"未发"和"已发"的讨论。在儒家的功夫论中，"未发"的纯净状态会在接触社会和客观的世界的过程中被沾染，所以，必须要通过道德修养，让这个"感"的过程不被"情"所牵制。这样，人心会逐渐形成好恶的判断，否则便会产生"悖逆诈伪"之心。《乐记》中说：

> 人生而静，天之性也。感于物而动，性之欲也。物至知知，然后好恶形焉。好恶无节于内，知诱于外，不能反躬，天理灭矣。夫物之感人无穷，而人之好恶无节，则是物至而人化物也。人化物

---

① 孙希旦：《礼记集解》下，第 978 页。
② 儒家典籍中的"感"是否能被解释为"道德感动"是可以进一步的讨论，但王庆节认为"道德感动"是一种"道德判断力"的说法与后世对"感"的解释有一致的地方。"也就是说，道德感动自身可能不一定是一个道德行为，但是它确是道德德性的一种见证，而且它还是引发新的道德行为的一种力量，它往往诱导、激励、推动、促进后续的道德行为产生。这样，道德感动的道德判断和见证功能就使得自己和他人的道德行为发生或至少有可能发生。"王庆节：《道德感动与儒家示范伦理学》，北京大学出版社，2016 年，第 27 页。

也者,灭天理而穷人欲者也。于是有悖逆诈伪之心,有淫泆作乱之事。是故强者胁弱,众者暴寡,知者诈愚,勇者苦怯,疾病不养,老幼孤独不得其所,此大乱之道也。①

将"感"与儒家性情论中的"未发""已发"观念结合在一起,这样,"感"成为纯粹之天命所赋与感物而动的"已发"的连结点,由此,儒家的为善去恶的功夫所指,就在于如何把握"感"的过程中出现的"人化物"的现象。

朱熹对于"人生而静,天之性也。感于物而动,性之欲也"的解释中认为在"感于物"的过程中,善恶有了分别。

> 此言性情之妙,人之所生而有者也。盖人受天命之中以生,其未感也,纯粹至善,万理具焉,所谓性也。然人有是性则有是形,有是形则有是心,而不能无感于物,感于物而动,则性之欲者出焉,而善恶于是乎分矣。性之欲,即所谓情也。②

人禀受天命之正,在"未感"之时是纯粹至善的,与外物相"感"而形成人性之"形",如此,"感"的过程对于人的善恶是十分重要的,性之善与欲望所产生的危害就由此而分。先秦的儒家认为圣人和先王制礼作乐来作为"引导"的手段,并有刑和政作为惩戒和纠正的方法,人就能为善去恶,王道政治和礼乐社会才能实现。所以《乐记》中说:

> 是故先王之制礼乐,人为之节。衰麻哭泣,所以节丧纪也。钟鼓干戚,所以和安乐也。昏姻冠笄,所以别男女也。射、乡食飨,所以正交接也。礼节民心,乐和民声,政以行之,刑以防之。礼、乐、刑、政,四达而不悖,则王道备矣。③

作为一部讨论如何以礼仪和音乐来引导人们克制私欲、保持天赋的

---

① 《礼记·乐记》,载孙希旦:《礼记集解》下,988页。
② 孙希旦:《礼记集解》下,第984页。
③ 孙希旦:《礼记集解》下,第986页。

善性的作品，《乐记》里有许多关于如何利用好的音乐来"感化"人们的行为的讨论。

> 夫民有血气心知之性，而无哀乐喜怒之常，应感起物而动，然后心术形焉。是故志微、噍杀之音作，而民思忧。啴谐、慢易、繁文、简节之音作，而民康乐。粗厉、猛起、奋末、广贲之音作，而民刚毅。廉直、劲正、庄诚之音作，而民肃敬。宽裕、肉好、顺成、和动之音作，而民慈爱。流辟、邪散、狄成、涤滥之音作，而民淫乱。①

孔颖达将这样的过程描摹成君子对于百姓的教化过程，也就是说，百姓会因为政治的清明与否而生发出从善或从恶的倾向。他说："论人心皆不同，随乐而变。夫乐声善恶，本由民心而生，所感善事则善声应，所感恶事则恶声起。乐之善恶，初则从民心而兴，后乃合成为乐。乐又下感于人，善乐感人，则人化之为善，恶乐感人，则人随之为恶。是乐出于人，而还感人，犹如雨出于山而还雨山，火出于木而还燔木。故此篇之首，论人能兴乐，此章之意，论乐能感人也。"② 这种以音乐来感动人心的"教化"方法我们在《诗经》的解释中也可以看到。的确，乐教可以视为儒家最重要的化民成俗的社会风气养成之道。人心固然虚静无为，然不能不应于物，情绪难免不稳定，据此，修养的工夫就有两个层面，首先是保持人心虚灵不昧，而更为关键的则是在"感于物"的过程中，能够节制欲望所带来的诱惑，这就是儒家修养论的重点所在。这样的修养功夫，在《乐记》里被表述为"反情以和其志"。

> 凡奸声感人，而逆气应之。逆气成象，而淫乐兴焉。正声感人，而顺气应之。顺气成象，而和乐兴焉。倡和有应，回邪曲直，各归其分，而万物之理，各以类相动也。是故君子反情以和其志，

---

① 孙希旦：《礼记集解》下，第998页。
② 孙希旦：《礼记集解》下，第999页。

比类以成其行。奸声乱色，不留聪明；淫乐慝礼，不接心术；惰慢邪辟之气，不设于身体。使耳、目、鼻、口、心知、百体，皆由顺正，以行其义。①

《乐记》从声音的"感动"出发，对不同声音所能产生的后果做了分辨，其最终的原理还是"以类相动"。在这个"以类相动"的原则下，郑卫之音，因刺激人们追逐感官享受，容易消磨人们的意志，所以"君子反情以和其志，比类以成其行"，陈澔解释说："反情，复其情性之正也。情不失其正，则志无不和。比类，分次善恶之类也。"② 以自然万物之理来结构乐理，耳目自然晴朗，天下安宁。

比类而行也是儒家教化理论的基础，战国后期的荀子也注重礼乐教化，思想基础也是比类而应。他说："君子洁其辩而同焉者合矣，善其言而类焉者应矣。故马鸣而马应之，非知也，其势然也。故新沐者振其衣，新沐者弹其冠，人之情也。"（《荀子·不苟》）荀子强调比类的"自然属性"——"势"，而至汉代的天人论观念下，更强调以"天道明人事"，感应"自然而然"的一面被加以不可被人的知识所左右的特性。这不但是董仲舒思想的重要特点，也是同时期其他思想流派的共识。《淮南子》说：

> 夫物类之相应，玄妙深微，知不能论，辩不能解，故东风至而酒湛溢，蚕咡丝而商弦绝，或感之也。画随灰而月运阙，鲸鱼死而彗星出，或动之也。故圣人在位，怀道而不言，泽及万民。君臣乖心，则背诵见于天，神气相应，徵矣。故山云草莽，水云鱼鳞，旱云烟火，涔云波水，各象其形类，所以感之。（《淮南子·览冥训》）

---

① 孙希旦：《礼记集解》下，第1003页。类似的意思还有："治世之音，安以乐，其政和。乱世之音，怨以怒，其政乖。亡国之音，哀以思，其民困。"孙希旦：《礼记集解》下，第987页。

② 陈澔：《礼记集说》，载汤一介主编：《儒藏》精华编五五，北京大学出版社，2009年，第352页。

第四节　自然与教化："感"与"共识"

从孟子的"孺子入井"而产生的"恻隐之心"出发，儒家一直要寻求个体的同情与群体的"共感"之间的纽带，通过"类感"，道德原动力和具体道德实践、个体的道德意识和群体的道德共识之间的中介得以建立。

《乐记》所展现的则是儒家的道德教化的手段的独特性，道德规范和道德教化，要以"感动"而"化成"，这就有别于道德强制和道德绑架，而是发自内心的接受和顺应。

《周易》和《乐记》作为经典的存在，造就了人们理解儒家价值的一个共同可理解的基础，[①] 毫无疑问，文化习俗、经典文本、语言艺术都是共识形成的基础，但这些因素背后则是天道的普照。

"感"之所以能够作为理解儒家的仁爱的一个关键性的概念，首先是基于其对于人与人之间是否可能存在可通约性理解的认定，这也是《周易》所建立的人事和自然之间的共通性所引发的理路。其次是"感"作为触发的"道德理想"（未发）和"道德现实"（已发）的枢纽，理想和现实的结合意味着教化的必要性。也就是说，人作为人，其情、其性固然有可理解的方方面面，但将人之特性建立在人的私欲还是公共利益之上，却是天理之公和人欲之私的根本差别。在以个人权利作为规则基础的现代社会，"教化"观念和教化过程，本身就会被理解为对于人的自然欲望的限制，然在儒家传统这里，如何节制自然的情欲、规范情绪的表达，却是"知类"（理解人之为人）的关键。

对此，我们可以引申出一些新的问题，"知类"是成人的标志，但何以保证所有人所知为"同样的类"，若"知类"是一种道德意识，那么何以与其他人分享此道德意识呢？儒家所致力建构的稳定的道德共同体，由个体到天下，其前提是人同此心、心同此理，然此心此理的"自觉"非能自动完成。

---

① 林少阳倾向于从"文"来解释文明之可通约的基础，在经典所展示的"文"以及"文以载道"而营造的共同价值基础则是"共感"所得以建立的基础。林少阳对于"文"的界说可见：《"文"与日本学术思想：汉字圈1700—1990》（中央编译出版社，2012年）的序言部分。

即使是对于个体而言,天赋的良知良能也会在与物接触的过程中被压制而衰减。这个过程即"感于物而动"的过程,在这个"感物"的阶段,许多人被外在环境影响,判断力会被私欲所遮蔽,这就需要克私和节欲。

固然,克己是个体的道德自觉,但"觉他"的教化过程在社会共同体的形成过程中始终被强调,这是《乐记》的主题之一。由此,道德自觉和圣贤的表率作用就构成了前提和过程的结合体。如果没有道德本体,道德培育便成无源之水;而如果没有道德实践中的困境的克服,完善的政治秩序就难以建立。因此,人的"道德感知力"和圣贤的"道德感动力"共同铸就道德实践的整体完成。

从孟子开始,儒家就试图系统解释道德属性作为人的"类"本质为何会在现实生活中难以充分实现。这也成为儒家论证自己的社会效能时的困境,看上去法家对人的本质的解释更与现实相符合。在孟子看来,现实中的不完满一方面是由于人对自己的"类"本质缺乏自觉和自信,另一方面是因为现实中缺乏一个道德表率而导致"教化"缺乏说服力。

那么,在人性和情感之间的"中间环节"就成为问题的突破口。通过《周易》《乐记》这样的经典,儒家思想家以对"感"的思考建构起人类能够互相理解的机制。如果《周易》更多是从基于自然界的阴阳对立来阐发感应原理,那么,《乐记》则从"类感"的角度来说明礼乐活动对于道德感建立的过程,前者更侧重天人关系,后者则聚焦于社会秩序,这两者的结合是建构古典共同体的基础。对于儒家在中国以及东亚的实践来看,通过"同类相感"的理论而建立起基于血缘和地域的家族(小共同体)乃至"天下"(大共同体)的不同层次共同体,其凝聚力来自多种类型的"感"。分别地看,家族之间的感因为基于夫妇之吸引而生化,因此,更多是基于自然。而超越家族的共同体,比如国家和跨地域的天下,则需要通过激发道德感的教化。这个教化的过程是通过儒家经典和文字的传播所共同构造的"文"的世界。

在儒家经典逐渐向东亚和南亚不同的国家传播的过程中,儒家通过亲亲仁民和爱物这样的爱的扩展,从理论上化解了政治体制的局限,从而以

"人同此心""心同此理"的原则让文化共同体和政治共同体之间产生"共感",这可以说是东亚儒家文化圈的内在机理,虽然西方文化传统中亦有以先验情感为共同体之基础,但这些基础大多被纳入理性主义的脉络中。

东亚儒家文化圈在文化上的努力方向是以礼乐文明作为共同的价值基础,而在经济上则是采用薄来厚往的"朝贡体系"的一种复杂的结构。虽然,现实政治中的朝贡体系客观上存在着一定程度的不平等,但背后的原理却是"王者无外",即对于共同的文明体系的承认在儒家文明的"共感"基础上,族群、国家和肤色并不成为阻碍采用共同原则的障碍物,而是通过经典的传播而不断强化"相感"的场域,促进共同体运转的顺利和持久。

近代以来中国的屈辱史,让儒家所强调的"人同此心,心同此理"的普遍主义论说,逐渐被"压缩"成一种"地方性的知识",由此,儒家在现代中国的思想界更倾向于成为地方主义和民族主义的价值支撑。人们对"世界主义"充满了不信任感,认为西方人所强调的普遍价值只是他们殖民掠夺的帝国主义的"障眼法"。

如何摆脱屈辱感的束缚,确立跨地域的人类意识,正是中国面对全球化时代所必须要思考的问题。那么,我们该如何在现代性的挑战下来思考"类"的特性以及建立此基础上的"共感"呢?

不可否认,在人类的思想历史中,有一种不断寻求普遍主义的共同体意识,也有接近于中国思想传统中"类感"的传统。比如西方哲学传统中一直强调"共感""共情"来理解人类道德意识的脉络。仅就英语文本而言,与同情相关的概念就有好几个,像 compassion, pity, empathy, sympathy, fellow-feeling。其中 pity 与中文的怜悯意思相近,内含有高贵者或富有者对于底层和贫困者的"不平等"的施与的倾向。fellow-feeling 接近于秦汉文献中的"类感",现代人更倾向于用"伙伴感"来翻译。这个概念从霍布斯那里就与 compassion 相提并论。empathy, sympathy 都可以理解为"同情",不过 empathy 与中国早期文本中的"感"接近,具有对他人的痛苦的共情,即儒家所强调的人同此心、心同此理的"同理心"。有人认为亚当·斯密的同情(sympathy)糅合了 empathy 中所强调的"共情"的成分。亚当·斯密在《道德情操论》中说，人天生就有同情和怜悯的"本性"，他说，人们难以直接感受别人的痛苦和快乐，所以只能设身处地地去"想象"，"旁观者的同情心必定完全产生于这样一种想象，即如果自己处于上述悲惨境地而又能用健全理智和判断力去思考，自己会是什么感觉。"①

亚当·斯密特别强调道德共情，并认为同情的"本性"会"教导"个体和他者产生同样的"感受"。他说："为了产生这种一致的情感，如同天性教导旁观者去设想当事人的各种境况一样，天性也教导后者在一定程度上去设想旁观者的各种境况。如同旁观者不断地把自己放在当事人的处境之中，由此想象同后者所感受到的相似的情绪那样，当事人也经常把自己放在旁观者的处境之中，由此相当冷静地想象自己的命运，感到旁观者也会如此看待他的命运。"②固然，卢梭、叔本华都肯定了"同情"在政治秩序中的作用，但舍勒和尼采等人却认为"同情"固然是道德感的重要源头，但并非值得肯定的，有学者概括说："舍勒认为，同情心根本就没有正面的道德价值。……尼采指出，同情只是一种病态的、苦难情绪的传染。它的产生并不基于准则，而是基于情绪，因而'增加世上的祸害，这不可能成为义务'。作为一种情感挥霍，同情只是'一条危害道德健康的寄生虫'。于是，他得出结论：同情是现代的恶习。"③

现代中国的建立是对西方民族国家体系的模仿的产物，因此，内在地倾向于接受国家之间的对立的特性。在漫长的西方殖民历史中，对于国家间的"共生""共存"的一面，难以获得经验的支持。从"类感"的观念而言，西方近代来的"理性人"④的观念不断在冲击"道德感应"的文

---

① 亚当·斯密著，蒋自强等译：《道德情操论》，商务印书馆，1997年，第9页。
② 亚当·斯密著，蒋自强等译：《道德情操论》，第22页。
③ 黄璇：《"同情"的政治哲学诠释：定义、性质与类型》，《学海》2016年第2期，第169页。
④ 无论是霍布斯还是亚当·斯密，构成现代西方的政治哲学的基础的人是一个"理性"和"算计"（梁漱溟语）的人，比如在《道德情操论》中，亚当·斯密在强调同情的普遍性的时候，依然强调"理智的判断力"。而现代政治制度的设计中，个体的自由的权利的保障是前提，多元主义更被接受，而"类感"的实际道德规则则逐渐被抽离和弱化。

化心理模型，我们更愿意接受与众不同的自我定位。即使当中国的生产方式和社会组织方式逐渐融入世界体系之后，社会的价值观和政治法律制度已经与现代社会相一致，但"道德感应"模式却不断地产生对现有秩序的批评功能，无论是从意识形态的角度，还是基于文化守成的角度，中国始终强调自己对国际秩序的独特理解。①

在个体独立性得到空前尊重的今天，人与人之间产生"感"的基础发生了变化。在早期人类社会儒家所强调的是"类"的意识，而在现代社会，"类"的意识则更为强调构成"类"的个人。只是，儒家的"同类相感"原则在接受人人平等的观念基础上，依然会认为接受别人的建议和引导并不表示平等权利的丧失。这样的价值模型相信道德表率的作用，不仅道德和价值底线的确立需要有人来作为表率，而且，道德理想也需要由榜样性的人士来范导。如此，我们对基于"感"而建立的"人类理解论"有新的期待。即如何通过重新思考人类的"族类"特性，通过强化人类的"共感"来穿透几百年来不断被强化的族群和国家的"中层"共同体。

在人类的活动受到自然和生产力的限制的时候，基于族群和国家这样的共同体被构造（"想象"）②出来，这样的以"民族国家"为基本单位共同体的构造与近代启蒙和现代化的过程构成了某种程度的重叠，由此，民族国家也成为现代国际关系的基本单元。首先在现实中，此类共同体构成是根据经济发展程度将不同的国家置于不同的分工体系中，从而使国与国之间的不平等成为一种"自然秩序"，并在国际秩序运行中通过经济和军事手段不断加以"合理化"。其次是民族国家的"对内功能"和"对外功能"③的差异性设置也造就甚至激化了族群和国家之间的冲突。

---

① 从康有为的大同理想、孙中山的亚洲主义、毛泽东的三个世界到世界政治经济新秩序的表述，我们可以看到中国在努力融入现代社会的同时，不断产生着带有批判西方强权逻辑的追求公平秩序的向往。

② 这里采用的是本尼迪克特·安德森的概念，他认为诸如"民族"主权和"共同体"是被"想象"的。《想象的共同体：民族主义的起源与散布》，上海人民出版社，2005年。

③ 杨度认为当今有文明国而无文明世界，因为"今世各国对于内则文明，对于外则野蛮，对于内惟理是言，对于外惟力是视。"杨度：《金铁主义说》，载刘晴波等编：《杨度集》（一），湖南人民出版社，2008年，第217页。

这都导致了在现有的国际体系下，人类建立"共感"的障碍。尽管人们早就意识到国家体制的存在是人类文明发展的某一阶段的产物，但在目前的利益格局下，并不会放弃国家的建制，甚至会强化国家超越一切的神圣性，因此，人类普遍性的"类"意识反而被遮蔽。因此，如何超越族群和国家甚至宗教来建构一种普遍性的"类"的意识，真正确立人类的价值基点，则是我们可以通过反思理解"感"而加以营造的。在这样的需求之下，一些卓越之士（政治家和知识群体）如何通过价值宣导和制度设置来催化这样的价值基础，则是时代对于当代"道德国家"的期待。

当下，在世界绝大部分地区，由国家、宗教、家庭或学校所施加的社会与文化控制已被削弱，在资本流动、环境保护等方面，人类有了更多的共同关切点，即使基于政治权力的压制、宗教信仰的差异等因素所造成的隔阂依然难以消除，但如何走出观念和地域、种族的区隔已经成为一个时代的课题。就儒家传统而言，探索摆脱由历史局限所造成的"观念自限"，从人类共同体的视野，发掘儒家的"同情"和"互相理解"的思想资源，则可以让我们坚信儒家思想对于缓和与化解日趋激烈的民族国家之间的对立和冲突所可能发挥的作用。更为重要的是，这样的工作也会让我们了解传统儒家之所以主张"天下主义"的内在理据。

第十四章

"感而遂通":交感、感动与教化

——宋明道学政治哲学的一个切入点

"感"是中国传统政治哲学一个重要的概念,以往人们的研究多将之与"感应""感通"联结在一起,而将"感"作为一个独立的对象来讨论,则比较少见。①然揆之文本,"感"本身有十分复杂的内涵,"感应""感通"乃至"类感"都是"感"所可能的理解向度。

"感"作为一个重要的问题,源自《周易》,"咸卦"以男女相感来描述"二气感应以相与",认为"所感"者可知"万物之情"。②此彖辞中的"感"有"感应""感知"等多重含义。"咸卦"所呈现的"山上有泽"之象,意味着君子"虚受"之情怀,惟其"虚"乃能容天下之物,孔颖达说:"山体上承,能受其润。以山感泽,所以为'咸'。'君子以虚受人'者,君子法此咸卦,下山上泽,故能空虚其怀,不自有实。受纳于物,无所弃遗,以此感人,莫不皆应。"③此处承接彖辞中"圣人感人心而天下和平",

---

① 杨立华教授在《宋明理学十五讲》《一本与生生:理一元论纲要》等著作中,都将"感"作为一个重要的概念进行了论述。其他如江求流教授、郑宗义教授等也对"感通"对概念做过分析。但总体而言,"感"并不如其他理学概念那样受人关注。
② 王弼注,孔颖达疏:《周易正义》,北京大学出版社,2000年,第163—164页。
③ 王弼注,孔颖达疏:《周易正义》,第164页。

意为圣人能体察百姓之疾苦，从而政从民本，使天下和平。

《周易》之"系辞"为解释《周易》之形成发展和核心意涵的总结性文字，虽然并没有专门就"咸卦"展开论述，然有几处关涉"感"之文字可与"咸卦"之主旨相呼应。《系辞上》说，圣人可以根据卦象和爻辞了解吉凶，"拟之而后言，议之而后动，拟议以成变化"，因其"虚受"则在制定政策之时，能探微知著，犹如"鹤鸣在阴，其子和之，我有好爵，吾与尔靡之"。王弼说，能以吉凶来决定其策略，那么"莫不以同相顺，以类相应"，"类感"的原理能让百姓感受到君子之心意，而回报之。孔颖达说以《鹤鸣》来"证成"君子之合理性是基于"同类相应"的原则，能以自己所拥有的好物（好爵）来与民分享，"物则有感我之恩，亦来归从于我"。① 这是对儒家政治思想的一种极为形象的表述，即君子以"示范"和"榜样"的方式来赢得民众的信任。

《系辞》还说："易无思也，无为也，寂然不动，感而遂通天下之故，非天下之至神，其孰能与于此？"孔颖达认为"无思""无为"就是"任运自动""任用自然"，不加干涉，所以"寂然不动"，由此，"有感必应，万事皆通"。这既说的是"易理神妙不测"，② 但亦可以引申为圣人能回应人们的任何需求。

以《周易》为重要理论源头的宋明道学家，对"寂"与"感"的问题也有所阐发，使之具有本体论意义。③ 若从体用的角度来看，我们在后文中可以看到，朱熹是将"寂"视为"体"，而"感"则为用。而"感"却又经常与其他的概念相联系而构成新的概念，比如"感通""感格""感应"等等，而"感"或"感应"的普遍性则又具有生成论的意义，既体现出人与自然之间的关系的普遍性，更是人与人、人与家族、人与社群乃至个体与国家之间都可以基于"气"的一本性或"理"的普遍性而得到证明。④ "感"作为一种本体的呈现，是自足的，从而让"心灵对其自主性

---

① 王弼注，孔颖达疏：《周易正义》，第 324 页。
② 王弼注，孔颖达疏：《周易正义》，第 324 页。
③ 杨立华：《一本与生生》，生活·读书·新知三联书店，2018 年，第 57—58 页。
④ 杨立华：《一本与生生》，第 104—105 页。

的反省"得到自足,并以此与差别性的"对""耦"之间建立起绵延不绝的和现实性之间的关联,而非佛道那样仅仅是基于"自私"的理由而隔离与他者产生"感应"而将自己孤立起来。因此"感"同样也是宋儒建构政治哲学的一个重要基点,从张载的"虚受"到二程、朱熹的"公共性"的强调,"感"奠定了其在宋明道学体系中的重要理论价值。

第一节 "天地之间,只有一个感与应而已":二程对"感"的阐发

二程对"感"有许多的讨论,在程颢与张载讨论而作的《定性书》中,强调"性无内外",即是要从体用的角度来理解性情和感应的关系。程颢认为天地以其心普万物而无心,便能随物变化而无所拘执,此拘执即缘于"因私而用智",因自私就只能以自己的偏见来"应物","用智"令人不能"以明觉为自然"。① 此文虽短,亦无明文讨论"感",但却从总体上体现二程"感"说的关键问题,即以体用论寂感,以公私论感应。

宋儒之宇宙论与体用论多以诠释《易传》之语而展开。而"感"亦是《周易》之核心观念之一,因此,程氏兄弟之"感"说亦多从"系辞"和"咸卦"的文本为基础。

二程尤其重视"系辞"中"寂然不动,感而遂通"的哲学意趣。如果说传统的《周易》注疏更为注重占卜过程中的"贯通性"预测的话,二程则倾向于从体用一元的内在性来理解"寂然"与"感"以及"动静一体"的关系。程颐说:"'寂然不动',万物森然已具在;'感而遂通',感则只是自内感。不是外面将一件物来感于此也。"② 这就是说,天理已然具备一切世间事物之产生和发展的各种可能性,"感"只是将这无形无相的"寂"呈现而已。强调"感"是要说明事物发展的动力来自事物内部,而非外来的"推动"。

---

① 程颢:《答横渠张子厚先生书》,王孝鱼点校:《二程集》上,中华书局,2004年,第460页。

② 程颐:《河南程氏遗书》卷第十五,载王孝鱼点校:《二程集》上,第154页。

"寂然不动，感而遂通"者，天理具备，元无欠少，不为尧存，不为桀亡。父子君臣，常理不易，何曾动来？因不动，故言"寂然"；虽不动，感便通，感非自外也。①

客观世界的形成既然不是基于外在的推动，那么其内在的动能是什么呢？二程从太极分两仪的角度，从气的阴阳的拒斥和吸引来说明"感"的形成机制。在他们看来，太极是一，是气，分而为二，则成阴阳两仪，于是便有"感"。

而由"感"而呈现的世界之所以值得关注，是因为人类生活的原则也由此得到体现。二程认为"寂然不动，感而遂通"是就人与天理的关系而言。甚至可以说，"感而遂通"更倾向于"关注"人世间之"事"，即自然规律与人类生活的关联。"'寂然不动，感而遂通'，此已言人分上事，若论道，则万理皆具，更不说感与未感。"②

固然，在人类出现之前，天理自在，但从另一角度说，若无人类之出现，"感与未感"就不成为一个问题，是人的出现，让"感"具有"意义"，从而也赋予天地、世界以意义。在这个意义上，"天地之间，只有一个感与应而已，更有甚事？"③

从体用一元的角度来理解天理和世间万事之寂感，在二程这里是要为人类的普遍价值提供一个本体论的基础，即唯有世间之万殊，共秉一理，如此，君子明理，就能感通天下人之心智。圣人之所以能体察众人之不同是因为他们能摆脱自己之私心而"尽大同之道，然后能中正合乎乾行也"④。在解释"咸卦"时，二程特别发挥了"感"在建立政治秩序和社会秩序时的重要性，程颐认为"咸卦"所体现的是青年男女之间的相感相应，故"相感之深"，若能轨之以贞正之道，则可以让社会充满愉悦和幸福感。之所以称"咸卦"而不直接命名为"感卦"，是要"咸"来体现

---

① 《河南程氏遗书》卷第二上，载王孝鱼点校：《二程集》上，第43页。
② 程颐：《河南程氏遗书》卷第十五，载王孝鱼点校：《二程集》上，第160页。
③ 程颐：《河南程氏遗书》卷第十五，载王孝鱼点校：《二程集》上，第152页。
④ 程颐：《周易程氏传》卷第一，载王孝鱼点校：《二程集》上，第764页。

"感"的普遍性。所以：

> 凡君臣上下，以至万物，皆有相感之道。物之相感，则有亨通之理。君臣能相感，则君臣之道通；上下能相感，则上下之志通；以至父子、夫妇、亲戚、朋友，皆情意相感，则和顺而亨通。事物皆然，故咸有亨之理也。①

在解释"天地感而万物化生，圣人感人心而天下和平。观其所感，而天地万物之情可见矣"一语时，程颐说：

> 既言男女相感之义，复推极感道，以尽天地之理、圣人之用。天地二气交感而化生万物，圣人至诚以感亿兆之心而天下和平。天下之心所以和平，由圣人感之也。观天地交感化生万物之理，与圣人感人心致和平之道，则天地万物之情可见矣。感通之理，知道者默而观之可也。②

圣人之所以能感人心而使天下和平，是因为圣人无私心而让万物之情毕现，因此无所不通。

> 圣人感天下之心，如寒暑雨旸，无不通，无不应者，亦贞而已矣。贞者，虚中无我之谓也。憧憧往来，朋从尔思，夫贞一则所感无不通，若往来憧憧然，用其私心以感物，则思之所及者有能感而动，所不及者不能感也，是其朋类则从其思也，以有系之私心，既主于一隅一事，岂能廓然无所不通乎？③

二程在解释"仁"的时候，也从身体的"感知"中去理解其"具身性"的一面，比如借助"麻木不仁"来说明若无"感同身受"的体验，那么仁所具备的普遍性和公共性就难以体现。所以，他以"公"来解释"仁"。"仁之道，要之只消道一公字。公只是仁之理，不可将公便唤做

---

① 程颐：《周易程氏传》卷第三，载王孝鱼点校：《二程集》下，第854页。
② 程颐：《周易程氏传》卷第三，载王孝鱼点校：《二程集》下，第855页。
③ 程颐：《周易程氏传》卷第三，载王孝鱼点校：《二程集》下，第857—858页。

仁。公而以人体之，故为仁。只为公，则物我兼照，故仁，所以能恕，所以能爱，恕则人之施，爱则仁之用也。"①因为公，所以能兼顾我与外物、我与他人之间的关系，从而让仁爱之心得到普遍化的落实。相反，我们之所以难以从自身的局限中摆脱出来，不能从亲亲发展到仁民、爱物，就是因为不能充分肯定"感"之普遍性的面向。

在二程看来，"感"并非是一个孤立的、阶段性的"事件"，而是一个持续不断的"过程"，"感"与"应"是"有感必有应""应复为感"永恒持久的过程。

> 感，动也，有感必有应。凡有动皆为感，感则必有应，所应复为感，感复有应，所以不已也。②

"感应"思想有复杂和多元的理论源头，汉代思想家多从"人格化"的方式去理解天人感应。一是从人类行为可以导致灾异的倾向来强化天道对于人道的决定性意义，二是从诸如"孝感"的角度来理解人类的"诚意"对自然的影响。对此，二程是有所取舍的。他们肯定感应，但反对汉儒以灾异来理解感应，也不赞成超越正常自然现象的"孝感"传说。比如，对于《春秋》中所记载的陨石和六鹢退飞的说法，程子认为这些现象是"气"推动的结果，只是看起来超出了人们的常识，才会被史书记录。《春秋》中所说的灾异，都属于天人感应的现象，背后必定有造成这些现象的原因。那些反对感应的人"以浅狭之见，以为无应，其实皆应之。然

---

① 程颐：《河南程氏遗书》卷第十五，载王孝鱼点校：《二程集》上，第153页。林月惠认为儒家之仁是要去私，而不灭己。其以公来理解仁，"是奠基于'仁'之'感通'一体冠，可以由个人通向群体，可以由特殊关系发展为普遍关系"。见林月惠：《一本与一体：儒家一体观的意涵及其现代意义》，载氏著：《诠释与工夫：宋明理学的超越蕲向与内在辩证》，"中研院"中国文哲研究所，2012年，第31页。

② 程颐：《周易程氏传》卷三，载王孝鱼点校：《二程集》，第858页。朱熹解释此话说："凡在天地间无非感应之理，造化与人事皆是。且如雨旸，雨不成只管雨便感得个旸出来；旸不成只管旸，旸已是感应处，又感得雨来。"这便是由感而应，并复有感应的无穷过程。黄士毅编：《朱子语类》卷七十二，载徐时毅、杨艳汇校：《朱子语类汇校》四，上海古籍出版社，2014年，第1853页。

汉儒言灾异，皆牵合不足信，儒者见此，因尽废之"。①二程认为天道自然，至于是否成灾，在于人的应对，由此，"人事常随天理，天变非应人事"。如果"人事胜，则天不为灾；人事不胜，则天为灾"②。至诚自能感动天地，但这样的感动也是有限度的，比如在夏天能感到寒气，但不能因为"感"而使夏冬颠倒。③

那人们如何体察到这些"感应"的端倪呢？尤其圣人是如何得知自己所担负的历史使命的呢？程颐用"应"来解释"知天命"和"必受命"的关系。他说：

> "知天命"，是达天理也。"必受命"，是得其应也。命者是天之所赋与，如命令之命。天之报应，皆如影响，得其报者是常理也；不得其报者，非常理也。然而细推之，则须有报应，但人以狭浅之见求之，便谓差互。天命不可易也，然有可易者，惟有德者能之。如修养之引年，世祚之祈天永命，常人之至于圣贤，皆此道也。④

二程认为日常思虑之事，可通过梦甚至占卜得到"感应"。对于殷高宗武丁通过梦的提示而得到傅说，周文王通过占卜了解姜太公之所在的说法，二程虽然认为这些说法是为了说明圣人之得贤，但亦认为此是"理之当然"。"盖高宗至诚，思得贤相，寤寐不忘，故朕兆先见于梦。如常人梦寐间事有先见者多矣，亦不足怪。至于卜筮亦然。今有人怀诚心求卜，有祷辄应，此理之常然。"⑤由此之理，程颐说，若是君主求贤若渴，这世界上又有贤人存在，必然会产生感应："人心虚明，善则必先知之，不善

---

① 《河南程氏遗书》卷第十五，载王孝鱼点校：《二程集》上，第159页。
② 《河南程氏外书》卷第五，载王孝鱼点校：《二程集》上，第374页。
③ 《河南程氏外书》卷第五，载王孝鱼点校：《二程集》上，第161页。
④ 《河南程氏遗书》卷第十五·入关语录，载王孝鱼点校：《二程集》上，第161页。
⑤ 《河南程氏遗书》卷第十八，载王孝鱼点校：《二程集》上，第227页。陈立胜认为此梦说可见程子强调感应存在于事实之上，是"理之当然"和"自然之理"，并引用《中庸》至诚可以"前知"之论，认为圣贤至诚，故能互相"感应"到对方的"存在"。见陈立胜：《从"修身"到"工夫"》，台大出版中心，2021年，第186—187页。

必先知之。有所感必有所应，自然之理也。"①程子并认为人的怨气也可以感动天地，从而通过自然现象得到释放。

二程有时也会有限度地承认汉儒所说的天必有以"征兆"来提醒世人行为的"感应"说，但他们所看重的是"谴告"说所包含的教化作用，这接近于神道设教。比如，当有人问河图洛书等符瑞是否真正存在的问题时，程颐回答说："有之，国家将兴，必有祯祥。人有喜事，气见面目。圣人不贵祥瑞者，盖因灾异而修德则无损，因祥瑞而自恃则有害也。"②基于将气视为天地交感的载体，二程认为，圣人之产生是天地交感的结果，出现如麟这样的神兽也是如此，但是圣人能"感受"到他所处的时代是否生逢其时，由此，从"西狩获麟"孔子便知他生不得其时。

第二节　张载：皆无须臾之不感

杨立华认为张载哲学的复杂概念体系和严谨的宇宙图式的一个关键的中间环节是"感"，并强调了差异性是"感"的"逻辑环节"。③的确，张载哲学思想强调气的屈伸虚实之变化，"感"乃是一个需要特别关注的概念。张载在《正蒙·乾称》篇说："无所不感者，虚也；感即合也，咸也。以万物本一，故一能合异；以其能合异，故谓之感……天地生万物，所受虽不同，皆无须臾之不感，所谓性即天道也。感者性之神，性者感之体。"④此段话可以看到张载"感"范畴的许多层面。第一，因太虚无形，无所拘执，所以天理具有感知、回应万物的可能性。第二，万事万物内外合一的丰富性，是感的"普遍性"之体现，即《周易》之"咸"所意味的"无所不感"的意味。第三，合异之谓感，指的是差异性所产生的吸引力和感召力。第四，感之永恒性。无须臾之不感，表明天理流行中时时处处都由"感"为其呈现的方式。所以张载说"感者性之神，性者感之体"。

---

① 《河南程氏遗书》卷第十八，载王孝鱼点校：《二程集》上，第228页。
② 《河南程氏遗书》卷第十八，载王孝鱼点校：《二程集》上，第238页。
③ 杨立华：《宋明理学十五讲》，北京大学出版社，2015年，第146页。
④ 张载：《正蒙·乾称》，载林乐昌编校：《张载全书》，西北大学出版社，2015年，第54页。

王夫之解释此语时说，性的健顺是要通过感的动静来体现，因此，性和感之间也体现为体用关系。若无阴阳之差异性，感无从生，若无动静，则差异性便会枯槁而难有活力。所以万物之情，无一念、一刻不与物交。①

有人称张载哲学为"气本论"，是因为张载建构了无形之"气"经由"感"而聚散成"客形"的生生哲学体系。张载说："气本之虚则湛本无形，感而生则聚而有象"，这"感"是无形之本体显现为世间万物的"介质"。"至静无感，性之渊源。有识有知，物交之客感尔。"②这里"感"既是虚实相生之理，又使事物可以被认知和体察。然这可知可识之"客感"与"无感无形"之太虚，是"一"而非"二"，此点只有圣人才能理会得了。

> 太虚者，气之体。气有阴阳，屈伸相感之无穷，故神之应也无穷；其散无数，故神之应也无数。虽无穷，其实湛然；虽无数，其实一而已。③

本体展现为世间万物，乃是因为阴阳二气之相感相应而形成的"生生之理"。所以在张载看来，"天包载万物于内，所感所性，乾坤、阴阳二端而已"④，"气有阴阳，屈伸相感之无穷，故神之应也无穷"⑤。阴阳两极的相感而产生无穷的"屈伸"的对应的可能性。对此王夫之解释说，阴阳是"实体"，而乾坤是阴阳之性质，体无形，而人们所见到的是乾坤

---

① 王夫之：《张子正蒙注》，载《船山全书》第十二册，长沙：岳麓书社，1996年，第366页。对于张载的感，杨立华认为可分为三种，即天地阴阳之感、诚妄之感和圣人之感。见杨立华：《宋明理学十五讲》，第147—149页。而郑宗义则根据张载各处文字，总结为六种，包括感受、感化、感动、感应、感合和感生，认为此六方面都贯通了天道性命两面。见郑宗义：《论张载气学研究的三种路径》，《学术月刊》2021年第5期，第37页。

② 张载：《正蒙·太和》，载林乐昌编校：《张载全书》，第1页。

③ 张载：《正蒙·乾称》，载林乐昌编校：《张载全书》，第57页。在解释《中庸》的"唯天下之至诚，为能尽其性"时，张载说："大其心则能体天下之物，物有未体，则心为有外。世人之心，止于见闻之狭。圣人之尽性，不以见闻梏其心，其视天下无一物非我。"张载：《礼记说》，载林乐昌编校：《张载全书》，第390页。

④ 张载：《正蒙·乾称》，载林乐昌编校：《张载全书》，第54页。

⑤ 张载：《正蒙·乾称》，载林乐昌编校：《张载全书》，第57页。

这样的性质在事物中的体现。"有阴则必顺以感乎阳,有阳则必健以感乎阴,相感以动而生生不息,因使各得阴阳之撰以成体而又生其感",① 由此造就事物不断生成、变化、衰亡又形成新事物的过程。

张载论"太虚即气"有很多解释的可能,其言"虚"乃是天地宇宙的一种"性质",一种"本原",所以他说"天地以虚为德。至善者,虚也。虚者天地之祖,天地从虚中来"。②张载之"虚"非为无"实",而是包具万物而万物未形的情形,而这才是真正的"实"。张载说:

> 天地之道,无非以至虚为实。人须于虚中求出实。圣人,虚之至,故择善自精。心之不能虚,由有物榛碍。金铁有时而腐,山岳有时而摧,凡有形之物即易坏。惟太虚(处)无动摇,故为至实。③

一切有形之物难以成为世界存在的终极依据,然这"虚"并非是如佛教所谓以山河大地为虚,而是虚中有实,并内涵有差异之"两"而使事物的变化具有自在的动力。"感"即为这个动力的触发机制。"感"产生于事物本身所具备的对立统一"两体","一物而两体,其太极之谓欤!阴阳天道,象之成也;刚柔地道,法之效也;仁义人道,性之立也。三才两之,莫不有乾坤之道"。④

张载之强调太虚之气之聚散,还有一个目的是批评佛教以人生为幻妄、以世界为疣赘的厌弃世界的理论和实践,而是要通过"感"来贯通天人。

基于合内外、一天人的世界观,张载建构了一个由本体世界到现实世界再到认识世界的复杂系统。

> 由大虚,有天之名;由气化,有道之名;合虚与气,有性之名;合性与知觉,有心之名。⑤

---

① 王夫之:《张子正蒙注》,载《船山全书》第十二册,岳麓书社,1996年,第363页。
② 张载:《张子语录中》,载林乐昌编校:《张载全书》,第263页。
③ 张载:《张子语录中》,载林乐昌编校:《张载全书》,第263页。
④ 张载:《正蒙·大易》,载林乐昌编校:《张载全书》,第40页。
⑤ 张载:《礼记说》,载林乐昌编校:《张载全书》,第384页。

在这个发展过程中,虚与气结合的现实世界是"感"之体,而"感"则让虚气结合的多样性得以充分展现并被认知。

> 感者性之神,性者感之体。在天在人,其究一也。惟屈伸、动静、终始之能一也,故所以妙万物而谓之神,通万物而谓之道,体万物而谓之性。①

按照王夫之的理解,"健顺,性也;动静,感也",阴阳已先在于成就事物之"体性"之中,只待"感"来使阴阳屈伸运动而使之现实化。没有阴阳之体,那么感无从而发生;若无感的触机,那么事物本身的可能性亦难以现实化,所以他认为周敦颐等人所说"静乃生阴,动乃生阳,是徒知感后之体,而不知性在动静之先本有其体也"。②

这个"感"的过程,并非是对外来刺激的"回应",在这个过程中,人的认知能力也会展现出其主动性。这就是张载的"性命"思想。他说,人可以穷理尽性,虽然人并不能决定自己的命运,但无论在什么处境中,都可以展现自己的内在潜能。所以王夫之在解释张载《正蒙·诚明》篇中"天所自不能已者,谓命;不能无感者,谓性"时说,君子固穷、小人或泰,这是时势所造成,在"其所受之中,自有使人各得其正之理,则生理之良能自感于伦物而必动,性贯乎所受不齐之中而皆可尽,此君子之所以有事于性,无事于命也"。③

那么如何处理"感"的自然属性的"无心之妙"和人的主动作为的"教化""修养"工夫的关系呢?对此,张载提出了"虚受"和"神道设教"的思想,主要是通过圣人和常人的区别来强调圣人对于世界的"感受"和"应物"的统一。

张载在解释周易"咸"卦时,发挥了"虚受"这个观念。他说:"咸之为道,以虚受为本",这句话对于理解张载之"感"说十分重要。首先,"感"是一种十分直接的"反应",比如对一个人的好感,或来自直

---

① 张载:《正蒙·乾称》,载林乐昌编校:《张载全书》,第54页。
② 王夫之:《张子正蒙注》,载《船山全书》第十二册,第366页。
③ 王夫之:《张子正蒙注》,载《船山全书》第十二册,第122页。

觉,"感非有意,咸三思以求朋,此则不足道"。① 如果对于是否与一个人建立友情是经过反复思虑的,此友情便不可靠。"感物之善,莫若以虚受人。有所系慕,皆非正吉。"② "屈申相感而利生,感以诚也;情伪相感而利害生,杂之伪也。"③ 在解释《论语》中的"毋意"时,张载说:"'毋意',毋常心也。无常心,无所倚也。倚者,有所偏而系着处也。'率性之谓道',则无意也。性何尝有意?无意乃天下之良心也。圣人则直是无意求斯良心也。"④

这种无所偏倚的"虚受"能力,让圣人能不被闻见之感受所迷惑,而能从事物的差异中看到其内在的一致性。也能从万物的一致性中体察到无穷的可能性。

> 有无一,内外合,此人心之所自来也。若圣人,则不专以闻见为心,故能不专以闻见为用。无所不感者,虚也;感即合也,咸也。以万物本一,故一能合异;以其能合异,故谓之感;若非有异,则无合。天性,乾坤、阴阳也,二端故有感,本一故能合。天地生万物,所受虽不同,皆无须臾之不感,所谓性即天道也。⑤

圣人能感人心,即能以百姓之生命和生活为目标,从而"天下和平"。"能通天下之志者,为能感人心,圣人同乎人而无我,故和平天下,莫盛乎感人心。"⑥ 而圣人之"感万物"并非是有意为之,而是能以百姓

---

① 张载:《易说中·咸》,载林乐昌编校:《张载全书》,第161页。

② 张载:《易说中·咸》,载林乐昌编校:《张载全书》,第160页。张载在解释《易传》中"鼓万物而不与圣人同忧"时认为《道德经》所说"天地不仁,以万物为刍狗"的说法有道理,但"圣人不仁,以百姓为刍狗"则不对。天道自无为,但圣人以此来治理天下,则既受天道运动之盛衰的影响,也需要根据世事变迁而制定法则,则是"成能""异于天地"。张载:《易说下》,载林乐昌编校:《张载全书》,第212页。

③ 张载:《易说下·系辞下》,载林乐昌编校:《张载全书》,第229页。

④ 张载:《张子语录》,载林乐昌编校:《张载全书》,第257页。

⑤ 张载:《正蒙·乾称》,载林乐昌编校:《张载全书》,第54页。

⑥ 张载:《正蒙·至当》,载林乐昌编校:《张载全书》,第26页。按王夫之的解读,天下之人,各有所不同的爱好和追求,甚至私心和欲念,这都是可以接受的。圣人是"不执己之是以临人之非,则君子乐得其道,小人乐得其欲,无不可感也"。王夫之:《张子正蒙注》,载《船山全书》第十二册,第201页。

之好恶为导引，故而"圣不可知也，无心之妙，非有心所及也"。①

气本之虚则湛本无形，感而生则聚散有象。②所以在天道气化的过程中，性心得以形成，在这个形成过程中，是有"无心之妙"的，故而可能会导致相反而相仇，也会有互以相成的现象，因此说"爱恶之情同出于太虚，而卒归于物欲"。③王夫之解释说"感于物乃发为欲，情之所自生也"。④感于物而产生的情感，会产生偏失，此乃圣人教化之根由。张载在《横渠易说·观》云："有两则须有感，然天之感有何思虑？莫非自然。圣人则能用感，何谓用感？凡教化设施，皆是用感也。作于此、化于彼者，皆感之道，'圣人以神道设教'是也。"⑤

在张载看来，自然界存在着不同程度的"感之道"。"感之道不一：或以同而感，圣人感人心以道，此是以同也；或以异而感，男女是也，二女同居则无感也；或以相悦而感，或以相畏而感，如虎先见犬，犬若见虎则能避之；又如磁石引针，相应而感也。"⑥这就是说，差异性所导致的吸引力是让人愉悦的，圣人能照应到百姓的不同需求，从而让人心悦诚服。而强制和威胁也能导致"感"，但只会让人畏惧。相悦而感与相畏而感的分别是政治之好坏的标志，这是从"感"出发对儒家政治思想的体察。在此基础上，张载在解释"咸卦"中"圣人感人心而天下和平"时说，这是"风动"，就比如老吾老以及人之老，是"以事相感"，是"感而应"，⑦是以诚意打动人的方式。

此解释也与张载对《礼记·乐记》的解释相呼应。《乐记》说："人生而静，天之性也。感于物而动，性之欲也"，感之而动，是气之性。人

---

① 张载：《正蒙·天道》，载林乐昌编校：《张载全书》，第7页。王夫之将之解释为"与民同忧患"，不是颁布众多的治教政刑的条例来要求百姓，而是反身而诚，"不亲不治不答，皆以无心应之"。王夫之：《张子正蒙注》，载《船山全书》第十二册，第69页。

② 张载：《正蒙·太和》，载林乐昌编校：《张载全书》，第3页。

③ 张载：《正蒙·太和》，载林乐昌编校：《张载全书》，第3页。

④ 王夫之：《张子正蒙注》，载《船山全书》第十二册，第41页。

⑤ 张载：《横渠易说·观》，载林乐昌编校：《张载全书》，第142页。

⑥ 张载：《易说中·咸》，载林乐昌编校：《张载全书》，第159—160页。

⑦ 张载：《易说中·咸》，载林乐昌编校：《张载全书》，第160页。

性须是气之凝聚而成物，如此，"感"才有对象。但"感"的方式很多，若是人之好恶不能有所节制，就是"人化物"，即人被物欲所控制，从而产生诈伪之心和作乱之举。张载说："'穷人欲'，则心无由虚，须立天理。人心者，人欲；道心者，天理"，并由此回应了《乐记》中所说的，穷人欲则会灭天理。

张载在论述中虽然受道家特别是庄子的影响颇大，但他之"感"归根到底有辟佛老的立场在。在他看来佛老试图通过排斥"感"的方式来守护其虚空之本体，而不能看到寂然不动、万物森然的应物之能，只看到被欲望所迷惑的害处，然却不是从"感"的普遍性去培育自身，这是因噎废食之为。

基于此，我们或许也可以说，张载在《正蒙·乾称》篇所强调的"民吾同胞，物吾与"的万物一体的境界，即可通过张载之"感"而得到心性论的证明，并进一步理解张载气化论思想和注重感化的政治哲学的一体性。

第三节　体用与寂感：朱子对"感"的阐发

虽然张载和二程都与周敦颐有各种各样的学术上的关联性，但将周氏确立为道学体系的源头则主要是因为朱熹的推动，而朱子本体论和宇宙论的建构则主要奠基于周敦颐的《太极图说》所建立的"图式"之上。①

《太极图说》以无极而太极起首，提出动极而阳、静极而阴"互为其根"的太极阴阳动静之妙而产生五行四时这样构成现实世界的主要质料和变化形态。周敦颐的《太极图说》中，有两处提到"感"：

---

① 陈来认为："朱子的《太极解义》是其太极本体论和太极本源论的建构之始。这一建构，不仅把周敦颐的《太极图说》正式作为哲学建构的主要依据和资源，开发了《太极图说》的本体论和宇宙论意义，把太极动静阴阳论引导向了理气哲学的开展；而且，谋求太极与人极的对应，太极与人性的一致，更以'全体太极'为成圣成贤的新的内涵，形成了以太极为中心，集理气、性情、道器、体用为一体的一套哲学体系。"见陈来：《朱子〈太极解义〉的哲学建构》，《哲学研究》2018 年第 2 期，第 41 页。

> 无极之真，二五之精，妙合而凝。"乾道成男，坤道成女"，二气交感，化生万物。万物生生，而变化无穷焉。惟人也，得其秀而最灵。形既生矣，神发知矣，五性感动，而善恶分，万事出矣。①

这两处的"感"含义并不相同，"二气交感"主要是说形交气感而形成具体的事物，这更倾向于是"对立面的统一"，即不同性质的气互相吸引而凝聚万物。而"五性感动"而接近于《周易·系辞》"寂然不动，感而遂通"的"感通"义，即太极本体与外物相接触而产生出善恶之情和品类万殊的世界。

张载和二程关于"感"的讨论更多是从对《系辞》的"寂感"解释而展开，因此，试图融会周敦颐、张载和二程思想的朱熹，在讨论"感"的时候，也多聚焦于"寂感"。

针对《系辞》"易无思也，无为也，寂然不动，感而遂通天下之故"一语，朱熹的朱子的解释是"此四者，易之体所以立，而用所以行者也。……无思无为，言其无心也。寂然者，感之体。感通者，寂之用。"②从体用一元来讨论"寂"和"感"的关系，在朱熹的言论中十分常见。《朱子语类》记录了这样的对话：

> 陈厚之问"寂然不动，感而遂通"。
> 曰："寂然是体，感是用。当其寂然时理固在此，必感而后发。如仁感为恻隐，未感时只是仁；义感为羞恶，未感时只是义。"③

在"寂然"之体中，万物森然，万理具备，仁义悉备。"寂然"是仁体在未感时的"状态"，通过"感"而呈现为恻隐或羞恶之"情"。

对于仁义礼智和四端的关系，朱熹就是以性情来区分解释，并引入

---

① 陈克明点校：《周敦颐集》，中华书局，2009年，第5页。
② 朱熹：《周易本义》，中华书局，2009年，第238页。王夫之在《周易内传》中认为"感通"是占筮过程中，寻求把各种爻辞解释通顺的方式。这需要"感"，然而能达到随感必通的后果。见谷继明：《周易内传校注》下，中国社会科学出版社，2021年，第680页。
③ 黄士毅编：《朱子语类》卷七十五，载徐时仪、杨艳汇校：《朱子语类汇校》四，第1958—1959页。

张载的"心统性情"来解释,朱熹认为"夫'寂然不动'是性,'感而遂通'是情,横渠所谓'心包性情者也'。此说最为稳当。明道云'感为情,动为心',感与动如何分得?若伊川云'自性有形者谓之心',皆是门人记录之误"。①

在这样的体系中,"感"可以看作是性情之间的"触发机制"。"因其情之发,而性之本然可得而见",②朱熹在《答方宾王三》中说得明白。"仁、义、礼、智同具于性,而其体浑然莫得而见。至于感物而动,然后见其恻隐、羞恶、辞逊、是非之用,而仁、义、礼、智之端于此形焉,乃所谓情。"③

朱熹有时也用"未发"和"已发"来理解性显现为情的过程。那么这种由性到情的显现的动力在哪里呢?前揭《太极图说》中周敦颐将之归结为五行二气的运行,此为朱熹所接受和发挥,他甚至用更为具体的五行的"性质"来"范导"潜在的天理呈现为伦理情感的过程。

> 人禀五行之秀以生,故其为心也,未发则具仁、义、礼、智、信之性,以为之体;已发则有恻隐、羞恶、恭敬、是非、诚实之情,以为之用。盖木神曰仁,则爱之理也,而其发为恻隐;火神曰礼,则敬之理也,而其发为恭敬;金神曰义,则宜之理也,而其发为羞恶;水神曰智。则别之理也,而其发为是非;土神曰信,则实有之理也,而其发为忠信。是皆天理之固然,人心之所以为妙也。④

对此,江求流说:"朱子通过性与情的区分,并进一步通过已发、未发等范畴对二者之间的关系进行阐释,从而表明性与情的实质内涵是一种内在于主体的感通能力与这种能力的发用之间的关系,这就使得恻隐、羞恶、

---

① 黄士毅编:《朱子语类》卷九十五,载徐时仪、杨艳汇校:《朱子语类汇校》四,第2406—2407页。
② 朱熹:《四书章句集注》,中华书局,2012年,第239页。
③ 《朱子全书》第23册,上海古籍出版社、安徽教育出版社,2002年,第2659页。
④ 朱熹:《论语或问》,《朱子全书》第6册,上海古籍出版社、安徽教育出版社,2002年,第613页。

辞让、是非与仁义礼智之间的关系得到明确的定位与恰当的诠释。"①而这个过程的"动力"则是"感"。

从"感动"和"感化"的角度来阐发"感"的意义，也是二程和朱熹的共同点。他们都从体用关系来强调"感"在性本体和道德情感之间的纽带关系，这样，也就要求道德感受所必需的"具身性"的特征，即"身临其境"而非置身事外的道德观察。固然，这样的感受具有个体性的特征，但基于人同此心的"共感"特征的前置，儒家亦强化了道德感动的"公共性"特征。②

张载对《系辞》"寂"所引发的"虚受"发挥，也为朱子所接受，并直接用"公"来理解之。朱子在回应"心无私主，则有感皆通"的问题时说："心无私主不是暝滓没理会，也只是公。善则好之，恶则恶之；善则赏之，恶则刑之。此是圣人之至神之化。心无私主如天地一般，寒则遍天下皆寒，热则遍天下皆热，便是'有感皆通'。"③

朱熹认为"扩然而大公"是"寂然不动"，"物来而顺应"是"感而遂通"。④朱熹在这里区分了"空疏"与"空虚"，前者指没有内在积累而缺乏应对事物的手段，而后者则指佛教认万物为虚无而拒绝面对事物。"然有一般人其中空疏不能应物，又有一般人溺于空虚不肯应物，皆是自私。若能'豁然而大公'，则上不陷于空寂，下不累于物欲，自能'物来而顺应'。"⑤

宋明理学家同时也是唐宋转型过程中新型家庭伦理的建构者和推动者。从张载、二程对于宗族谱牒的重视，到《朱子家礼》的编订，其中涉及祠堂和墓祭等一系列礼仪的"原理"的解释。这也是从二程和朱熹都肯

---

① 江求流：《朱子哲学的结构与义理》，中国社会科学出版社，2020年，第61页。
② 参看王庆节：《道德感动与儒家示范伦理学》，北京大学出版社，2016年，第33页。
③ 黄士毅编：《朱子语类》卷七十二，载徐时仪、杨艳汇校：《朱子语类汇校》四，第1854页。
④ 黄士毅编：《朱子语类》卷九十五，载徐时仪、杨艳汇校：《朱子语类汇校》四，第2429页。
⑤ 黄士毅编：《朱子语类》卷九十五，载徐时仪、杨艳汇校《朱子语类汇校》四，第2429—2430页。

定家庭成员和祖先之间存在"感应"的主要缘由。

朱熹也有许多讨论涉及"鬼神"的问题，目的是要解释祠堂和祖先祭祀的意义问题。朱熹主要是从"气"的聚散和延续来解释鬼神的。他说：

> 鬼神只是气。屈伸往来者，气也。天地间无非气。人之气与天地之气常相接，无间断，人自不见。人心才动，必达于气，便与这屈伸往来者相感通。如卜筮之类，皆是心自有此物，只说你心上事，才动必应也。①

人们内心对祖先的感念必然会"触动"到学脉传承之"气"，基于这不可能散尽之气，人的祭祀活动就会得到"感通"，朱熹称之为"感格"。

> 然人死虽终归于散，然亦未便散尽，故祭祀有感格之理。先祖世次远者，气之有无不可知。然奉祭祀者既是他子孙，必竟只是一气，所以有感通之理。然已散者不复聚。②

朱熹虽并不否定人之生死是气之聚散，但他更看重气聚散背后的理，此"理"才是子孙与先祖之间"感通"之根据。承认子孙与先祖之间的感通并不意味着肯定佛教之轮回说，在朱熹看来，若依轮回说，气散则可能复聚为人，此既不符合儒家之生生之理，亦可能造成伦理上的困境。

朱熹说气聚为人，气散为鬼，但天地间之生生之理并不会消歇，祖先的精神魂魄之散，其与子孙之精神有"相属"之处，若是能尽其诚敬，就会有"感格"，所以朱熹特别看重祭祀，认为祭祀过程中的"感格"让家族气息的延续性得到载体。"如子祭祖先，以气类而求。以我之气感召，便是父祖之气，故想之如在，此感通之理也。"③

"感格"也是精神层面对应的人之间的"相感"，这客观上也限制了

---

① 黄士毅编：《朱子语类》卷三，载徐时仪、杨艳汇校：《朱子语类汇校》一，第43页。
② 黄士毅编：《朱子语类》卷三，载徐时仪、杨艳汇校：《朱子语类汇校》一，第49页。
③ 黄士毅编：《朱子语类》卷三，载徐时仪、杨艳汇校：《朱子语类汇校》一，第63页。

人们"非其鬼而祭之"的冲动,不同的社会身份所担负的社会职能不同,故而他们所祭祀的对象和范围也有对应性,否则无法产生"感应"。

> 周问:"何故天曰神,地曰祇,人曰鬼?"曰:"此又别。气之清明者为神,如日月星辰之类是也,此变化不可测。'祇'本'示'字,以有迹之可示,山河草木是也,比天象又差著。至人,则死为鬼矣。"又问:"既曰往为鬼,何故谓'祖考来格'?"先生曰:"此以感而言。所谓来格,亦略有些神底意思。以我之精神感彼之精神,盖谓此也。祭祀之礼全是如此。且'天子祭天地,诸侯祭山川,大夫祭五祀',皆是自家精神抵当得他过,方能感召得他来。"①

那么该如何理解不同社会职位的人在祭祀活动中的"感格"呢?朱熹在回答学生"公共之气"的问题时说,天子统摄天地,负担天地间之事物,他的心必然与天地相通。而诸侯无须负担天地之事,所以他们也不必祭天地,所祭亦难以产生感应。如此,圣贤道在万世,那么君子传道传心,便是承接圣贤之职分,他的气就能与圣贤感通。②如此,现在学宫里祭孔子,就是期待气类相通。这也可以视为是对"类感"思想的继承。

从《周易》的"寂然不动,感而遂通"到"咸卦"对感应原理的阐发,以及《礼记·乐记》之"感化",先秦儒家思想中"感"作为宇宙发生论和社会教化论的基础一直受到重视。汉儒则结合阴阳五行的思想,发展出系统"类感"思想,试图解释差异性和同一性在"交感"和"感动"等问题上的复杂性。在汉代的思想中,"感"是如此深入地影响到政治社会,以致"灾异"和"孝感"构成统治秩序和民间生活的重要影响因子。

---

① 黄士毅编:《朱子语类》卷三,载徐时仪、杨艳汇校:《朱子语类汇校》一,第57—58页。
② 黄士毅编:《朱子语类》卷三,载徐时仪、杨艳汇校:《朱子语类汇校》一,第61页。

本文主要是试图通过"感"这个侧面，既看到宋儒试图借助《周易》和《礼记》来构建新的哲学体系的努力，同时也从理气观和体用观来为道德教化和家族祭祀活动提供正当性的证明，从中我们也可以看到理学家们将哲学建构和社会实践相结合的一体化的努力，基于此，"感"应成为我们理解宋代道学政治哲学的重要入手点。

第十五章

感动与教化：礼乐与审美的社会功能

儒家强调人与动物之差别在于是否具备道德意识，儒家对道德教化的重视，很大程度上"塑造"了儒家对于审美的态度，即更为强调审美的道德教化。当身体的愉悦受到质疑，感官性审美体验的正当性就会受到质疑。

因此，在儒家的审美理论中，审美趣味被明显地区分为倾向于满足身体愉悦的与通过审美教育来实现"教化"的目标。那种追求身体愉悦的音乐和舞蹈，被认为是对于自我的"松懈"，而真正的宫廷乐舞，主要不是要让人体会审美的快感，而是要服务于礼仪和秩序的功能。这样的倾向，甚至体现在文字的解释实践中。在传统的表述中，"美"甚至主要是用于描述某种程度的道德"层级"，也就是说，从境界上，"美"要"屈服"于"善"。

朱子在解释《论语·述而》所记载的孔子闻韶乐，"三月不知肉味"的时候，认为孔子是赞叹情感和形式的完美结合。[①] 的确，儒家强调形式和内容的结合，认为文质彬彬，才是君子之行。形式和内容的结合有助于社会教化，若是与教化的目标相比，那么形式甚至内容都可以做出让步。所以，后世的创作者，

---

① 朱子说："不意舜之作乐至于如此之美，则有以极其情文之备，而不觉其叹息之深也。"朱熹：《四书章句集注》，中华书局，2012年，第96页。

更为倾向于从道家的思想中去寻求"纯粹的""非功利性"的美学立场。即使在"文以载道"的前提下，庄子和禅宗在绘画和诗歌的"意境"的营造上，似乎更符合后世中国艺术创作的实践形态。

人们经常说，儒释道三教的融合是中国文化圆融无碍、兼容并包的特征的最明显体现。就思想的实际演进而言，儒家对于佛教和道教的批判是十分尖锐的，即使在一些思维方式上有所借鉴，但在对于世界和人生的态度上，儒家则试图研判其中的差异。但在艺术创造领域则不然，艺术家们并没有那么严格的束缚，甚至说，伟大的艺术家，总是在超越世俗的价值沟壑，去创造为更普遍的受众所接受的作品。

第一节　尽善尽美：孔子对美和善关系的认识

王国维认为学术研究应该探究永恒的真理而非一时一地之功利目标，主张摒除中国学术传统中的功利主义倾向。他认为哲学与美术具有把人从一时一地的功利和趣味中解脱出来的力量。在他看来以往的中国哲学家大都志在政治，导致中国古代没有发展出纯粹的哲学，只有道德哲学与政治哲学。中国古代的诗歌也一样，大多是咏史、怀古、感事、赠人之作，偶尔咏叹自然之美。甚至小说和戏曲也侧重于其教化功能，对于纯粹的美术上的功能，多有贬斥。基于此，他呼吁哲学家和美术家要从世俗功利中超拔出来，做"旷世之豪杰"，他说："今夫人积年月之研究，而一旦豁然悟宇宙人生之真理，或以胸中惝恍不可捉摸之意境，一旦表诸文字、绘画、雕刻之上，此固彼天赋之能力之发展，而此时之快乐，决非南面王之所能易也。"① 在此文中，王国维认为孔子、墨子都是大政治家，孟子、荀子都是抱政治之大志者，意味着他们并非纯粹的"真理"的探求者。在发表于1903年的《孔子之美育主义》一文中，王国维认为邵雍摆脱主观倾向的"以物观物"的审美理论和康德的审美快乐理论，追求的是一种脱离了功利心的纯粹"境界"。虽然他巧妙地回避了孔子的审美理论是否与

---

① 王国维：《论哲学家与美术家之天职》，谢维扬、房鑫亮等编：《王国维全集》第一卷，浙江教育出版社、广东教育出版社，2009年，第133页。

他所推崇的康德、叔本华相合的追问，但他强调孔子特别注重"美育"。他说："孔子之学说，其审美学上之理论虽不可得而知，然其教人也，则始于美育，终于美育。"①

孔子的教育"兴于诗、立于礼、成于乐"，通过音乐的感人，诗歌之兴、观、群、怨来让人行为端正、神清气爽。在王国维看来，孔子让学生体察天然之美："习礼于树下，言志于农山，游于舞雩，叹于川上，使门弟子言志，独与曾点"，②体现出了"纯粹"的审美趣味。

王国维并不否认美育与树立道德意识之间的关系，认为美育是沟通自然与道德之间的津梁，美育所追寻的无利害、无人我的境界，让人自然而然地合于道德法则。但长期以来，儒家学者动辄以"玩物丧志"来诋毁审美趣味之培养，以道德教化来贬低审美的独立价值，这是对孔子教化思想的曲解，他觉得有必要要通过阐发孔子美育思想来纠正这种成见。

但显然，王国维是要借孔子之言行来宣示自己的美学主张。固然赞赏"吾与点也"的狂者胸次，是孔子审美观的重要方面，但相比较而言，孔子更倾向于主张道德价值是审美活动的重心。

礼乐是儒家文化的核心之一，孔子祖述尧舜、宪章文武所要纠正的就是春秋时代礼崩乐坏的局面。一般而论，礼最初起源于人们出于对自然和祖先的敬畏而形成的祭祀和崇拜仪式，而音乐则是这些仪式活动的组成部分。《周礼·春官·大司乐》就描述了祭祀活动中的歌舞场景："乃奏黄钟、歌大吕、舞云门以祀天神；乃奏大蔟，歌应钟，舞咸池以祭地祇。"可以说，这些歌舞就是礼仪活动本身。相比之下，礼更为注重仪式规范的严谨和庄重，而乐则诉诸人的内心情感；礼强调差别性，而乐则要在差别性中寻求平衡，以艺术化的方式来寻求和谐。

通过艺术化的方式来传达道德价值观，是早期儒家所推崇的方式，《诗经》通过不同的诗歌形式来表达政治理想，抒发内心的情感，同时又告诉我们可以通过诗歌中的情感来了解政治和道德的状况，给统治者提供校正的方向。《毛诗序·大序》中说："诗者，志之所之也。在心为志，发

---

① 王国维：《孔子之美育主义》，谢维扬、房鑫亮等编：《王国维全集》第十四卷，第16页。
② 王国维：《孔子之美育主义》，谢维扬、房鑫亮等编：《王国维全集》第十四卷，第17页。

言为诗。情动于中而形于言，言之不足故嗟叹之，嗟叹之不足故永歌之，永歌之不足，不知手之舞之，足之蹈之也。"随后说，声音形成旋律可以表达社会情绪。比如治世之声安宁，因为大家享受政治和谐的环境；乱世之声哀怨，缘于大家怨恨政治的混乱；亡国之声悲哀，因为要表达百姓的困苦。据此，统治者则可以从音乐旋律中去了解百姓对政治的态度，从而调整自己的施政方式。

儒家强调文以载道，主张艺术作品需要优美的呈现方式来打动人，但形式最终要服务于内容，要成为内心情感真实表达的载体，而不能只是为了寻求感官上的刺激和享受。《礼记·乐记》中将音乐分为"德音"和"溺音"。德音所采用的是那种平缓、节奏变化较少的音乐形式，所以魏文侯说听起来让人困倦。而溺音则是变化激烈，让人内心狂躁。子夏劝魏文侯要多听"德音"以修身。子夏看来是儒家"游于艺"的代表。《论语》中也记载了孔子在回应子夏所问《诗经》中"巧笑倩兮，美目盼兮，素以为绚兮"的理解。孔子说"绘事后素"（《论语·八佾》），对此，后人解释众多。郑玄的解释是绘画先铺陈五彩，然后再以白色分布其间，以成所要表达的形式。这是从人的自然之美引申到绘画或其他艺术创作活动中，指出创作基础和材料的重要性。子夏从孔子的说法所得到启发是"礼后乎？"也就是说相较于礼仪活动，仁爱之心更为基础。孔子肯定说，子夏的体会达到了理解《诗经》的门径。

儒家以仁爱为体，礼乐为用。在早期的文明演进过程中，礼乐是一个整体。作为一整套秩序规范，礼仪活动包括有程式、仪容等比较严格的形式，内含有歌舞、演奏等内容。乐以"和"为最高境界，也就是说，在礼仪活动中，乐不仅让礼仪活动具有庄严性，同时也起到整齐动作、引导气氛的作用。所以"乐"本身也要适度，过于炫目和刺激，都会导向祸患。比如《国语·周语》中记录了周景王铸造一个规模超大的钟，大夫单穆公进行劝谏，提出了由"乐"（音乐）通向"快乐"的过程。他说："乐不过以听耳，美不过以观目。若听乐而震，观美而眩，患莫甚也。"意思是说符合节度的音乐和色彩能让人身心愉悦，而若音乐过于震耳，色彩让人眩晕，则反而导致人心的迷失和社会的不稳定。单穆公说耳目是心灵的枢机，如果百姓耳听德音，目观正色，这样百姓就会归心，"是以作无不济，求无不获，然则能乐。夫耳内和声，而口出美言，以为宪令，而布诸民，正之以度量，民以心力，从之不倦。成事不贰，乐之至也"。(《国语·周语下》) 这或许是古代文献中对于音乐的社会作用最为完整的描述。也就是从音乐的"和"中发挥音乐对于政治的引导作用，自然会产生使得百姓快乐的政令。而在以民为本的政令指引下，百姓则以一种快乐的态度来生活，这是"乐之至也"。

孔子作为儒家思想的集大成者，他身上典型地体现出艺术和道德、政治结合的倾向。或者说，经由孔子删削的古代经典，突出了艺术的社会功能。孔子特别注重礼仪与内在情感的结合，认为如果缺乏真情实感，礼乐活动便成为虚文。孔子将诗教和礼乐活动看成是一个整体，"兴于诗、立于礼、成于乐"(《论语·泰伯》)，如果从社会和政治层面来理解，诗所担负的是歌颂和讽刺的功能，以劝勉和劝诫统治者注意自己的行为、礼乃立国之本，而达成君民和乐的目标。如果从个人修养的角度来看，诗和礼亦是言谈和为人处世的基本修养，而"成于乐"则可以理解为人的内心和外在世界的和谐融合。

正是因为侧重审美活动的政治和道德功能，所以孔子所讲的"美"与"善"并非完全区隔的两个领域，经常是美善合一的。《论语·尧曰》中记载子张问孔子社会治理的要点的时候，

> 子曰："尊五美，屏四恶，斯可以从政矣。"
> 子张曰："何谓五美？"
> 子曰："君子惠而不费，劳而不怨，欲而不贪，泰而不骄，威而不猛。"

在这里，孔子所提出的五美，更多是美德层面，而非审美意识上的。

当然，孔子讨论美也有从纯粹审美感受的角度而进行的，因为毕竟道德教化的效果要依赖于艺术表现形式所能带给人的审美体验。

古代文献中记载了许多孔子学习音乐的故事，从《论语》中，我们可以看到孔子是十分喜欢音乐的。在《论语》里，孔子有两次评论《韶》。

在《八佾》篇中记载了孔子对《韶》和《武》这两首乐曲的评论。"子谓《韶》：'尽美矣，又尽善也。'谓《武》：'尽美矣，未尽善也。'"郑玄的注说："韶，舜乐也。美舜自以德禅于尧，又尽善，谓太平也。武，周武王乐。美武王以此定功天下，未尽善，谓未致太平也。"[①]从这里我们可以看出，在儒家审美观念中，虽然善与美是统一的，但乐章的最终评价要看其所体现的道德境界的高低。美与善二者也有不同的侧重，美侧重于音乐的旋律和节奏，而善则强调旋律和节奏背后的道德意味。

在《述而》篇中说孔子听到《韶》，三个月不知肉味。这个比喻令人印象深刻。类似的还有"好德"与"好色"的比喻，子曰："已矣乎！吾未见好德如好色者也。"（《论语·卫灵公》）这是从人的感官享受来比喻艺术对人的吸引力，从一个侧面体现儒家所强调的乐教侧重于从自然的情感来入手，说明礼乐教化并非一种外在的强制性的力量，而是自然生成、不脱离人之喜怒哀乐的情感世界的。

《孟子·梁惠王下》有一段孟子和齐宣王讨论王政的对话。对话中齐宣王表示他也欲行仁政，但因为自己有一些不好的习性，故而难以企及古代圣王的治理高度。齐宣王说，他喜欢财货和美色。孟子听到之后，并没有直接否定这种喜好的合理性，而是认为齐宣王若能将自己的欲望和诉求与民众共享，这些都不是问题。孟子就是从诸如怵惕、辞让、羞恶、是非这样的自然情感来证明道德意识的先天性。

孟子倾向于从未加外在影响的情感的发端处去证明人所共同具有的道德意识，并将之确定为人类的共同情感。他说："口之于味也，有同耆焉；耳之于声也，有同听焉；目之于色也，有同美焉。"（《孟子·告子上》）既然感官体验有"共同性"，那么人心对于理义的追求也必然是一致的。作为孔子思想的继承者，他也从道德教化的角度去认知美，将道德体验和审美体验结合起来。

"何谓善？何谓信？"曰："可欲之谓善，有诸己之谓信，充实之谓美，充实而有光辉之谓大，大而化之之谓圣，圣而不可知之之谓

[①] 刘宝楠：《论语正义》上，中华书局，1990年，第134页。

神。"(《孟子·尽心下》)

这段话被视为是最能体现孟子美学思想的。文中的"可欲",主要对应的是"己所不欲勿施于人",来说明以己之所欲,推之于人,是一种"善"。自己拥有善意,相信别人也有,这是对人的"信"。充实而能信任别人,即能体现出道德的力量,此之为"美"。能将这种美宣扬出去,可称为"大"。能教化万民,则为"圣人"。在教化过程中,能不着痕迹,百姓日用而不知,则堪称为"神"。

第二节 美与教化:以《礼记·乐记》和《荀子·乐论》为例

儒家虽然也经常从感官体验去论证道德意识的发生,但总体而言,儒家的乐感文化是一种"节制"性的,孔子对"关雎"的评价就是"乐而不淫,哀而不伤"(《论语·八佾》),担心过度沉溺于欲望的危害性。因此,他们会对音乐等艺术形式设置一些前提,即提倡一种有助于社会秩序的艺术欣赏趣味,而节制过于冲动和眩惑的作品。孔子在回答颜渊如何治理国家的时候,告诫说,音乐应该听《韶》乐,而不应该听郑国的乐曲,因为郑国的音乐轻浮,容易让人萎靡。①

儒家以教化为目的的审美观念,最为集中地体现在《礼记·乐记》和《荀子·乐论》等作品中,而综合此二篇,我们可以从"感"和"比"这两个范畴来说明儒家的审美观念与教化是如何有机统一起来的。

一 "感于物而动"

许多经典都接受"同类相感"作为事物运动的基本原理。《周易·乾卦》的"飞龙在天,利见大人"条,就借孔子之口说:"同声相应,同气相求",认为圣人出现,万物皆能感受到,并追随之。然而,对于怎么理

---

① 《论语·卫灵公》:"颜渊问为邦。子曰:'行夏之时,乘殷之辂,服周之冕。乐则韶舞,放郑声,远佞人。郑声淫,佞人殆。'"

解"同",则可以有不同的理解。如《左传·昭公二十年》中就说:"若以水济水,谁能食之?若琴瑟之专一,谁能听之?"并由此说"和实生物,同则不济"。这可以让我们去思考"同类相感"之同类是否仅仅是寻找与之相同的事物,还是有更为复杂结构的"同"。

从《周易》的总体倾向而言,事物之间产生"感"的缘由,可以是相似特性的"同",如前面所说的"同声相应",如水流向湿地,火倾向于干柴,这些都是经验世界中可以得到的印象。然而另一种相感则是对立面的统一,比如人们通常从"感"来解释《周易》"咸卦"之"咸",并以"咸"来指称"感"的普遍性。"咸"的卦象为兑上,艮下。兑为水泽,艮为山,它们之间的刚柔"交相感应",并以男女之间的互相感应来阐发感而必通之理。由此可见,感应并非只是相似事物之间的"叠加",而是不同事物之间因其差异而产生的吸引力,并产生世间万事万物,即所谓"天地感而万物生"。

作为乐教的最重要作品,《礼记·乐记》是一部中国古代的音乐理论著作。①《乐记》建立起音→声→乐逐步推进的音乐形成理论。《乐记》说,"音"生成于人的内心,是外物让人心产生"感"并形成"声"。声与声的感应与杂变,形成乐句。"凡音者,生于人心者也。乐者,通伦理者也。是故知声而不知音者,禽兽是也,知音而不知乐者,众庶是也。"(《礼记·乐记》)君子就是要从乐中听到人内在之"音",并从乐曲的旋律中体会社会秩序。只知跟着声而陷溺的人就难以从欲望中自拔。

由此可见,乐形成的初端在于音,是内心感于外物而形之于声。《乐记》从人类情绪的六种基本类型(哀、乐、喜、怒、敬、爱)总结出六种不同的"声"(噍以杀、啴以缓、发以散、粗以厉、直以廉、和以柔),分别对应不同的情感状态。《乐记》认为这些"声"并非天生的,而是因为有这些情绪的触动才"感于物而后动"。正是因为从"声"中可以感受

---

① 关于《礼记·乐记》和《荀子·乐论》的成书先后,目前存在比较大的争议,有人认为《乐记》乃是采集《周官》及其他诸子对乐的议论而成书,因此其内容应该早于《荀子·乐论》,但也有人认为从理论的完备性而言,《礼记·乐记》可能要晚于《荀子·乐论》。本文主要讨论二者的乐教审美思想,对其产生先后不做辨析。

百姓的情绪,并由此了解人们的生活状态,由此形成的"音"就能反映治乱之情状,声音之道与政治是相通的。如果声音"安以乐",那么政令平和。如果声音"怨以怒",那么政令乖张,秩序混乱。如果声音"哀以思",说明国家危亡,民众困苦。

《乐记》从气之顺逆来讨论"声"对人的"感"与"应"的作用。"凡奸声感人而逆气应之,逆气成象而淫乐兴焉。正声感人而顺气应之,顺气成象而和乐兴焉。倡和有应,回邪曲直各归其分,而万物之理各以其类相动也。"(《礼记·乐记》)《乐记》根据气之顺逆将声分成"奸声""正声",将乐分成"淫乐"与"和乐",并以"同类相感"的原理,认为奸声导向淫乐,而正声则导引出和乐。这段话在《荀子·乐论》中有几乎相同的表述——"凡奸声感人而逆气应之,逆气成象而乱生焉;正声感人而顺气应之,顺气成象而治生焉。唱和有应,善恶相象,故君子慎其所去就也。"[①]由此可见,声所感于物这个过程,是借助"气"之顺逆而产生结果。

这里所说的"去就"就是要从发生学的角度让奸邪之气不接于身体,这样在"感于物"的时候,就会顺正以行义,由此,"乐者,德之华也"。《乐记》又提出了另一种声与乐的结构:"乐者,心之动也。声者,乐之象也。文采节奏,声之饰也。"(《礼记·乐记》)从中我们也可以看出《乐记》乃是采自不同作品的汇集性作品。

在"乐"的起源问题上,《荀子·乐论》所描述的路径与《乐记》有所不同,其线路是乐(快乐)→声音→乐曲。《乐论》说:"夫乐者,乐也,人情之所必不免也。故人不能无乐,乐则必发于声音,形于动静,而人之道,声音动静,性术之变尽是矣。"[②]《乐论》认为人必然会有喜怒之情,而感于这种情感就会用声音来表达,通过动静的间隔来表达复杂的情绪。这里的"性术"可以被理解为抒发情感的方式。先王之立乐,是基于担心人心之感于物而失去节制,所以制《雅》《颂》之声来引导,让声

[①] 《荀子·乐论》,载李涤生:《荀子集释》(二),台湾学生书局,1979年,第461页。

[②] 《荀子·乐论》,载李涤生:《荀子集释》(二),第455页。

音能让人表达愉悦而不致于放荡，让音乐"足以感动人之善心，使夫邪污之气无由得接焉"。① 前文已述，荀子在《乐论》中与《乐记》一样从"气"的流行来解释"感"而"应"的过程，这与他主张以"治气养心"来修身的工夫实践是一致的。他说不同的乐器所演奏出来的声音，"清明象天""广大象地""俯仰周旋有似于四时"。② 荀子从他的人性论出发，肯定人的自然欲望的存在，然而需要去"化性起伪"，其间，荀子也十分注意"感"的过程。在《性恶》中荀子说："若夫目好色，耳好声，口好味，心好利，骨体肤理好愉佚，是皆生于人之情性者也，感而自然，不待事而后生之者也。夫感而不能然，必且待事而后然者，谓之生于伪。是性、伪之所生，其不同之征也。"③ 若是依着满足欲望的感受而任其发展，人就会好逸恶劳，这就需要节制，"感而不能然"，礼乐的陶冶是扭转随欲望而行的趋势。荀子在《乐论》中提出先王通过作乐来导引人们向善之情。"乐者，圣人之所乐也，而可以善民心，其感人深，其移风易俗。故先王导之以礼乐而民和睦。夫民有好恶之情而无喜怒之应则乱。先王恶其乱也，故修其行，正其乐，而天下顺焉。"④ 乐教是让天下和顺的有效方法。

在《乐论》中，认为好的音乐是对自然秩序的"模拟"，体现天地四时之序的乐声会让人"耳目聪明，血气和平，移风易俗，天下皆宁，美善相乐"⑤。在愉悦的心情中，让人情绪平和、风气纯良，最终达到天下安宁，道德教化和审美体验相得益彰的境界。

二 乐与社会教化、君子的自我修养

《乐记》中记录了子夏与魏文侯关于"古乐"和"新乐"的讨论，这对于了解儒家对音乐之社会作用的认识至关重要。魏文侯问子夏，为什么听郑卫之音，不知疲倦，而正襟危坐地听古乐，则很难坚持。子夏说，古

---

① 《荀子·乐论》，载李涤生：《荀子集释》（二），第455页。
② 《荀子·乐论》，载李涤生：《荀子集释》（二），第461页。
③ 《荀子·性恶》，载李涤生：《荀子集释》（二），第461页。
④ 《荀子·乐论》，载李涤生：《荀子集释》（二），第455页。
⑤ 《荀子·乐论》，载李涤生：《荀子集释》（二），第461页。

乐和新乐虽然都名之为"乐"，名相近，但实质相距甚远。古乐所要传达的是修身齐家、均平天下的治国之道，而新乐只是提供给你感官的享受。古乐所传达的是"德音"，而新乐所表现的是"溺音"。在子夏这里，所谓的"德音"就是重大仪式中所能采用的庄重严肃的乐曲，更多是对为政者的要求，比如听磬声就要思念封疆之臣；而听琴瑟之声，则思志义之臣；听竽、笙、箫、管之声就要思念善于凝聚人心的大臣等等，即是将音乐与政事有机结合起来。

音乐不仅对于为政者来说具有矫治之功，对于百姓而言也是如此。普通民众往往不能有效控制自己的情感世界，而不同的声音则可能会激发他们不同的情绪，并形成他们的行为方式。如果从儒家治病找根的原则来看，那么，乐教就是要从"所感于物"的时候就开始关注"声"的倾向。

声的组合就形成"乐"，声是人心之音的外化，乐的最高境界并不是要穷尽所有的音色，这就好比最好吃的食物并非是把所有食材汇集在一起。先王制礼作乐，并非是要把人的感官欲望充分满足，而是让人们从乐曲中去分辨善恶而返回人道之正。

在《乐记》中，提出了后世儒家所反复讨论的"人化物"的观念。人的情感是受外物之"感"而发，但外物是无穷的，所以物之感人也无穷，若不能节制，也不能对这些所感进行反思，那么人即丧失主体性而为外物所化，至"灭天理而穷人欲者也"。在这样的社会里，弱者得不到保护，鳏寡孤独缺乏社会保障，社会就会陷入全面的混乱。

既然不同的音乐对人心的影响是如此不同，那么君子就应该让自己的感官与那些奸声、乱色进行隔绝，使身体由正声导引。由此，《乐记》强调了音乐的道德功能要优先于娱乐和享受的作用，一场音乐舞蹈的表演，更像是对人们进行一次遵守社会秩序的"提示"。"乐者，非谓黄钟、大吕、弦、歌、干、扬也，乐之末节也"（《礼记·乐记》），正如礼仪活动中的仪式，只是礼的"末节"一样，道德意识的灌注才是礼乐活动的重点。"德成而上，艺成而下，行成而先，事成而后。"（《礼记·乐记》）

荀子也将"乐"作为君子自我修养的重要手段，根据"比德"而"感"的原理，不同的乐器都能激发一种德性来涵养君子之德。《乐论》

说:"君子以钟鼓道志,以琴瑟乐心;动以干戚,饰以羽旄,从以磬管。故其清明象天,其广大象地,其俯仰周旋有似于四时。"① 由此,受音乐感召的人志气清爽,受礼节制的人行为中矩,这样君子就血气和平,并移风易俗,天下秩序井然,百姓安乐。

君子和小人对于音乐的态度是不同的,君子听乐是为了感受乐教对自己行为的引导,而小人则沉迷于乐曲所带来的感官愉悦中,所以君子不仅要以乐作为自我修养的方式,还要"以道制乐"。这与《乐记》所强调的存天理、灭人欲是一致的。

声音和乐曲有如此重要的教化作用,所以"圣人制器",制作不同的乐器来与政治目标相配合。《乐记》说:"昔者舜作五弦之琴以歌南风,夔始制乐以赏诸侯……大章,章之也。咸池,备矣。韶,继也。夏,大也。殷、周之乐尽矣。"最初是谁制作这些乐器、编写这些乐曲固然难以考究,但《乐记》所要表达的是先王为乐是要以乐为治理之法,让百姓行为向善。

相比于《乐记》,荀子的《乐论》更为具体地描述了具体的乐器所对应的物候与德性。所以他描述"声乐之象"说:鼓声大,能听到的人多,有似天道无所不覆;钟声博厚而充实,象征地之宽厚;磬所发出的声音让人明白要有亲疏长幼贵贱之节,如水之波纹;竽和笙的声音严肃,管乐尖利,似星辰日月;埙和篪舒缓博大,琴瑟之声柔和婉转,演奏乐曲时的身体动作犹如万物之变化无穷。歌声清明与舞蹈的俯仰、旋转结合象征天道的流转。② 孔子、孟子都重视乐教,但至荀子,对于音乐的起源和社会作用才有系统的讨论。一般认为,荀子的《乐论》乃是针对墨子的《非乐》篇而作,所以许多段落都以"墨子非之奈何"来做结。

《乐记》试图将音阶与社会等级等同起来,说宫为君,商为臣,角为民,徵为事,羽为物。按照郑玄的说法,因为宫在五行中属于土,总四方,所以事君之象。商属金,是臣之乡。角属木,是民之象。徵属于火,

---

① 《荀子·乐论》,载李涤生:《荀子集释》(二),第461页。
② 《荀子·乐论》,载李涤生:《荀子集释》(二),第464页。

是事之象。羽属水，是物之象。①从声音的清浊的角度来看，因为演奏宫音所用的丝弦最多，所以最浊，并逐步由浊变清。根据这样的对应关系，人们可以从不同音的特性看到不同阶层的状况，并推论出国家治理的善恶。在《乐记》看来，声音之道与为政之道是相通的，五音各自所对应的社会角色和社会功能如果不杂乱，那么声音就流畅而平正。如果"宫"音乱，则意味着这个国家的君主骄奢。"商"乱的表现是其乐曲变化陡峻，说明官僚系统崩坏。"角"音乱表示百姓有忧愁之事，民众怨恨之情积聚。"徵"乱则百姓哀伤，说明统治者有太多的劳役之事。"羽"乱表示财政困境。如果这五音都互相杂乱叠加，如此就是散漫无序，是国家灭亡的象征。

既然音乐的主要功能是"知政"，那么乐曲的极致，并不取决于其曲式的繁复，而是让人从音乐的"余味"中，去教化百姓知道善恶，以返回人道的中正平和。"是故先王本之情性，稽之度数，制之礼义，合生气之和，道五常之行，使之阳而不散，阴而不密，刚气不怒，柔气不慑，四畅交于中而发作于外，皆安其位而不相夺也。然后立之学等，广其节奏，省其文采，以绳德厚，律大小之称，比始终之序，以象事行，使亲疏、贵贱、长幼、男女之理皆形见于乐，故曰：'乐观其深矣'。"（《礼记·乐记》）从乐理中，可以形象地体察到亲疏、贵贱之礼，因而礼和乐不仅是在形式上要配合有素，在实质上也是相辅相成的。

三 礼乐之间

《乐记》认为礼乐在社会生活中发挥不同的功能，如果说礼的作用主要在别同异、殊尊卑，那么乐的作用主要在于协调好恶。"乐者为同，礼者为异。同则相亲，异则相敬。"（《礼记·乐记》）礼仪活动的最大目标是让人确立在社会生活中的角色意识，从而贵贱等差各安其位。而乐则让人们"忘记"这些不同，使不同等级的人都能和谐相处。过于强调等级，人们就会疏远，而过于忘情则会失去对尊长的敬意，助长僭越之心。所以

---

① 孙希旦：《礼记集解》下，中华书局，1992年，第979页。

说"乐者,天地之和也。礼者,天地之序也。和,故百物皆化;序,故群物皆别"(《礼记·乐记》)。从核心内涵而言,乐最能体现仁爱的精神,而礼则呈现出义的立场。所以王者制礼作乐,一般是在功成治定之后,体现的是与天地合德,与百姓同乐的精神。

从情理的角度出发,乐侧重表达人的情感,而礼则更侧重于事物的规范。所以说"乐也者,情之不可变者也。礼也者,理之不可易者也。乐统同,礼辨异。礼乐之说,管乎人情矣"(《礼记·乐记》)。礼乐有其不同的社会功能,然礼乐要节制协调。若过于强调乐,那么就是散漫无纪;若过于重视礼,则亲情疏远背离。《乐记》说:

> 乐者为同,礼者为异。同则相亲,异则相敬。乐胜则流,礼胜则离。合情饰貌者,礼乐之事也。礼义立,则贵贱等矣。乐文同,则上下和矣。好恶著,则贤不肖别矣。刑禁暴,爵举贤,则政均矣。

从礼乐的来源上看,乐发自内心,礼则是强调约束。行中礼则互相退让而不争夺,乐润心则包容而无怨。所以先王制礼作乐就是实现王道政治的基本前提。《乐记》说:"是故先王之制礼乐,人为之节,衰麻哭泣,所以节丧纪也;钟鼓干戚,所以和安乐也;昏姻冠笄,所以别男女也;射乡食飨,所以正交接也。礼节民心,乐和民声,政以行之,刑以防之。礼乐刑政,四达而不悖,则王道备矣。"

乐曲发自内心的感受而成,因此,在荀子看来,其"入人也深""化人也速",平和庄严的乐是王天下的第一步。"先王谨为之文。乐中平则民和而不流,乐肃庄则民齐而不乱。民和齐则兵劲城固,敌国不敢婴也。如是,则百姓莫不安其处,乐其乡,以至足其上矣。然后名声于是白,光辉于是大,四海之民莫不愿得以为师,是王者之始也。"[①] 要成就王道政治,乐是基础。

《乐论》也与《乐记》一样,强调乐教在促进不同等级的人和谐共处方面的功能。荀子说:"故乐在宗庙之中,君臣上下同听之,则莫不和

---

① 《荀子·乐论》,载李涤生:《荀子集释》(二),第459页。

敬；闺门之内，父子兄弟同听之，则莫不和亲；乡里族长之中，长少同听之，则莫不和顺。故乐者，审一以定和者也，比物以饰节者也，合奏以成文者也，足以率一道，足以治万变。"①这里所说的"审一"指的是确定音乐的基调，"比物"即让人声与乐器之声合乎声音节奏，这样才可以让人们统率于大道之下，应对各种变化。荀子的《乐论》最后还收入《乡饮酒礼》的内容，可以看出当时人们对于日常生活中通过礼乐活动来建立和顺气氛的重视。

基于乐对人影响的深入，荀子建议设立专门的官员来防止不良的乐声流传，若有险峻、轻浮的乐声蔓延，是国家危乱的前兆。在列国交征的战国后期，荀子不仅考虑国内政治秩序的安宁，还关注国家的军事实力以应对周边国家的挑战，为此目的，乐也被赋予统一人们思想和行为的功能。

荀子批评墨家囿于节俭的目的而看不到乐教的巨大社会功效，认为通过金石丝竹的方式来导引人们的德性，才是"治人之盛"。

礼乐是儒家社会秩序的基础，礼所代表的仪式活动以及与之相配合的音乐舞蹈，通常与国家、社会和家庭的祭祀等功能性活动相联系，比如《周礼》中的"大司乐"通常的职能就是"奏黄钟，歌大吕，舞云门以祀天神，乃奏大蔟，歌应钟，舞咸池以祭地祇"。黄钟大吕，就是那些曲高和寡的高雅音乐，主要在礼仪活动中演奏，是反娱乐的，需要参与者以"敬"的态度，激发对于天地自然和祖先的崇高感的认知以及对于宇宙和谐的体察。在礼乐活动中，我们现代意义上以追求身心之趣味和感官之愉悦为目标的审美体验反而是被抑制的。无论是《乐记》还是《乐论》都担心因为音乐在满足人自然欲望的时候，人心被"陷溺"，产生"鄙贱之思"②，因此，对于俗乐、新乐更多的是排斥。然而，或许我们也可以通过《乐记》中子夏和魏文侯的对话中意识到，儒家对于郑卫音乐的指斥，可能也包含了对于统治者沉湎于感官享受的批评。如果联想起孟子对于"独乐乐"和"与人乐乐"的辨析，儒家更为反对的是统治者只顾自己享受而忘记了生活于困顿中的百姓。

---

① 《荀子·乐论》，载李涤生：《荀子集释》(二)，第457页。
② 《荀子·乐论》，载李涤生：《荀子集释》(二)，第460页。

第三节　儒道互补与儒释道在审美观上的融合

儒家试图将审美活动和道德教化活动结合起来，这就要求对美和丑做出一些"确定性"的规范。然而，儒家也意识到固定形式本身和缺乏内容的虚文会造成对审美趣味的破坏。所以《乐记》认为礼乐的最高境界是易简——"大乐必易，大礼必简。"这是对孔子审美思想的继承。孔子始终强调礼乐活动与内在情感的贴合，认为缺失仁爱的礼乐，并不能真正感动人心。因此，孔子对于"绘事而素"的提倡与道家强调朴素为美的精神有一致之处。《庄子·天道》中说"朴素而天下莫能与之争美"[1]。在《天道》的最后，也借用尧舜之间的对话，讨论"美"和"大"的区别。当尧告诉舜，他所关注的是民众疾苦的时候，舜说，这仅仅是美善而已，不够"大"，真正的"大"是天地自然的秩序，不能人为去改变。这其实就是道家审美观的关键，以自然而然的存在为美。《刻意》篇说："若夫不刻意而高，无仁义而修，无功名而治，无江海而闲，不导引而寿，无不忘也，无不有也，澹然无极而众美从之。此天地之道，圣人之德也。"[2]在这一点上呈现出儒道之间最大的分歧。在道家看来，儒家试图给定美丑标准的伦理审美思想根本无法了解真正的美。《道德经》中说："天下皆知美之为美，斯恶已；皆知善之为善，斯不善已。"[3]因此，在庄子这里，儒家的钟鼓之音，羽旄之舞，都只是"乐之末"，只有自然的声音和树叶的飘动才能算是真正的"天乐"。在《齐物论》中，庄子首先就是从人们对声音的"美丑"判别来区分审美趣味的高低。他认为基于乐器的声音和自然界的"孔""窍"发出的声音，都是有所依赖的，只有无所依赖的"天籁"才是自然而然的声音世界。

道家强调了道德意识和审美趣味的"个人化"的一面，要解构千人一面的美丑标准。很显然，道家要针对的是儒家将美丑系之于教化的功能化倾向，从而将美丑标准和善恶标准一并加以否定。

---

[1]　郭象注，成玄英疏：《庄子注疏》，中华书局，2011年，第250页。
[2]　郭象注，成玄英疏：《庄子注疏》，第291页。
[3]　王弼注，楼宇烈校释：《王弼集校释》，中华书局，2009年，第6页。

所以，庄子反对所有立场先行的思想和行为，认为人们对于美丑、善恶的区分只是基于各自立场的"偏见"而已。如果"以道观之"，西施和毛嫱之美丑之别便无所依据。道家主张"道法自然"，指斥儒家以仁义礼乐来规训人是对人性的束缚和扭曲。道家所推崇的是摆脱了人伦关系的"无所待"的状态，认为这样的人才是活出了自己的"真人"。《庄子》书中经常提到"真人"，他们是一种什么样的人呢？《庄子·大宗师》"古之真人，不知说生，不知恶死。其出不䜣，其入不距。翛然而往，翛然而来而已矣。不忘其所始，不求其所终。受而喜之，忘而复之，是之谓不以心捐道，不以人助天。是之谓真人。"① 说到底就是能保持内心的平静，不以人力去增饰自然，不以主观的念头去改变天地运行的规律，这样无欲无求的人就是"真人"。

儒家和道家在审美观上如此不同，但又相反相成，在人生态度和审美实践上，我们经常可以发现其互补性。儒家虽强调刚健有为，但也欣赏"乘桴浮于海"遗世独立的精神。道家虽然主张无为，但他们对现实政治的批评却也实实在在地体现出他们对于现实政治的关切。终于，这样的分析在魏晋时期得到了理论上的融通。比如，入世的事功和出世的隐逸在王弼等人那里得到一种妥协性的表述：身处庙堂和心在山林并不矛盾。这样既肯定了儒家对于社会责任的承担意识，也张扬了放飞自我的心灵自由。而最为典型的贯通则可以从郭象对于《庄子·秋水》篇中"牛马四足，是谓天；络马首，穿牛鼻，是谓人"的解释里得到体现。郭象说：人在生活中，难道可以不服牛乘马吗？如果要依靠牛耕地，骑马助行，难道可以不穿络马首牛鼻吗？这样的反问其实就是在质疑"无以人灭天"的结论。由此，成玄英的解释则直接对庄子的天人观做了一定程度的"补正"。在成玄英看来，牛马四足，固然是自然之"禀赋"，这可谓之"天"。而穿络马首牛鼻，是基于人的意志，可谓之"人"。牛马之被穿络，固然是出于人的意志，但"理终归于造物"，也就是说自然之造物使其具有被穿络的可能，这是想借助牛马二兽来呈现"天人之一道"。② 对于自然的向往和对

---

① 郭象注，成玄英疏：《庄子注疏》，第127—128页。
② 郭象注，成玄英疏：《庄子注疏》，第321页。

于现实秩序的肯定可以完美地统一在中国人的精神世界里。

魏晋时期佛教的传入，无论从人生观还是艺术形式上都深刻地影响了中国人。佛教与道家、《周易》等中国传统观念发生了化学反应，很快被知识阶层所接受。佛教作为一种信仰形态，特别重视通过造像和绘画来传播教义。从敦煌、麦积山到龙门、云冈石窟，我们都可以将之视为中国佛教传播的"艺术化"表达。佛教是如此契合中国人的心灵世界，以至于人们并不将其看作外来的文化形态。佛教的中国化以佛典的翻译和本土佛教宗派的形成为其显著的标志，而对于中国审美文化而言，禅宗的形成则至为关键。李泽厚说，佛教发展到禅宗加强了中国文化的形上性格。但并没有否定儒道共持的感性世界和人的感性存在，也没有否定儒家所看重的现实生活和日常世界，所以禅宗会认为"担水砍柴，无非妙道"。"禅把儒、道的超越层面提高了一层，而对其内在的实践面，却仍然遵循着中国的传统。"① 这样说可能过于抽象，若以画家的眼光来看，潘天寿眼里的禅宗"主直指顿悟，见性成佛。每以世间实相，解脱苦海波澜；故草木花鸟，雨竹风声，山云海月，以及人事之百般实相，均足为参禅者对照之净镜，成了悟之机缘"。② 禅宗的产生，不仅使中国画中的山水画达到新的高度，佛教绘画也产生新的方向，即不再是单纯以传教为目标的佛陀故事的"宣传画"，而是着力于呈现自然界的生命无意识、无思虑的存在状态，在很大程度上排斥了人在审美活动中的目的性。因为在这样花开水流、鸟飞叶落的世界中，人仅仅是其中的一个部分。而这样的世界不再是儒家的健动、道家的虚无、佛教的寂灭，而是一个自在自然的世界，一切加诸于其上的"人为的""目的性"的追索都不是与这个世界的真正融合。

抽象地谈论儒释道对于中国人的审美趣味的影响会过于抽象，我们可以结合中国古代对于儒释道三教的人物画像来进行描述，或许会使问题"具象"化。

大概是因为艺术创作所依赖的物质材料的原因，中国早期文明中，我们比较少见得到类似古希腊罗马的雕塑作品来呈现早期历史中的神话传

---

① 李泽厚：《华夏美学美学四讲》，读书·生活·新知三联书店，2008年，第167页。
② 潘天寿：《中国绘画史》，上海书画出版社，2016年，第116页。

说人物。最早的关于帝王和圣贤的画像主要是来自山东、安徽等地的墓葬中,属于砖画。内容包括古代圣王和一些重要的思想家,例如中国古代思想史上最重要的人物孔子和老子。其中孔子问礼于老子的砖画就很有影响。或许在当时人的观念中,思想成熟的人总是老成持重的,所以,在这些题材的画像中,老子和孔子都是长须飘飘,尤其是孔子,秉承"每事问"的态度,谦恭有礼。儒家思想一直占据中国思想的主流,所以,对于孔子形象的塑造并不能十分"自由",后世比较有名的孔子画像比如吴道子的《孔子行教图》,画中的孔子即结合了《礼记·儒行》中"章甫之冠",也就是类似一个"头巾"包住头发,但衣服就十分繁复,线条飘逸,尽得"吴带当风"的吴氏绘画特色。吴道子画中的孔子身体略微前倾,双手作揖,彬彬有礼,身上斜挎长剑,体现了儒家所推崇的"智仁勇"三达德的圣人形象。后世不断有人画孔子像,基本特征并无大的变化。到了南宋马远笔下,画家则以其自然恬淡的气息给孔子还原到"人"的状态,只是其隆起的额头,似乎依然在强调着孔子作为一个智者的特征。

有人认为中国绘画五代之前以人物胜,元代之后山水画兴盛,宋代则是人物和自然的协调。这在马远的画中得到最为突出的体现。在《独钓寒江》等作品中,人物被置于自然之中,大片的留白与孤舟在江中随波逐流,船上的人物专心垂钓,我们并不能看到人物面容,而只能看到其形态,也意味着人与自然之间的融通,即让自己置身于自然而不自显的生活态度。

宋代的理学家对于佛教并不客气,始终持有辟佛的立场。但在艺术上,佛教的影响则十分明显,而且继续着佛道结合的倾向。宋代的佛教人物画,也逐渐与中国的山水画相结合,比如梁楷的《释迦出山图》,画中的释迦牟尼,并非是寺庙中的高严的状态,画家也更加侧重于描述其苦苦求道的过程。画中的释迦牟尼须发浓密、袒胸露臂,置身于老树枯藤、绝壁巨石之中,将中国山水和异域信仰有机结合。值得一说的是,如果我们回溯到唐代王维的《伏生授经图》,则可以发现,秦汉之间传授《尚书》的伏生却被画成了一个带有印度色彩的男子,虽然有头巾和中国式的案几,但伏生袒露上身、瘦骨嶙峋的状态,却类似于我们常见的佛教中人物形象。在以胖为美的唐代,男子一般都健硕雍容,《韩熙载夜宴图》中的赴宴者和《文苑图》中的李白等人，都是如此，甚至连唐代的马匹也都是跑不动的姿态。通过王维等人的绘画实践，儒家主题与佛教的风格得到了某种程度的契合。

宋代人物画中，最能体现儒道结合的绘画作品当数李唐的《采薇图》，画作以中国历史上最为有影响的伯夷和叔齐的故事为原型，描写这二位因为反对武王伐纣而不食周粟，在首阳山以采薇为食，最后饿死的故事。这两个人物符合儒家所强调的忠义节操的精神。儒家虽然盛赞殷周革命，但并没有否定不与周合作的伯夷、叔齐。孔子就称赞他们"不降其志，不辱其身"。《庄子》中虽然对于伯夷有多种评价，但对于其让王而隐居则是肯定有加。在《采薇图》中，我们看到伯夷和叔齐坐在孤松危岩中，二人神情放松地在谈论，中间的小篮子里装的是刚采来的地衣之类的食物。儒家的气节和道家的放达在这幅画中得到最为完善的结合。

总体而言，中国古代人物画中的男子形象，比较少西方雕塑和绘画中对于男子肌肉体魄的刻画，更为强调人物社会角色（圣人、神仙、佛）的呈现。在人物的刻画上，水墨画对于人物神情、姿态的细节呈现也略逊于油画。但在儒释道互相融合的审美气息中，中国画重视意境的烘托、强调人与自然之间的相容性，尤其在元之后的文人画中，人物往往被融入整体的山水之间而成为自然的一部分。如果说在世俗的生活中，儒家价值是绝对的主流的话，那么在审美趣味上，佛道的理论影响可能更大。

近代以来西方文化的传入，也深刻地影响了中国现代美学理论和审美活动的特征。王国维对于"欲望"的肯定和对"美术"的永恒价值的肯定，都体现出他受到康德和叔本华等西方思想家的审美理论的影响。但就现代中国艺术创作而言，强调艺术作品的"社会功能"依然可以看出儒家审美理论的曲折表达，而西方传统艺术和现代、后现代艺术作品的传入和借鉴，让中国现代的音乐、绘画乃至建筑等艺术创造实践，体现出全球性和民族性的复杂融合，我们可以期待一种新的中国艺术风格的形成和成熟。

· 第七部分 ·
勇敢与复仇

第十六章

血气与道义：儒家论勇

在儒家所推崇的道德品质中，最具有时间性和层次性的当数"勇"。本文所说的"时间性"，是指随着人类社会的发展，"勇"在道德系统中的重要性不断"减退"的过程。在早期儒家道德谱系中，孔子就将智仁勇并列，说"知者不惑，仁者不忧，勇者不惧"（《论语·子罕》）。显示出克服恐惧，刚毅坚定，对于共同体生存和发展的重要意义。《中庸》将"勇"与"仁""智"这些道德原则并称为"三达德"。按朱熹的解释，"达德"就是天下古今之人所必然具备的基本德行。① 而发展到战国中后期，儒家更为偏重仁义礼智这些德性，将之与五种基本的宇宙构成物相对应，使之具有"客观可靠性"。② 由此，"勇"的重要性逐渐式微，而"勇"所可能带来的情绪性的影响，被孟子和荀子所共同强调，故而对"勇"进行了分层次的讨论。

---

① 朱熹：《四书章句集注》，中华书局，1983年，第28页。
② 从不同的"五行"思想可以看出儒家伦理系统建构的两种方向，比如"子思的《五行》篇的宗旨，是以'五行'为基础的阐述心德的生成机制。仁、义、礼、智、圣五种德之行，是心德的基本构成要素"。（何益鑫：《竹简〈五行〉章句讲疏》，上海古籍出版社，2024年，第1页。）然此种子思、孟子一系的解释方式，荀子在《非十二子》中对之进行了激烈的批评。可见当时亦有另外的解释系统。虽荀子主张天人相分，但将儒家的五种道德要素与木金水火土之五行相配，是战国秦汉时期更为流行的观念。

"勇"内在的层次性在《论语》中就被重视,因此,在孔子眼里,"勇"不是"毫无保留"的善,对勇的肯定往往有许多限制性的条件,认为"勇"需要与其他的德性建立起关联才可能发挥其正向的作用。《论语·阳货》篇对子路问勇的回应中,强调了"勇"和"义"的关系。"君子义以为上。君子有勇而无义为乱,小人有勇而无义为盗。"或许是对子路好勇的针对性的提醒,但孔子明确强调"义"对于"勇"的优先性地位,他指出:设若没有"正义"的原则,勇就可能成为叛乱和盗窃的根源。

与"勇"类似的还包括"恭""慎""直"等儒家所推崇的道德品行,然在孔子看来,这些品行都需要有所约束,都需要有"礼"的统摄。子曰:"恭而无礼则劳,慎而无礼则葸,勇而无礼则乱,直而无礼则绞。君子笃于亲,则民兴于仁;故旧不遗,则民不偷。"(《论语·泰伯》)"勇"本身所带有的"情绪反应"特质,若缺乏"礼"的范导,可能会成为社会动荡的根源,所以,"勇而无礼"是"君子之所恶"(《论语·阳货》)。

孔子对"勇"带有"限制条件"的肯定,与"勇"在发生学上所带有的"情绪""欲望"等因素有关。① 通常我们需要面对分辨被愤怒控制的鲁莽行为与有"理性判断"而产生的行为之间,何者才能称得上"勇"的困难。有时候,懂得"恐惧"而知道权变比犯险行事更能体现其勇敢。《论语·述而》篇记录了一段孔子与子路的对话说:

> 子路曰:"子行三军则谁与?"子曰:"暴虎冯河,死而无悔者,吾不与也。必也临事而惧,好谋而成者也。"

其实,子路的问题很具有普遍性。如果在战争环境下,什么样的指挥者才是值得跟随的呢?孔子点出了两个关键的问题,即勇敢与恐惧,勇

---

① 托马斯·阿奎那对"勇"的德行属性的分析很有启发性。可以帮助我们理解儒家对血气之勇和道义之勇的区分的理解。他认为勇敢和节制是以"欲望为主体"的德行。其中,欲望是双重的,一是理智中的意志(the will which is in the reason),也就是跟随理性认识的"理性欲望"(rational appetite)。一是跟随感性欲望的"感性欲望"(sensitive appetite)。并进一步将感性欲望区分为易怒的"愤情"(the irascible)和贪欲的"欲情"(the concupiscible)。见潘小慧:《多玛斯论"勇德"之意义与性质》,载《哲学与文化》31(9),2004年,第152页。

敢与理智的关系。① 一般而言,"死而不悔"是勇气的直接体现,然"好谋而成"更有利于达成目标。所以,当我们讨论勇敢的行为的时候,还需要看行动是否通过"理性"权衡而最终达成预定目的,不然只会白白牺牲而一无所获。

通常所谓的勇敢总是与"无惧"相联系,即在困境乃至生命的威胁面前无所畏惧,但不顾危险的"无惧"和做好预案、沉着应对的"无惧",同名而异实。而对可能的后果"有所畏惧"意味着对危险的充分重视,因而能更好地保护土地、人民,甚至是具备更为超越性的道德目标:社会正义。所以,孔子更为肯定"临事而惧"这个看上去并不那么勇敢的行为。

对此类问题,西方早期伦理学也有所讨论。比如亚里士多德的《尼各马可伦理学》中说:"勇敢总是同信心和恐惧这两方面相关,但同这两者相关的程度并不相等。它同会引起恐惧的事物相关程度更大一些。因为,在引起恐惧的事物面前不受纷扰、处之平静,比在激发信心的场合这样做更是真正的勇敢。"② 由此可见,对于勇敢的层次性的认识,亦是"心同此理"。

总而言之,勇是早期儒家君子人格的三个支点之一。相比于仁、智,勇更具有矛盾性。主要原因在于仁可能具有融摄性,而勇则不必然包含"仁""智"的可能。孔子说:"有德者必有言,有言者不必有德。仁者必有勇,勇者不必有仁。"(《论语·宪问》)孔子对"勇"的讨论,为后世对"勇"的认识提供了丰富的理论基础,作为孔子思想的最重要的阐述者,孟子和荀子对于勇的内在特性,又做了各具风格的阐发,体现出战国时期"勇"概念的不同向度。

---

① 这个讨论具有普遍性,苏格拉底和拉刻就讨论了,面对强敌,固守阵地还是采取"灵活的方式"打击敌人何者为"勇敢"的问题。王太庆译:《柏拉图对话集》,第122页。《论语·先进》篇中,孔子让弟子讨论治国之方,子路的方案显然是具有现实针对性的,就是处于两个大国之间且物质匮乏的国家,通过三年,培育他们的勇气。对此,"夫子哂之",孔子显然并不满意这个方案

② 亚里士多德:《尼各马可伦理学》,廖申白译,商务印书馆,2003年,第93页。

一 正义、理智和情感：孟子的"勇"与"不动心"

孔子对"勇"做了限制性的要素设定，强调"智"（判断力）、"礼"（规则意识）和"仁"（爱）对"勇"的正向引领。然孟子亦有所推进，尤其是，从终极意义上，认为"勇"能推动儒家的仁爱观念，从亲亲、仁民超拔而至"爱物"，由此，认为勇的最高境界是将个体的道德意愿和共同体的利益达成圆融。

早期人类对于"勇敢"的推崇，即是基于维护群体利益的需要。群体利益的损害者可能来自敌对的部落和国家，也可能来自共同体的内部。这都需要勇敢者不顾个人安危挺身而出。①孟子对于"勇"的理解也充分体现了民众利益优先的原则。在孟子与梁惠王的对话中，当梁惠王问孟子"何以利吾国"这样的问题时，孟子的回答指向了与民"共享"的维度。在孟子看来，无论是园林的大小、是喜欢先王之雅乐还是今人之世俗之乐，这些都并不是判断王政之优劣的决定性因素。在一个国家里，如果百姓可以在园林里嬉戏，如果统治者可以分担百姓之忧苦，那么，老百姓对于统治者的态度就会由挑剔转向关切，这样，国家和个体之间就达成了利益和情感上的一致，政治秩序的正当性就此得以树立。

孟子由此转入对勇敢的正当性的讨论。问题的源起依然聚焦于如何看待一个国家的强大。齐宣王问孟子如何与邻国相处，孟子以其一贯的立场说，统治者要保持仁爱之心。统治者若以仁义治国，那么无论是大国，还是小国，都能与周边的国家和谐地相处。不过，这样的回答并不能切中齐宣王的要害。有意"重现"齐桓公、管仲九合诸侯之威名的齐宣王认为孟子的言论过于脱离实际，于是，他不耐烦地说：

"大哉言矣！寡人有疾，寡人好勇。"对曰："王请无好小勇。夫抚剑疾视曰，'彼恶敢当我哉！'此匹夫之勇，敌一人者也。王请大之！《诗》云：'王赫斯怒，爰整其旅，以遏徂莒，以笃周祜，以对

---

① 亚里士多德在《尼各马可伦理学》中，将勇敢划分为五个层次：（1）公民的勇敢，（2）经验的勇敢，（3）出于怒气的勇敢，（4）乐观的勇敢和（5）无知的勇敢。见亚里士多德：《尼各马可伦理学》，廖申白译，第93页。公民的勇敢即是从维护城邦安全而体现出的品格。

于天下。'此文王之勇也。文王一怒而安天下之民。《书》曰：'天降下民，作之君，作之师。惟曰其助上帝，宠之四方。有罪无罪，惟我在，天下曷敢有越厥志？'一人衡行于天下，武王耻之。此武王之勇也。而武王亦一怒而安天下之民。"（《孟子·梁惠王下》）

齐宣王宣称自己"好勇"是对孟子"仁说"的排斥，他带着一种"意气用事"的口吻对孟子说，你的说法固然高尚，但我"好勇"，也就是说，我喜欢用"力量"来解决国与国之间的纷争。

孟子的回应就从对"勇"的辨析入手。他将齐宣王的"好勇"之气斥为"小勇"，并指出，那种手持兵器、无惧死亡的搏命做法，是人们所习惯认可的"勇"，但这只能称得上是"小勇"。孟子希望齐宣王能改变对"勇"的认知，不要将"勇"看作是化解个人情绪的手段，要以"安天下"的目的来判断"勇"。他借助《诗经·大雅》中赞美文王的诗句来解释道：文王之怒，是因为纣王之暴虐而起来抗争，所争者乃是"天下之民"的福祉，而不是为个人之恩怨来泄愤。在孟子看来，文王那种为共同体的利益而敢于"愤怒"和"抗争"是"大勇"。孟子还以《尚书·周书·大誓》中的告诫来说明，民众的生命因蒙受天的光辉，他们与"君""师"是同样重要的。周武王不能容忍有一个人"衡行"凌驾于其他人之上，作威作福。武王以这样的现象为耻，所以一怒而"诛一夫"①以让天下百姓安定地生活。

在孟子这里，"大勇"和"小勇"的差别，主要在于勇气的目的不同，只有为全体民众的福祉而显示他的勇敢，"勇敢"才可能是体现出"正义"。亦如孔子所说，勇不必有仁，而仁者必然是勇敢的。我们从柏拉图的《理想国》中也可以读到"公民之勇"所蕴含的一个人的目的和城邦的目的的一致性，②由此可见，在西方早期思想中试图用正义来矫正

---

① 在孟子看来，若不能获得百姓的支持，那么其权力的合法性自然不存在，故而他们与商纣王之间的君臣一伦自然解体，而纣王亦变成"一夫"而可诛。参看《孟子·梁惠王下》。

② 柏拉图说，正义使"节制、勇敢、智慧在这个城邦产生，并在它们产生之后一直保护着他们的这个品质了"。见柏拉图：《理想国》，商务印书馆，1986年，第157页。

"勇"的多重可能性的思路与早期儒家的运思方向是一致的。

人们关注最多的,也是有更大解释空间的关于"勇"的讨论在《公孙丑上》一篇中,此篇议论的背景与前述《梁惠王》篇中齐宣王的问题意识有关。即公孙丑设定了一个"情景",设若齐王任孟子为卿相,齐国就可以复现其"霸主"的地位,对于这样的机会,孟子是否会"动心"。这个问题其实很有讨论的空间,因为孟子要建成仁政之国,并不包含是否实现"国力增强"的目标。但是,对于齐宣王而言,如果没有强国的目标,转而去追求并无现实图景的孟子式的"仁者无敌",也是不可接受的。

对于公孙丑的问题,孟子的回答说"四十不动心",这照应了孔子"四十不惑"的说法,多少有点回避问题。接下来,孟子进一步强调他与一般所云的"勇力"之士(孟贲)的不同,是一种面对权力利益和欲望的诱惑所呈现的"不为所动"。① 这就把"不动心"与"勇"的问题结合起来了。

公孙丑继续追问达成不动心的方法,孟子认为"不动心"本身并不难,他承认告子比他更早"不动心"。然"不动心"是孟子要将问题引向"勇"的津梁,他要对不同层次的"不动心"展开分析,从而呈现出不同层次的"勇"。"不动心"的程度随"养勇"的程度而转移。

> 曰:"不动心有道乎?"曰:"有。北宫黝之养勇也,不肤挠,不目逃,思以一豪挫于人,若挞之于市朝,不受于褐宽博,亦不受于万乘之君;视刺万乘之君,若刺褐夫。无严诸侯。恶声至,必反之。孟施舍之所养勇也,曰:'视不胜犹胜也。量敌而后进,虑胜而后会,是畏三军者也。舍岂能为必胜哉?能无惧而已矣。'孟施舍似曾子,北宫黝似子夏。夫二子之勇,未知其孰贤,然而孟施舍守约也。昔者曾子谓子襄曰:'子好勇乎?吾尝闻大勇于夫子矣。自反而不缩,虽褐宽博,吾不惴焉;自反而缩,虽千万人,吾往矣。'孟施

---

① 彭国翔认为"'不动心'尚不是心向外充拓的积极发用,而是在消极意义上对于外部一切可能构成心的干扰因素的拒绝和阻断"。见氏著:《身心修炼:儒家传统的功夫论》,上海三联书店,2022年,第75页。

舍之守气，又不如曾子之守约也。"（《孟子·公孙丑上》）

在孟子看来，勇敢的人才能不动心，但不同的"勇"指向的是不同的"不动心"。与前面以"公共性"作为目标来劝告齐宣王追寻文王、武王之"大勇"不同的是，在这个语境中，孟子给我们呈现为"个人"意义上的从情感、理智到正义的不断递进的"勇"的阶梯。类似的分辨，我们在《柏拉图对话集》的《拉刻》篇中也可以看到。在苏格拉底看来，在强敌面前表现出不退缩和忍耐固然都是勇敢，但这种坚持和不退缩并非鲁莽的"无惧"，而是要表现出明智和判断力，明智的"勇敢"要高于"无惧"的"勇敢"。①

这样的分辨有助于我们更好地理解孟子对于北宫黝和孟施舍在面对"危险"的环境时的不同方案。相比之下，北宫黝是一个充满"血性"的勇力之士。即使尖刀刺目，他也不眨眼。无论是地位比他高的人，还是地位比他低的人，从"恶声至，必反之"可见，他的相处之道取决于由"情绪"而产生的"应激机制"。

孟施舍排除了情绪性的应激反应，他的"无惧"并非蛮干，而是在精准地分析了敌我优劣之后，不以眼前的得失作为决策的前提。这种行为可能会被人视为"怯懦"，但在孟子看来，是一种在"理智导引之下"的勇敢，比在"愤怒"情绪控制下的鲁莽的行为要更能体现"勇敢"的实质。

这段话中，比较会引发歧义的是，孟子将北宫黝、孟施舍与子夏、曾子所进行的比较。焦循在《孟子正义》中对此做了如此的解释，"北宫黝事事皆求胜人，故似子夏知道之众。孟施舍不问能必胜与否，但专守己之不惧，故似曾子"。② 这种解释有牵强之处。

---

① 苏格拉底认为勇士不仅仅是战争中表现出色的人，也包括能与自己的欲望和情欲做斗争的人（王太庆译《柏拉图对话集拉刻》，商务印书馆，第123页）。这就是说，他看到了勇敢所需要的"血气"，但又善于节制和分辨这种血气和愤怒的方向。对此，对话中的尼基雅说："在我看来，勇敢和谨慎只出现在少数人身上，卤莽、大胆以及不知畏惧、轻举妄动则出现在很多男人和妇女、儿童以及禽兽身上。所以，你和很多人称为勇敢的，我只称为大胆；我只把那明智的称为勇敢的。"（前揭书，第131页）

② 焦循：《孟子正义》上，沈文倬点校，中华书局，1987年，第193页。

若以孟施舍和曾子的比较，则存在着"守气"之专一与"守道"之专一的层次上的差异。彭国翔认为"北宫黝和孟施舍的'不动心'其实只是坚守于'气'而达到的一种不为外界所动的状态，尚非在'心'上用功的结果。只有曾子'吾日三省吾身'的'守约'，才是在自心上做功夫所达到的境界"。① 那我们该如何理解"守气"与"守约"呢？这点可能是照应前文所说的"告子先我不动心"。联系孟子文本中与告子展开的"仁义内外"的争论可知，告子虽然也能做到"不动心"，但将道德原则视为外在于我的规范性要求，因而缺乏一种"主体的自觉"，而曾子的直指本心，显然已经做到了"向上一步"。

通常我们认为曾子比较注重规范性的建构，因此，若将"守约"视为"心的自发的行动"，也许并不符合孟子文本中对于更高层次的"不动心"的讨论。在上文中，最高层次的"勇"是通过曾子转述孔子的"大勇"来描述的。这是基于个人的道德信念和国家正义得到完美统一的标准，以此来衡量，即使有千万人反对，也不会改变自己的立场。而这种勇气，既需要血气之勇，也需要理智之勇，还需要有无可置疑的道德自信，这三个因素的结合，是只有孔子才可以达到的"大勇"。

本来，对于"勇"的层次性至此已经十分明晰，然在《孟子》文本中，公孙丑继续追问孟子与告子在"不动心"上的差别，这种差别并非是"勇"的境界上的差别，而是如何达成"大勇"的路径分析。孟子是通过对"志""气"的关系分析来进一步深化的。

"志""气"构成人的生命形态的两个关键要素，即作为情绪要素的"气"到作为"心内在主张"的"志"，以及转化为实践性能力的"志""气"合一。② 虽然，"志"和"气"之间存在主次关系，但两者不能有所偏废，"夫志，气之帅也。气，体之充也"（《孟子·公孙丑上》）。如此，孟子

---

① 彭国翔：《身心修炼：儒家传统的功夫论》，第 75 页。
② 古希腊哲人对勇气的认识，也不排斥"情绪层面"的作用。"高贵的血气使人自愿为他人或共同体而牺牲。血气根植于自然又超越自然，人拥有血气这一自然所赠予的工具，便可以摆脱自然对个人的冷漠。血气这种愿意冒险和自我牺牲的性质，构成了人类理想主义的自然基础。"林志猛：《柏拉图论政治的勇敢与哲学的勇敢》，《道德与文明》2022 年第 6 期，第 115 页

便将问题提升到"志""气"之间的良性互动,即人的动能与道德目标之间的统一,"持其志无暴其气"即言此统一也。即"集义"所生成的"浩然之气",其"至大至刚"的气魄,是"正义"(义)与"方法"(道)的结合,促使即使有千万人面对无尽的险阻而不气馁,充塞天地之间,就是由将个体之爱扩充到社群国家乃至天下万物的境界,对此,彭国翔指出:"任何个体行为者的'浩然之气'只有在自我与他人以及自我与天地万物这两重关系中发挥其至大至刚的作用,与宇宙之中原初的清明之气连成一体,才会在'塞于天地之间'的过程中充分实现自身。"① 这种自我实现是孟子对于最高人格境界的界定。

二 荀子对不同层次的勇及其社会功能的阐发

与孟子的道德理想主义色彩相比,荀子对人的理解更接近于自然人性论。② 荀子批评孟子不能分清自然与人为的关系,认为人的道德品质是后天修养而成。《儒效》篇说:"性也者,吾所不能为也,然而可化也。"这即是圣人进行社会建构(化性起伪)的必要性之前提。所以,荀子在论及"气"或"血气"的时候,主要指的是人的自然身体所包含的生理本能的欲求,是自然的质料性的,通过"礼"的规范转化,赋予其恰当的呈现形式后,也能产生"化性起伪"的效果,将自然的冲动规范于理智之下,成就德行。在孟子那里,气本是充塞宇宙之间的至大至刚之气,"志"和"气"在宇宙原初意义上本来合一,所以他讲"以志率气"是以二者"自然的原初的合一"为前提,道德努力的最终目的是回返那种状态,所以荀

---

① 彭国翔认为荀子的"气"并不包含孟子的"浩然之气"所含的理智、正义的"德气"部分。这种判断是从"原初"意义上说的。不过,荀子认为通过后天的积累,人也是可以成为一个道德的存在。若圣人可学而成,那么,荀子所追慕的"尽制尽伦"的圣人与孟子与天地合其德的圣人也是异曲而同工。参看彭国翔:《身心修炼:儒家传统的功夫论》,第 89 页。

② 近年有对于荀子属"性恶"还是"性朴"的争论(参见周炽成:《荀子"性朴"论新探》,人民出版社,2022 年),各有所据,然这两种立场的差异在于如何理解人的"原初状态",无论是"白板"式的"性朴"论还是以往所认为的"性恶"论,都导向了圣人的指引和人不懈地进行修养的必要性。在这个意义上,孟荀之间有很多可贯通之处。

子的"气"有变成"德气"的可能。①

基于对欲望的"承认",荀子认为人的本能和对于利益荣辱的感受,都是一样的,所差别的只是君子追求的是遵循礼仪所带来的荣誉,而小人追求的是基于势位而带来的奉迎。(所差别的是追求方式不同,因而所得的结果也不同。)君子之道成则"必得其所好,必不遇其所恶",小人之道成则"必不得其所好,必遇其所恶"。②对于欲望,荀子也是如此,他所关注的是满足欲望的方式,而非对欲望的压制。在那段关于礼的起源的讨论中,荀子肯定了"生而有欲"的合理性,"欲而不得,则不能无求。求而无度量分界,则不能不争;争则乱,乱则穷"(《荀子·礼论》)。而圣人制定礼义的目的也不是要消灭"欲",而是通过制定规则,使欲求和供给之间达到平衡,所以荀子说"礼者,养也"(《荀子·礼论》)。荀子主张"礼"的一项重要内容在于正义的分配,即接受客观物质条件的限制,根据人的德行和能力大小,设定不同的荣誉、爵位、职级和俸禄等次,并建立赏罚机制进行调节,以此保证有势者不因掌握过多资源而过度放纵欲望,普通人也不因无法满足基本生存欲求而虚无化,从而避免社会的离散化。在这里,人的欲望既是社会治理的对象和挑战,也是建构社会秩序的积极因素,甚至是个人和社会发展的基本动力。

由此,荀子的教化思想不在于抑制人的欲望,也不是一刀切式的"寡欲"。他在《正论》篇中严厉地批评了子宋子所提出的"人之情,欲寡"的说法,这样就会导致圣王所制定的赏罚原则错乱,并认为子宋子一派否

---

① 彭国翔说:"遍检《荀子》通篇所论可以看到,凡与人相关的'气'均为'血气'之意,指的是血肉之躯所携带的包括自然欲望、生理本能以及心理情绪在内的身体方面。孟子所论的'德气'尤其是'浩然之气'的观念,似乎并不在荀子的理解范围之内。"见彭国翔:《身心修炼:儒家传统的功夫论》,第113页。

② "好荣恶辱,好利恶害,是君子小人之所同也;若其所求之道则异矣:小人也者,疾为诞而欲人之信己也,疾为诈而欲人之亲己也,禽兽之行而欲人之善己也;虑之难知也,行之难安也,持之难立也,成则必不得其所好,必遇其所恶焉。故君子者,信矣,而亦欲人之信己也;忠矣,而亦欲人之亲己也;修正治辨矣,而亦欲人之善己也;虑之易知也,行之易安也,持之易立也,成则必得其所好,必不遇其所恶焉。"则君子注错之当,而小人注错之过也。"(《荀子·荣辱》)

定奖惩有效的错误理论如果得到散布就会导致社会秩序的失效。在这样的自然人性论下，荀子的修身理论更像是一种欲望和理智在"礼"的原则下的中和。荀子在《修身》篇中说：

> 治气养心之术：血气刚强，则柔之以调和；知虑渐深，则一之以易良；勇胆猛戾，则辅之以道顺；齐给便利，则节之以动止；狭隘褊小，则廓之以广大；卑湿、重迟、贪利，则抗之以高志；庸众驽散，则劫之以师友；怠慢僄弃，则炤之以祸灾；愚款端悫，则合之以礼乐，通之以思索。凡治气养心之术，莫径由礼，莫要得师，莫神一好。夫是之谓治气养心之术也。

荀子的治气养心之术，要点是在"礼"和"师"，在老师的指导下，用礼来规范。如此，血气刚强、勇胆猛戾这些高情绪的行为，可以通过调和和提供发泄空间来得到释放。即使是贪利、狭隘、怠慢这样明显有道德亏欠的行为，也不是一概鄙弃，而是试图通过志向、师友、礼乐等方式来"挽救"。① 在教化的领域，荀子特别看重"师""法"的作用，《儒效》篇中荀子借用孔子的话头说，"师法"能让人们更为合理地疏导那些可能导致双重后果的行为特征。

> 故人无师无法而知则必为盗，勇则必为贼，云能则必为乱，察则必为怪，辩则必为诞。人有师有法而知则速通，勇则速威，云能则速成，察则速尽，辩则速论。故有师法者，人之大宝也；无师法者，人之大殃也。②

---

① 荀子以礼来规训、疏导欲望、情感的说法很多，如他说："凡用血气、志意、知虑，由礼则治通，不由礼则勃乱提僈；食饮、衣服、居处、动静，由礼则和节，不有礼则触陷生疾；容貌、态度、进退、趋行，由礼则雅，不由礼则夷固、僻违、庸众而野。"（《荀子·修身》）

② 在《荀子·仲尼》篇中，对此"知""勇""察"有呼应性的讨论，只是"察""能"换成了"巧"，其基本思路是一致的，就是"知"和"勇"等品质需要其他道德原则的"配合"才能发挥其有利于社会秩序的作用。"孔子曰：'巧而好度必节，勇而好同必胜，知而好谦必贤。'此之谓也。愚者反是。处重擅权，则好专事而妒贤能，抑有功而挤有罪，志骄盈而轻旧怨，以吝啬而不行施道乎上，为重招权于下以妨害人，虽欲无危，得乎哉！是以位尊则必危，任重则必废，擅宠则必辱，可立而待也，可炊而竟也。是何也？则堕之者众而持之者寡矣。"

荀子特别强调，人性既然为天生乃不可能"预置"，但可以通过教化来实现对行为方式的合理化调整。否则一个有"知识丰富"的人会成为"盗"，一个"勇敢"的人会成为危害别人的人，才能过人的会成为叛乱者，能探知奥秘的人（察）①可能会散布"怪说"，善于辩论的人会颠倒是非。唯有"师法"方能让"知识""技能"和"勇敢""明察""善辩"成为造福于社会的"才能"。

若无师法的加持"勇则必为贼"，荀子的这个说法继承了孔子和孟子所主张的"勇"的条件性特征，但与孔子尤其孟子所不同的是，既然情绪和欲望都属于可"疏导"的"血气"特性，如此，基于情绪激发的"勇"在荀子这里并非是低层次的"勇"。荀子更为看重的是"勇"是否构成对礼法的突破，构成对公共利益的破坏。②

《荣辱》篇是荀子讨论"勇"的重要篇章，他反对"勇而无惮"。有勇敢的气质，却不知道畏惧礼法，不明白"勇气"只有通过礼法才能变成"勇德"。没有礼法指导的"勇气"，只是满足欲望的工具。对应于不同的欲望目的，"勇气"表现就有相应的类型划分。但不同于孟子对北宫黝等的"理想类型化"分析，荀子下面的分析可以说是"日常生活化"的人，但他并不是从"情绪"或"理智"来讨论这种"勇"的特性，而是从"斗"的角度来讨论不计后果的"勇"所能带来的社会效果。荀子说：

> 斗者，忘其身者也，忘其亲者也，忘其君者也。行其少顷之怒，而丧终身之躯，然且为之，是忘其身也；室家立残，亲戚不免乎刑戮，然且为之，是忘其亲也；君上之所恶也，刑法之所大禁也，然且为之，是忘其君也。忧忘其身，内忘其亲，上忘其君，是

---

① 竹简《五行》中有"精则察"，所体现的是精诚状态下，对于共同体的成员的体察和关切。见何益鑫：《竹简〈五行〉章句讲疏》，第 101 页。

② 东方朔认为，既然荀子认为国家之存在是由圣人所建构，固其所衍生的公共性便是可以自证的。这样，人的行为之善恶在某种程度上不是取决于人的内心，所以"在对道德和政治的理解上，孟子和荀子代表两种截然不同的看法，前者是以道德来理解政治，后者即以政治来理解道德"，见东方朔：《权威与秩序：荀子政治哲学研究》，生活·读书·新知三联书店，2023 年，第 449 页。

刑法之所不舍也，圣王之所不畜也。

与人斗狠的后果是身死家破，也无法承担为国服务的责任，这种人虽具"人形"，实质就是"狗彘"而已。如此，他分辨了几种不同的"勇"，其实也是从对社会秩序的破坏入手的。他说：

> 有狗彘之勇者，有贾盗之勇者，有小人之勇者，有士君子之勇者。争饮食，无廉耻，不知是非，不辟死伤，不畏众强，恈恈然唯利饮食之见，是狗彘之勇也。为事利，争货财，无辞让，果敢而振，猛贪而戾，恈恈然唯利之见，是贾盗之勇也。轻死而暴，是小人之勇也。义之所在，不倾于权，不顾其利，举国而与之不为改视，重死持义而不桡，是士君子之勇也。

所谓"狗彘之勇"是为了果腹而失去是非、不顾死伤的人。而"商贾之勇"是为逐利而罔顾辞让之心。为了意气而不顾生命安危的是"小人之勇"，只有那种为了正义而甘愿牺牲利益、冒犯权势的人，才是"士君子之勇"。

很显然，荀子是从人的社会身份来讨论他们在"勇"德上的表现，他认定了一个人的社会角色会导致他的道德意识上的倾向。

即使是描述不同层次的"勇"德的特性，荀子也倾向于结合特定人群的行为特征来呈现。比如在《荀子·性恶》中，荀子将勇分为"上勇""中勇"和"下勇"，其间的差别主要体现于能否在不同的社会环境下，始终坚持自己的理念。

比如，荀子所说的"上勇"——

> 天下有中，敢直其身；先王有道，敢行其意。上不循于乱世之君，下不俗于乱世之民。仁之所在无贫穷，仁之所亡无富贵。天下知之，则欲与天下同苦乐；天下不知之，则傀然独立天地之间而不畏。是上勇也。

"上勇"的特性体现出荀子与孔孟所推许的君子和"大丈夫"人格在价值观上的继承性，即对独立意志的褒扬、对仁德的坚持和穷达不同处境下的

与民共享喜乐的"公共性"。但转入"中勇"层面,又转回到对行动特性的描述。荀子说:

> 礼恭而意俭,大齐信焉而轻货财,贤者敢推而尚之,不肖者敢援而废之,是中勇也。

中勇之人,注重礼仪、俭朴、信任而看轻财货,如此,对于贤能之人他能果决推举,对于不肖者则敢于牵制而废弃。"下勇"之人,把金钱看得比生命还重要,因此为了逐利,不分是非对错,只为赚取更多的财物。

> 轻身而重货,恬祸而广解,苟免不恤是非、然不然之情,以期胜人为意,是下勇也。

随着战国后期社会流动和社会身份变动加剧,荀子的自然人性论也突破了不同身份的人在道德上的先天差异。在荀子看来,不仅人性是由后天塑造的,而且人的社会身份也要靠自己争取,既然"涂之人皆可以为禹",那么"上勇""中勇"和"下勇"的差异也不是固定的,每个人都可以通过自己的"积累"而成为"大勇"之人。这亦是从荀子论"勇"中可以体会到的儒家贤能政治的意味。

以礼法作为标准,从公私的角度看,上勇是大公无私,追求最普遍的公共福祉;中勇是不以私废公,"大齐信而轻货财",公共性高于个人收益;下勇只追求个人收益,最不具有公共性。此外,由于礼法具有历史性,荀子理解的"上勇"似可以说是"基于个人的道德信念和国家正义以及文明传统的完美统一"。相比之下,孟子的"大勇"则多了一层天地境界的维度,个体与天地精神直接勾连;同时,孟子"虽千万人吾往矣",表现出一种以个体道德理想对抗社会历史潮流的勇敢意味,而荀子则要么"与天下同苦乐之",要么"独立天地之间而不畏",在很大意义上削平了"勇"的棱角和对抗性。

春秋战国时期,儒学在百家争鸣的环境中,不断丰富自己的伦理道德体系,一些在《论语》等经典中十分重要的道德原则,如"惠""直"

等，在不断"提纯"的过程中，因内在的层次性而难以"普遍化"而逐渐"边缘化"。就"勇"而言，更为清晰地印证了这种轨迹——从"智仁勇""三达德"而成为需要接受其他德性"制约"的边缘性德性，体现出在战国的社会生活中，儒家对于和平和秩序的希冀。

对比孟荀对"勇"的理解，孔子和孟子对勇的认识，有更强的连续性。而在孟荀之间，对于勇的认识，已然从崇尚内在的精神气质转向对勇的社会后果的讨论。这既体现出孟荀在道德和政治之间的不同取向，也体现出战国后期，人们更注重"绩效"的功能主义的思想倾向。

不过，质朴如荀子，依然十分看重"勇"在达成人格完满性中的作用。他在以玉比德君子的论述中，亦肯定了"勇"不折不挠的品质。他说：

> 夫玉者，君子比德焉。温润而泽，仁也；栗而理，知也；坚刚而不屈，义也；廉而不刿，行也；折而不挠，勇也；瑕适并见，情也；扣之，其声清扬而远闻，其止辍然，辞也。故虽有珉之雕雕，不若玉之章章。（《荀子·法行》）

不过，"勇"的德性在后世儒学的发展中，并没有得到进一步的强调。在儒学转折的汉代，董仲舒更为看重"仁"与"智"的结合，"勇"却被贬斥，他说："莫近于仁，莫急于智。不仁而有勇力才能，则狂而操利兵也。"① "勇"之刚毅、抗争和独立的精神已经不再成为士人的基本素质。到宋明时期，尽管战乱不绝，但儒生对保国之"勇"的诉求似乎不及道德之勇的内在修养工夫，朱子与学生讨论"浩然之气"充塞天地的时候，虽然也说"如古人临之以死生祸福而不畏，敢去骂贼，敢去殉国，是他养得这气大了，不怕他，义也"。② 但总体认为孟子对此"浩然之气"

---

① 见苏舆：《春秋繁露疏证》，中华书局，1992年，第257页。
② 黄士毅编，徐时仪等汇校：《朱子语类汇校》三，上海古籍出版社，2014年，第1331页。朱子倾向于主张，"勇"并不具备与仁、知同等的地位。这也体现在朱熹对于收复中原的态度上。按田浩的分析，朱熹和陈亮虽都主张收复中原的土地，相比之下，朱熹认为需要更为复杂的准备，而这种立场会被陈亮认为是"消极"。见（美）田浩著：《功利主义儒家：陈亮对朱熹的挑战》，姜长苏译，江苏人民出版社，2012年，152页。

部分说得"粗"。若总体观察朱子和学生的对话,朱子对"勇"的评价不高,在讨论《中庸》"知""仁""勇"的关系中,根据《论语》中"力行之为勇",他认为"勇"只是"仁""知"的推动因素。甚至说:"勇本是个没紧要物事,然仁知了,不是勇便行不到头。"[①]因为"勇"在道德谱系中的隐身,所以传统的士人总体倾向"温柔敦和",就此而言,如何在现代的人格培育中,增加"勇"的因素,使之能应对社会和自然的各种挑战,是我们重新讨论"勇"德的内在缘由。

---

① 黄士毅编,徐时毅等汇校:《朱子语类汇校》三,第1624页。

第十七章

对等原则与儒家的正义

——儒家经典与生活世界中的"复仇"

人类历史发展，总会有一些观念被尘封在历史的记忆中，一些制度诸如等级制度、性别歧视等则在现代社会秩序体系之中，已无合法性而被抛弃。而"复仇"作为一个并不一定属于既有秩序的核心理念，但却能极大地刺激人们的情感世界的观念，并没有因为历代法律的禁止而失去魅力。无论是带有复仇性质的911事件，还是发生在国内的山东于欢、陕西张扣扣案，或是引发了世界秩序的重大变化，或是引发国内舆论的高度关注，都说明了"复仇"观念的"活力"。

复仇观念同样也是作为人类文明重要载体的宗教的主题，比如基督教从总体上强调宽恕，复仇的正义性必须由神来定义和赋予。虽然我们从《圣经》中也可以看到"以眼还眼"（《出埃及记》第21章）这样的主张对等报复的说法，但《利未记》第19章中说："不可报仇，也不可埋怨你本国的子民，却要爱人如己。我是耶和华。"这可能更符合基督教的整体立场。在中国人熟悉的莎士比亚名剧《哈姆雷特》中，哈姆雷特在得知叔父"杀父娶母"的罪恶之后，对于复仇充满了犹豫和迟疑，对于这个纠结过程的原因虽有许多分析，但哈姆雷特对于自己实施复仇之后能否获得救赎，和被杀死的叔父的灵魂是否会受到惩罚的矛盾心理，就是因为深受基督教教义的影响。

但在《旧约》的《民数记》中有关"血亲复仇"的讨论中，却有着与早期儒家经典相似的态度。《民数记》说故意杀人，必须被治罪，然"报血仇的，必亲自杀那故杀人的，一遇见就杀他"（《民数记》35：19）。这就表明了血亲复仇的合法性，《民数记》还说如果是失误杀人的人可以去"逃城"避仇，然"报血仇的在逃城境外遇见他，将他杀了，报血仇的就没有流血之罪"（《民数记》35：27）。

伊斯兰教也主张宽容仁慈，并不鼓励复私仇。不过，若是有人破坏伊斯兰教义，为维护教义而进行复仇则被认为是教徒的责任。

除了宗教经典之外，许多以复仇为主题的文学作品及其人物形象受到人们持续的欢迎。作为西方文化源头之一的《荷马史诗》，其中故事的重要基础线索就是"复仇"，中国早期史书中也记述了大量复仇的故事，比如伍子胥和《赵氏孤儿》都成为各种艺术形式的不断推陈出新的"原型"式的主题。

儒家经典中也有许多关于复仇的讨论，关涉到儒家对"礼""报""直"等核心观念的认识，也展现了儒家对于极端状态下的"孝""义""情""理"秩序的认知，正因为如此，"复仇"也成为儒学史上的重要主题。

第一节 来而不往非礼也：怎么理解儒家的"直"与"报"

任何的社会活动都存在一个报偿机制，无论是物质上的还是情感上的。与市场交换体系中的等价交换相一致的是，人与人、团体与团体之间的这种报偿机制背后也存在着某种义务、公平和契约等因素。与市场关系直接体现为交换特质所不同的是，人际之间的报偿机制被赋予道德和责任等情感、伦理因素，故而会出现许多"中间"形式，来掩盖交换过程中的"利益"诉求，这就是仪式甚至表演性节日的意义，这让人类社会充满温情与友爱。对此，社会学家莫斯曾经通过对"礼物"现象的分析，认为给与、接受和回报这样的一种"总体性呈现"的社会现象，背后则是存在着

"义务"的。① 在传统中国，这种给与、接受和回报的社会交往方式及其价值，比较充分地体现在礼仪活动中。《礼记·曲礼》中说：

> 太上贵德，其次务施报。礼尚往来，往而不来，非礼也；来而不往，亦非礼也。

礼的特征就是"往来"，即给与与回报。"往来"并不一定要即时的或等价的，若只有单向度的给与，礼仪活动就存在着缺失，最终走向"中断"。因此，儒家十分强调"报"的重要性，在《礼记·表记》中，"报"是与"仁""义"相并列的重要道德原则。"子言之：仁者，天下之表也；义者，天下之制也；报者，天下之利也。"在其他的文本中，"施"与"报"被看成是礼乐文明的"整体性纽带"。在有些经典文本中，给与和回报构成"施"和"报"，分别体现了"乐"和"礼"的精神，是彰显人的德行和情感丰富性的重要方式。

> 乐也者，施也。礼也者，报也。乐，乐其所自生；而礼反其所自始。乐章德，礼报情，反始也。（《礼记·乐记》）

这令我们想起"乐善好施"这句成语，施报是责任和义务，其实行过程并非是强迫和被动的，而是自愿和主动的。在儒家经典中，给与和回报过程最为文学化的表达是《诗经》中的名句："投我以桃，报之以李。"②

"施"与"报"的原则在家庭内部体现为父母对于孩子的慈爱和孩子对于父母养育之恩的报答，如此，孝道也内涵有施和报的原则。③《礼

---

① 马塞尔·莫斯：《礼物——古代社会中交换的形式和理由》，汲喆译，商务印书馆，2016年，第5页。
② 《诗经·荡之什·抑》，见朱杰人等整理：《毛诗注疏》，上海古籍出版社，2013年，第1708页。
③ 儒家的道德理想主义具有德性至上的基础，拒绝从功利性的角度来讨论其出发点。这一点尤其体现在"孝"上面，即人们倾向于认为父母对于孩子的爱和孩子对于长辈的敬出于"良知"之天成。但现实的家族财产原则又确立了父母所创造的财富是在家族系统内传递，而父母得到儿子的赡养也是受法律的保护的。因此，杨联陞在讨论"报"的观念的时候指出："交互报偿的原则又转而加强了家族系统。例如，孝道即是还报原则最恰当的说明，即使以最严格的（转下页）

记·祭义》说:"君子反古复始,不忘其所由生也。是以致其敬,发其情,竭力从事,以报其亲,不敢弗尽也。"在家国一体的原则下,臣民与君主之间的关系被视为孝道的社会化。在封建制所确定的"家天下"的原则下,家国之间存在着利益的一致性以及情感逻辑的一致性。这一点,《大学》的阐发最为彻底。

> 所谓治国必先齐其家者,其家不可教而能教人者,无之。故君子不出家而成教于国。孝者,所以事君也;弟者,所以事长也;慈者,所以使众也。……一家仁,一国兴仁;一家让,一国兴让;一人贪戾,一国作乱:其机如此。

虽说事父以恩,事君以义,在正当性的论证上有时有所不同,不过,家国一体的原则让施与报上找到了一致性。比如,为父服丧三年,为君也要斩衰三年,以示家与国在伦理原则上的同等化。战国时期兴起法家思想家,力图剥离社会关系中的道德因素,而将之归结为基于利益的契约关系,这种做法并没有颠覆给予和回报的义务原则,只是将儒家的礼乐文化贬低为利益关系的"纹饰"而已。

到了汉代,在天人哲学的影响下,董仲舒将施报关系上升为"天数",进一步强调礼仪活动的天赋性。董仲舒说:"礼无不答,施无不报,天之数也。"① 人通过对天意的体察来感受天道,于是,"报"的观念有了"感应论"的色彩。董仲舒尝试建立一种人类活动和自然意志之间的关联性,通过"同类相感"来解释人的行为与自然现象中的给与和回应的关系。比如董仲舒说:"见天意者之于灾异也,畏之而不恶也,以为天欲振吾过,救吾失,故以此报我也。"② 也就是说,通过灾异等方式,天来"回

(接上页)交易来说,做儿子也应该孝顺,因为受到了父母如此多的照顾。"杨联陞:《中国文化中报、保、包之意义》,(香港)中文大学出版社,2009年,第69页。)用《论语》中孔子与宰予对于三年之丧的讨论中,孔子不排斥从"三年不免于父母之怀"来证明守丧三年的正当性,肯定了其中的报偿性因素。

① 董仲舒:《春秋繁露·楚庄王》,载苏舆:《春秋繁露义证》,中华书局,1992年,第6页。
② 董仲舒:《春秋繁露·必仁且智》,载苏舆:《春秋繁露义证》,第260页。

报"（惩戒）人类对于天道的奉行（违背）。

与董仲舒不同的是，刘向的思想中掺杂有黄老道家的成分。他试图剔除法家在施与和回报关系的解释中过于强调"市场逻辑"的倾向，而将"施"视为不同地位和角色的人所要担负的使命和职责。圣王作为"独特"的存在，其造福百姓，祭祀山川，不是要从百姓和神祇那里获得回报，他在动机上是"无私"的，尽管刘向在证成圣王的"无私"的时候，依然基于积善行义的人必能从鬼神和百姓那里获得"回馈"的信念，这让他的论说有一些逻辑上的不自洽。他说：

> 圣王布德施惠，非求报于百姓也；郊望禘尝，非求报于鬼神也。山致其高，云雨起焉；水致其深，蛟龙生焉；君子致其道德，而福禄归焉。夫有阴德者必有阳报，有隐行者必有昭名。①

除圣人以外，世俗的君臣之间也存在着施与和回报的契约关系，"夫臣不复君之恩，而苟营其私门，祸之原也。君不能报臣之功，而惮行赏者，亦乱之基也。夫祸乱之源基，由不报恩生矣"。②进一步说，如果以市场交换的角度看待君臣关系，那么臣必然会要求所付出的与君主之赏赐成正比。若君臣之间有精神上的契合感，他们之间就会不惜牺牲生命来回报。

> 夫施德者贵不德，受恩者尚必报。是故臣劳勤以为君，而不求其赏；君持施以牧下，而无所德。故《易》曰："劳而不怨，有功而不德，厚之至也。"君臣相与，以市道接，君县禄以待之，臣竭力以报之。逮臣有不测之功，则主加之以重赏；如主有超异之恩，则臣必死以复之。③

在理解施报关系的时候，并非都是施与和回报的正向关系，还有一种"反向"的关系，即如果有人剥夺了你本来所应该保有的利益的情况

---

① 刘向：《说苑·贵德》，汤一介主编：《儒藏》精华编一八一册，北京大学出版社，2014年，第636页。
② 刘向：《说苑·复恩》，汤一介主编：《儒藏》精华编一八一册，第646页。
③ 刘向：《说苑·复恩》，汤一介主编：《儒藏》精华编一八一册，第646页。

下,应该如何"回报"。对此,早期儒家强调的对等性原则经常会遇到现代人的质疑,《论语》中所提出的"以直报怨"的问题。《论语·宪问》中记载着孔子的对话说:"或曰:'以德报怨,何如?'子曰:'何以报德?以直报怨,以德报德。'"

对此问题,《礼记·表记》中孔子的对话呈现了这个问题的多重面向,即如何理解"以德报德""以怨报怨",这可以被视为是对"直"的观念的展开。

> 子曰:"以德报德,则民有所劝;以怨报怨,则民有所惩。"《诗》曰:"无言不仇,无德不报。"……子曰:"以德报怨,则宽身之仁也;以怨报德,则刑戮之民也。"

在这里孔子所强调的是等值性"社会交往原则"。孔子提出,"以德报德"会鼓励百姓性善,遵循同样额度原则,对那些伤害别人的做法,则应该让行为者付出代价。"以怨报德"固然是卑鄙小人之所为,而"以德报怨"也不值得提倡,是"宽身之仁",意味着对于伤害行为的纵容。对此,孔颖达的解释值得注意,"今以德报怨,但是宽爱己身之民,欲苟息祸患,非礼之正也"。所以,孔颖达认为,最为合适的方式就是孔子所提倡的"以直报怨"。①

那么,如何理解"直"呢?《论语》的注家都关注了"直"的原则。邢昺的解释是"当以直道报仇怨",并没有具体解释何为直道。而朱子在《四书集注》中,以"公"来解释"直","于其所怨者,爱憎取舍,一以至公而无私,所谓直也"。②这就是说,"直"所体现的是"无私"的态度,在朱熹的解释中,强调了"直"的"公义"性的一面,认为爱憎取舍,不能基于私心。清人刘宝楠的解释或许更为接近"直"的原始意义。

---

① 孔颖达:《礼记正义》,上海古籍出版社,2008年,第2059页。孙希旦则认为以怨报德是不可接受的,但以德报怨则可以化解天下的仇怨。大致也体现了后世对于早期儒家的"直"的观念的消解。见孙希旦《礼记集释》,中华书局,1989年,1300页。《道德经》七十九章中老子说"和大怨,安可以为善"。有注者对此文是否符合老子的原意提出疑问。

② 朱熹:《四书章句集注》,中华书局,2012年,第158页。

他说，如果心里存有怨恨，那么就应该去复仇，如果硬忍着不报，但心里却充满着怨恨，那么反而变成了虚伪。这就违背了"直"的原则。①"直"所体现的是"对等性"的原则，②不能滥杀无辜，超出伤害程度的"报"就是"过直"。③对等性的原则在孟子那里就体现得很清楚，在讨论"杀人之亲"的严重性的时候说，"杀人之父，人亦杀其父；杀人之兄，人亦杀其兄"。④可以想象，"直"的复仇原则可能是早期中国社会中普遍流行的原则。

儒家主张一个人格完备的人，既能爱人，也能恶人，最能体现这种原则的行为就是复仇。

第二节　儒家经典中的复仇

社会秩序的价值基础通常通过经典的形成来奠定，尽管经典中一些具体的制度规范随着时代的变迁不再适用于后世社会生活方式，这并不意味着经典的价值观也会随之消失。这在很大程度上造成了经典与秩序之间的紧张。在这一点上，复仇具有特别的意义。一方面，在经典中，我们可以看到许多关于复仇的讨论，尤其在《春秋》中，十分褒扬复仇的价值。⑤经典的肯定会转化为社会舆论而构成"道德压力"，并起到"软性"制度的作用。另一方面，汉以后的大一统国家建立，"法律机构发达以后，生杀予夺之权被国家收回，私人便不再有擅自杀人的权利，杀人便成

---

① 刘宝楠：《论语正义》，中华书局，1990年，第591页。

② 苏力说："无论是社会历史的现实，还是现代的博弈论研究都表明，如果要确保对方的合作，不搞机会主义，不心存逃脱惩罚的幻想，在多次博弈的前提下，博弈者的唯一最有效的战术就是针锋相对，对于任何不合作都予以坚决的惩罚，但不加大惩罚。"见苏力《复仇与法律》，载《法学研究》2005年第1期，第61—62页。

③ 如果手段失当，破坏了对等性原则，则可谓"过直"。比如《汉书·地理志下》说："太原、上党又多晋公族子孙，以诈力相倾，矜夸功名，报仇过直，嫁取送死奢靡。"

④ 《孟子·尽心下》，载焦循：《孟子正义》，中华书局1987年，第968页。

⑤ 董仲舒《春秋繁露·竹林》："春秋之书战伐也，有恶有善也。恶诈击而善偏战，耻伐丧而荣复仇。"（苏舆：《春秋繁露疏证》，第49页。）《春秋公羊传》尤其褒扬复仇的精神，不惜牺牲生命的复仇行为尤其得到肯定。

为犯罪的行为，须受国法的制裁。在这种情形下，复仇自与国法不相容，而逐渐的被禁止了。"① 可以肯定的是，复仇观念可能是最能体现儒家经典价值与现实法律直接冲突的例子。更有甚者，复仇事件并没有因为法律的禁止而消失，文人们则不断讴歌复仇所体现的孝道和勇气，故而不断有思想家们介入复仇所体现的情与法冲突的争论中。

一 复仇的血缘亲疏属性

传统中国的礼制秩序建立起亲疏尊卑不同的关系形态，并由此确定相应的责任和义务。反映在复仇观念上也是这样，复仇的态度和行为方式与复仇者的血缘关系形成正相关的关系。《礼记》里记录了孔子的两段话，就是讨论不同血缘关系所采取的复仇方式的差异的。

> 父之仇弗与共戴天，兄弟之仇不反兵，交游之仇不同国。(《礼记·曲礼》)

父子关系是血缘关系中最为核心的部分，由此，杀父之仇是所有仇恨中等级最高的。史籍中所记载的复仇故事最牵动人心的都与复父仇有关。父之仇不共戴天意指每个人都负有父仇必报的伦理责任。② 而兄弟之仇则可采取"不反兵"的方式。对此，孔颖达解释说：

> "不反兵"者，谓带兵自随也。若行逢仇，身不带兵，方反家取之，比来则仇已逃辟，终不可得，故恒带兵，见即杀之也。③

这解释具有很强的情景性，既指出兄弟之仇也在必报之列，又表明在行为上则是时刻做好准备，甚至不能留下给仇人逃避的时间。而朋友的仇，虽然也要报，但若仇人已避仇而去往他国，则可以不报。但《礼记·曲礼》

---

① 瞿同祖：《中国法律与中国社会》，商务印书馆，2010年，第83页。
② 从聂政等早期中国复仇的故事中，我们也可以看到通过养士的方式复仇的类型。但是对于"杀父之仇"，仍强调"亲自"复仇的道德意义。这种强调在很大程度上强调复仇的不可替代性，以防止人们以种种理由来逃避复仇的"责任"。
③ 孔颖达：《礼记正义》，上海古籍出版社，2008年，第108页。

中尤其强调了一个前提条件：如果父母健在，就不能以身死为代价去为朋友报仇，这会使父母陷入无人供养的窘境。由此可见，在复仇和孝亲相冲突的情况下，就要以孝为优先考虑的因素。

与《曲礼》中内容接近的是《礼记·檀弓》中所记录的孔子与子夏的一段对话，其解释更为详细，由此可见孔子对于复仇的亲疏属性的逻辑有其一致性，所差别的只是在细节的设置上，如关于兄弟之仇的处置方式。

> 子夏问于孔子曰："居父母之仇如之何？"夫子曰："寝苫枕干，不仕，弗与共天下也。遇诸市朝，不反兵而斗。"曰："请问居昆弟之仇如之何？"曰："仕弗与共国，衔君命而使，虽遇之不斗。"曰："请问居从父昆弟之仇如之何？"曰："不为魁，主人能，则执兵而陪其后。"

这里也强调了父母之仇不共戴天，为了报仇，不出去做官，每天在草垫上枕着武器睡觉。在街上遇到仇人，立刻拿起武器动手。在这里"不反兵"的状态用于报父母之仇。而兄弟之仇，相当于《曲礼》里所谈到的朋友之仇，即不跟仇人在一个"国家"里生活。如果是因为公事去往仇人所住之国，且在路上遇到的话，也不应该立刻复仇。对于堂兄弟的仇恨，孔子给出的答案是应该让真正的复仇者去完成使命，他跟在后面帮忙就可以。

按照亲属关系的服制排列，那么《檀弓》所涉及的父母、兄弟、从父昆弟更符合血缘关系的序列。但在早期的文献记载中，为朋友复仇也多有。且五伦中也有朋友一伦，在《大戴礼记·曾子制言上》就是将父母、兄弟、朋友、族人并举。

> 父母之仇，不与同生；兄弟之仇，不与聚国；朋友之仇，不与聚乡；族人之仇，不与聚邻。①

有人认为《大戴礼记》和《周官》都是战国晚期或更晚的作品，如果接受这样的说法，便可推论出亲疏性原则是随着时代的发展越来越详

---

① 王聘珍：《大戴礼记解诂》，中华书局，1983年，第91页。

细。比如《周礼·地官·调人》中，"调人"的功能之一就是倡导复仇之前先调解，这样就为复仇设置了更为复杂的步骤。

> 调人掌司万民之难而谐和之。凡过而杀伤人者，以民成之。鸟兽亦如之。凡和难、父之仇辟诸海外，兄弟之仇辟诸千里之外，从父兄弟之仇不同国。君之仇视父，师长之仇，视兄弟，主友之仇，视从父兄弟。弗辟，则与之瑞节而以执之。凡杀人有反杀者，使邦国交仇之。凡杀人而义者，不同国，令勿仇，仇之则死。凡有斗怒者，成之，不可成者，则书之。先动者，诛之。①

在这段话中，首先是对国君和老师、朋友在伦常中的地位做了规定，即国君与父母一致，老师则与兄弟相当，朋友则等同于从兄弟。在复仇的程度上，总体原则是反对直接"反杀"而倾向于"避仇"。父母君国之仇避之海外，兄弟之仇避之千里之外。该文强调了对调解的尊重，如果百姓私下斗狠，不服从约定的，先动手的就要被诛杀。②

所以《周礼·秋官·司寇》中，将复仇程序化了。"凡报仇雠者，书于士，杀之无罪。"③其实，按贾公彦的解释，"凡仇人皆王法所当讨，得有报仇者，谓会赦后使已离乡，其人反来，还于乡里，欲报之时，先书于士。士即朝士，然后杀之无罪"。④尽管贾公彦已经曲为之解，与《礼记》中所记述的孔子复仇论的酣畅相比，这里已然将复仇行为纳入制度性治理的一个环节，这也反映了随着法制越发达，经典中对于私相复仇的行为的

---

① 《周礼·地官·司徒》，郑玄注、贾公彦疏：《周礼注疏》，上海古籍出版社，2010年，第505—508页。

② 高瑞杰认为今文经学和古文经学对复仇态度有所差异，今文强调复仇的绝对性，但古文认为可以"避仇"，并借用孔颖达的疏来为之证明。孔颖达指出：不共戴天可以是一种"孝子之心"。因为世界很大，并不是所有仇人都可以亲身去杀之报仇。但高文由此推论，此种解释表明今文经学中的复仇观念所体现的普遍性和绝对性意涵，隐匿不见，可能持论太过。见高瑞杰：《王者无外与天下有界——汉代今古文经学视域下的复仇辨义》，《中国哲学史》2023年第1期，第44、45页。

③ 《周礼·秋官·司寇》，郑玄注、贾公彦疏：《周礼注疏》，第1378页。

④ 郑玄注、贾公彦疏：《周礼注疏》，第1378页。

肯定也受到了多方面的"削弱"。

二 君国之仇

在家国一体的观念里，家恨经常跟国仇联系在一起，那么，当国君被诛杀时候，臣子是否应该担负复仇的义务呢？对此，在经典中有两种解释维度：首先，若君被臣下弑杀，其他臣下是否有讨伐的义务；其次，君主诛杀臣下或其他人，如若具有一定的合法性，是否同样构成"仇恨"而要复仇。

我们先来考察第一种情形。针对鲁隐公在隐公十一年薨而没有记载下葬的事例，《春秋公羊传》解释说：

> 公薨。何以不书葬？隐之也。何隐尔？弑也。弑则何以不书葬？《春秋》君弑，贼不讨，不书葬，以为无臣子也。子沈子曰："君弑，臣不讨贼，非臣也。不复仇，非子也。葬，生者之事也。《春秋》君弑，贼不讨，不书葬，以为不系乎臣子也。"①

鲁隐公被姬挥所弑杀，作为一场实力不均衡的宫廷政变，不可能有人出来主持正义。然《公羊传》认为，如果国君被杀，作为臣子不去讨伐弑君者，就等于断绝了君臣关系，甚至臣下就是间接的弑君者。公羊学家经常将之与许止没有亲尝给他父亲的药而致父亲病死的事例相类比。许止因为在给父亲端药之时没有亲尝而被认为没有尽到做儿子的本分，就不配做儿子。对于这个案例《穀梁传》的解释与《公羊传》的立场一致。对于其中所包含的伦理准则，后世的《白虎通》才给出系统的解释，强调了君臣关系与父子关系在伦理关系上的等值性。

> 子得为父报仇者，臣子之于君父，其义一也。忠臣孝子所以不能已，以恩义不可夺也。故曰：父之仇不与共天下，兄弟之仇不与共国，朋友之仇不与同朝，族人之仇不共邻。故《春秋传》曰："子

---

① 《春秋公羊传·隐公十一年》，何休注、徐彦疏：《春秋公羊传注疏》，上海古籍出版社，2014年，第109—110页。

不复仇，非子。"子夏曰："居兄弟之仇如之何？仕不与同国，衔君命，遇之不斗。"父母以义见杀，子不复仇者，为往来不止也。《春秋传》曰："父不受诛，子复仇，可也。"①

臣子有为君复仇的义务，这是比照父子一伦来的。不过这样的比照会遇到一个十分棘手的问题，如果是国君杀了臣子，臣子的儿子是否有复仇的权利呢？对此《春秋》各传的立场有很大的差异。

首先，因国君杀臣而由臣之子复仇的故事流传最广的当推伍子胥。对此事，不仅《公羊》《穀梁》《左传》都有记载。按《史记·伍子胥列传》的记载，伍子胥的父亲伍奢为楚平王时期的太子太傅，因被人诬陷而与长子伍尚皆丧命，而伍子胥则投奔吴国欲为父兄复仇。阖闾称赞其"士之甚，勇之甚"，并准备为伍子胥兴师伐楚。

> 子胥谏曰："臣闻之：君不为匹夫兴师。且事君犹事父也。亏君之义，复父之仇，臣弗为也。"于是止。②

也就是说，诸侯不得为匹夫复仇，不能因公托私。君臣一伦，其重要性匹比父子，不能亏了君臣之义，来为父复仇。

后来蔡昭公去见楚平王，因为拒绝将身穿的美裘送给楚国的官员，而被拘押数年。回到蔡之后，试图联合别的诸侯国伐楚。此时，伍子胥提出，蔡昭公并没有任何过错，无端被楚拘押，如果吴王要维护礼制秩序，这是最好的机会，于是兴兵伐楚，父兄之仇得复。对此《春秋公羊传》的评论说：

> 曰："事君犹事父也，此其为可以复仇奈何？"曰："父不受诛，子复仇可也。父受诛，子复仇，推刃之道也。复仇不除害，朋友相卫，而不相迿，古之道也。"③

---

① 《白虎通·诛伐》，陈立：《白虎通疏证》，中华书局，1994年，第219—221页。
② 《春秋公羊传·定公四年》，何休注、徐彦疏：《春秋公羊传注疏》，第1071页。
③ 《春秋公羊传·定公四年》，何休注、徐彦疏：《春秋公羊传注疏》，第1073—1075页。

第十七章　对等原则与儒家的正义　431

这个设问关涉到复仇过程中如何面对忠孝之间的冲突的问题。如果事君等同于事父，那么伍子胥为复父仇而背君之行为是否正当？《公羊传》认为，如果父亲是因不白之冤而被诛杀，那么就可以复仇。此为"推刃之道"，为君者咎由自取，要为自己的错误负责。但复仇只对犯错者，不能斩草除根。为复仇之事，朋友之间要互相助力而不是替朋友出手，这才是符合正道的。

对于伍子胥之复仇行为，《春秋穀梁传》在总体上也是肯定的，但不认可伍子胥"坏宗庙，徙陈器，挞平王之墓"的行为。指出楚昭王虽然兵败于吴，但并没有失去楚国人的支持。在《穀梁传》看来，吴国虽然是以维护华夷秩序为名出师楚国，但在战胜楚国之后，"君居其君之寝，而妻其君之妻；大夫居其大夫之寝，而妻其大夫之妻。盖有欲妻楚王之母者。不正乘败人之绩而深为利，居人之国，故反其狄道也"。①其作为反倒是像夷狄之行，违背了"复仇"的正义性。

《左传》的观点与《公羊传》《穀梁传》并不一致。虽然《左传》讨论的案例发生在吴国打败楚国之后，并不直接跟伍子胥有关，但所要针对的复仇合法性问题却是一致的。话说楚怀王曾经杀害郧公之父蔓成然，故而郧公之弟怀想借此机会诛杀楚昭王。虽然仇恨的主体楚怀王已不复存在，但怀认为可以通过诛杀仇家的儿子来完成复仇的目的。

> 郧公辛之弟怀将弑王，曰："平王杀吾父，我杀其子，不亦可乎？"辛曰："君讨臣，谁敢仇之？君命，天也，若死天命，将谁仇？《诗》曰：'柔亦不茹，刚亦不吐，不侮矜寡，不畏强御。'唯仁者能之。违强陵弱，非勇也。乘人之约，非仁也。灭宗废祀，非孝也。动无令名，非知也。必犯是，余将杀女。"②

郧公反对复仇的理由是认为君主之地位是天命所归，因此，在君臣关系的

---

① 《春秋穀梁传·定公四年》，何休注、徐彦疏：《十三经注疏·春秋穀梁传注疏》，中华书局，2009年，第5310页。
② 《左传·定公四年》，杜预注、孔颖达正义：《十三经注疏·春秋左传正义》，第4640页。

序列中，君杀臣并不能构成一般意义上的罪。①如此，也就反对由此而带来的复仇行动。这表明不同经典对于复仇的态度也是有所不同的。

三　复仇的期限

经典中对于复仇的讨论也会涉及仇恨的"期限"，也就是说复仇不仅有亲疏之别，也存在着时间上的限制。这符合随着时间的推移亲情不断稀薄化的宗法原则。但是，在《春秋公羊传》对经文"纪侯大去其国"的解读中，我们也看到对于时限的"极端化"表述：

> 大去者何？灭也。孰灭之？齐灭之。曷为不言齐灭之？为襄公讳也。《春秋》为贤者讳。何贤乎襄公？复仇也。何仇尔？远祖也。哀公亨乎周，纪侯谮之。以襄公之为于此焉者，事祖祢之心尽矣。尽者何？襄公将复仇乎纪，卜之曰："师丧分焉。""寡人死之，不为不吉也。"远祖者几世乎？九世矣。九世犹可以复仇乎？虽百世可也。家亦可乎？曰："不可。"国何以可？国君一体也。先君之耻，犹今君之耻也。今君之耻，犹先君之耻也。国君何以为一体？国君以国为体，诸侯世，故国君为一体也。②

这则材料要传达的信息很丰富，齐襄公是淫佚之君，行同鸟兽，但在灭纪国这事上却因复仇而享受"为贤者讳"的待遇。齐襄公的远祖因被纪侯陷害而遭烹杀，一直存有复仇之心，即使占卜的结果是出师将丧失军队的一半也无改于复仇之志。当问及这个远祖已经有九世的时候，便出现一个问题，即"九世"之仇是否还可以再报？回答是可以，甚至说国家之仇百世也可复。

这就引发第二个问题，齐襄公之远祖被烹之仇所依据的是"君国一

---

① 对于君臣之仇是否可复，历代注家多有讨论，有一种观点认为，诸侯之君与王者异，王者得天命，四海之内为家，所以君臣之义无所可去。而诸侯之臣，则可以视情形采取灵活的手段。（见陈立：《公羊义疏》卷六十九，中华书局，2017年，第2679页。）这也是在某种程度上体现出公穀与左传之间的差异。

② 《春秋公羊传·庄公四年》，何休注、徐彦疏：《春秋公羊传注疏》，第217—219页。

体"的原则，这表明如果国家存在，那么这个仇就可以无限延续下去。而卿大夫之家的道德责任则要按照服制而递减，家仇就不能持续九世。不过，这段文字并没有讨论家仇可延续多长时间，而是强调了如果是"国仇"可以无限延续。

当然对于这个原则也多有争论，前文所指"君国一体"亦可能受到"君命如天"的挑战，更为直接的挑战则来自君父同等化的礼制。所以，《五经异义》等比较各部经典异同的作品就认为应该是"五世"。贾公彦说：

> 依《异义》古《周礼》说复仇可尽五世之内。五世之外，施之于己则无义，施之于彼则无罪。所复者，惟谓杀者之身，及在被杀者子孙可尽五世得复之。①

在通经致用的原则下，经典所载通常会被制度化而施行于社会生活中。而"复仇"的原则与其他的礼制规则有所不同，不同经典所提出的复仇原则也有所不同，这都是十分正常的。

秦汉大一统国家建立，复仇行为受到了越来越严格的限制。在公共管理体系未臻完备的时候，允许私人了断恩怨情有可原，可以补偿制度覆盖范围的缺失。然大一统政权的建立，法律不断完善，生杀予夺的权力被国家收回乃是势在必行。从汉代开始，不断有法令禁止私人复仇。但是，复仇之风并未稍缓。在法律儒家化的背景之下，法律对于报仇事件的处理因与儒家经典结论冲突，导致了法律和情感、习俗之间的激烈冲突。

第三节 儒家的"爱"与"恨"：
经典与法律的张力

《春秋》尚复仇，既体现了古典文明的共同理念，从另一侧面也反映出春秋时期及其随后的战国时代依然旺盛的复仇之风。至汉初，严刑峻法

---

① 郑玄注、贾公彦疏：《周礼注疏》卷十四，第507页。

被认为是秦亡之原因,在对违法行为的惩治措施上总体倾向于宽泛,① 主要依靠萧何对秦律的改变而颁《九章律》,对于复仇并无专门的法律条文来应对。随着《公羊学》的兴起以及强调动机论的"原心定罪"原则的被接受,汉以后的复仇风气一直高炽。② 不过,大一统政治所要求的惩罚手段的垄断,导致大多数复仇者并没有因为"孝"的动机而被赦免。

一般认为,东汉的复仇风气要盛于西汉,③ 对于复仇正当性的讨论也多起来。争论的重点在于孝道之情和法律严肃性的冲突。比如,桓谭就强调了法不容情的观点,认为纵容私相报仇会事实上导致子孙无法完成孝道的悲剧。

> 且设法禁者,非能尽塞天下之奸,皆合众人之所欲也,大抵取便国利事多者,则可矣。夫张官置吏,以理万人,县赏设罚,以别善恶,恶人诛伤,则善人蒙福矣。今人相杀伤,虽已伏法,而私结怨仇,子孙相报,后忿深前,至于灭户殄业,而俗称豪健,故虽有怯弱,犹勉而行之,此为听人自理而无复法禁者也。今宜申明旧令,若已伏官诛而私相伤杀者,虽一身逃亡,皆徙家属于边,其相伤者,加常二等,不得雇山赎罪。如此,则仇怨自解,盗贼息矣。④

他认为法律所禁并不能面面俱到,关键是看对于治理国家是否有利,总是

---

① 《汉书·刑法志》说:"汉兴,高祖初入关,约法三章曰:'杀人者死,伤人及盗抵罪。'蠲削烦苛,兆民大说。"

② 对于公羊学与复仇之风的关系目前认识有分歧,有人肯定其正相关的倾向,但也有人根据《汉书》等史料的追踪,"得知《公羊》与两汉风气的关联性并不密切。"(见李隆献:《复仇观的省察与诠释:先秦两汉魏晋南北朝隋唐编》,台大出版中心,2012年,第142页。)但如果我们读《汉书》的人物传记,随处可见仇杀与避仇的记录。如扬雄的父亲就在汉武帝时期避仇四川。而睢孟的侄子官至齐郡大守臣,也被仇家所杀。见《汉书》扬雄传、儒林传等。可见复仇之风深入人心,并没有因为国家统治制度的转变而减弱。

③ 虽然东汉公羊学之风渐息,但因读《公羊》而立志复仇之事亦有史载:"初,乡佐尝众中辱党,党久怀之。后读《春秋》,闻复仇之义,便辍讲而还,与乡佐相闻,期克斗日。既交刃,而党为乡佐所伤,困顿。乡佐服其义,舆归养之,数日方苏,既悟而去。自此敕身修志,州里称其高。"(《后汉书·逸民列传》)

④ 《后汉书·桓谭冯衍列传》,中华书局,1965年,第958页。

要让善人得到保障，恶人受到惩罚。他对于复仇现象提出了批评，认为人与人之间的杀伤行为，应由法律来处置，而不应该再"私结怨仇"，这种子孙相报的行为，最终会导致"灭户"的后果。因为世俗舆论对复仇行为大加褒扬，导致生性怯懦者迫于社会压力也只能勉力去复仇，这就会损害法律的尊严，所以必须严厉禁止私相复仇的行为产生。复仇者即使自己已经逃亡，其家族成员则要受到徙边、加罪等惩罚。

东汉初期光武帝刘秀比较信奉谶纬，桓谭排斥之，看起来他的建议并没有得到重视，相反，这个时期的史籍中，可以看到比西汉更多的复仇记录。不但有通常的为父复仇的记录，甚至还有许多为朋友复仇的故事。比如——

> 恽友人董子张者，父先为乡人所害。及子张病，将终，恽往候之。子张垂殁，视恽，歔欷不能言。恽曰："吾知子不悲天命，而痛仇不复也。子在，吾忧而不手；子亡，吾手而不忧也。"子张但目击而已。恽即起，将客遮仇人，取其头以示子张。子张见而气绝。恽因而诣县，以状自首。令应之迟，恽曰："为友报仇，吏之私也。奉法不阿，君之义也。亏君以生，非臣节也。"趋出就狱。①

郅恽治《韩诗》和《春秋》，时致仕归乡，看到朋友不能亲身完成复仇之志，所以一定要在其临终前替其完成夙愿。在他看来，为朋友复仇之事，是私人的选择。复仇违反法律，则是公义，他不愿意以私人的原因来亏公义，所以复仇完成后就去自首了。这类复仇故事并不完全秉承经典的内涵，而是有了侠义之气。类似的故事还比如——

> 何颙字伯求，南阳襄乡人也。少游学洛阳。颙虽后进，而郭林宗、贾伟节等与之相好，显名太学。友人虞伟高有父仇未报，而笃病将终，颙往候之，伟高泣而诉。颙感其义，为复仇，以头醊其墓。②

---

① 《后汉书·申屠刚鲍永郅恽列传》，第1027页。
② 《后汉书·党锢列传》，第2217页。

东汉士人有重视名节的倾向，社会风气中弥漫着轻身尚气的习俗，甘愿为朋友赴死，这甚至背离了早期儒家经典中所强调的为朋友复仇要考虑父母的赡养问题的原则。

除了为朋友复仇的事例之外，还有为兄弟之子报仇的情形。

> 荆少为郡吏，兄子世尝报仇杀人，怨者操兵攻之。荆闻，乃出门逆怨者，跪而言曰："世前无状相犯，咎皆在荆不能训导。兄既早没，一子为嗣，如令死者伤其灭绝，愿杀身代之。"怨家扶荆起，曰："许掾郡中称贤，吾何敢相侵？"因遂委去。荆名誉益著。太守黄兢举孝廉。①

在这个故事中，报仇的故事被描述得十分和谐。不但仇家放弃了再度复仇的想法，而且许荆还因此获得了更高的名誉，被举为孝廉。

汉章帝时制定了《轻侮法》，在一定程度上肯定了复仇的合理性，因此有一些复仇被宽宥的记载。对此，和帝时张敏提出了驳议，他说：

> 夫《轻侮》之法，先帝一切之恩，不有成科班之律令也。夫死生之决，宜从上下，犹天之四时，有生有杀。若开相容恕，著为定法者，则是故设奸萌，生长罪隙。……《春秋》之义，"子不报仇，非子也"。而法令不为之减者，以相杀之路不可开故也。今托义者得减，妄杀者有差，使执宪之吏得设巧诈，非所以导"在丑不争"之义。又《轻侮》之比，浸以繁滋，至有四五百科，转相顾望，弥复增甚，难以垂之万载。②

按张敏的说法，虽然《春秋》中有"子不报仇，非子也"这样的说法，但后世并没有因此而宽宥复仇杀人者，主要是虑及私相复仇对社会秩序的危害。如果复仇杀人可以得到赦免，那么便会鼓励那些妄杀之人。而由此引申出的其他宽恕法令，也会造成法令体系的复杂化，难以成为后世的

---

① 《后汉书·循吏列传》，第 2427 页。
② 《后汉书·邓张徐张胡列传》，第 1503 页。

典范。经过张敏的反复申说，最后和帝听从了张敏的建议，废弃了《轻侮法》。

东汉时，还有一个著名思想家荀悦直接从经典和法律原则的关系来讨论复仇的合理性问题，他从《周礼》中对复仇的一些规定申论，认为经典的解释要与时俱进，古代的典章不一定全都符合当下的政治现实，因此复仇不可取。他以对话的方式展开他的论证。

> 或问复仇。"古义也。"曰："纵复仇可乎？"曰："不可。"曰："然则如之何？"曰："有纵有禁，有生有杀，制之以义，断之以法，是谓义法并立。"曰："何谓也？""依古复仇之科，使父仇避诸异州千里，兄弟之仇，避诸异郡五百里，从父从兄弟之仇，避诸异县百里；弗避而报者无罪，避而报之，杀。犯王禁者罪也，复仇者义也，以义报罪。从王制，顺也；犯制，逆也，以逆顺生杀之。凡以公命行止者，不为弗避。①

他指出，如果按照古代所规定的复仇原则，杀父之仇要避到千里之远，兄弟之仇则是五百里，从兄弟一百里。不避的话允许复仇。如此说来，并不符合大一统的政治现实。如果复仇是一种责任，也应该先报告官府，服从法律规范，就是顺；违背法律就是逆。这是公共的规则，人就应该遵循。他强调"义法并立"实质上是更为肯定法律在安顿社会秩序中的作用，这就直接否定了复仇行为的正当性。

到三国时期，国内战乱频繁，曹魏政权严禁报仇。但这个时期，却出现了一个对后世影响巨大的女子赵娥复仇故事。据《后汉书·列女传》的记载：

> 酒泉庞淯母者，赵氏之女也，字娥。父为同县人所杀，而娥兄弟三人，时俱病物故，仇乃喜而自贺，以为莫已报也。娥阴怀感愤，乃潜备刀兵，常帷车以候仇家。十余年不能得。后遇于都亭，刺杀之。因诣县自首。曰："父仇已报，请就刑戮。"禄福长尹嘉义

---

① 荀悦：《申鉴·时事》，孙启治校补：《申鉴校注补》，中华书局，2012年，第72页。

之，解印绶欲与俱亡。娥不肯去。曰："怨塞身死，妾之明分；结罪理狱，君之常理。何敢苟生，以枉公法！"后遇赦得免。州郡表其闾。①

这个故事表明杀人者了解复仇的必然性，但看到作为复仇主体的三兄弟病死，以为没有可复仇的人，由此仇怨可以了结。不料，其女儿却替父亲完复了仇，并在完成使命后束身就刑。当时的官员不忍心烈女受死，甚至想与之一起逃亡。赵娥坚持不能因复仇而枉法，事实上既承认了经典的意义，也接受法律的规则，属于公私兼顾。虽然故事的结尾是赵娥被赦免，礼法之间的冲突已经表现得很充分。

法律史大家瞿同祖先生指出，东汉之后的法律，一般都禁止复仇，②大趋势虽如此，但却有所反复。比如，晋代或受儒家家族观念抬头的影响，传统的复仇观念复炽，其制定的法律在一定程度上允许复仇。有一个附加条件是，对于已经赦免或因失误而致死的案例则禁止复仇。

> 贼斗杀人，以劫而亡，许依古义，听子弟得追杀之。会赦及过误相杀，不得报仇，所以止杀害也。③

汉代至魏晋，法律儒家化不断推进，儒家价值逐渐在法律中得到体现。不过，复仇现象因为直接挑战国家对于刑事裁量权的垄断，构成了公权力和私仇之间的尖锐对立，所以大多数时候，法律是禁止复仇的。然而，在价值观上，复仇背后的忠孝意象则始终被表彰。这样的矛盾和紧张在唐宋时期依然不断以各种方式得到呈现，而且参与争论者越发具有社会影响。

---

① 《后汉书·列女传》，2796—2797页。此故事在《三国志》和皇甫谧的《烈女传》中都有记载，并呈现出越来越明显的民间故事化倾向。虽然这个故事原型发生在酒泉，但后在浙江亦流传一个曹娥投江救父的故事，并将那条河命名为曹娥江。

② "曹操、魏文帝、元魏世祖、梁武帝，都曾下令禁止复仇。魏律对于复仇的处罚重至诛族，元魏之制尤为严峻，不但报仇者诛及宗族，便是邻伍相助者亦同罪。北周时代的法律对复仇者，亦处死刑。唐、宋以后的法律都一贯禁止复仇。"瞿同祖：《中国法律与中国社会》，第85—86页。

③ 《晋书》卷三十《刑法志》序略，中华书局，1974年，第925页。

第四节　唐宋时期的文人学士
　　　　　对于复仇的争论

　　唐代统治者对于复仇的态度因时而异，初唐时复仇者多能得到嘉勉。武则天时期，基于陈子昂提出对复仇者须加以惩罚的奏议，官方意识到复仇与官府的权威体系之间的冲突。后又因宪宗时期的梁悦案，韩愈和柳宗元提出了肯定复仇的奏议，宪宗对于复仇者的态度也发生了变化。①

　　唐代如何对待复仇事件的法律后果的讨论很多，参与者多是我们熟悉的历史人物。在《旧唐书》和欧阳修主持的《新唐书》的"孝友"类中收录了许多复仇的故事。

　　讨论比较集中的案件有三例。

　　其一是山东即墨人王君操的复仇故事。王君操之父在隋朝大业年间被乡人殴杀，其母告官又被收捕，年幼的他便四处流浪并寻觅机会报仇，最终在贞观年间复仇成功。这个时期的史书，倾向于渲染复仇过程的"酣畅"，也可窥见对复仇行为的肯定。王君操为报父仇，在仇家已经投案自首的情况下，仍手刃之，"刳腹取其心肝，啖食立尽"，被目为"孝"的表现，而列入"孝友"录。他在面对州司时慷慨陈词：

> 州司以其擅杀戮，问曰："杀人偿死，律有明文，何方自理，以求生路？"对曰："亡父被杀，二十余载。闻诸典礼，父仇不可同天。早愿图之，久而未遂，常惧亡灭，不展冤情。今大耻既雪，甘从刑宪。"州司据法处死，列上其状，太宗特诏原免。②

王君操的自辩词所依据的是"父仇不可同天"的经典理由，而州司所援引的是"杀人偿死"的法律条文。面对这个矛盾，唐太宗依然赦免王君操，则体现了唐初对于复仇的宽宥态度。但这种态度在唐代并不常见。

---

①　学者归纳史籍所载从唐初到唐末的十五件复仇事件，发现唐太宗时期，复仇当事人多被宽宥。武则天到高宗时期，所被伏法。宪宗之后再度倾向宽恕。李隆献：《复仇观的省察与诠释：先秦两汉魏晋南北朝隋唐编》，第238页。

②　《旧唐书·孝友》，中华书局，1975年，第4920页。

其二，武则天时期，下邽人（属今陕西渭南）徐元庆之父徐爽为县尉赵师韫所杀，元庆隐姓埋名做驿家保。过了很久，已经当了御史的赵师韫正好入住此驿站，徐元庆手杀之，然后去官府自首。对于徐元庆该如何处置，引发了巨大的争论，首先是左拾遗陈子昂提出：

> 先王立礼以进人，明罚以齐政。枕干仇敌，人子义也；诛罪禁乱，王政纲也。然无义不可训人，乱纲不可明法。圣人修礼治内，饬法防外，使守法者不以礼废刑，居礼者不以法伤义，然后暴乱销，廉耻兴，天下所以直道而行也。①

但具体到徐元庆的案例，陈子昂说：徐元庆为父复仇，然后束身归罪，其行为堪比古代的烈士。按法律，他必须服罪就死，但如果按《公羊传》"父仇不同天"的古训，则应该赦免。刑罚的作用是防止社会动荡，而教化的作用是养成崇德的社会风气。徐元庆的复仇行为不能称之为触犯刑律，而以复仇行孝道，乃仁义之举。如果把这样的仁义之行等同违法而加之以刑，则难以为社会树立道德标准。然这就会出现一个矛盾的现象："今义元庆之节，则废刑也。迹元庆所以能义动天下，以其忘生而趋其德也。若释罪以利其生，是夺其德，亏其义，非所谓杀身成仁、全死忘生之节。臣谓宜正国之典，寘之以刑，然后旌闾墓可也。"②

陈子昂的主张是让徐元庆伏法来维护法律的严肃性，在礼与刑的紧张中主张维护法的权威性，③作为对孝义行为的肯定，可以在徐元庆的家乡和墓地表彰他的行为。对此，许多人并不认可陈子昂的主张。到中唐之后，复仇的礼法争论再度重回人们的视线，时任礼部员外郎柳宗元再度从礼刑的关系立论来反驳陈子昂的观点：

---

① 《新唐书·孝友》，中华书局，1975年，第5585—5586页。
② 《新唐书·孝友》，第5586页。
③ 陈子昂的奏议，"终究强调了'法'的权威性：'法'才是国家公义之'纲'，才是具有强制性的约束力量；'礼'则是非强制性的，'礼'既无权，也不应介入'法'的运作，'礼'所表彰的行为，若不合法，仍应依'法'诛之。"李隆献：《复仇观的省察与诠释：先秦两汉魏晋南北朝隋唐编》，第240页。

> 礼之大本，以防乱也。若曰：无为贼虐，凡为子者杀无赦。刑之大本，亦以防乱也。若曰：无为贼虐，凡为治者杀无赦。其本则合，其用则异。旌与诛，不得并也。①

按照柳宗元的看法，如果法律要诛杀道德高尚的人，就会让法律与道德相违背，是对刑罚正当性的损害。如果舆论还表扬该杀的人，就会直接冲击社会价值。具体到这个事件本身，赵师韫是借助公器来泄私怨，虐杀无辜，而他的上级机构不加以纠正，不能倾听受害者的申诉，由此，徐元庆精心谋划以复父仇，"是守礼而行义也"。执事机构才应为这一切的发生承担责任，怎么能对徐元庆处以极刑呢？

如果是徐元庆的父亲不免于罪，而赵师韫诛杀之，则并不违背法条，"非死于吏也，是死于法也"。由此，徐元庆的复仇行为就是与法律乃至国家秩序为敌，这个理由成立，那么又怎能表彰违法者呢？"仇天子之法，而戕奉法之吏，是悖骜而凌上也。执而诛之，所以正邦典，而又何旌焉？"②

柳宗元认为礼书中对于可复之"仇"是有严格规定的，是指"冤抑沉痛而号无告也"，不是指那些犯法违禁而被诛杀之人。不是说你杀了我父亲我必须杀你，不管曲直，而盲目行动。柳宗元总结说：

> 且夫不忘仇，孝也；不爱死，义也。元庆能不越于礼，服孝死义，是必达理而闻道者也。夫达理闻道之人，岂其以王法为敌仇者哉！议者反以为戮，黩刑坏礼，其不可以为典明矣。请下臣议附于令，有断斯狱者，不宜以前议从事。③

柳宗元的结论是，徐元庆有这样的行为可以称是"达理闻道"之人，如果这样的人是违背王法的，反而要被诛杀，这不可以成为"典例"，要改变的是律法，不应以陈子昂的奏议从事。

---

① 《新唐书·孝友》，第 5586 页。
② 《新唐书·孝友》，第 5587 页。
③ 《新唐书·孝友》，第 5587 页。

其三，唐玄宗时发生一件比较复杂的复仇事件，也引发朝廷的关注。有山西人张瑝，其父张审素为巂州（今四川昌西一带）都督，被陈纂仁诬告私人拥兵等事，唐玄宗起疑而派监察御史杨汪前去调查。这时陈纂仁又进一步诬告张审素和他的总管董堂礼谋反。于是张审素被收监，董堂礼气愤之下杀了陈纂仁，并领兵围困监察御史试图让其释放张审素。很显然，这一系列鲁莽的举动似乎坐实了陈纂仁的告发，最终官兵剿杀董堂礼，并处斩张审素。张瑝和他的哥哥逃往岭南，伺机报仇。在他们兄弟还只有十三岁和十一岁的时候，就返乡杀杨汪，并向官府自首。对此，中书令张九龄等称其孝烈，宜赦免。侍中裴耀卿等则认为应该处死，唐玄宗也同意此主张，并对张九龄说："孝子者，义不顾命。杀之可成其志，赦之则亏律。凡为子，孰不愿孝？转相仇杀，遂无已时。"虽然当时有不同的意见，最终还是决定杀了他们兄弟二人。

从唐玄宗的决定看，对于复仇之事在法律上该如何处置，不同的皇帝虑及当时的社会环境会做出不同的决断。不过，高扬道德的赦免派的观点一直有支持者。张九龄、柳宗元的态度影响到韩愈对于复仇的态度。唐宪宗元和六年（811）有梁悦为他父亲复仇，对于这件事，宪宗下诏说，按法律杀人当死，而按《周礼》则父仇必报，对于此礼法之间的矛盾，责令尚书省提交意见，时任员外郎的韩愈写了奏议。

韩愈说子复父仇是"大义"，在《礼记》《春秋》等经典和史书里都有记载，一般都是持肯定的态度。对于复仇，理应有专门的法律条文来处置，但律无其条。最重要的理由就是道德和法律的冲突，"盖以为不许复仇，则伤孝子之心，而乖先王之训；许复仇，则人将倚法专杀，无以禁止其端矣"。[1] 韩愈说，经典之大义虽然由圣人阐发，但执行的则是具体的司法部门。这就要求我们对于经典所载之情况有充分的了解。韩愈举《周官》中的话"凡杀人而义者，令勿仇，仇之则死"，指出这就表明复父之仇是有明确范围的，即如果不是枉杀，就不能视为"仇人"。按《公羊传》的解释，只有父亲受冤而死，而致使父死之人没有被惩处，才可以进行复

---

[1]　《旧唐书·刑法》，第2154页。

仇。而且要进行复仇之前，需要告知相关机构。

韩愈认为，复仇行为要考虑到具体的情景，即使是经典中所列举的状况也难以完全覆盖现实的多样化可能。另外，"《周官》所称，将复仇，先告于士则无罪者。若孤稚羸弱，抱微志而伺敌人之便，恐不能自言于官，未可以为断于今也。然则杀之与赦，不可一例。宜定其制曰：凡有复父仇者，事发，具其事由，下尚书省集议奏闻。酌其宜而处之，则经律无失其指矣"。① 这属于特别的状况，即那些有复仇志向的人，肯定会隐匿自己的志向，不可能会先向官府备案，对于这样的情况，赦免与否，也要经过尚书省的讨论，再来做决断。

唐代的思想史展现出比较明显的礼法之间的冲突，很重要的原因也在于如韩愈所说《唐律》中并无明确的关于"复仇"的条例。间接与复仇相关的有《唐律·斗讼》中有关"祖父母为人"殴击部分，核心的内容是长辈之间的争斗，子孙不得参与；如果祖父、父母被别人打，子孙必须是随后赶到解救才符合减轻处罚的条例；如果在解救祖父母、父母的时候，不慎致人死亡，也会按"杀人者死"处置；最关键的是，只允许有血亲关系的人复仇，如果是佣人或部下，可以解救，不能帮忙。②

宋代的哲学进入了中国思想史上的又一个高峰。就复仇而言，王安石的观点延续了唐代韩愈等人讨论。王安石并不肯定"复仇"，认为"非治世之道也"，他说在政治清明的时代，应该各修其职，犯罪的事件必然会得到惩处，即使是有所冤屈，也有申诉的地方。所以《春秋》和《礼记》强调复仇，是因为处于乱世，人人相为仇敌，由此才会让复仇合法化。

王安石指出，即使在《春秋》还有《周礼》等经典中，也主张复仇要符合一定的条件，甚至有严格的程序性的要求。在王安石看来，儒家总体上肯定恩情而非仇恨，暴力复仇恐怕并非周公之法。王安石认为有仇不复固然非孝，但并非一定要通过复仇而导致"殄祀"，由于复仇而身死，断绝了对祖宗的祭祀，不能算是孝顺的行为。"仇之不复者，天也；不忘

---

① 《旧唐书·刑法》，第2154页。
② 参见长孙无忌著、刘俊文笺解：《唐律疏议笺解》卷二十三，中华书局，1996年，第1585页。

复仇者，己也。克己以畏天，心不忘其亲，不亦可矣。"①

与王安石在社会变革等方面有很大争议的北宋理学家并无专文讨论复仇，只是在与学生讨论经义的时候偶会涉及。比如程颐就曾与学生谈及复仇行为的合法性问题。

> 问"周礼有复仇事，何也？"曰："此非治世事，然人情有不免者。如亲被人杀，其子见之，不及告官，遂逐杀之，此复仇而义者，可以无罪。其亲既被人杀，不自诉官，而他自谋杀之，此则正其专杀之罪可也。"问："避仇之法如何？"曰："此因赦罪而获免，便使避之也。"②

这则对话并没有涉及具体的案例，程颐谈及了复仇的几种可能性，即如果亲眼所见亲人被杀，肯定来不及告官，这时的复仇行为应该被赦免。而如果知道消息的时候，亲人已经被杀，就应该告官而不能"专杀"。程颐还肯定了"避仇"。

至南宋，因靖康之耻，故而治《公羊》的胡安国侧重发挥了公羊传中的复仇观念。胡氏特别强调臣复君仇的意义，认为复仇即使失败也值得肯定。为了强调复仇的迫切性，他支持《春秋》中的九世复仇的主张。③

复仇的观念，到明末和清末再度兴起，明末的王夫之、黄宗羲与清末的章太炎④等思想家都有专门的论述，但其重点并不在道德和法律之间

---

① 王安石著、李之亮笺注：《王荆公文集笺注》（中），成都：巴蜀书社，2005年，第1127页。

② 程颢、程颐：《程氏遗书》卷十八，载王孝鱼点校：《二程集》上，中华书局，2004年，第230页。

③ 郑任钊：《胡安国〈春秋传〉的复仇说——兼与〈公羊传〉比较》，《四川师范大学学报（社会科学版）》2016年5期。

④ 章太炎曾著《复仇是非论》，认为将复仇看作是上古的野蛮之事并不确当。私人的复仇有法律专文加以禁止，应遵守法律规定，而对于国家与国家之间、种族与种族之间的仇恨，并无法律禁止，则复仇并非是"野蛮"的行为，反而是正义的举动。若为人的权力和民族的独立而复仇，则应加以肯定。参见《章太炎全集·太炎文录初编》，上海人民出版社，2014年，第277—284页。

的紧张，而是关涉到民族矛盾和统治权力的转移，其讨论的理论背景也并不直接与经典中的复仇表述相关。不过，虽然经典与生活的关联日渐松弛，但作为人类原始情感的"施"与"报"的心理原型依然在发挥作用。我们从国家间的仇恨和报复、人与人之间的情感回馈机制等问题上，可以看到"复仇"与"爱"是一枚硬币的两面，互相依存、互相激发。

·后 语·
技术时代的儒家伦理

第十八章

对"未确定"的预测：基因工程、人工智能与儒家的未来

人工智能的突破性进展被视为是人类文明的一个巨大的转折点。如果说以往的科技进步是人类"充分实现自我"的阶段性推进，那么，当下的人工智能的发展，包括此前的克隆技术、基因编辑和智能机器人的出现，构成了人类社会形成以来对人类"繁衍""群体生活"的基本方式的根本挑战，更为严重的是人们对于智能机器人的"自我意识"的产生和固化的担心，上升到人类能否继续成为这个星球的"主人"的疑虑，尽管就目前的发展状况而言，人类并没有令人信服地表现出其在道德和组织能力上的"尽善尽美"的特质。所以，有的哲学家提出了一个看上去有点自我安慰的展望："如果人工智能无法演化为超越人的主体智能，就不会有真正重要或真正管用的能力；如果人工智能超越人的智能，则可能成为真正危险的另一种主体。"①

的确，人工智能的未来，目前还难以预测，但就目前所呈现的状况而言，我们有必要"替儒家的未来着想"，即站在儒家思想的维度，关注人工智能对儒家的个体、家庭和社会理念提出什么挑战性的问题。如果这注定是一场危机，那么，以儒家的内在

---

① 赵汀阳：《替人工智能着想》，《哲学动态》2023 年第 7 期，第 45 页。

逻辑出发，可以有什么样的解决之道呢？

第一节　儒家对生命意识和共同体生活的基本认知

早期儒家存在着一定程度的人类中心主义观念，认为人类之所以"贵"，在于其在所有物种中具有智力和社会组织能力上的优势。荀子说："水火有气而无生，草木有生而无知，禽兽有知而无义，人有气、有生、有知，亦且有义，故最为天下贵也。"（《荀子·王制》）在荀子看来，人有道义立场和认知能力，故而在运动能力和负载能力稍逊的情况下，能够将其他动物驯化而为之所用，这些能力的枢纽在于人能"群"，运用伦理准则和社会规范将人类有机地组织起来。

孟子十分看重道德意识对于人的"尊严"和"独特性"的重要意义，并认为此是区分人与动物的关键。孟子说过，"人之所以异于禽兽者几希，庶民去之，君子存之。舜明于庶物，察于人伦，由仁义行，非行仁义也"（《孟子·离娄下》）。在孟子看来，人的本质特性是通过自己努力而成为"君子"，这个过程就是人的自我定义的过程。在孟子看来，人天生地具有判别是非的能力、同情心、遵循社会规范的能力和服从尊长的态度。孟子也把这样的人称为"大人"。但同为人，也有一些人并不能意识到（或者说"不相信"）自己有这样的能力，即使有也不注意"维护"，终于在荒怠中，这样的"天赋"被掩盖，而失去了判别是非善恶的能力，成为"小人"。①

由孟子对人与动物的差别存于"几希"的强调，我们可以看到，孟子不是从本能的角度来确定人与动物的不同。《孟子·尽心下》有一段话

---

① 在某种意义上，伦理问题主要是人的问题，对于动物权利这样的现代观念而言，本身会存在一个悖论，即当动物无法主张自己的权利，而是人以自己的价值观念或情感体验"投射"到动物身上时，这样的伦理依然是"人"的，而非"动物"的。所以有人说："人类享有独立于其他人的意愿的道德地位，其地位是绝对的和完全的，而动物的道德地位却取决于人类的意志，其地位是相对的和有条件的。"参看张肖阳、肖巍：《人—非人动物嵌合胚胎研究的伦理争论及其分析》，载《道德与文明》2022年第6期，第151页。

可以理解为"非本能化"地定义人类的经典性段落。"口之于味也，目之于色也，耳之于声也，鼻之于臭也，四肢之于安佚也，性也，有命焉，君子不谓性也。仁之于父子也，义之于君臣也，礼之于宾主也，知之于贤者也，圣人之于天道也，命也，有性焉，君子不谓命也。"对于"性"和"命"的文字解释我们可以有专门的讨论，但这段话的核心在于说明，人的基本生理本能并不是人之所为人的"最关键"的"规定性"，而仁义礼智这样一些道德准则，才是人的"本质"的体现。

与启蒙运动以来以人的"生物"属性来强调人的平等性和自然欲望的正当性所不同的是，古典儒家是从人的生物特性和社会特性的多重面貌来定义"人"的，《荀子·礼论》说："礼有三本：天地者，生之本也；先祖者，类之本也；君师者，治之本也。"天地有生生之德，而自然的身体来自血缘的延续，社会的政教秩序由君、师来制定和教化。这样，自然属性和社会属性不可偏废。而对于人的"群"的能力的肯定，意味着人性的生成过程就是不断承担社会责任、实践道德伦理的过程。

综合孟子和荀子对于"人"之为人的讨论，我们或许可以得出这样的结论：儒家倾向于从社会和团体的维度来定义"人"的价值，强调生物意义上的人和伦理意义上的人之间的本质差异，并认为人的最终自我实现的可能性依赖于自身的努力，人必须通过学习和完善自己等方式才能将人的价值现实化。

第二节　科技进步与人类的自我完善

儒家经典中所强调的人与动物的区别的关键是人具有"自我意识"，这种自我意识所导致的"自贵感"促使人类将自己与其他动物区分开来。在孟子这里，这种自我肯定的特质就是人天生就具有的良知，而荀子则是人有通过礼乐建立共同体的能力。

儒家通过对"类感"禀赋的阐述，肯定人类有自我感知这种"共通性"的能力，孟子所说的圣人先得"吾心之同然"，阳明以万物一体之仁来"复其心体之同然",即是点出了人与动物之最大区别是"抽象"又"真实"的道德意识的存在,并由此所建构的人的道德实践活动。

有研究认为,动物甚至一部分植物也存在着"意识"(感觉),但它们缺乏的是"自我意识",动物们不可能提出"我是谁"这样的问题,也就难以产生对生命本质、生命的意义进行反思这样的只属于"人类"的"观念"。

人类对自我的认知通过实践活动不断丰富。在种种实践活动类型中,技术的进步所造成的人的自身能力的扩展不断改变和充实着人对于自己的"认定尺度"。从历史的角度看,人是通过学会制造和使用工具来获得其在生物世界的优势地位的。的确,任何意义的技术进步和科学发展,都会增强人类对于自然的"利用"和"控制"。

不过哲学家们似乎天生喜欢对未知的事情抱有批评的态度,在中国古代,道家一派的学者更倾向于对技术进步和人性完善之间的关系持犹豫的态度。在《庄子·天地》中,记载着这样一个故事,孔子的弟子子贡路过汉阴,见一个老者辛苦地用瓮在灌溉,就给他提出利用机械灌溉的建议,不料"为圃者忿然作色而笑曰:'吾闻之吾师,有机械者必有机事,有机事者必有机心。机心存于胸中则纯白不备。纯白不备则神生不定,神生不定者,道之所不载也。吾非不知,羞而不为也。'"大意是说,使用机械的人存有投机取巧的心思,正因为如此,老者认为自己并非不知道使用机械会省力,而是不愿意取巧。《庄子》用寓言的方式所要提醒我们的是,到底什么才是人的"自然"状态,任何借助非"自然"的方式来改变自己之举,都会导向人特性的异化甚至丧失。

庄子的思考呈现出中国思想史上对于人的特性的认识的巨大分歧。在儒家等学派看来,人类能使用工具是恰好是"人"与"动物"的差异之所在,如果放弃使用工具,那么人与动物的区别何在呢?科技越发达,人类驾驭自然的能力越强,这是人对于自身的可能性的扩展,也就更为充分地凸显了人的本质。

说实在话,处于文明早期中国的先秦时代,科学技术发展的水平对于人性的冲击还算不上是根本性的。由于技术能力的制约,人们还难以对自然的力量构成"反制"。人们所掌握的技术手段并不能改变自然的状态，技术的进步止于利用自然能力的扩展。人们在河流上架设桥梁，在山坡上修筑梯田，只是根据自然界的不同形态"因势利导"而已。

人们习惯于从生产工具的进步来划分不同的历史阶段，比如石器时代、铁器时代等等。也有以社会组织方式的变化来界定历史时期的，人类能够记录自己的历史，并凝练自己的观念，开始通过社会分工来组织社会，并将之"神圣化"，这是人的自我意识提升的关键一步。每一次社会组织方式的转变的背后，都起因于人类技术能力的转变，而技术的进步都日益传导为社会组织方式的转变，比如家庭、城邦国家以及未来可能的"大同世界"。为现代社会奠基的大工业化生产方式和由航海所带来的全球资源配置的可能性，其最大的推动因素，就是蒸汽机取代了纯粹依赖水和动物的"动力"系统，使火车和轮船这样的技术进步成为可能，并最终导致人类生活方式和社会组织方式的巨大变化。资本主义的生产方式和现代民族国家的奠基都与这一轮的技术革命有内在的关系。

从某种意义上说，蒸汽机的发明就已经开始改变技术与人类生活之间的关系状态。如果早期人类通过驯化动物来提升生产力和生活舒适度，比如利用马的"速度"来改善人际交往的可能性，利用牛的"耐力"来弥补人类自身在体力上的缺陷。甚至是基于冶炼而形成的青铜器、铁器的使用，也只是顺应对象物的自然属性的延长而已，举例来说，人类对于铁器的使用是工具演化过程中一个极其重要的阶段，但就"技术"进步的层面来说，只是利用了铁的坚硬度来开发其作为"工具"的特性。

蒸汽机这样的发明与早期的技术进步已发生性质上的转化，从这个时代开始，技术的进步已经不再是"顺应"自然，而是基于人类对于自然规律的认识而不断试图改变自然或建立一个新的自然。

如果借用"异化"的概念，人类的行为往往呈现出"非预期后果"的特点，从而引发诸如"俱分进化"的现象。"俱分进化"的概念来自近代思想家章太炎，按他的说法，人类的进化并不循着单一的方向，在往"善"的方向进化的同时，作"恶"的能力也在进化。20世纪以来，这种倾向越发明显，科技的发展已经脱离了简单的"改善生活"的层面，同样也发展出控制人类，甚至毁灭人类的力量。比如，20世纪的核能技术，固然能提供人类所需要的能源和动力，然第二次世界大战时期美军在日本所投下的原子弹和苏联所发生的切尔诺贝利核电站事故，就意味着科技发展已经脱离对自然的"顺应"而转变为多元化的方向，经由科技的创造物随时可以成为人类自身的毁灭者。也就是说，就科技"形态"和社会后果而言，现代科技与人类生活的关系已经进入人类自身难以完全控制的前夜。

自20世纪下半叶开始，科技的发展重心的热点在生物和计算机领域。首先，生物技术的发展之所以如此引人关注，主要原因在于生物技术的最近进展已经开始改变人类物种的一些基本生存和演化的方式，这必然会引发巨大的伦理危机。比如上个世纪的克隆技术的发展，从技术上解决了人类的自我复制问题，而基因编辑技术的发展，则使得我们可以对自身的生命状态进行干预，在人类的延续过程中有充分的"选择"的可能性。即一些人可以通过权力或金钱选择增强自己的智商或身体的部分能力，从而导致社会公平和伦理的危机。

基因编辑技术可能会有助于人类进行体细胞的基因治疗、生殖细胞的基因治疗。不过，这样的技术所可能造成的伦理危机也一直被人们所警惕。按照目前全球主要国家所确立的原则，针对基因编辑在人类生殖细胞或早期胚胎的使用，如果胚胎在体外培养不超过14天，也不被移植入人或者其他动物的输卵管或子宫，这被视为"研究行为"，应遵循使用人类样本研究相关伦理规范。不过，如果有人是以"生殖为目的"，利用基因编辑或者其他技术改造人类生殖细胞或早期胚胎中的遗传物质，就会被视为是一种违法行为，因为这些基因改变影响的将不只是一个个体，还包括其将来的后代，乃至人类整个基因池。

其次，对人类的特性可能造成更大影响的是人工智能的发展。一般的数据驱动的知识技术学习，替代人类进行一般劳动的机器人，甚至类似深蓝、阿尔法狗这样具有学习能的机器人，在我看来，依然是传统意义上的"工具"，即使具备人机、脑机互相协同融合的智能形态，依然只是"工具"意义上的对于人类能力的延伸。但人们对人工智能的发展前景却充满着犹豫和不确定性,有人认为人工智能作为人类的"创造物",并不具备人类所具有的"自我意识",但也有人认为人工智能,或基于生殖技术提升的基因科技,将彻底毁灭人类。

基于种种可能性,或许我们可以设想两种类型的未来:一是人工智能永远不能产生"自我意识",但人类可以生产对人类的情绪行为完全"仿真"的产品,从而在社会生活、生产领域,乃至个人生活领域完全替代原先的"人"的角色和作用。目前,机器人"抢夺"人类的工作岗位的现象已经被诸如"提升生产效能"等理由加以"合理化"。或许更应该关切的是"机器人配偶"所可能出现的对人类"家庭化"生存所可能产生的冲击。

二是如果人工智能"发展"到能够进行情绪管理和自我意识的"人工设定"这样的阶段,其后果将无法预测,可否想象这样的可能性:这些已经具有自我意识的机器人可能会"自行定义"它们自己的意义和生命目标,从而以它们在生理上的、脑力上的优势确立其支配地位。

现有的人工智能的讨论聚焦于人类脑智能以及人机智能融合的问题,很显然,人工智能何时具有情绪乃至自我意识,这是更为棘手的问题,这样的技术发展突破了以往所有的进步的影响范围,而构成超过人类控制可能的新阶段。这既是人类发展的全新阶段,也存在着对人类的生存和发展构成致命威胁的后果。

第三节 人工智能会造成人类的进化还是异化

人工智能对于人类最大的威胁是可能的智能机器人的"自我意识"的产生。不过,这种威胁何时到来,还是一个"未定"的状态。从眼下的情形来说,人工智能主要还是属于"工具"形态的技术进步,对此,最感欣慰的肯定是一些机器人替代人工比较普遍的企业的老板,他们只要付出购买和维护机器人的费用,无须对付难缠的工会或劳动者的各种形式的"对抗",这样,机器人看上去只有"优势",产能得到提升的同时管理成本却可以大幅度地降低。

当机器人替代了大部分体力劳动之后，会导致社会分工体系出现新的变化。人类的闲暇时间大大增加，不过类似的社会学意义上的分析并不是本文关注的重点，在这部分主要想就可能与人类生命本质有关的几个问题做出一些尝试性的分析。

一　机器人与被改造的人

人工智能的定义很多，一般是指通过计算机去从事一些以前只有人才能从事的工作，而因为涉及"智能"以及"脑机接口"等问题，也与涉及人类自身"再生产"的基因技术相关。因此，本文在讨论人工智能对社会产生的影响的时候，将与基因工程等问题结合起来展开。

与机器人何时具有"自我意识"这样悬而未决的问题相比，人工干预生育过程已经在大多数国家广泛运用。从正面的角度看，基因技术可以帮助一些无法生育或不愿意经历生育痛苦的人拥有孩子，也可以通过预先的检查而防止一些带有先天性疾病的婴儿出生，极大地预防先天缺陷婴儿的出生给个人、家庭和社会带来的负担。但任何技术的运用都受制于个人的财富和权力状况，也就是说财富、权力上具有优势的阶层可以通过"优先"使用更为先进可靠的技术来"培育"他们的孩子，这样，"先赋性"的智能差异将会被"预置"，而不是"扔骰子"般的"自然选择"。如果智能技术和生物技术相结合，我们可以预见，以后人们不仅可以在出生环节改善下一代的智商或体质，即使在生育阶段未能完全实现此目标，依然可以通过人工植入智能芯片或其他手段改变大脑运行过程，达到改变记忆力、管理情绪的目标。

人类的历史是不断追求平等和正义过程，但从人类的财富越来越向少数人集中的趋势，我们可以看到技术进步并不一定促成公平和正义。甚至，技术所造成的等级可能比传统的"等级制"社会要更为难以逾越。以往人们是通过世袭或接受高质量教育的方式来延续阶层地位，而基因技术则可以直接达到这个目标。拥有权力、金钱的人和科学家自己更容易获得这样的"技术优势"，由此确立他们在阶层竞争中的优势，而现有的专利等制度保障转而会成为维护等级制的工具。

在现有的民族国家体系下,国家利益往往成为阻碍技术转移和技术分享的屏障。由此,基因工程和人工智能的进步所可能带来的对于人类竞争力的提升,并不能保证泽及所有国家,反而可能加剧目前业已存在的国家间的不平等秩序。而基因技术和人工智能的进步如果用来改变"种族"的素质,则可以成为助长了种族主义的手段。

从可能性的维度看,未来世界可能会存在三种人:第一是自然人,即在天然环境下所生下来的人;第二是混合人,这类人利用了生物技术和人工智能技术,在人脑和身体机能上存在着优势;第三是人造的人,其中也可以分为通过基因和人工手段"创造"的人,或具有人的一切思考和智慧能力的机器。与目前通过肤色等分人种、通过公民身份确立其国家归属的方式所不同的是,人类可以有其他标准的分类系统。更为严重的议题是,具备一定自我反思能力的机器人能否被随意终结其"活动"状态,即随意拆解甚至"消灭"。

由此,现在我们对于"人""人性"的认识将被颠覆,随之而来的是人类的个体生活方式、社会组织方式都将产生巨大的变化,一种新的时代即将冲击我们所积累的所有认知。

二 基因工程和人工智能冲击下的儒家

儒家的价值有"常"和"变",所谓"常"即儒家所具有的超时代的稳定的价值系统,而"变"则是在不同历史阶段儒家常道为因应时代问题而形成的"次级"价值观和伦理规范系统。

然在思想界,对于何者为"常"、何者为"变"的认识会有很大的差异。此亦为历代儒者争论不休的问题。比如,对于现代人比较关注的平等和差等的关系,儒家的立场就十分复杂。儒家既肯定人为父母所生的血缘层面的差序性的伦常,也推崇人为天所生这种天赋平等的价值。由此,在社会秩序的理念上,儒家支持长幼尊卑的现实秩序,但又肯定"学以成人",强调一个人可以通过自己的努力去"获得"社会地位。中国传统社会的官僚选拔制度,尤其是科举制的形成和完善充分体现出"机会平等"的原则。

换句话说，儒家从人的社会性来理解人，也就是说，每个人自生下来的那天开始，就具备其社会身份，指导人们行为的并非抽象的德性，而是"根据我们熟悉的、社会的'角色'而找到指南"。①这样的角色首先是基于人伦来确定的，然而扩充到政治、社会和职业身份。不同的角色存在着"差等"，这样的差等是自然形成的，被你的角色所确定，比如父子、夫妇之间，就会存在着权力和义务上的差异。但一个人的社会地位却并不仅仅是由他的角色决定的，儒家主张贤能政治，在漫长的帝制时代，除了君主世袭之外，其他的社会地位都可以通过能力和道德的优秀表现而去争取。

由此，从儒家的义理出发，一定会反对通过权力或财富的继承的方式获得在智能和社会地位上的优先地位，也即会反对一部分人凭借其社会地位来获得智能和生物上的优势地位。

儒家注重通过血缘和家庭为基础来理解人类的情感和秩序，但基因编辑技术和人工方式"创制"人的行为，会造成巨大的伦理困境，特别是血缘作为基础的儒家伦理学，更是如此。一个基因婴儿该如何确定其伦理身份呢？尤其是当无性繁殖成为现实的时候，我们或许要从几何时间来理解人的长幼尊卑关系，血缘伦理将逐渐失去基础。

在大多数中国人的心目中，好的生活就是"儿孙绕膝行"的家庭和睦的生活，而善的生活则是"老吾老以及人之老，幼吾幼以及人之幼"，即将对于父母和孩子的爱扩展到所有的人。相比之下，中国人更愿意接受集群式的生活状态，因此，对于人与人之间的情感沟通的要求也比较高。所以，从人际交往的角度，我希望以后的人工智能里要植入"情感"特别是"亲情"的因素，当人工智能的非血缘化社会形成后，若退化成一个"无情"的社会，那么这个未来并不是我所期待的。

儒家特别强调教化在社会秩序建构过程中的作用，认为人们应该而且可以通过教化的方式达到互相理解，建立起共同体的基本价值观。而人

---

① 安乐哲：《儒家角色伦理学——一套特色伦理学词汇》，孟巍隆译，山东人民出版社，2017年，第178页。

工智能和智能机器人最值得期待的就是它们可以轻易地获得人类至今为止的所有知识，但是否能在价值和伦理方面取得同样的进展则应该是一个未知数。或许我们可以设想"孝道"机器人或者"预置"不同伦理价值的机器人，这亦将从根本上冲击儒家"修辞立诚"的人格导向。

第四节　科技进步背景下的儒家政治哲学

《周易》被视为是中国哲学的源头，而在《系辞》中，十分仔细地讨论了周易的卦与技术进步和物质发展之间的关系。书中指出伏羲创八卦是"类万物之情"，即按照万事万物的特征来作八卦的。伏羲发明了渔网，来告诉人们捕猎，这是受到"离卦"的启示；在伏羲之后的神农氏通过发明农具来"教会"人们耕种的技术，并建立起交易市场，这是取之于"益卦"和"噬嗑卦"；黄帝、尧、舜垂衣裳而天下治，教会人们建立社会秩序，这是取诸乾、坤两卦的智慧；等等，如此，一方面把古代的圣人之所以为圣人与技术进步联系在一起，另一方面，《系辞》强调了社会进步都受到《周易》的哲学原则的影响，这样技术和社会的发展与思想发展之间的关系得到了关联性的讨论。从总体的倾向来说，《周易》认为技术的发展与礼乐社会的建立之间应是一个"顺接"的关系，由此来理解自然和人类社会之间的和谐关系。

如果说，以董仲舒为代表的汉儒还试图通过整合他们那个时代的人类的所有知识成就，来理解天人秩序。那么，以后的儒学史的发展日益转向于对于人性与社会秩序的关注，由此，中国古代关于天人关系的理解会倾向于以天道明人事，立足点往往在"人事"之上，对"天道"本身反而缺乏深入的研究。

除了徐光启、方以智等少数思想家之外，后世儒家相对中国古代的思想家们缺乏对于科学现象的探究和关注，这也导致人们认为儒家可能阻碍了人们对科技的兴趣乃至阻碍了中国科技的进步。

然而，现代科技对人类社会乃至人自身的"致命"关系，意味着任何思想家如果无法对这些冲击做出反应,那么,他对现实社会的影响就是疏远的,甚至不可能对未来的人类社会的发展做出重要贡献。换句话说,传统儒家对于性善和性恶的讨论,作为一种"哲学史"的资料是重要的,但用来分析基因编辑和人工智能对于人的生存形态和生命意义的讨论则显得脱节。

以我个人的见解而言,人工智能的发展会让人重新思考哲学的基本问题,比如科幻电影《黑客帝国》中,就反复出现了"我是谁""认识我自己""我选择,我成为"这样一些著名的哲学命题。的确,当人工智能的未来难以真正把握的时候,或者,当我们认识到人工智能的发展将会让人类难以把握自己的未来的时候,"我是谁""我选择,我成为"这样的问题才重新焕发出其力量,因为人类似乎到了一个新的十字路口,以往的人类创造出不同的工具为自己服务,但当工具本身可能具有摆脱创造者的能力的时候,这就好比人类生下的下一代成长为具有独立生存和判断能力的成年人的时候,其发展已经不再由人类所定义,由此,人类可能需要重新定义自己。

如果从儒家的角度来看,基因编辑和人工智能都能带来根本性的观念冲击。首先儒家特别强调血缘,其建构的秩序经由夫妇、父子然后至家国天下。设若未来的家庭不再建立在夫妇血缘的基础上,那么传统儒家的伦理体系就会整体"失效",连续数千年的价值观也就成为无本之木。那么我们需要讨论这样的问题:当家庭不再成为社会结构的基础或基本的财富单位,儒家的秩序理念需要做什么样的调整?更为致命的问题是,做出调整之后的观念是否还可以称之为儒家的"AI"版本?

其次,人工智能的发展将基本上改变人的学习过程,由此,家庭和学校在知识和人格的训练过程中的重要性将减弱。由此,人类的基本组织方式和价值目标就会发生改变。如果机器人大量占据人类的工作岗位甚至能满足性、休闲,解决人类的孤独和照顾等任务,家庭成员中也会出现许多非血缘的"成员",这同样会使儒家的道德教化的功能和"角色"伦理体系失效。

一个吊诡的事实是,历史上伟大的儒家思想家都是最能反映时代的需求的圣贤，而在基因和人工智能的时代，仅仅熟悉经典不能保证你能理解这个"崭新"的时代，对于这些技术的发展给人类带来的影响的认识并不能指望现在的学院体制内的哲学家和儒家学者，而需要依靠那些人工智能的科学家转而思考他们所进行的工作对于人类的意义，也就是说，要寄希望于从事基因工程和人工智能的人愿意思考儒家对于这个时代的意义，也就是说，现在的儒家学者甚至失去了对儒学未来发展的"预见力"。

一个略显卑微的使命是，儒家学者应该与科学家们形成合作关系，一方面可以让科学家们了解传统中国人对于生命的意义的认识，并讨论这些资源对于形成我们现代生活意义的参考价值。另一方面，可以结合人工智能对于人类发展空间的拓展的可能性，来思考现代中国人应该如何理解人性和人的价值，来评估中国人所看重的亲情、家庭、和睦、孝顺等等这些德目在未来人类发展中的意义。

后 记

干春松

中国政治哲学研究，面临着如何确立自身的"哲学"特性的问题。因此，大家读到的这本书依然是"政治哲学"和"政治思想"的杂糅的作品。近代以来的政治哲学或政治思想的研究，大多集中在为何西方政治会是这样，而中国政治却是那样的"自我反思"话语体系中，无论是梁启超、萨孟武还是至今依然是中国政治思想研究典范的萧公权的作品。而真正的问题不是我们为什么跟人不同，而是我们是如何证成我们自己的社会秩序和政治理想的。

所以，中国政治哲学，并不是仅仅去考察制度史或观念史，而是要去梳理古代思想家是如何证明这些制度或观念的合理性和有效性的，而"论证"本身却不是东土思想之最大优势，这导致我们难以将政治哲学研究摆脱政治思想史的特征，这也是本书的"不彻底"性之原因。

由于对"政治哲学"的犹疑，我十年来的研究，集中在核心范畴的梳理上。既然根本性的学科范式还未曾定型，范畴研究就是不可或缺的前导性工作。此前出版的《公天下与家天下》（四川人民出版社，2022年）和《理想的国度：近代中国思想中的国家观念》（四川人民出版社，2024年）均是此系列研究的成果的一部分，因为有一些编辑朋友的催促而"着急"出版了。而更为系统的写作是围绕着被列入北京大学人文学科丛书的《儒家政治哲学核心范畴》而展开，而之所以改名为《中国政治哲学大纲》，一是为了致敬中国哲学学科创始人张岱年先生的《中国哲学大纲》一书，因为此为中国哲学学科的奠基性作品，也是从基本范畴来"结构"其基本框架的；二是本书离我理想中的《儒家政治哲学》这个目标还有很大的距离，用"大纲"之名是对自己写成一本可以称为"政治哲学"的著作的激励。

本书能列入北大人文学科丛书要感谢王博教授的厚爱，还有北大人文学部以及申丹教授的支持和督促。而本书的责任编辑吴敏女士，尤其让我敬佩，作为一个学者型的编辑，最初相识于 2006 年杜维明先生在大洋彼岸的《中庸》读书班。那时她应该还在跟张学智老师读硕士，而我已经工作十几年了。因缘际会，二十几年之后，又因为此书而"重逢"。而她在编辑过程中所体现的学术积累和文字功力，让这本书在许多方面有了提升，感激之情无以言表。

本书的写作得到了国家社科基金重大项目"中国传统政治这也观念体系的当代重构研究"（23&ZD235）和国家社科基金重大委托项目"文明史视野下的'中国认同'建构"（15@zh015）"的支持。

2024 年 11 月 1 日于衢州